本书创作组

作　　者：谷　华　张　芳　吴丽丽

参与创作：豆少华　杨雪珂　张　惠　谷婷婷　王叶培

顾　鑫　胡晓玥　乔文飞　陈　明　牛玉荣

周　洁　何世茹　杨　倩　陈秀芸

序言

PREFACE

生活在这个知识爆炸、科技日新月异的新时代，我们每一个人都仿佛置身于一场波澜壮阔的历史洪流之中，经历着前所未有的变革与挑战。在这场变革中，新时代的教育强国建设无疑给我们教育工作者提出了更为崇高且紧迫的使命与要求。在“双减”背景下，做好科学教育的加法为我们重新审视和定义教育内涵提供了宝贵契机。在这场教育生态的重塑之中，科学教育以其独特的魅力与重要性，成为了我们不容忽视的焦点。它不仅关乎孩子们对自然世界的认知与探索，更是培养他们创新思维、实践能力和科学素养的关键途径。正是在这样的背景下，我们汇聚了一群怀揣教育梦想、热爱科学教育的教师同仁，携手众多深耕科学教育领域的专家，共同撰写了这套以科学实验为核心内容的科学丛书。这不仅仅是一系列书籍的创作，更是一场关于科学精神、教育情怀与未来想象的深刻对话与实践。

科学之光，点亮童心

每一个孩子都是天生的探索者，他们对世界充满了好奇与渴望。本套丛书精心策划了一系列科学实验，旨在点燃孩子们对科学的热爱，引导他们从日常点滴中发现科学之美。本套丛书语言活泼、情境精彩、图画生动、实验有趣，从简单的物理现象到复杂的化学反应，从微观的细胞世界到浩瀚的宇宙星辰，孩子们通过观察现象、动手实验、阅读思考、总结规律，轻松掌握科学知识、提高探究能力、滋养想象思维、激发创新精神，每一个实验都是一扇窗，让孩子们得以窥见科学的无限可能，启迪智慧的炫彩火花，点亮未来的梦想之路。

奇趣小小
科学家
实验魔法
上册
谷华 张芳 吴丽丽 著
中国原子能出版社

图书在版编目（CIP）数据

奇趣小小科学家. 实验魔法. 上册 / 谷华, 张芳, 吴丽丽著. -- 北京 : 中国原子能出版社, 2024. 10.

ISBN 978-7-5221-3722-3

Ⅰ. Z228.1

中国国家版本馆 CIP 数据核字第 2024HX5959 号

奇趣小小科学家——实验魔法（上册）

出版发行	中国原子能出版社（北京市海淀区阜成路 43 号　100048）
责任编辑	杨晓宇
责任印制	赵　明
印　　刷	炫彩（天津）印刷有限责任公司
经　　销	全国新华书店
开　　本	787 mm×1092 mm　1/16
印　　张	2.5
字　　数	35 千字
版　　次	2024 年 10 月第 1 版　2024 年 10 月第 1 次印刷
书　　号	ISBN 978-7-5221-3722-3　　定　价　**330.00 元（全 12 册）**

团队协作，智慧结晶

本套丛书的诞生，是集体智慧的结晶。我们集合了河北省各地的优秀科学教师，他们都是科学教育的行家里手，有着丰富的实践经验与教学智慧，对孩子们的学习特点与兴趣点有着敏锐的洞察。在专家的精心指导下，我们反复打磨每一个实验方案，力求做到既科学严谨又生动有趣，既注重知识的传授又强调能力的培养。我们相信，这样的科学教育才能真正触及孩子们的心灵，让他们在轻松愉快的氛围中成长为未来的科学之星。

家校共育，携手成长

这套丛书还特别适用于学校的课后服务以及家庭亲子游戏。我们希望通过这样的形式，搭建起家校共育的桥梁，让家长也能参与到孩子的科学学习中来，共同见证孩子的成长与进步。亲子共做实验的过程，不仅能够增进亲子关系，还能让科学成为连接两代人情感的纽带，让科学教育成为家庭生活中不可或缺的一部分。

展望未来，无限可能

展望未来，我们满怀期待。我们相信，随着这套丛书的广泛传播与应用，将有更多的孩子因此而爱上科学、投身科学、成就科学梦想。让我们携手并进，在科学的道路上不断探索、勇毅前行，共同为孩子们撑起一片更加广阔的天空，让科学的种子在他们心中生根发芽、茁壮成长！

最后，衷心感谢所有参与本套丛书创作的教育同仁、专家学者的辛勤付出与无私奉献。愿这套科学丛书能够成为孩子们成长道路上的良师益友，陪伴他们开启一段段精彩纷呈的科学探索之旅！

河北省石家庄市融创中心第一小学校长

谷华

目录

物质科学

生命科学

地球与宇宙科学

第01课

夜行蝙蝠

在夜间，很多小动物都看不清东西，但有一种小动物叫蝙蝠，它能在黑夜里飞得又快又好！想知道它是怎么做到的吗？

那就让我们一起来探寻蝙蝠的秘密吧！

科学实验室

实验器材

彩虹圈	双面胶条×3	粗吸管
蝙蝠卡纸	细吸管	剪刀

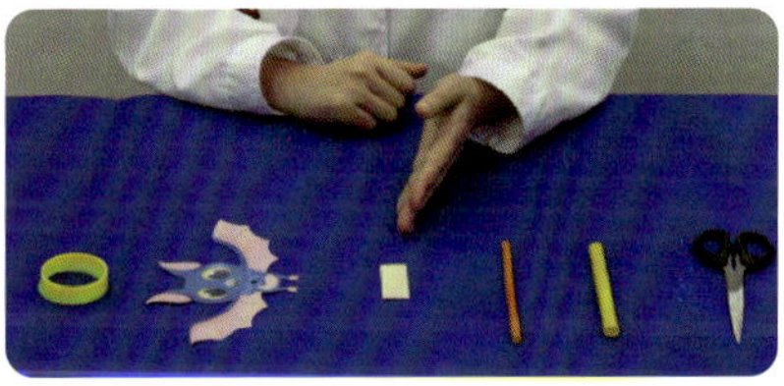

实验器材

实验步骤

1 将吸管从中间剪开，粗吸管剪7厘米长，细吸管剪3厘米长。

2 将细吸管穿过蝙蝠卡纸中间的小洞，并用双面胶将细吸管剪开的部分分别粘在蝙蝠卡纸正面左右两侧。

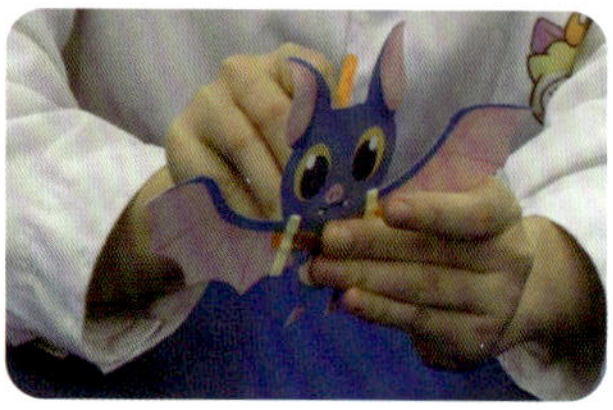

3 将粗吸管穿过细吸管，用双面胶将粗吸管被剪开的部分分别粘在蝙蝠卡纸背面左右两侧。

4 用双面胶将彩虹圈粘贴到蝙蝠正面。用一只手拿着粗吸管，另一只手抽拉细吸管，观察彩虹圈的变化。

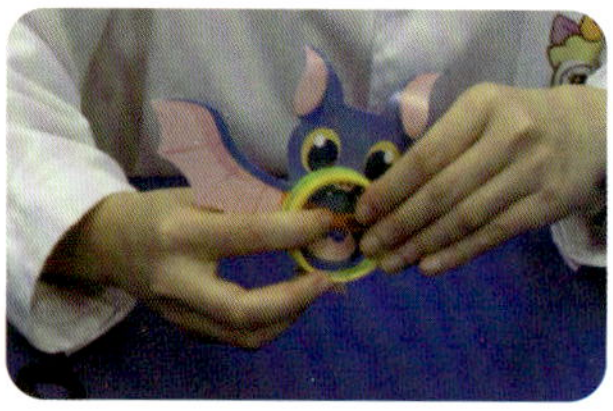

实验现象

吸管来回抽动，蝙蝠翅膀也跟着扇动起来，彩虹圈向前传递。彩虹圈发射距离远，反射回来用时较长；彩虹圈发射距离近，反射回来则用时较短。

科学小知识

蝙蝠飞行时，会发出一种人类听不见的超声波，当超声波触碰到猎物后，会反射回来将信号传到蝙蝠的耳朵里。因此，即使在漆黑的夜晚，蝙蝠也能够精准地找到食物哦！

蝙蝠发出的超声波

科学与生活

漆黑的夜晚，飞机依然能稳稳地航行在天空中，原因之一是飞机上装有和蝙蝠一样利用超声波原理的雷达，雷达通过天线发出无线电波，无线电波遇到障碍物后发生反射，飞机在接收到反射回来的电波后进行分析，将飞机前方的各种情况显示到电子屏上，使飞机能够安全地避开其他飞行物体和地面障碍。

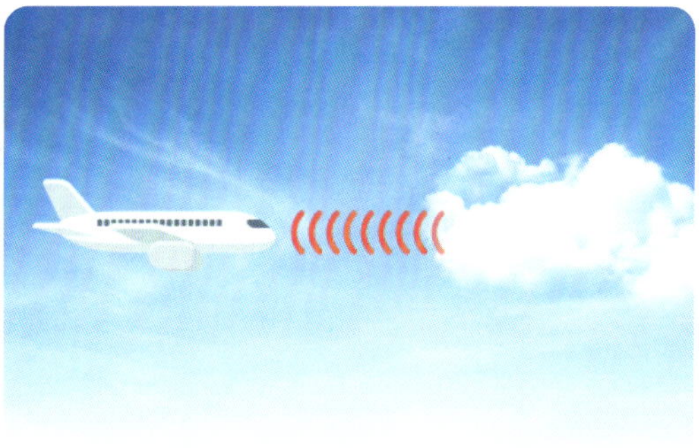

飞机雷达

“趣”阅科学

《蝙蝠和雷达》介绍了蝙蝠利用回声定位捕捉猎物的生物学原理，并探讨了这一现象对雷达技术发展的启示。翻开书本，让我们一起探索吧！

《蝙蝠和雷达》

第02课

水滴放大镜

请你猜一猜下图中都是什么呢？

把书倒过来，用放大镜把下面的字放大，你猜对了吗？

科学实验室

实验一

实验器材

放大镜 | 树叶 | 橘子皮 | 蛋壳

实验步骤

1 认识放大镜

放大镜是由镜片、镜框和镜柄组成的；放大镜的镜片中间厚、边缘薄。

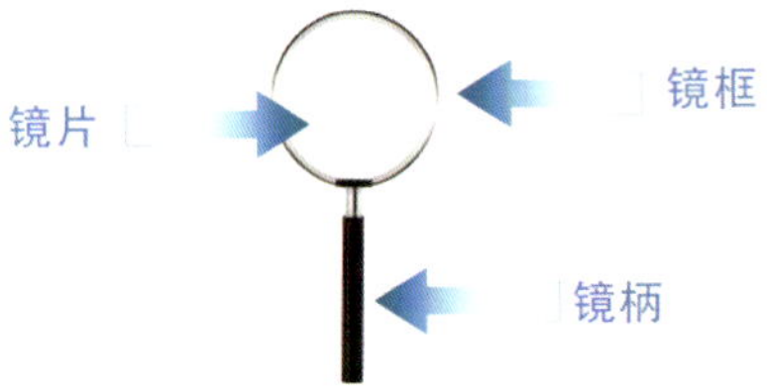

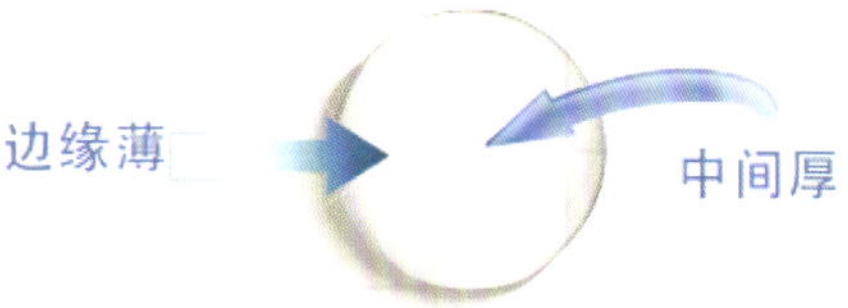

2 放大镜的使用方法

使用放大镜时，手持放大镜柄，用放大镜慢慢地靠近想观察的物体，直到看清物体为止，注意放大镜不要晃动哦！

3 使用放大镜观察树叶、橘子皮、蛋壳等物体。

树叶

橘子皮

蛋壳

透过放大镜，你有什么发现呢？和同学们分享一下吧。

实验二

实验器材

塑料底座	圆棒 × 4	海绵圆环	盛水容器	乌龟卡纸	塑料杯

1 首先取出塑料底座和四根圆棒，将四根圆棒插在底座四周的圆孔内。

2 取出海绵圆环，将海绵圆环小孔内多余的部分取出来，四根圆棒分别插入海绵圆环对应的小孔中。

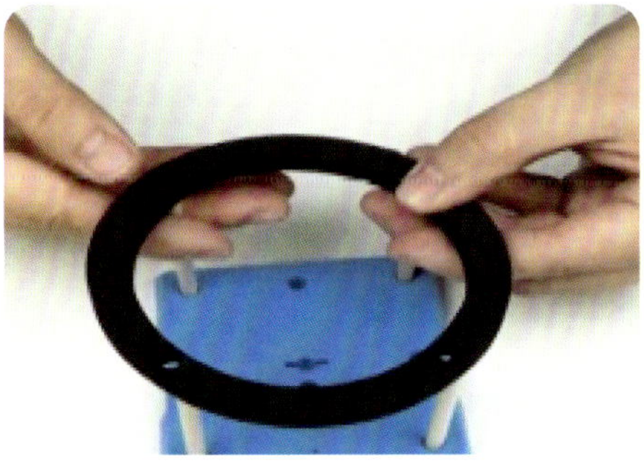

3 取出盛水容器，放置在海绵圆环上，再将乌龟卡纸取出，放置在盛水容器正下方。

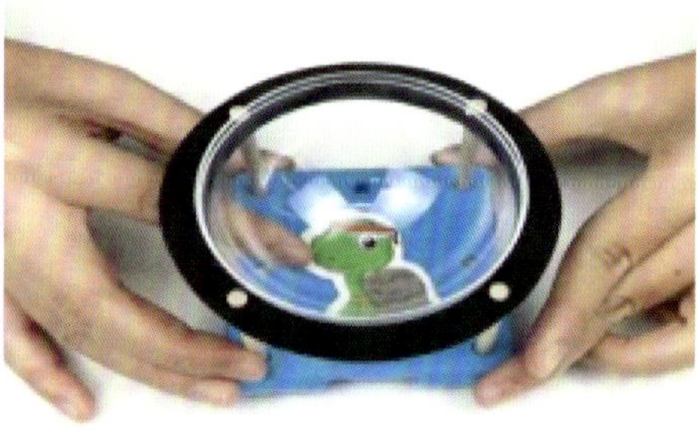

4 向盛水容器内注入清水，观察乌龟是否变大。

实验现象

盛水容器注入清水后，卡纸上的乌龟会变大。

科学小知识

当我们使用放大镜观察微小物体时，这个神奇的工具会将物体放大许多倍。就像把一只小蚂蚁变成一只大虫子一样，让我们能够更清晰地看到它的细节。这就是放大镜的魔力，它帮助我们的眼睛看清那些平时难以察觉的小东西。

科学与生活

放大镜在我们日常生活中的运用范围很广泛。

农业科技人员用放大镜观察土壤、植物的花

老年人用放大镜制成的花镜看书、看报

公安人员用放大镜观察案发现场的指纹等

考古学家用放大镜观察文物的信息

“趣”阅科学

同学们，你们能想象出物体被放大千万倍的样子吗？《放大千万倍的世界（套装共9册）》通过300多张震撼人心的珍贵图片，以及著名生物学教授深入浅出的专业解说，带领我们探索眼睛看不到的世界！

《放大千万倍的世界》

第03课

铁屑变画

小娃：“磁铁钓鱼游戏真好玩，磁铁就像一个拥有超级魔法的小精灵，它能让小鱼变得特别听话。好神奇呀！”

小米：“小娃，这你就不懂了吧！这个魔法叫作磁场。”

科学实验室

实验器材

条形磁铁	铁屑
蹄形磁铁	透明盒

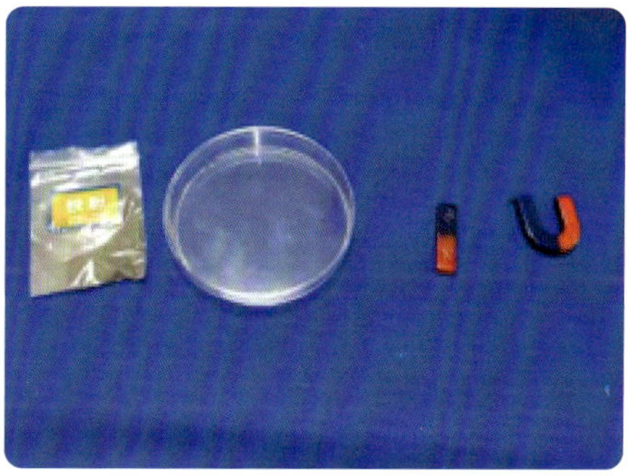

实验器材

实验步骤

1 将铁屑倒入透明盒中轻轻摇晃，使铁屑分布均匀。

2 将蹄形磁铁和条形磁铁分别平放在桌子上，将透明盒依次放在磁铁上并轻轻敲击，观察铁屑分布变化。

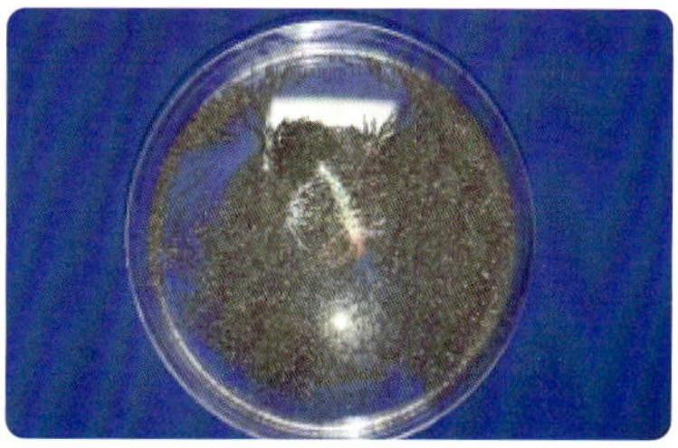

3 条形磁铁分别平放在桌子上，将透明盒放在磁铁上并轻轻敲击，观察铁屑分布变化。

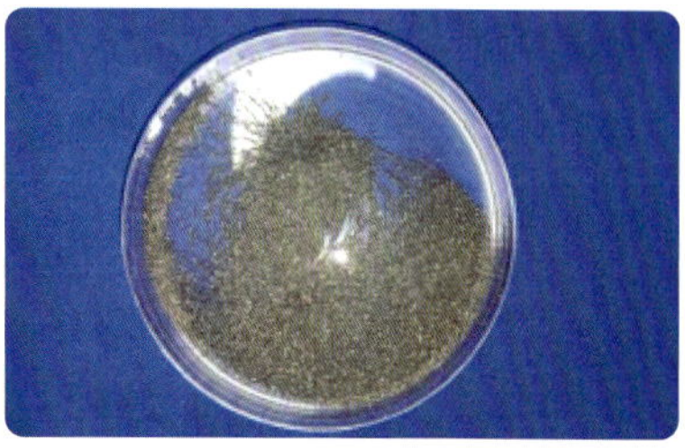

实验现象

铁屑在纸上汇聚成了一根根清晰的线条。

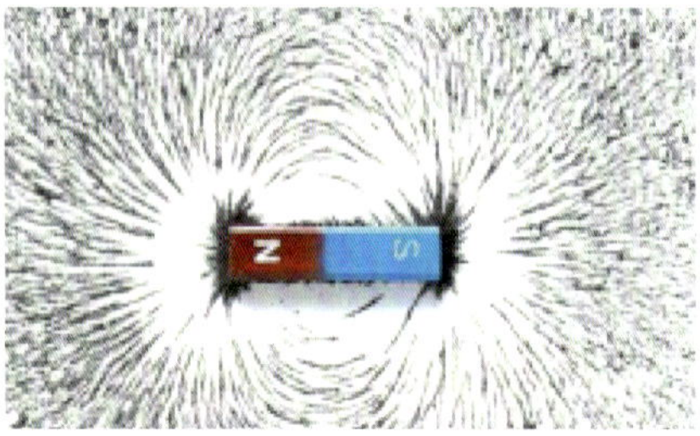

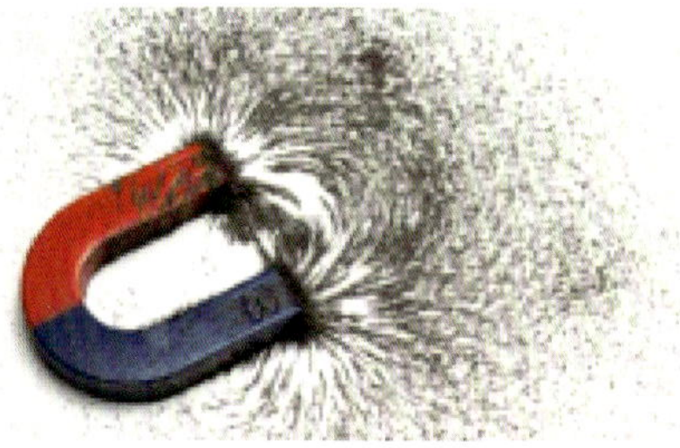

科学小知识

磁铁周围存在磁场，磁场是看不见摸不着的，人们用磁感线描绘磁场。我们看到的铁屑在纸上汇聚的一根根清晰的线条，就是磁感线的轨迹。

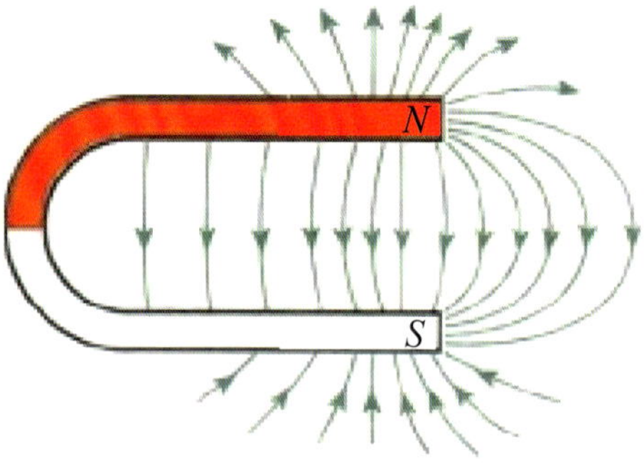

蹄形磁铁

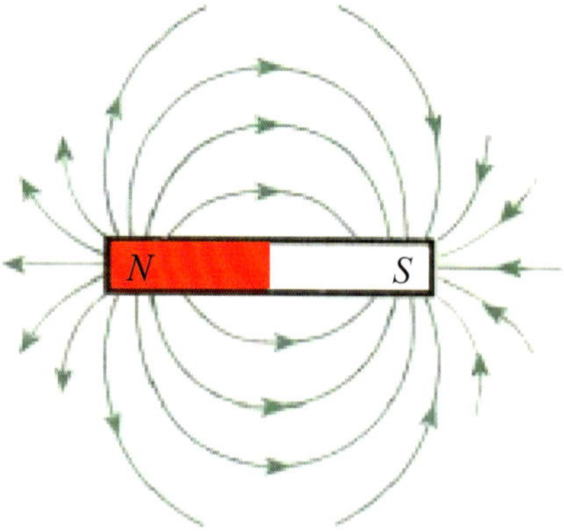

条形磁铁

科学与生活

地球本身存在磁场。指南针上的小箭头总是指向南方，那是因为它被地磁场悄悄引导着。地磁场就像地球的盾牌一样，它可以抵挡住从太空来的“坏家伙”——太阳发出的超级能量粒子。地磁场不仅是我们的导航员，更是地球的“防护罩”，默默无闻地保护着我们大家。

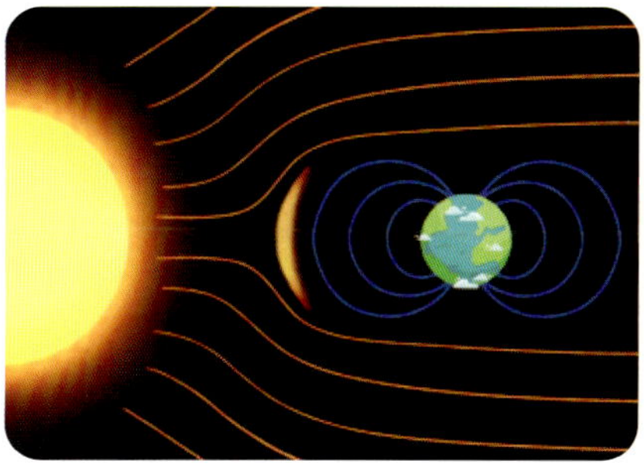

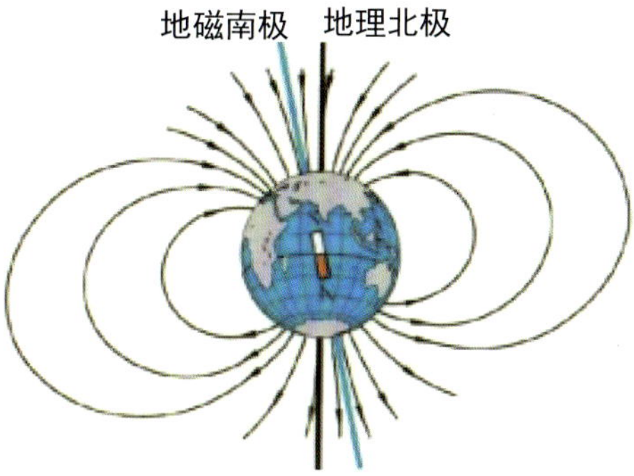

地磁场

“趣”阅科学

《揭秘磁力》讲述了磁铁的基本知识，以及磁铁在日常生活中的应用，比如指南针和电器，想了解更多有关磁的知识吗？跟随《揭秘磁力》一起探索科学奥秘，走进磁的世界！

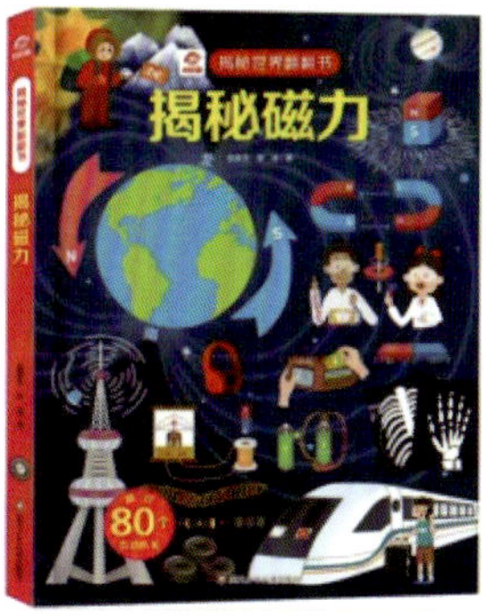

《揭秘磁力》

第04课

磁悬浮陀螺

你见过磁悬浮列车吗？它在行驶的过程中，可以不和轨道接触，像魔术一样“悬浮”在轨道上，飞快地前进。是什么“魔法”力量将列车托起呢？

磁悬浮列车

科学实验室

实验器材

6辐轮	笔芯	皮筋×2	金属扣
5孔棒×3	7孔轮	红蓝磁环×4	

实验步骤

1 把红蓝磁环的红色面朝向笔尖，用皮筋各绕两圈将它固定在笔芯上。

2 用3个5孔棒将7孔轮和6辐轮连接在一起。

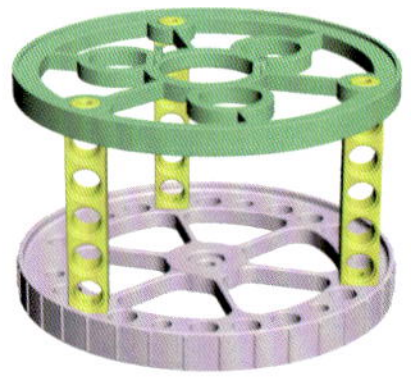

3 先将金属扣嵌入6辐轮的中心孔内，再将3个红蓝磁铁的红色面朝下嵌入7孔轮的对应孔内。

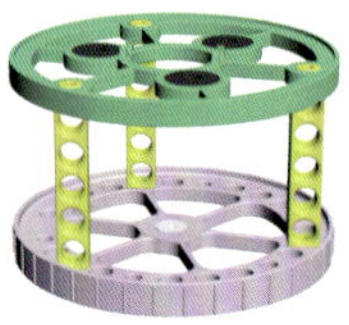

4 将笔头抵住金属扣内的小孔，调整笔芯上磁环的位置，使它与7孔轮平齐，用手捻转笔芯。

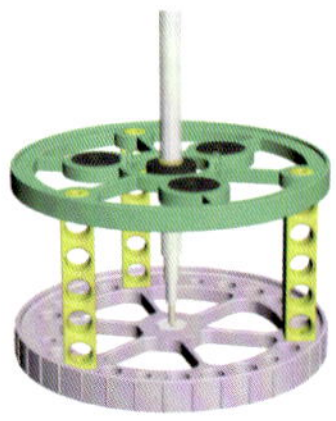

实验现象

用手捻转笔芯后，发现它可以平稳地转动起来，不会向任意一侧倾斜，并可以持续一段时间。

科学小知识

磁环有两个磁极，一面是北极（N极），另一面是南极（S极）。当两个磁环的相同磁极靠近时，它们会互相推开，这叫作“相同磁极相互排斥”。正是这种力量让笔芯悬浮在圆环中间。

科学与生活

生活中还有许多利用相同磁极相互排斥原理做成的玩具，比如右图中这个会跳的小青蛙。因为磁铁同极相斥，所以小青蛙在磁铁的作用下就能朝反方向跳起来。

磁力青蛙

“趣”阅科学

《出发，磁悬浮列车》这本书的主角是超级厉害的工程师熊先生、聪明的熊小姐和他们的好朋友——神奇的机器熊。他们一起经历了许多令人惊叹的冒险，我们快来读一读吧！

《出发，磁悬浮列车》

第05课

神奇的纸桥

同学们，不同构造的桥梁都可以承受人们来往。用纸搭建不同构造的桥，能不能承受一定的重量呢？让我们一起动手实践，看看如何用纸创造出属于我们自己的“奇迹之桥”。

梁式桥

拱形桥

悬索桥

桁架桥

科学实验室

实验器材

长度不一的卡纸	螺 母 × 2 桥墩卡 × 2	双面胶 纸板、剪刀

实验步骤

1 将桥墩卡根据折痕折叠成桥墩的样子，并在折痕地方粘上双面胶。

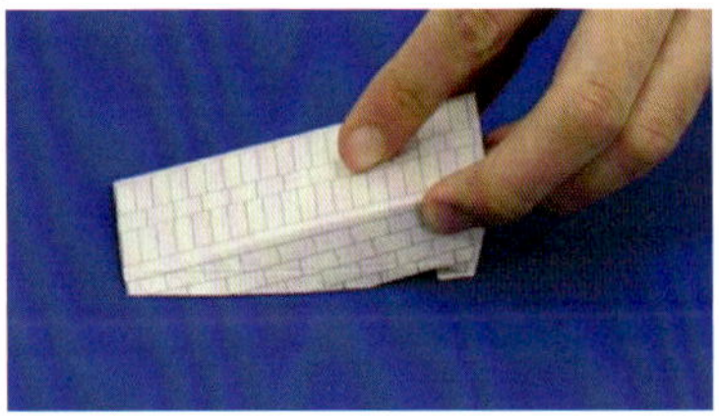

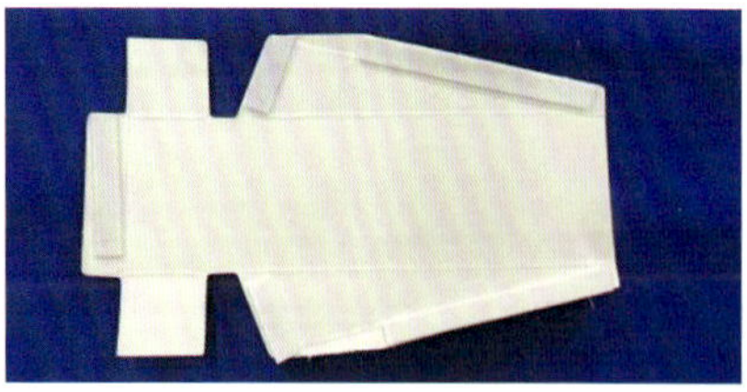

2 两个折叠好的桥墩用双面胶固定在纸板的两端。

3 取出15 cm长的卡纸，放在两个桥墩之间，在桥板上放一个螺母。

4 取14 cm长的卡纸做成单拱形中间桥架并支撑在左右桥墩之间，取15cm的卡纸平放在单拱桥架上，就搭成了一座单拱桥。再将一个螺母放在桥板上，看看有什么变化吗？

5 取16 cm长的卡纸中间对折，折成“M”形双拱形桥架，并支撑在左右桥墩之间，将“M”形双拱桥架中间点用双面胶固定。再将15 cm长的卡纸平铺在双拱桥架上。将两个螺母放到两个拱起的最高点上看看有什么变化？如果放到其他地方呢？

6 取宽卡纸折成“W”形桥架并架在左右桥墩上，再将15 cm长的卡纸平放在“W”形桥架上，就搭成一座“W”形桥架的直板桥。将螺母以及剪刀一起放在桥上，观察桥有什么变化呢？

科学小知识

通过上面四个对比实验我们看出：直桥能承受的压力很小；拱形桥受到压力时，桥面局部承载的力被分散到了整个桥面上，并且还会传递到拱形的两端；“W”形桥可以无限地分解力，卡纸折的棱越多，可承受的力就越大。

科学与生活

在日常生活中，通过改变物体的形状增加其承受力的应用非常广泛。例如，赵州桥、颐和园十七孔桥都是利用了这个原理。

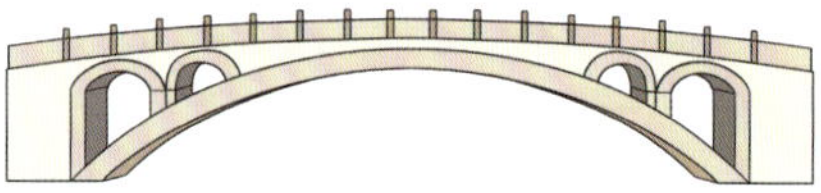

赵州桥

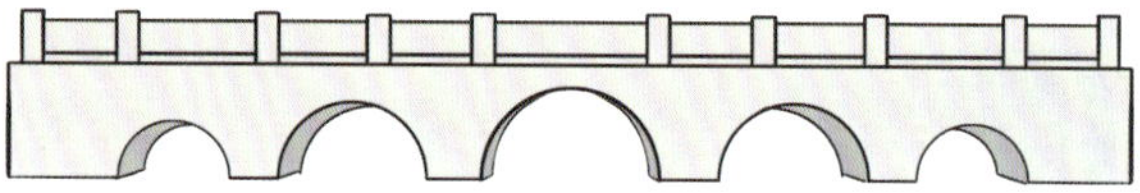

颐和园十七孔桥

“趣”阅科学

《森林里的公正大桥》是一部充满智慧与温暖的童话故事，讲述了动物们在森林中建造一座象征公平与正义的大桥的过程。让我们快去读一读吧！

《漫话桥梁》

第06课

自制香水

小米："你们知道吗？在我们的身边有一个眼睛无法直接看到的微观世界，让我们一起去探究这些藏起来的小秘密吧！"

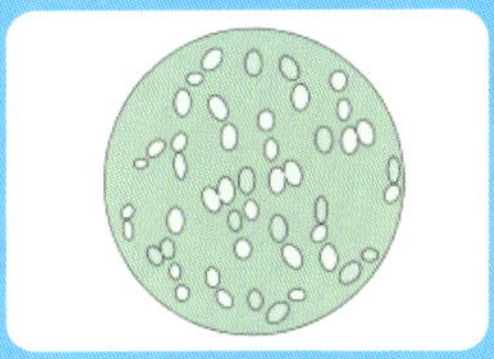

显微镜下的黄瓜

显微镜下的盐

显微镜下的粉笔

科学实验室

实验器材

1杯300 mL的清水	滴管	甘油10 mL
一次性透明塑料杯	香精10 mL	喷雾瓶

实验步骤

1 向塑料杯中倒入清水。

2 用滴管将塑料杯内的水注入喷雾瓶，使喷雾瓶半满。

3 用滴管取3～4滴香精到喷雾瓶内。

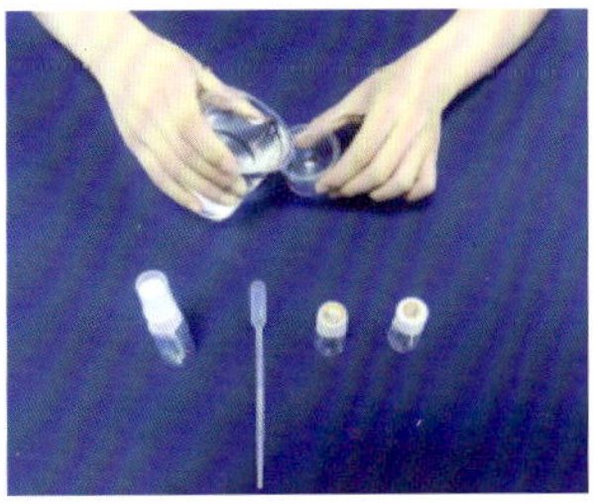

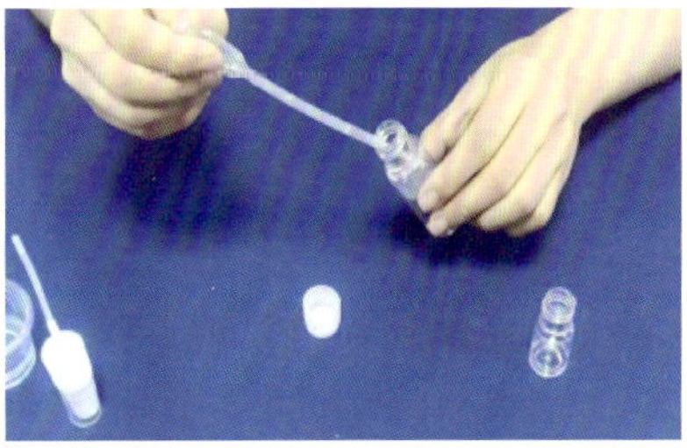

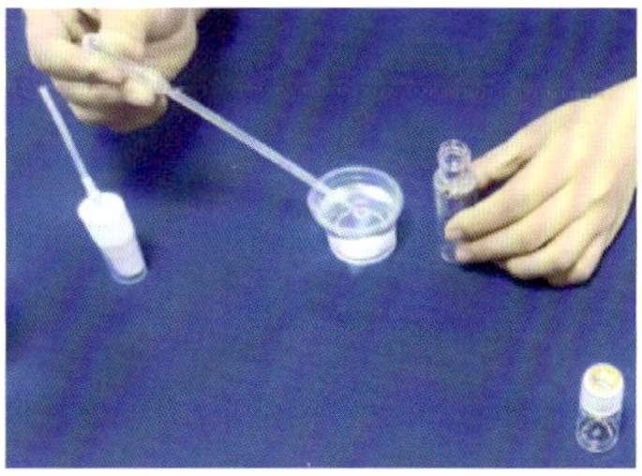

4 用滴管取2～3滴甘油滴入喷雾瓶内。

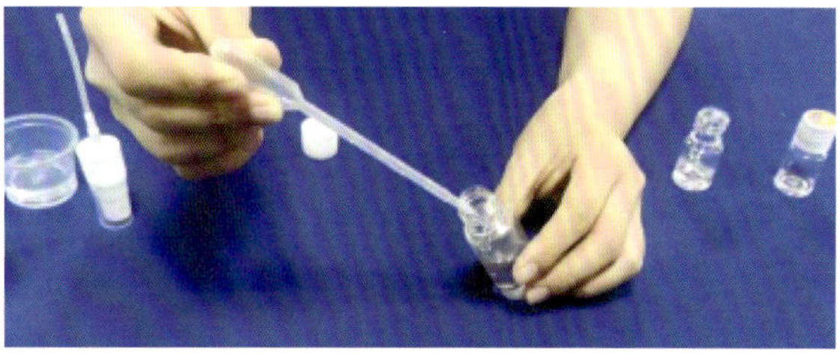

5 盖上喷雾瓶，轻轻摇晃后，在离鼻孔下方半米处按压喷雾瓶，用手轻轻扇动，试试能不能闻到芳香的气味。

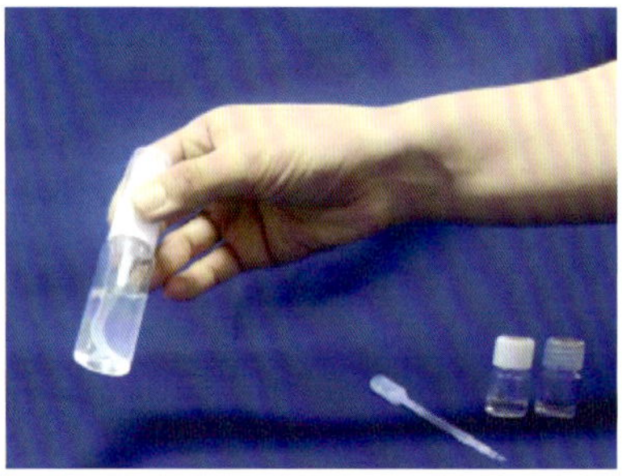

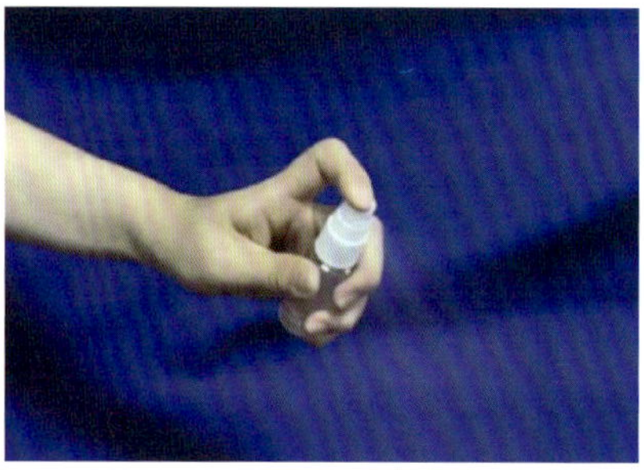

实验现象

香精和甘油溶于水中，能闻到芳香气味。

科学小知识

同学们，我们身边的大多数东西，比如桌子、椅子甚至是我们自己，都是由不停运动着的微观粒子如分子、原子等构成的。你能闻到香水的香味，说明组成香水的那些小小的粒子一直在不停地运动。正是因为它们的运动，才让我们感觉到各种事物。

科学与生活

在日常生活中，虽然我们看不见，但确实有很小的粒子在我们的周围忙忙碌碌。

嗅到花香

湿衣服晾干

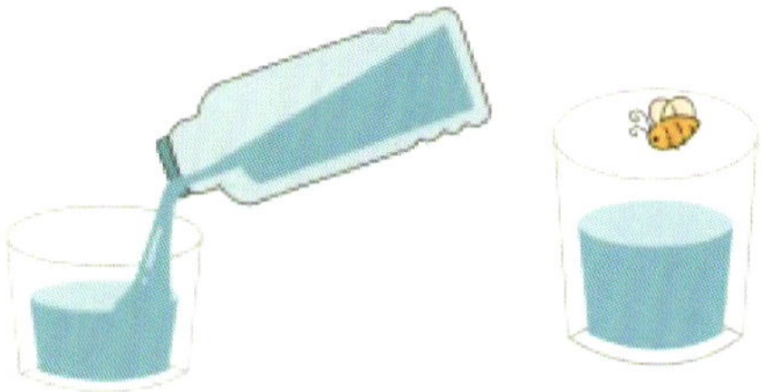

糖块放入水中，水有了甜味

“趣”阅科学

《微观世界：谜一样的小生命》这本书中包括了10个微观场景：盛大的水中芭蕾、攻击皮肤的亲密敌人、攻占厨房的迷你贪吃鬼等，快来翻开书本，踏上这场微观探险之旅吧！

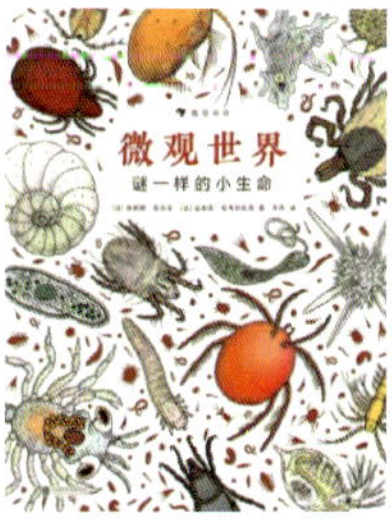

《微观世界：谜一样的小生命》

第07课 自制洗手液

当我们满手沾油，即使用清水反复清洗，手依然油油的，可是当我们在手心挤一点洗手液，搓一搓手，再用清水清洗时，手上的油就消失不见了。同学们，你知道这是为什么吗？今天我们就亲手制作洗手液一探究竟吧！

洗手

科学实验室

实验器材

鸭嘴瓶	塑料瓶	氯化钠（请勿食用和用手触摸）	香精	贴纸
水	勺子	硫酸钠（请勿食用和用手触摸）	量杯	

实验步骤

1 取出塑料杯，加入一半的硫酸钠（请勿食用和用手触摸）。

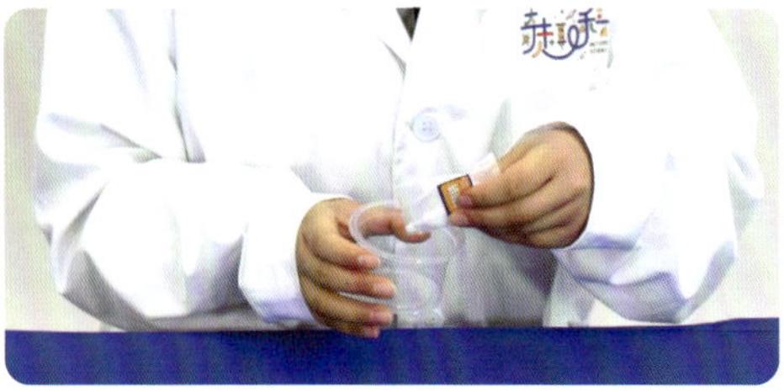

2 用量杯向塑料杯倒入满满两量杯的温水。

3 用勺子搅拌均匀，让硫酸钠充分溶解。

4 打开氯化钠包装袋，向塑料杯中倒入一半。

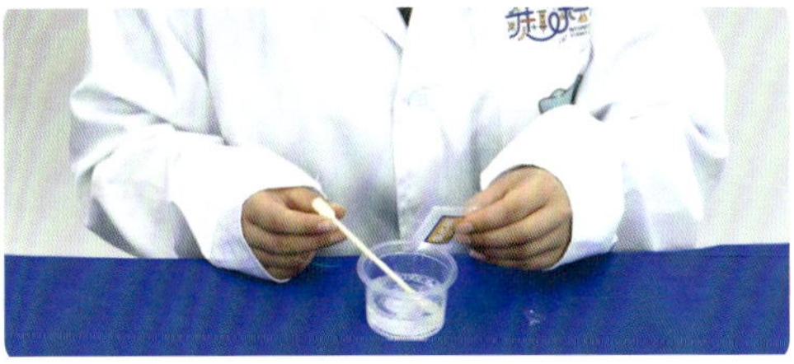

5 再次充分搅拌，让氯化钠溶解在水中，打开香精瓶，倒入香精。

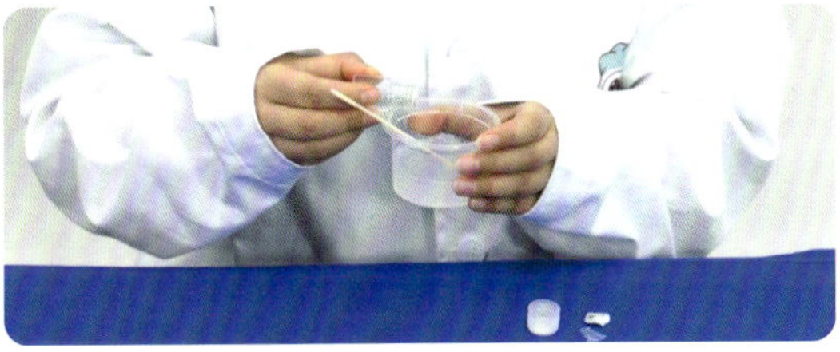

6 搅拌均匀后，将塑料杯放在一边，等塑料杯中的温水变凉后，将我们制作好的洗手液装入鸭嘴瓶中，最后取出贴纸，贴在瓶身上，我们的洗手液就制作完成了！

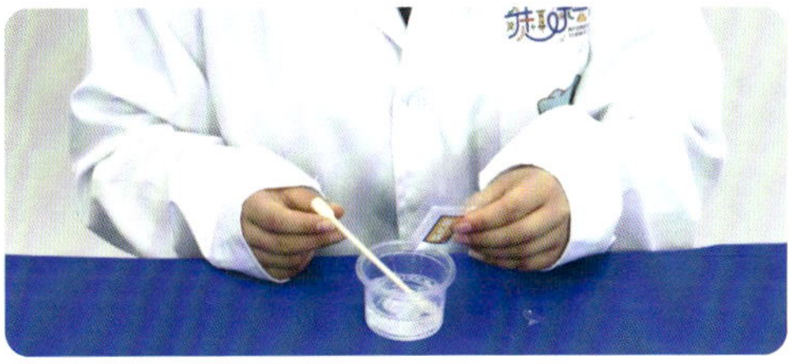

实验现象

我们的洗手液制作完成了，用洗手液可以将我们沾满油污的手洗干净。

科学小知识

双手沾油只用清水冲洗，是不能将油赶跑的，水和油并不相溶，但是洗手液作为表面活性剂，让水和油相溶。所以，使用洗手液之后，我们手上的油就被赶跑啦！

科学与生活

为了将盘子上残留的油污清洗掉，需要使用洗洁精，这下同学们能理解为什么妈妈洗碗的时候会挤一点洗洁精在盘子上了吧！真是生活处处有学问，同学们快回家试一试吧！

洗洁精洗碗

“趣”阅科学

制作洗手液的小实验非常有趣！你们可以拿着自己制作的洗手液，洗洗自己的小手！勤洗手，讲卫生，养成好习惯，推荐阅读绘本故事《小手洗干净》。

《小手洗干净》

第08课

猴子爬杆

同学们，你们有没有想过木偶是如何动起来的呢？脚踩垃圾桶和升降座椅，又是怎样动起来的呢？

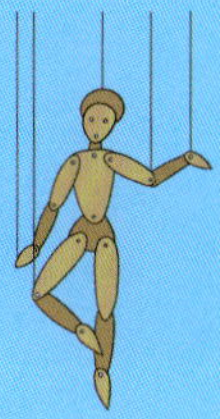
木偶

脚踩垃圾桶

升降座椅

科学实验室

实验器材

猴子卡纸	塑料按扣 × 2	彩色卡纸
金属按扣 × 2	塑料扁棒 × 2	双面胶

实验步骤

1 连接身体、手臂与腿部。

2 连接手臂、腿部与塑料扁棒。手臂与腿部用塑料按扣固定接在两根塑料扁棒的第一个孔位。

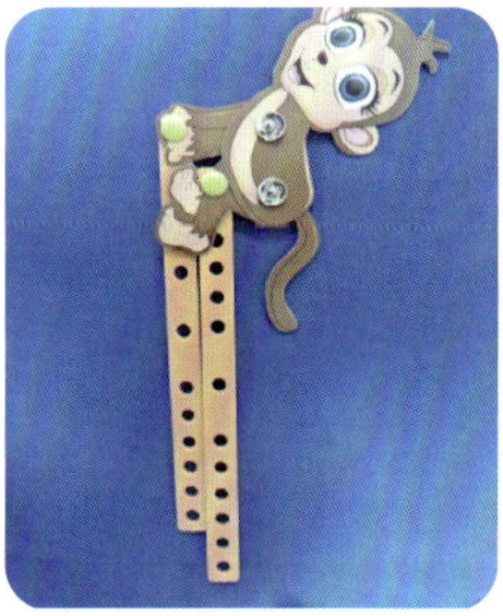

3 彩色卡纸固定扁棒。用双面胶条将彩纸粘贴成一个纸套，套入塑料扁棒。

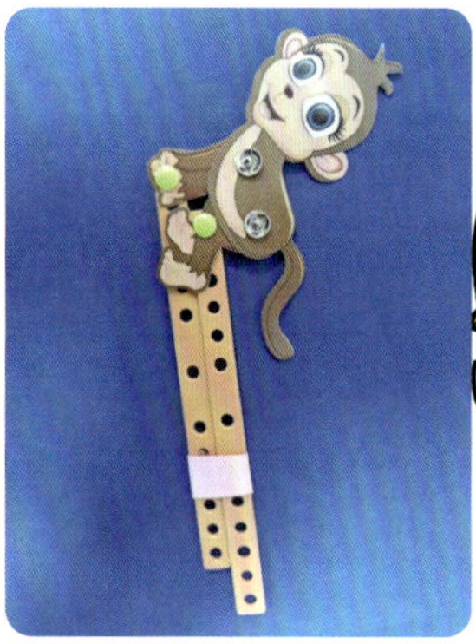

实验现象

双手推拉两杆时，带动猴子身体和四肢进行运动，形成了猴子爬杆的现象。

科学小知识

猴子爬杆实验中，力从一个地方跑到另一个地方，运用了力的传动原理。小猴子爬杆的时候，它先是用手紧紧抓住杆子，然后用脚蹬一下，这时候，猴子脚上的力通过脚掌传到杆子上，杆子又把力传回给猴子的手。这样，猴子的手和脚就像在玩“力的传球游戏”，让身体一点点往上爬。

科学与生活

力的传动在生活中有很多应用，例如，机械钟表中的齿轮转动和传送带等。

机械钟表中的齿轮转动

传送带

通过今天的学习，相信聪明的你一定能解决下面的问题。

哪幅图片可以把门打开？

旋转开门

直接推门

“趣”阅科学

齿轮是怎么运转的？会动的工程书，送给小小机械迷！齿轮转转转，未来的工程师就是你！《咔嚓咔嚓齿轮书》用简单的语言和生动的图片，介绍了齿轮的基本知识。你会学到齿轮是如何转动的，以及它们如何帮助机器工作。书中还展示了齿轮在自行车、钟表和汽车中的应用。通过这本书，你会发现齿轮的神奇和有趣之处，了解它们在我们生活中的重要作用。

《咔嚓咔嚓齿轮书》

第09课

水的拉动

为什么一枚硬币可以容纳这么多水滴？为什么几个曲别针放进装满水的玻璃杯中，可杯里的水竟然没有溢出来。为什么有这样神奇的效果呢？

硬币表面滴水

满杯水里放曲别针

科学实验室

实验器材

1杯清水 | 1个盘子 | 牙签10～15根

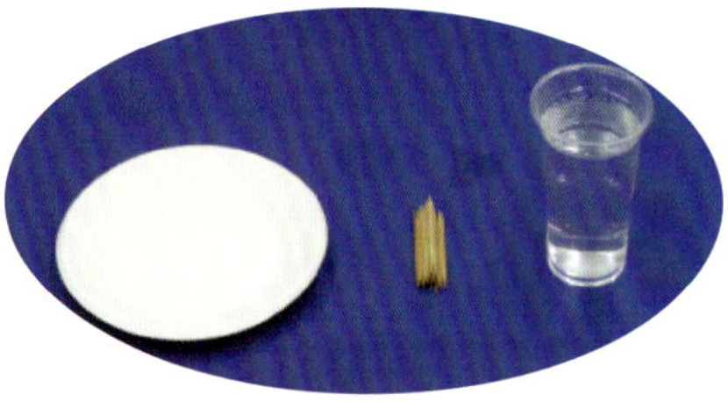

实验步骤

1 将牙签全部浸泡在水杯中

2 盘子里倒入适量的水。

3 拿出浸泡的牙签，整理成一股。

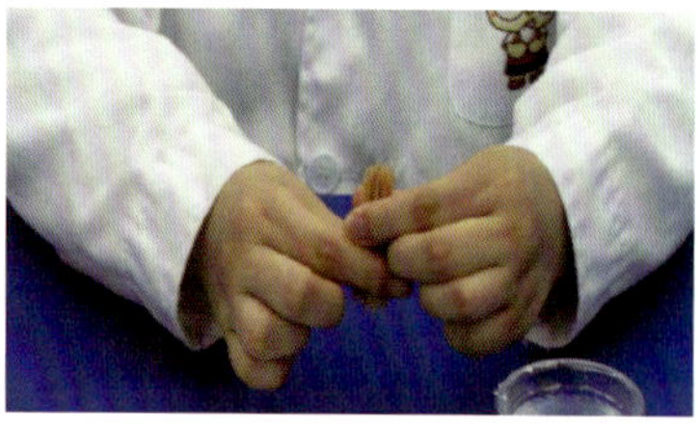

4 将一股牙签立在盛有水的盘子中。

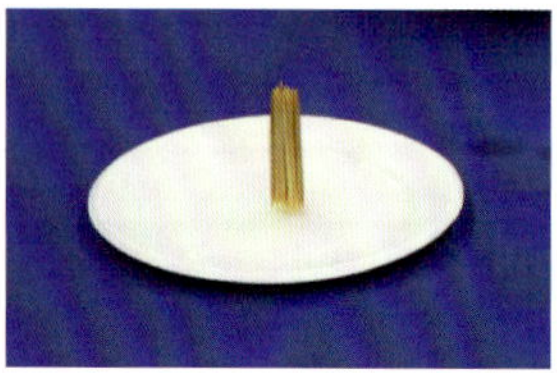

实验现象

牙签站起来了。

科学小知识

完全浸湿后的牙签表面有水，水的表面张力使每根牙签之间形成水膜，从而拉成整体，所以可以站立起来。什么是水的表面张力？水是由无数个水分子构成的，在水的内部，水分子们关系很好，它们互相吸引，紧紧粘在一起。粘在一起的水分子在与空气接触的表面形成了一层水膜，就像气球一样。这样一来，这层水膜就能把所有的水分子都包裹保护起来，这就是水的表面张力。

无数个水分子

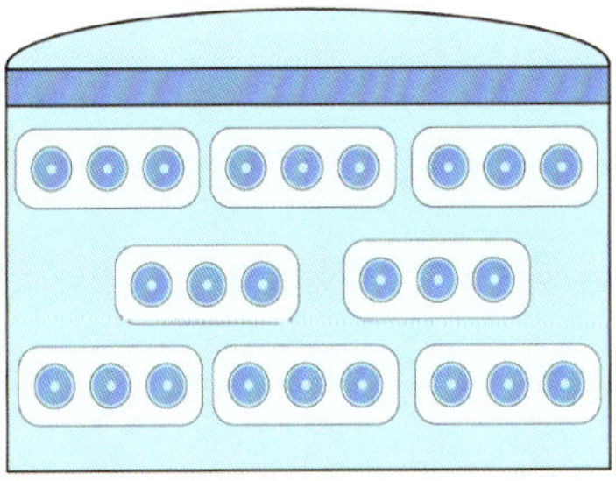

水膜

科学与生活

怎么样，水的表面张力是不是非常有趣？其实生活中水的表面张力随处可见。例如，小昆虫在水面行走，水滴通常呈现完美的球形。同学，你还有其他发现吗？

水滴成球形

“趣”阅科学

神奇的卷毛老师驾驶着那辆不可思议的校车，带领小朋友们开启了一场水世界探险之旅。快让我们翻开《神奇校车：水的故事》这本书，一起去探索水的奥秘吧！

《神奇校车：水的故事》

第10课
燃烧的秘密

“祝你生日快乐，祝你生日快乐……”原来今天是小米的生日，随着生日快乐歌的音乐声响起，老师用打火机点燃了蜡烛，小小的火苗就这样燃烧起来，教室也充满了光亮。你是否想起了过生日时爸爸妈妈点蜡烛的场景。那你知道蜡烛燃烧会产生什么物质吗？一起来看看吧！

插着蜡烛的生日蛋糕

科学实验室

实验器材

蜡烛 | 火柴 × 2 | 夹子 | 蒸发皿 | 烧杯 × 2 | 澄清石灰水

实验一

实验步骤

1 用火柴点燃蜡烛。

2 把蒸发皿放在火焰上方烧制一会儿，观察蒸发皿底部。

实验现象

蜡烛燃烧后，蒸发皿底部被熏黑，晾凉后用纸擦，有一层黑灰。

实验二

实验步骤

取一只干燥的烧杯罩在火焰上方，观察烧杯内壁的情况。

实验现象

蜡烛燃烧后，烧杯内壁有水雾出现。

实验三

实验步骤

1 取另一只干燥的烧杯，用澄清石灰水润湿其内壁。

2 将涂有澄清石灰水的烧杯罩在火焰上方，观察烧杯内壁情况。

实验现象

蜡烛燃烧后，烧杯内壁上的澄清石灰水变浑浊。

科学小知识

蜡烛燃烧后，蒸发皿底部被熏黑，晾凉后用纸擦，有一层黑灰，说明蜡烛燃烧产生碳。烧杯内壁有水雾出现，说明蜡烛燃烧产生水。烧杯内壁上的澄清石灰水变浑浊，说明蜡烛燃烧还产生二氧化碳。

科学与生活

生活中，燃烧给人类带来什么影响呢？燃烧给我们的生活带来了极大的便利，对人类的发展意义重大。同时，燃烧也有可能引起火灾，火灾会烧毁人们的财物，烧伤人们的身体。所以，在生活中我们要正确使用“火”，时刻注意安全。

消防车灭火

“趣”阅科学

《蜡烛燃烧的秘密》讲述的是停电的夜晚，蜡烛的光能把周围照亮，蜡烛燃烧时发出光和热，同时流下蜡油，还释放出我们看不到的二氧化碳。和敏秀一起看看燃烧需要具备什么条件，以及如何让火熄灭吧。一幅幅生动活泼的画面，加上有趣的科学实验，一定带给你一次奇妙的科学之旅！

《蜡烛燃烧的秘密》

第11课

人体奇妙的外衣——皮肤

米娃："你知道吗，除了我们身上穿着的衣服，在我们的身体表面还有一件奇妙的外衣一直保护着我们。"

小朋友："是什么呀？"

米娃："是我们的皮肤！它从我们出生时就一直保护着我们，如果把皮肤摊开铺平，可以覆盖1.5～2平方米！"

小朋友："哇！这么神奇，真的有这么大么？"

米娃："没错，你知道皮肤还有哪些神奇之处吗？我们一起来学习吧！"

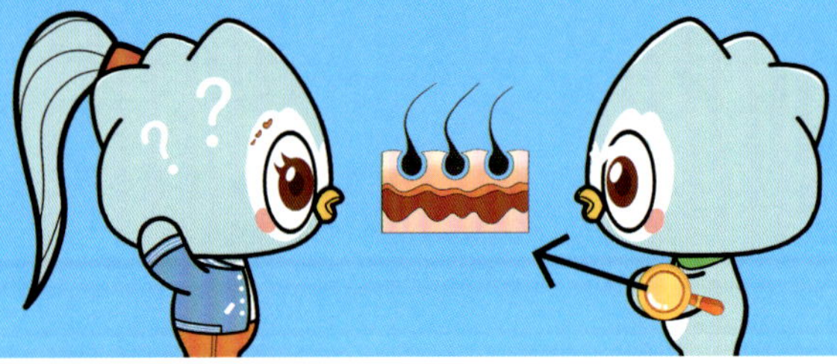

科学实验室

实验器材

3个塑料杯	热水（不超过65 ℃）、温水、冷水

实验步骤

1 将3个大小相同的杯子分别放入等量的热水、温水和冷水。

2 分别将左手和右手的手指放入热水和冷水一分钟。

3 将两根手指一起放入温水中，感受一下两根手指的感觉。

实验现象

刚开始放在冷水中的手指感受到了热，放在热水中的手指感受到了冷，因为两根手指习惯了冷水和热水的温度，再放进温水里，就会感觉到一冷一热。

科学小知识

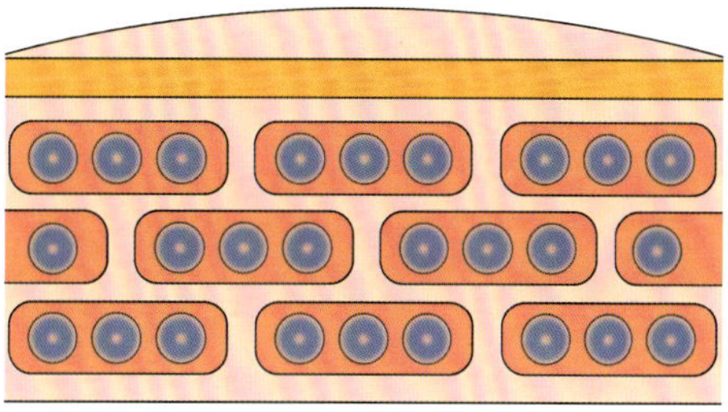
皮肤组织

皮肤能保护身体和适应环境！

1.皮肤是身体的自然保护层，可以保护身体免受外部伤害和感染，同时也是身体内部情况的重要反映。

2.皮肤是人体最大的器官，它由不同的层次组成，包括表皮、真皮和皮下组织。

3.皮肤在我们的身体上承担着保护作用，能够阻挡外部环境中的有害物质。

4.皮肤是我们的感觉器官，它可以感受到外部环境的刺激，例如触摸、温度、疼痛等。

5.皮肤是身体的温度调节器，它可以通过出汗来降低体温，并在寒冷时通过收缩毛孔来保暖。

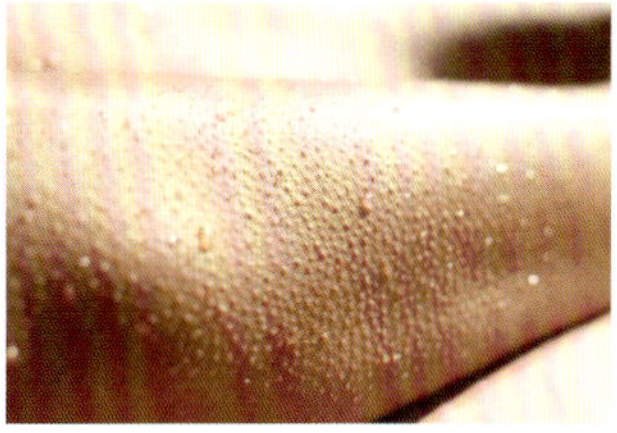
皮肤出汗

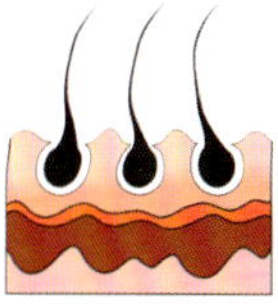
皮肤上的毛孔

皮肤像一张超级大的布，覆盖全身，更厉害的是，皮肤还是我们身体里的“温度控制器”呢！热则出汗散热，冷则保温，恰似家中空调，调节自如。皮肤是我们身体的好朋友，一直默默地保护着我们，真厉害！

科学与生活

保护皮肤的小建议：

1.要多喝水，让皮肤有足够的水分。

2.每天都要认真洗脸，把脸上的脏东西洗掉。

3.出门的时候，如果太阳很大，要戴上帽子，避免皮肤被晒伤。

给皮肤补充水分

4.还要多吃水果和蔬菜，给皮肤补充营养。

5.保持心情舒畅，伤心和生气也会对皮肤健康产生不好的影响哦！

6.适当的运动：运动可以让皮肤充血，让我们的皮肤更加饱满有活力！

“趣”阅科学

《神奇校车：在人体中游览》这本书充满趣味，神奇校车带领孩子们钻进胃里，滑到小肠，经由小肠绒毛的血管，孩子们一个个附在红细胞上，再经由血液循环进入右心房、右心室到肺脏。接着，又循环回到左心房、左心室到大脑。然后，又往下到脊髓、腿部肌肉，由腿部肌肉内的血管再循环回到心脏、肺脏，并进入鼻腔。最后，借着打一个大喷嚏又回到现实世界。

《神奇校车:在人体中游览》

第12课
化石挖掘

小米：“小娃，你知道吗？我这个周末在土里发现了一块神奇的石头，上面有一个很规则的图案。”

树的年轮

小娃：“这个图案长什么样子呢？”

小米：“有精美的纹理和凸起。”

小娃：“这是什么石头？”

小米：“它是远古时代的化石！”

科学实验室

实验器材

錾(zàn)子　化石石膏　毛刷

实验步骤

1 取出化石石膏。

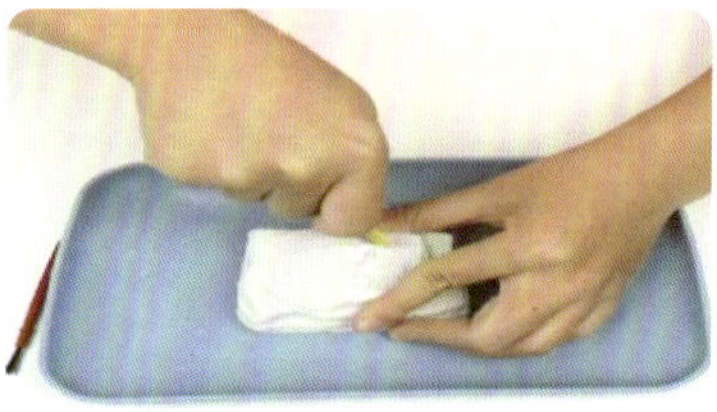

2 用錾子挖掘化石。

3 挖到骨架细微处，用毛刷慢慢刷掉里面的石膏。

4 用毛刷清理石膏颗粒，挖出恐龙化石并用毛刷清理干净。

实验现象

恐龙化石

随着挖掘的深入，石膏表面的多余部分被逐渐去除，内部的恐龙化石模型开始显现。

科学小知识

化石可以告诉我们很久以前的世界是什么样子，有哪些奇妙的生物。研究化石就像读一本古老的故事书，我们可以知道恐龙、大海里的奇怪动物和以前的大树是怎样的。这些石头还会告诉我们，动物们是怎么变样的，比如小鱼怎么变成了大鱼，小爬行动物怎么变成了大恐龙。

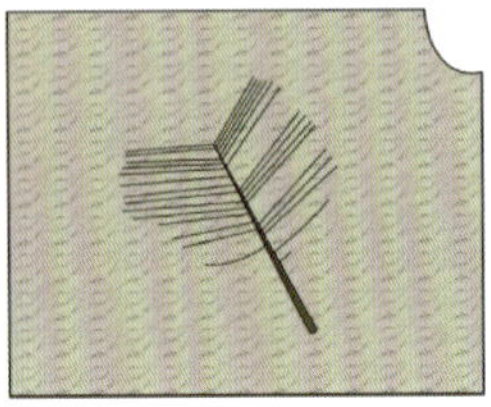
蕨(jué)类植物化石

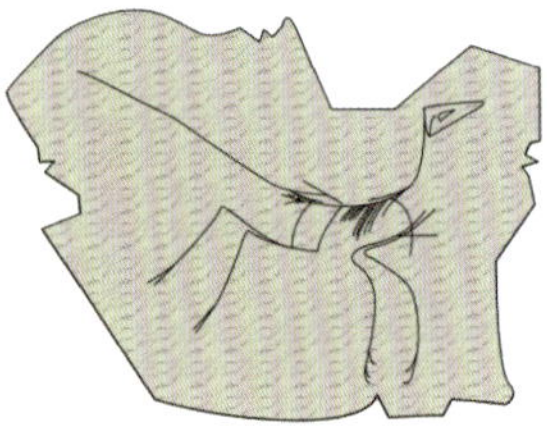
盗龙化石

科学与生活

在很久很久以前，生物们开始出现在地球上，它们的构造很简单。随着时间的流逝，这些生物开始慢慢地变化，变得越来越复杂，越来越高级。

我们可以通过化石来发现这个秘密。在越古老的地层里，我们找到的生物化石就越简单、越低级。

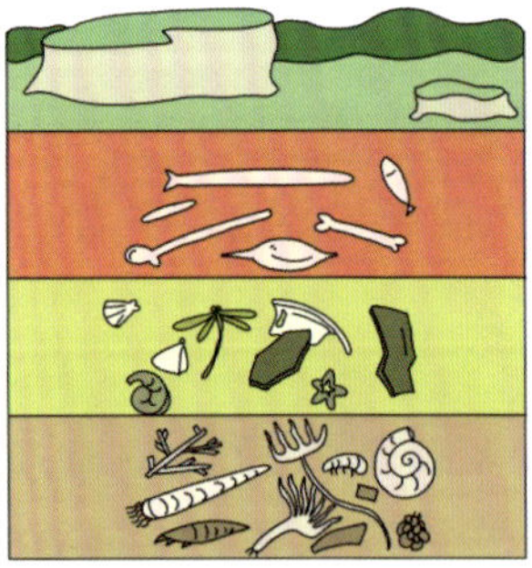
不同历史地质年代的化石分布

“趣”阅科学

《山顶上的一百万只牡蛎》通过一只小小的牡蛎化石，让我们了解到化石、岩层、地质时期、版块运动的相关知识。快让我们一起走进这个神奇的世界吧！

《山顶上的一百万只牡蛎》

奇趣小小
科学家
实验
魔法
下册
谷华 张芳 吴丽丽 著
奇趣
中国原子能出版社

图书在版编目（CIP）数据

奇趣小小科学家. 实验魔法. 下册 / 谷华, 张芳, 吴丽丽著. -- 北京 : 中国原子能出版社, 2024. 10.
ISBN 978-7-5221-3722-3

Ⅰ. Z228.1

中国国家版本馆 CIP 数据核字第 2024SR6981 号

奇趣小小科学家——实验魔法（下册）

出版发行	中国原子能出版社（北京市海淀区阜成路 43 号　100048）
责任编辑	杨晓宇
责任印制	赵　明
印　　刷	炫彩（天津）印刷有限责任公司
经　　销	全国新华书店
开　　本	787 mm×1092 mm　1/16
印　　张	2.5
字　　数	35 千字
版　　次	2024 年 10 月第 1 版　2024 年 10 月第 1 次印刷
书　　号	ISBN 978-7-5221-3722-3　　**定　价**　**330.00** 元（全 **12** 册）

本书创作组

作　　者：谷　华　张　芳　吴丽丽

参与创作：豆少华　杨雪珂　张　惠　谷婷婷　王叶培

顾　鑫　胡晓玥　乔文飞　陈　明　牛玉荣

周　洁　何世茹　杨　倩　陈秀芸

序言

PREFACE

生活在这个知识爆炸、科技日新月异的新时代，我们每一个人都仿佛置身于一场波澜壮阔的历史洪流之中，经历着前所未有的变革与挑战。在这场变革中，新时代的教育强国建设无疑给我们教育工作者提出了更为崇高且紧迫的使命与要求。在“双减”背景下，做好科学教育的加法为我们重新审视和定义教育内涵提供了宝贵契机。在这场教育生态的重塑之中，科学教育以其独特的魅力与重要性，成为了我们不容忽视的焦点。它不仅关乎孩子们对自然世界的认知与探索，更是培养他们创新思维、实践能力和科学素养的关键途径。正是在这样的背景下，我们汇聚了一群怀揣教育梦想、热爱科学教育的教师同仁，携手众多深耕科学教育领域的专家，共同撰写了这套以科学实验为核心内容的科学丛书。这不仅仅是一系列书籍的创作，更是一场关于科学精神、教育情怀与未来想象的深刻对话与实践。

科学之光，点亮童心

每一个孩子都是天生的探索者，他们对世界充满了好奇与渴望。本套丛书精心策划了一系列科学实验，旨在点燃孩子们对科学的热爱，引导他们从日常点滴中发现科学之美。本套丛书语言活泼、情境精彩、图画生动、实验有趣，从简单的物理现象到复杂的化学反应，从微观的细胞世界到浩瀚的宇宙星辰，孩子们通过观察现象、动手实验、阅读思考、总结规律，轻松掌握科学知识、提高探究能力、滋养想象思维、激发创新精神，每一个实验都是一扇窗，让孩子们得以窥见科学的无限可能，启迪智慧的炫彩火花，点亮未来的梦想之路。

团队协作，智慧结晶

本套丛书的诞生，是集体智慧的结晶。我们集合了河北省各地的优秀科学教师，他们都是科学教育的行家里手，有着丰富的实践经验与教学智慧，对孩子们的学习特点与兴趣点有着敏锐的洞察。在专家的精心指导下，我们反复打磨每一个实验方案，力求做到既科学严谨又生动有趣，既注重知识的传授又强调能力的培养。我们相信，这样的科学教育才能真正触及孩子们的心灵，让他们在轻松愉快的氛围中成长为未来的科学之星。

家校共育，携手成长

这套丛书还特别适用于学校的课后服务以及家庭亲子游戏。我们希望通过这样的形式，搭建起家校共育的桥梁，让家长也能参与到孩子的科学学习中来，共同见证孩子的成长与进步。亲子共做实验的过程，不仅能够增进亲子关系，还能让科学成为连接两代人情感的纽带，让科学教育成为家庭生活中不可或缺的一部分。

展望未来，无限可能

展望未来，我们满怀期待。我们相信，随着这套丛书的广泛传播与应用，将有更多的孩子因此而爱上科学、投身科学、成就科学梦想。让我们携手并进，在科学的道路上不断探索、勇毅前行，共同为孩子们撑起一片更加广阔的天空，让科学的种子在他们心中生根发芽、茁壮成长！

最后，衷心感谢所有参与本套丛书创作的教育同仁、专家学者的辛勤付出与无私奉献。愿这套科学丛书能够成为孩子们成长道路上的良师益友，陪伴他们开启一段段精彩纷呈的科学探索之旅！

河北省石家庄市融创中心第一小学校长

谷华

目录

物质科学

生命科学

地球与宇宙科学

工程与技术

第01课

玩转音色

声音世界真神奇，同样是唱《两只老虎》这首歌，为什么小米和小娃唱出的声音是不一样的呢？

科学实验室

实验器材

塑料杯 | 玻璃杯 | 瓷碗 | 木棒 | 铁棒

实验步骤

1 用铁棒分别敲击塑料杯、玻璃杯、瓷碗、木棒，认真听声音。

2 用铁棒敲击物品，认真对比一下敲击发出的声音。首先用铁棒敲击塑料杯、玻璃杯，听听声音，然后用铁棒敲击瓷碗、木棒，听听声音。

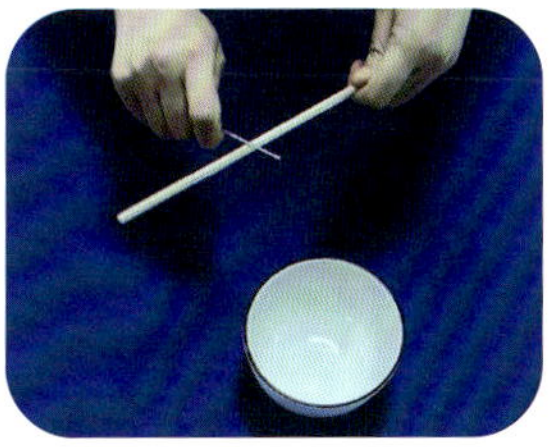

实验现象

使用铁棒敲击不同材质的物品，发出的声音是不同的。

科学小知识

你知道吗，每个声音都有自己的“性格”，我们叫它“音色”。音色与发声体的材料和结构有关，发声体的材料和结构不同，震动时发出的音色也就不同。

乐器

科学与生活

我们每个人的发声构造都是不同的，所以我们每个人发出的音色也不同。音色就是我们的声音名片，独一无二。让我们爱上自己的音色，因为这是专属于我们的财富，是这个缤纷世界中的一抹亮色。

“趣”阅科学

乐器发出的美妙音乐，汇成了世间伟大的交响！《乐器是怎么来的》这本书介绍了乐器是根据哪些物品的音色产生的，能让我们更多地了解音色的奥秘，快去读一读！

《乐器是怎么来的》

第02课

火山喷发

当火山喷发时，滚烫的岩浆会从火山口冲出来，十分壮观。你想在实验室里见到这种景象吗？

科学实验室

实验器材

火山模型	碱	塑料杯	清水
柠檬酸	红色素	勺子	一次性桌布

实验步骤

1 在桌面上垫上一次性桌布。

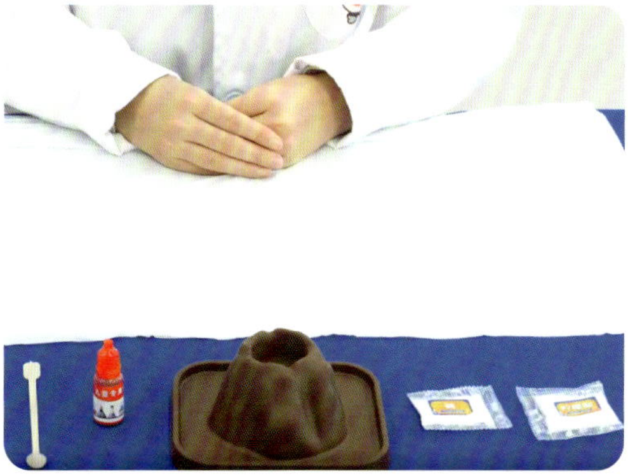

2 将柠檬酸和碱分别倒入火山底座内，用勺子搅拌均匀。

3 在塑料杯内倒入水并滴入红色色素，用勺子搅拌均匀。

4 向火山凹洼内小心缓慢地倒入搅拌好的色素水。

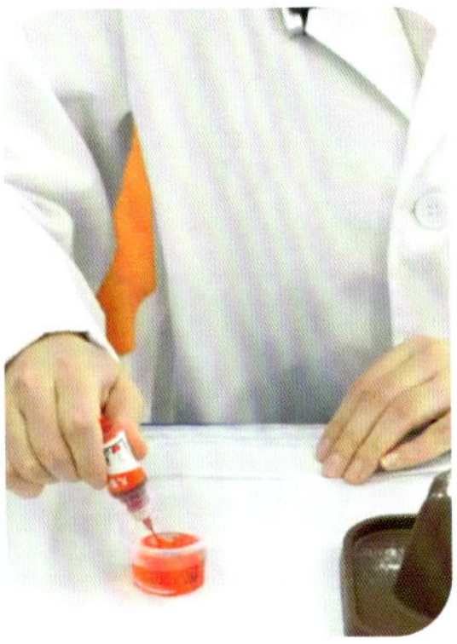

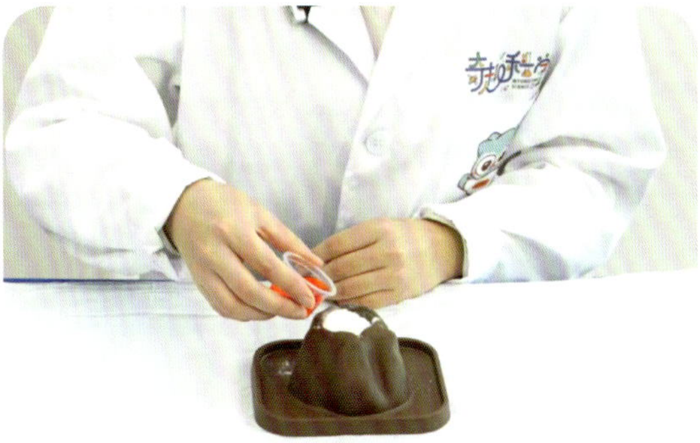

实验现象

火山口会流出红色“岩浆”。

科学小知识

柠檬酸和碱在加水后发生反应，产生一种叫二氧化碳的气体，与红色素混合后，产生红色的气泡，从火山模型中涌出来，就好像火山喷发出岩浆一样。

科学与生活

你知道吗？火山会喷出很多危险的东西。例如，有毒的气体、滚烫的岩浆和岩石碎片。这些东西都可能会伤害到我们。

大量有毒气体

滚烫的岩浆

但是，火山喷发也有一些有益的方面。例如，火山喷发后形成的火山口，风景十分壮观！我们可以去五大连池世界地质公园游览，那里被誉为“天然火山博物馆”和“打开的火山教科书”。另外，长白山也是一个休眠火山，它的火山口变成了一个超级美的湖，湖水比天空还要蓝！

火山口

长白山休眠火山

“趣”阅科学

你想来一次从古代的庞贝城到现代的美国黄石国家公园的火山之旅，探索那些令人惊叹的火山奇观吗？请走进《火山的故事》！

《火山的故事》

第03课 变化的月亮

农历初一的晚上发生了一起抢劫案。警察很快找到了几个嫌疑人，并叫他们来问话。其中一个人说，案发时他正迎着明亮的月光走在回家的路上。警察听后，马上就说这个人在撒谎。你们知道是为什么吗？

科学实验室

实验器材

铅笔 黄色彩笔 橡皮 尺子 月亮形状变化记录单

实验步骤

1 观察地点：在家长的陪伴下，选择一个视野开阔、没有遮挡的地方。

2 观察时间：农历上半月观察月亮形状的最佳时间一般在晚上8点到9点之间，农历下半月观察月亮形状的最佳时间一般在晚上9点以后。我们可以使用手机或相机拍摄月亮，方便记录。

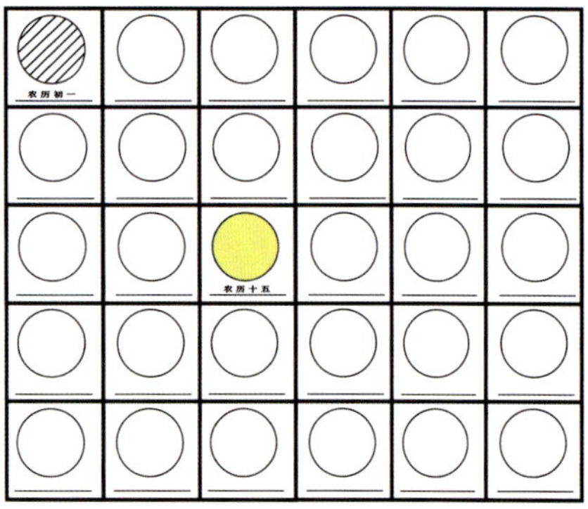

物质科学

3 记录：把观察或拍摄到的月亮形状画在下面的表格中。我们可以用黄色来表示月亮的亮面，用阴影来表示月亮的暗面，并写上对应日期，注意要使用农历日期哦！每天观察后，比较前一天的月相，看看有什么不同。

实验现象

月亮的形状是不断变化的，农历上半月月亮由缺变圆，下半月月亮由圆变缺。

一个月中月亮形状变化的规律

科学小知识

月球本身不发光，但能反射太阳的光。随着月球、地球和太阳位置的变化。我们在地球上看到的月亮形状也会变化，并且这种变化是有规律的。

通过记录单，你们知道警察是怎么断定嫌疑人撒谎的吗？

科学与生活

月亮歌

初一月亮看不见，初二月亮一根线。
初三初四像镰刀，初七初八月半边。
一天更比一天胖，直到十五月才圆。
十七十八月出迟，一天更比一天瘦。
廿九三十见月难，下月初三再出现。

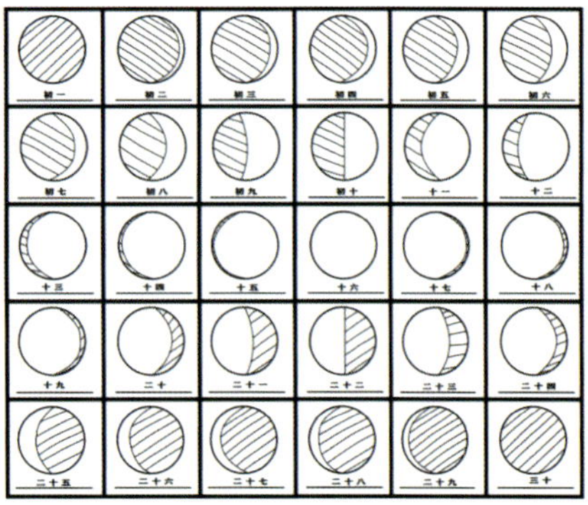

月相变化图

“趣”阅科学

有一本非常特别的月亮知识书叫作《有趣的月亮观察绘本》，它就像一把神奇的钥匙，可以打开通往月亮世界的大门。快来开启这场关于月亮的奇妙之旅吧！

《有趣的月亮观察绘本》

第04课

我会放电

秋冬季节，小米一脱衣服就发现，毛衣噼里啪啦地响，好像还带着光，头发被吸附在毛衣上，随着毛衣脱下来，头发直接竖了起来，倒是真有几分“怒发冲冠”的架势了。

科学实验室

实验器材

毛巾	纸	盐
吸管	气球	彩色纸屑

实验一

实验步骤

1 取一片纸巾撕成一片片碎纸屑，撒在桌面。

2 将吸管放进毛巾中来回摩擦20次左右。

3 手握住吸管的一端，用另一端靠近桌面的碎纸屑，观察现象。

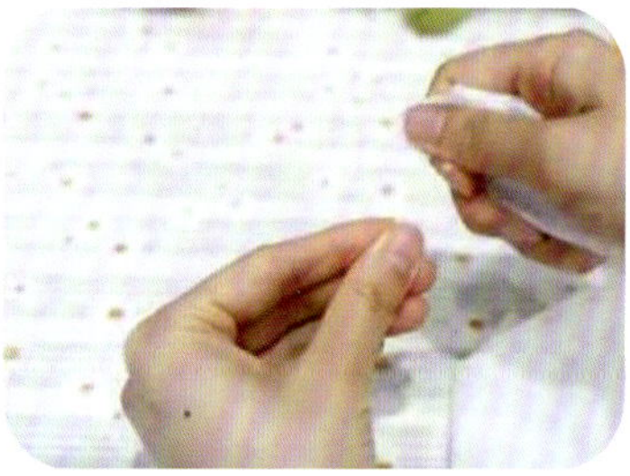

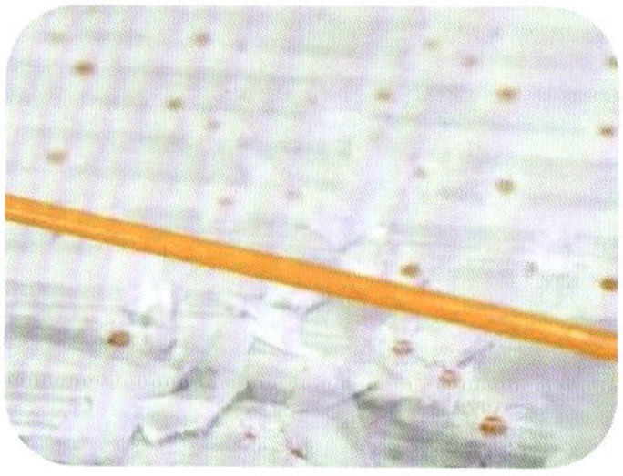

实验现象

碎纸屑被吸管吸起来了。

实验二

实验步骤

1 盘子里倒点盐，加入彩色纸屑进行搅拌。

2 拿气球在头发上轻轻摩擦。

3 再将气球靠近纸屑，观察现象。

实验现象

彩色纸屑被气球吸起来了。

科学小知识

秋冬季节，空气变得干干的，因为里面的水蒸气变少了。这时候我们穿的衣服，还有其他东西的表面，都更容易带上静电。静电是在两个物体相互接触并摩擦的瞬间产生的，也叫“摩擦电”。

静电现象

科学与生活

秋冬季节用塑料梳子梳头发、穿化纤质地的裙子会看到静电现象。

梳子梳头发

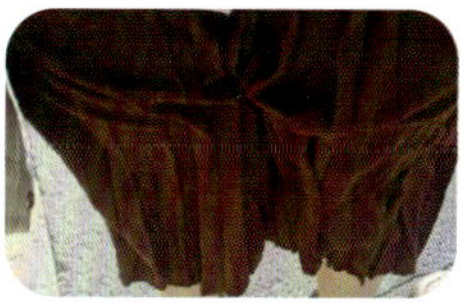

化纤质地裙子

消除静电小妙招：保持人体湿度、穿棉质的衣服。

保持人体湿度

穿棉质的衣服

“趣”阅科学

《噼啪噼啪是静电》这本书讲述的是关于静电的知识，介绍了小主人公在日常生活中遇到的各种静电现象，并解释了背后的科学原理。让我们跟随书中的主人公米莱和波波一起来了解静电。

《噼啪噼啪是静电》

第05课

永远绽放的花朵

小娃："好漂亮啊！春天的花儿色彩斑斓，香气扑鼻，让人忍不住想要留住这份美好。"

小米："别伤心，小娃，我有办法能让花朵一直开放！"

科学实验室

实验器材

书 | 棉绳 | 硬卡纸 | 草纸×20 | 植物一棵（花、叶、根完整）

实验步骤

1 采集植物，选择花、叶完整的植物，尽量使根系保持完整。

2 标本压制。修剪多余叶子，保留花朵。打开标本夹，放入草纸，将植物放在草纸上，整理叶片，尽量不重叠。盖上草纸，用标本夹夹上草纸，棉绳绑紧标本夹。每天更换一次草纸，防止发霉。

3 七日后，将植物标本粘贴在硬卡纸上，右下角上写采集信息：采集日期、地点，花朵名称、学名、经济价值，等等。

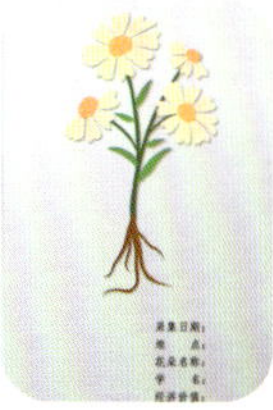

实验现象

一个完整的植物标本就做好了。

科学小知识

不管是春天的花、夏天的绿叶，还是秋天的果实、冬天的落叶，植物学家随时都能打开标本柜，查看来自世界各地、各个时期的植物样本。

科学与生活

艺术家们很喜欢用压制标本来创作漂亮的图画或者装饰品。我们家里、教室里也可以摆上好看的植物标本画，感觉好像把大自然搬进了屋子里。旅行时，可以收集一些好看的花草，做成压制标本，把旅行的美好记忆封印在标本里。

植物标本画

“趣”阅科学

怎么才能把自己见过的奇花异草介绍给他人？借用图片，太平面化和局部化；用文字描述，过于单调、乏味。解决这个难题的最佳方式就是制作植物标本。打开这本《我的第一本植物标本集》，去标本的世界里遨游！

《我的第一本植物标本集》

第06课

笼 中 鸟

你知道吗？有时候我们的眼睛也会给我们变出一些有趣的“魔术”，让我们看到一些其实并不存在的东西，或者看到的东西跟真实情况不太一样。让我们一起探究其中的奥秘吧！

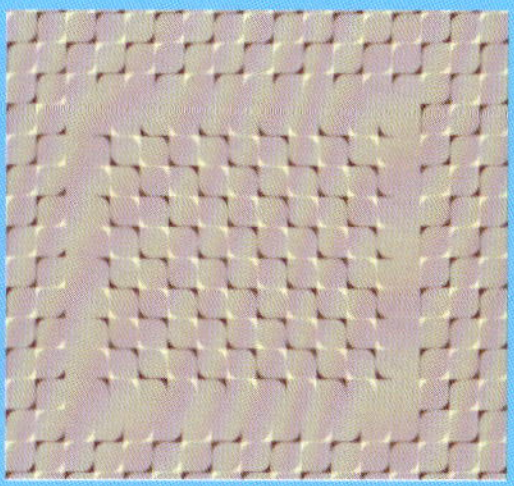

科学实验室

实验器材

长棒 × 2	双面胶 × 3	摇柄 × 1
短棒 × 3	长轴 × 1	小鸟卡纸 × 1
轴套 × 2	短轴 × 1	鸟笼卡纸 × 1

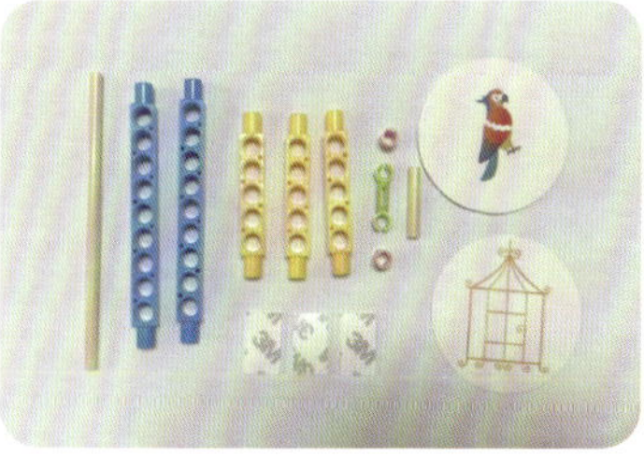

实验步骤

1 拿出长棒、短棒、轴套，组装支架。

2 组装摇臂，将长轴穿过轴套，摇柄套在长轴一端，在摇柄另一端套上短轴。

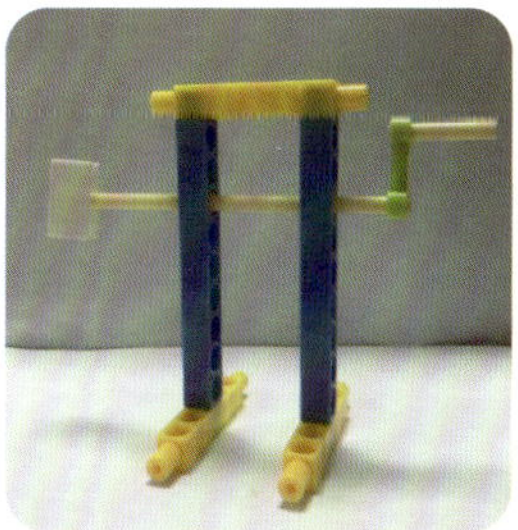

3 粘贴鸟笼卡纸，鸟笼顶部朝下，中心线与圆棒对齐。

4 粘贴小鸟卡纸，小鸟头部朝上，与鸟笼卡纸对齐。

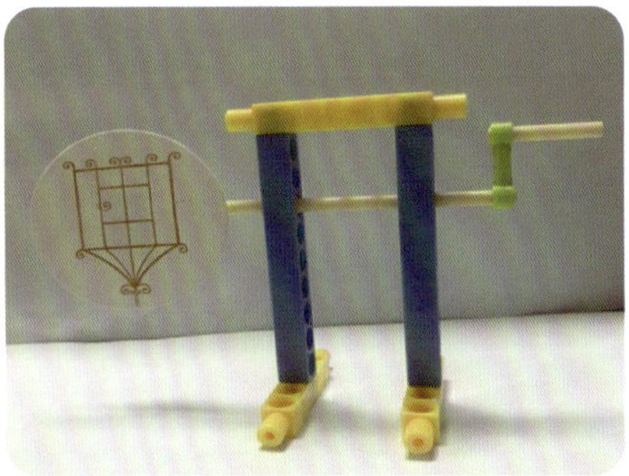

5 转动手柄，观察现象。

实验现象

小鸟图纸高速转动时，形成一个小动画，小鸟好像在笼子里似的。

科学小知识

当我们看到很多图片一张接一张飞快地闪过，前一张图片还没完全从眼睛里消失，下一张就已经来了。这样一来，我们的大脑就把这些图片连在一起，变成了一个动起来的画面，这种现象叫作“视觉暂留”。

动画片就利用了这个原理！它们把很多相似但又有点不同的图片快速地给我们看，我们就看到它们动起来了，是不是很神奇？

科学与生活

下大雨时，我们看见雨点落下来好像是一条一条的直线；在房间里把灯关掉，我们拿着手电筒快速地旋转，会看到一个光环。这些都是视觉暂留的现象。

雨点成一条一条直线

手电筒快速旋转形成光环

“趣”阅科学

《你这么棒，我怎么办》是一本藏着魔法的绘本，特别为好奇心满满的小探险家们准备的！想象一下，翻开这本书，就像打开一扇通往奇妙视觉世界的门，那里不仅有温暖人心的故事，还有令人惊叹的视觉游戏等着你。

《你这么棒，我怎么办》

第07课

快来追赶我呀

我们都知道雄伟的金字塔由一块块巨石堆积而成。每块巨石都有三四吨重，在那个没有汽车的时代，搬运这样重的巨石，十分困难。科学家们就猜测，工人们利用了滚木法搬运石块，同学们你们知道为什么工人们利用滚木搬运吗？

科学实验室

实验器材

圆柱体木块 | 长方体木块 | 斜坡

实验步骤

1 设置斜坡，确保斜坡稳定。

2 将圆柱体和长方体的木块放置在斜坡顶部。

3 同时释放圆柱体木块和长方体木块，观察它们的下落。

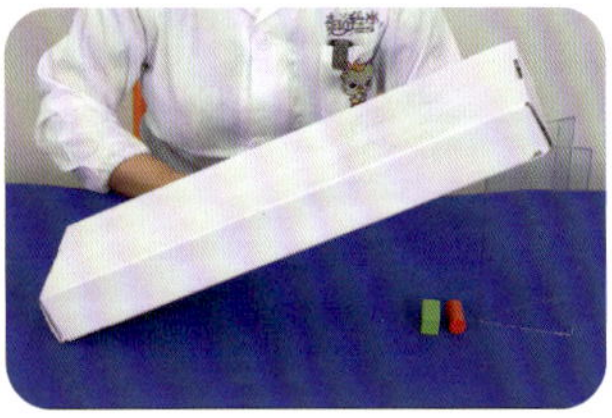

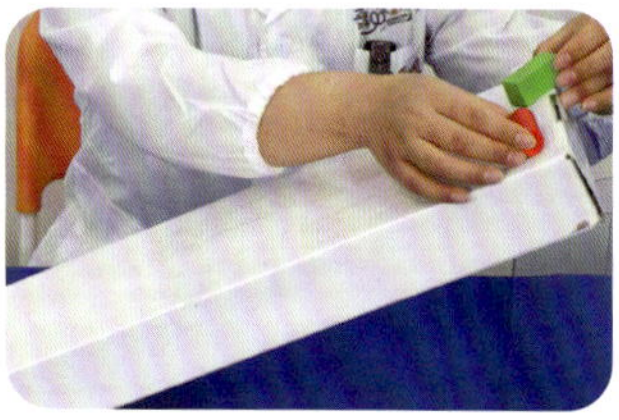

实验现象

在同一斜坡上，圆柱体滚动速度比长方体滑动的速度快。

科学小知识

圆柱体从斜坡上下落是滚动现象，长方体从斜坡上下落是滑动现象，圆柱体滚动下落与斜坡的摩擦力小，下落得就快；而长方体滑动下落时与斜坡的摩擦力大，下落得慢。所以建造金字塔的工人们，就利用滚木，把沉重的石块放在滚动的木头上，再由工人在前面拉拽，这样就会既节省力气，又加快搬运效率！人类真是太有智慧了！

科学与生活

从同样高度的斜坡下落，足球和纸箱谁先下落呢？快来动手试一试吧！

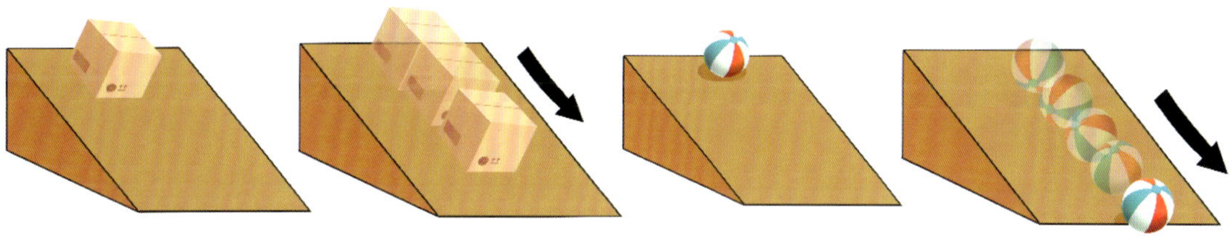

“趣”阅科学

关于速度的知识同学们掌握了多少呢？想不想再多了解一些有关速度的科学知识呢？推荐同学们阅读绘本《“子弹头”的速度》，快来通过阅读丰富自己吧！希望你成长为科学小达人！

《“子弹头”的速度》

第08课

独轮车

借用独轮车就可以搬运很重的东西，而且十分省力，这是因为独轮车的制作利用了杠杆原理，这节课就来一起认识杠杆吧！

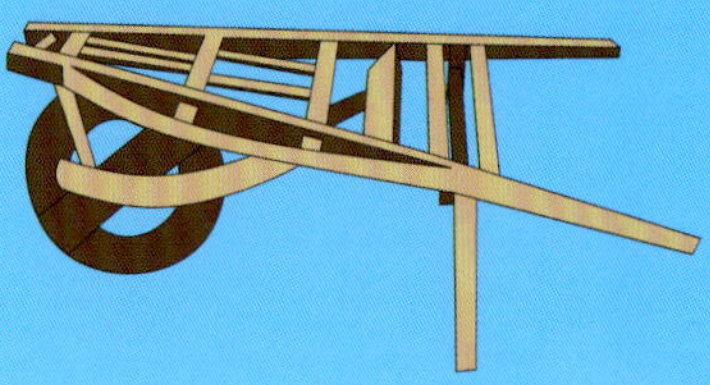

物质科学

科学实验室

实验器材

方木条纵梁	短圆棒	黑色皮套	雪糕棒
黄色F夹轴承	黑色的车轮	C形夹	蓝色方圆插件

实验步骤

1 将方木条纵梁摆放在桌面上。

2 将黄色F夹轴承安装在方木条上。

3 找出一根短圆棒和黑色的车轮，将短圆棒插入车轮中间。

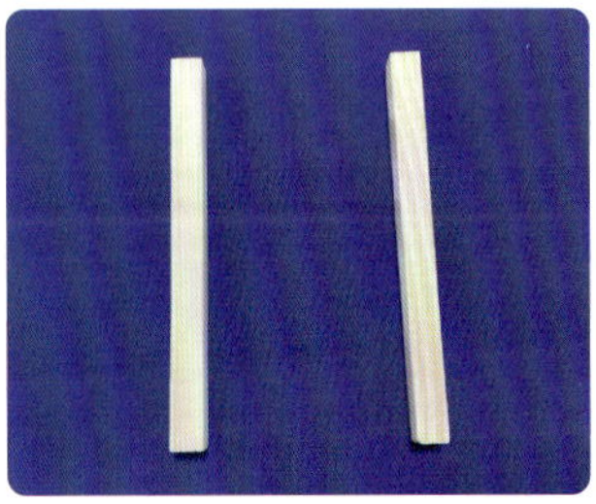

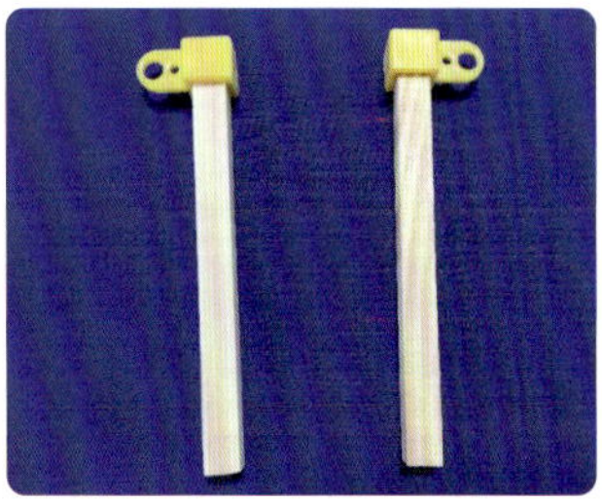

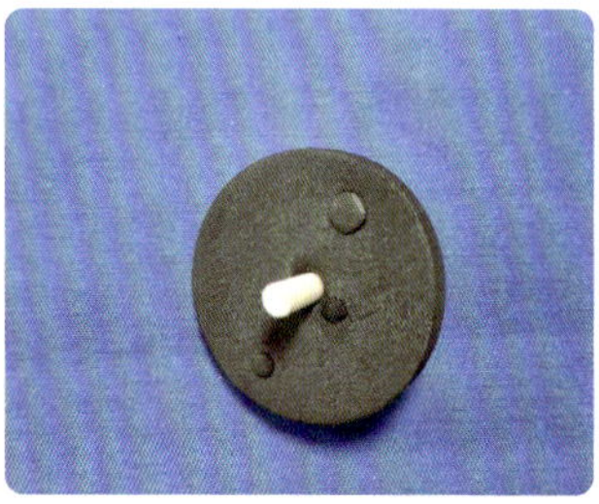

4 将两根方木条和车轮拼装在一起，再将两个黑色皮套套在车轮的短木棒上。

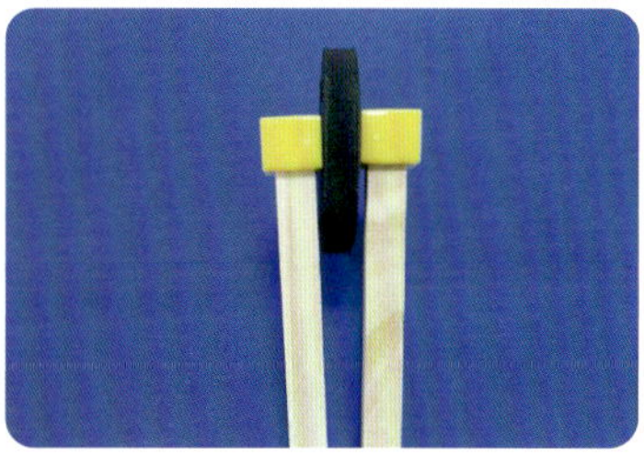

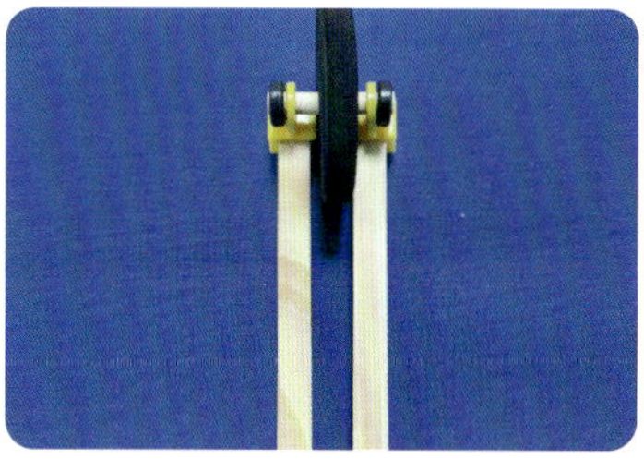

5 找出两个C形夹和一根短的雪糕棒，然后利用C形夹将雪糕棒固定在方形条上。

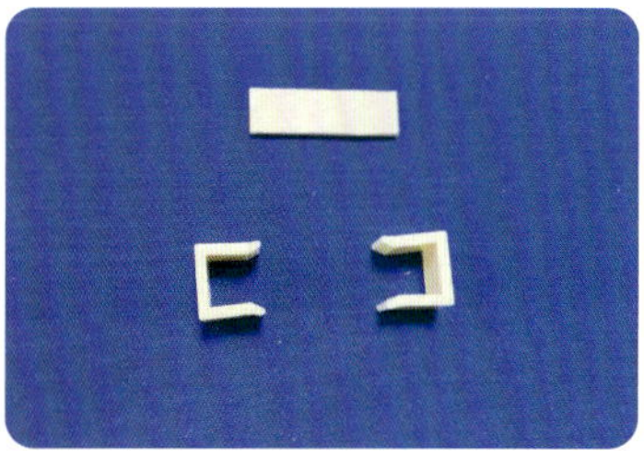

6 找出两个C形夹和一根长的雪糕棒，然后利用C形夹将雪糕棒固定在方形条上。

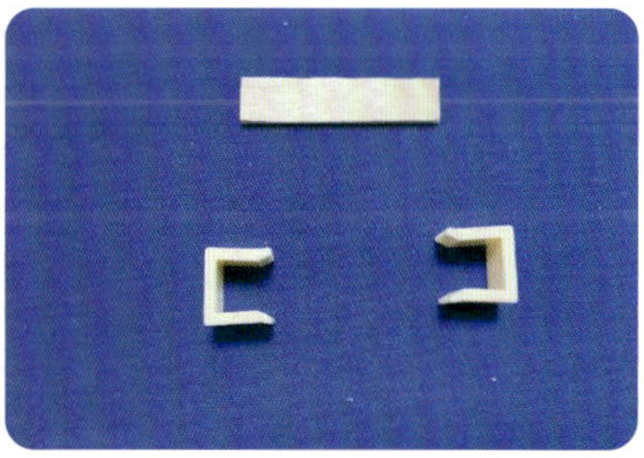

7 将两个蓝色方圆插件，安装在方木条尾部。

8 将两个长木棒插入方圆插件的下面。

9 最后，将两个短木棒安装在蓝色方圆插件后面。

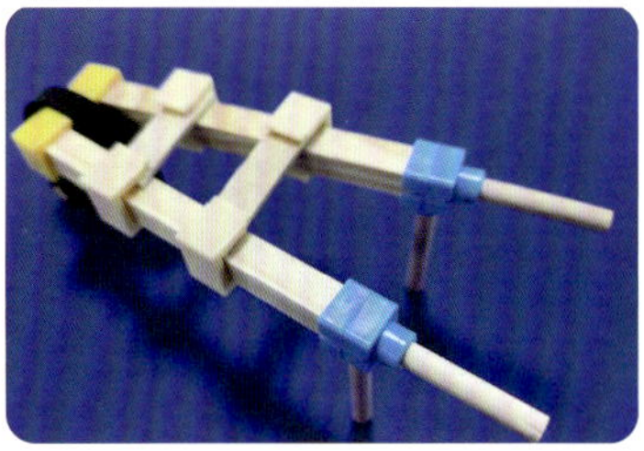

科学小知识

杠杆是简单的机械，运用杠杆能让我们更省力、生活更便利。独轮车就是借用杠杆原理轻松搬运重物的！

科学与生活

手推车利用杠杆原理，让人们搬运东西更加省力。在生活中，杠杆原理的利用非常普遍，起重机、秤、钳子等用品其实就是利用了杠杆原理，你还发现生活中哪些地方使用了杠杆原理吗？

起重机

秤

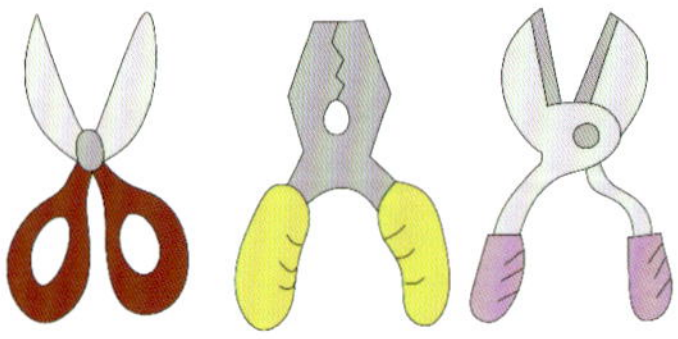

钳子

“趣”阅科学

在我们生活中，杠杆的利用非常普遍，可以说杠杆无处不在，同学们如果对杠杆非常感兴趣，可以阅读绘本《无处不在的杠杆》。

《无处不在的杠杆》

第09课
色彩移动

小米：“小娃，你知道什么是‘毛细现象’吗？”

小娃：“是不是像毛衣、毛笔上面的那种毛毛呀？”

小米：“哈哈，不是那个‘毛’，我说的是水的一种神奇表现，叫‘毛细现象’。”

让我们通过小实验来探究一下吧！

科学实验室

实验器材

1杯500 mL的清水 | 纸巾 | 塑料杯×3 | 红色色素 | 蓝色色素 | 搅拌棒

实验步骤

1 向左右两侧的塑料杯里倒入大半杯水，中间的塑料杯不倒水。

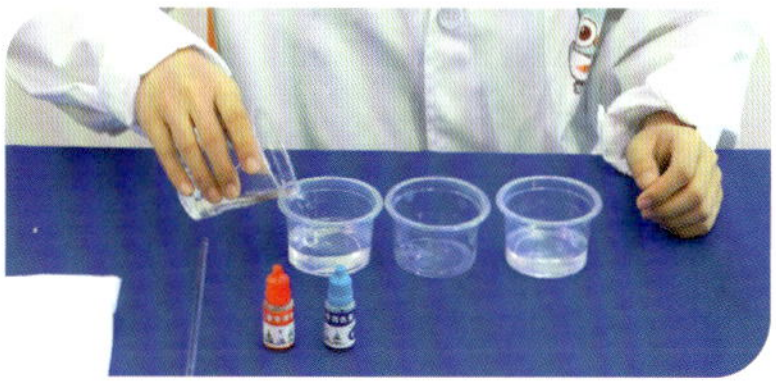

2 向左侧塑料杯滴入5滴红色色素、向右侧塑料杯滴入5滴蓝色色素，并搅拌均匀。

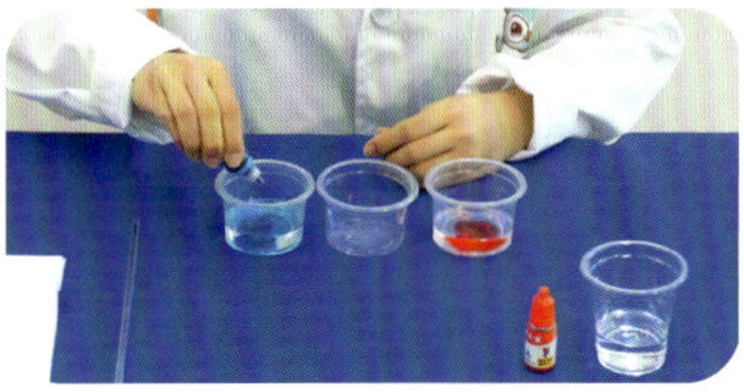

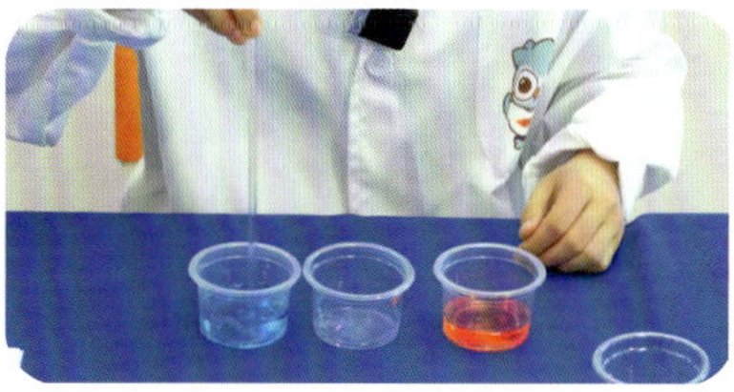

3 将2张纸巾紧紧地卷起来，像桥一样连接3个塑料杯，注意纸巾卷得尽量紧一点，不要拧断哦！静置一会。

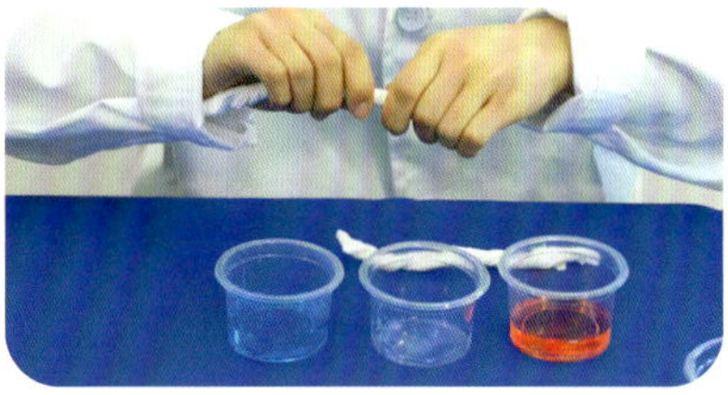

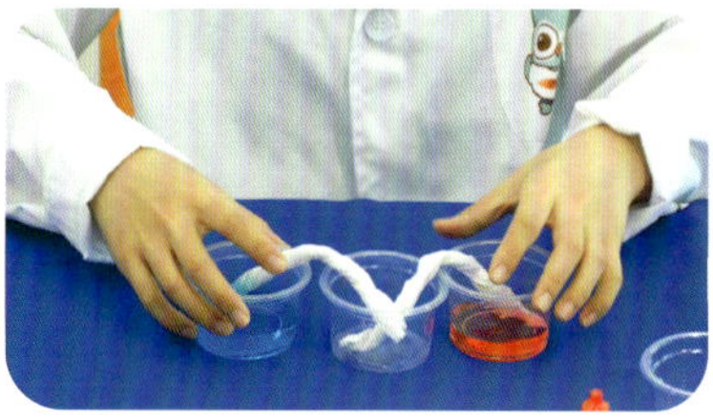

实验现象

两条纸巾逐渐染上红色和蓝色，左右两个塑料杯里的水也被慢慢引到了中间的塑料杯里。

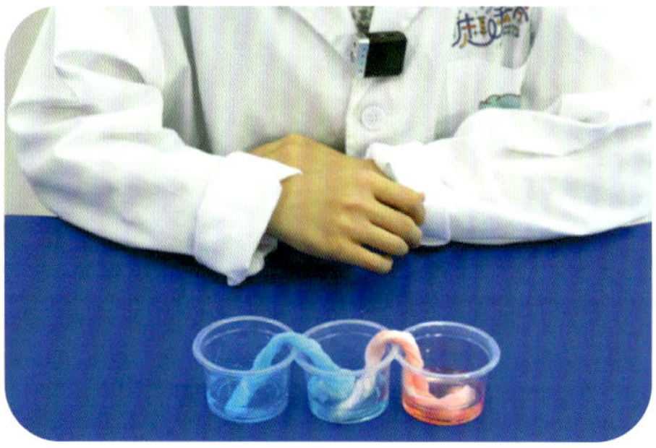

科学小知识

把纸巾的一端放进水里，水会沿着纸巾内部的微小缝隙自动爬升，这就是毛细现象在起作用。毛细现象是一种有趣的自然现象。当液体与毛细管内壁接触时，由于分子间的相互作用，液体就会在毛细管内上升或下降。

科学与生活

植物通过根部吸收水分和养分，它体内有许多的导管，这些导管能够通过毛细作用将水和“营养餐”输送到植物的各个部分。这样，植物全身上下都能得到足够的水分和养分，就能茁壮地生长啦！

思考一下，生活中还有哪些有趣的毛细现象？

植物的根吸水

“趣”阅科学

大自然中有许许多多神奇的植物，它们的奥秘等着我们来发现。《奇妙的植物》一书详细介绍了各种植物的特点、生长环境和生态作用，揭示了植物在自然界中的重要地位和神奇之处，让我们一起去植物世界探险！

《奇妙的植物》

第10课
人体骨骼

毛毛虫不能像我们人一样直立起来走路，这是因为它们的身体是一节一节的，而且没有硬硬的骨头支撑，只有软软的肌肉。现在你知道我们的骨骼是毛毛虫们多么羡慕的身体构造了吧。那骨骼的奥秘还有什么呢？

科学实验室

实验器材

人体骨骼模型卡纸板

双脚钉

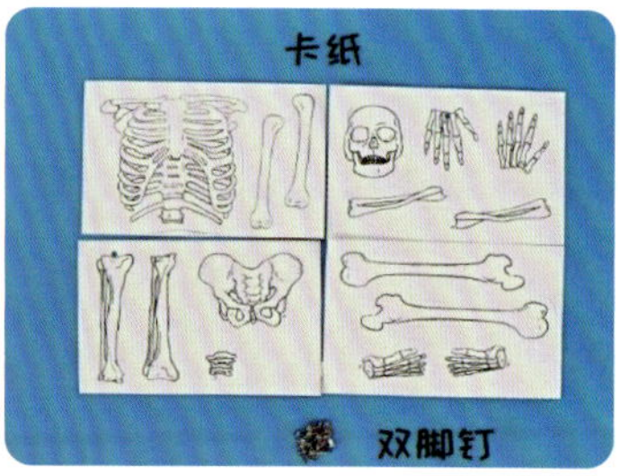

实验步骤

1 将骨骼模型从模具上裁下来。

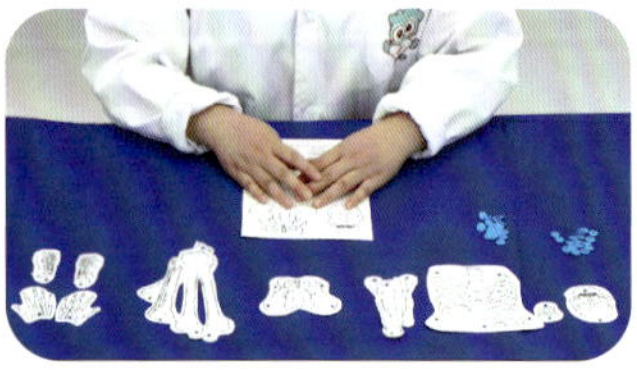

2 用钉子连接头部、颈部于胸部上。

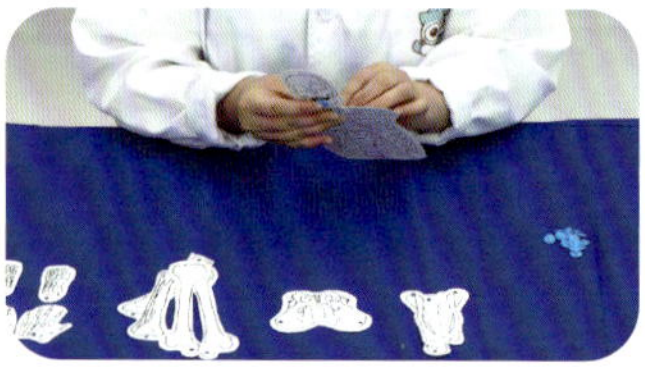

3 安装双臂。

4 安装盆骨。

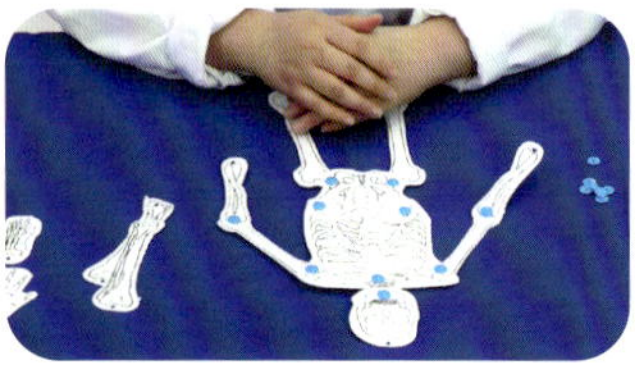

5 安装腿骨。

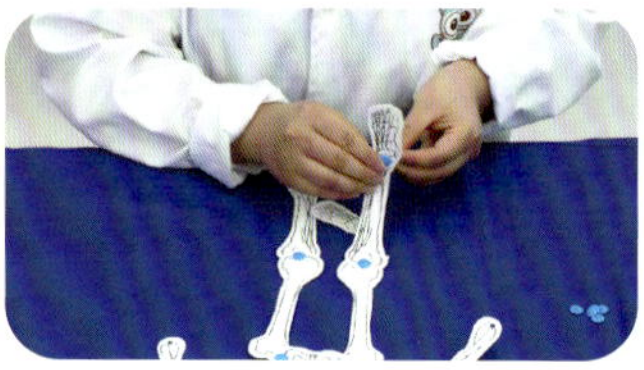

6 安装手骨和足骨。

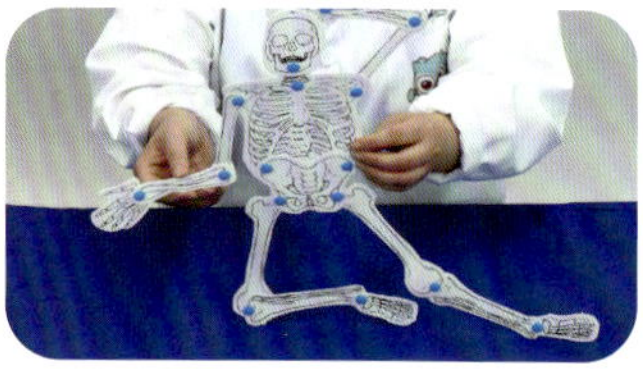

7 认识学习骨骼名称，并试着找一找它们在你身体的什么位置？将拼好的骨骼模型摆出不同的姿态吧。

实验现象

拉动人体骨骼模型时，用双脚钉连接的部位可以灵活转动，双脚钉就相当于人身体里的关节。

科学小知识

大家知道我们的身体有多少块骨头吗？你能摸到多少块？

成人共有206块骨头，它们相互连接构成人体的骨架——骨骼，分为颅骨、躯干骨和四肢骨三个大部分。其中，有颅骨29块、躯干骨51块、四肢骨126块。

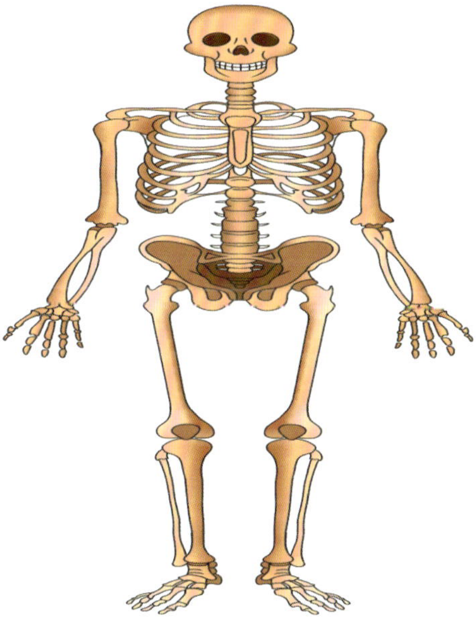

和其他动物的骨骼一样，人的骨骼也是又硬又结实，它们可以生长，不但能长长，还能长粗。骨头中间的组织叫骨髓，它有造血、免疫和防御机能。人的大腿骨比花岗岩还硬！

科学与生活

骨骼的生长，不是一两天的功夫，需要营养与呵护。饮食均衡，骨骼吸收钙、磷、维生素D等，才能茁壮生长。科学研究发现睡眠期间是骨骼生长的黄金时段，早睡可以保证足够的睡眠时间，骨骼会在睡梦中悄然生长。此外，运动也是骨骼强健的良方，跳绳、跑步、踢球，尽情释放自己的活力，骨骼会在锻炼中愈发坚固。

按时吃饭

适当锻炼

“趣”阅科学

《神奇校车：在人体中游览》讲的是弗瑞丝老师带着她的学生乘坐神奇校车，意外缩至微小，被误食后在人体内展开了一场惊险刺激的旅程。他们穿行于消化道，搭乘红细胞，探索大脑和神经系统，以独特视角揭示人体的奥秘，让我们一起去经历这场奇妙的冒险。

《神奇校车：在人体中游览》

第11课
地球三明治

米娃和朋友在做一项大工程，准备挖穿地球到另一面去，他们能成功吗？这就需要揭开地球神秘的面纱，了解它的内部结构了。

科学实验室

实验一

实验器材

棕色橡皮泥 | 绿色橡皮泥 | 蓝色橡皮泥

实验步骤

1 将三种颜色的橡皮泥压扁叠在一起，模拟地球的岩层。

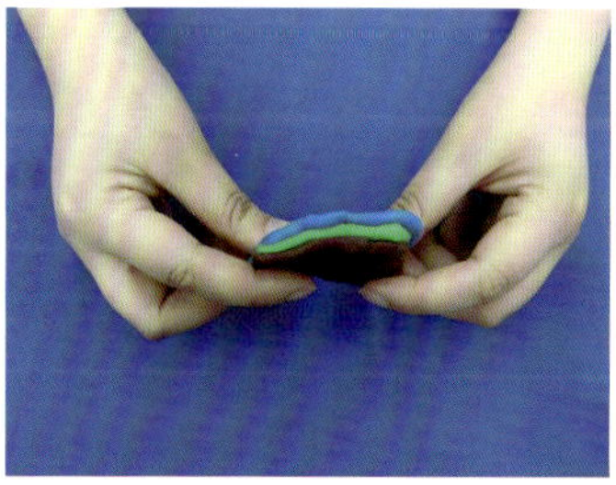

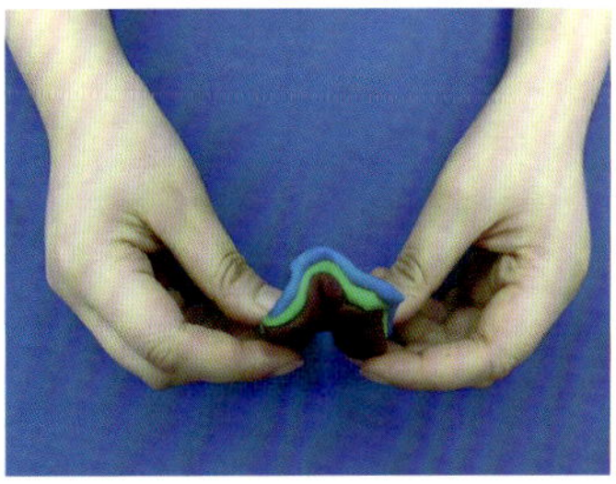

2 从两侧挤压“岩层”，观察橡皮泥的变化。

实验二

棕色和绿色的橡皮泥 | 泡沫球 | 半球模具

实验步骤

1 棕色橡皮泥包裹泡沫球呈球形，用绿色橡皮泥继续将棕色橡皮泥包裹成球形。

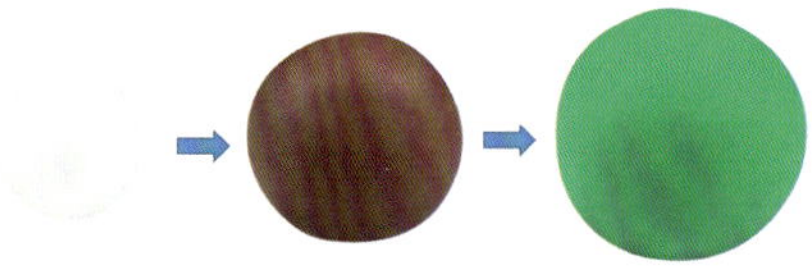

2 对半切开橡皮泥，认识地球的三个圈层。

3 将地球模型装入模具，串上链子，做成装饰品！

科学小知识

地球并不是一个实心的大石头球。相反，它有点像个苹果，外皮包着脆脆甜甜的苹果肉，最里面还有一个苹果核。

苹果内部结构

科学家们给地球最外面的一层起了一个名字叫作地壳，地壳是很薄的一层。如果地球是一个苹果，地壳也就苹果皮那么厚。它虽然薄但是却十分重要。因为这个世界上的所有动植物，也包括我们都生活在地球的地壳上。

地壳的下面是地幔，相当于苹果肉。地球的最里面是地核，相当于苹果核。地核非常重，除了很重，它还非常热。

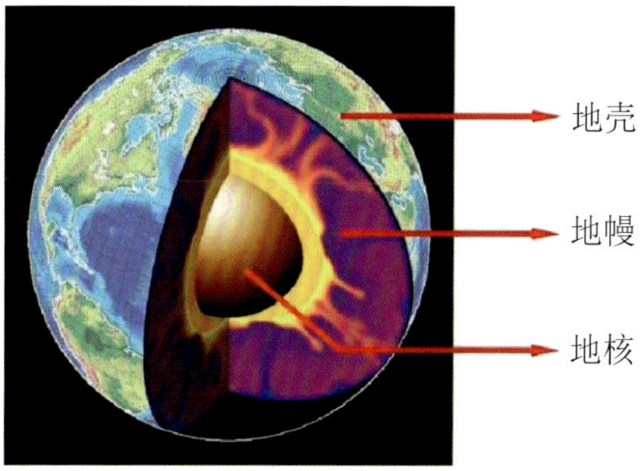

地球内部结构

科学与生活

地球的表面到中心很远，大概有6 000多千米那么远。想象一下，如果从你家楼下的一条高速公路开车去地球中心，需要开上几十个小时才能到。但现在最厉害的机器，也还没有穿过最外层的地壳。

“趣”阅科学

这本《不可不知的地球》有32个关于地球的秘密，书中介绍了地球的基本知识和奇妙现象，涵盖了地球的形成、地质构造、气候变化、生物多样性等多个方面，帮助我们了解地球的奥秘和生态系统的复杂性，让我们一起去探索我们赖以生存的地球吧！

《不可不知的地球》

第12课 鲁班锁

鲁班锁也叫孔明锁、八卦锁，是一种曾广泛流传于民间的智力玩具，它可以完全靠自身结构的连接支撑，展现了一种看似简单、实则不凡的智慧。你知道鲁班锁其中的奥秘吗？让我们来组装一个吧！

科学实验室

实验器材

木块×6

实验步骤

1 按照图示标号把六个木块标上数字。

2 将木块1和2按照图片方式放在一起。

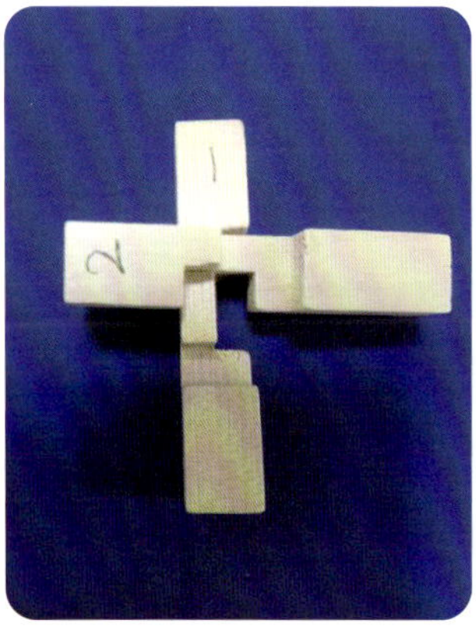

3 将木块3按照图片方式摆放。

4 将木块4按照图片方式摆放。

5 将木块5按照图片方式和刚才拼好的图形放在一起。

6 将木块6按照图片方式和刚才拼好的图形放在一起。

实验现象

一个完整、结实的鲁班锁就完成了。

科学小知识

鲁班锁通过将凹凸部分结合实现木质结构的连接。凸出与凹进的部分相互咬合，起到连接稳固的作用。凸出部分叫榫（sǔn）[或榫（sǔn）头]；凹进部分叫卯（mǎo）[或榫（sǔn）眼、榫（sǔn）槽]。榫（sǔn）和卯（mǎo）咬合，起到连接作用。

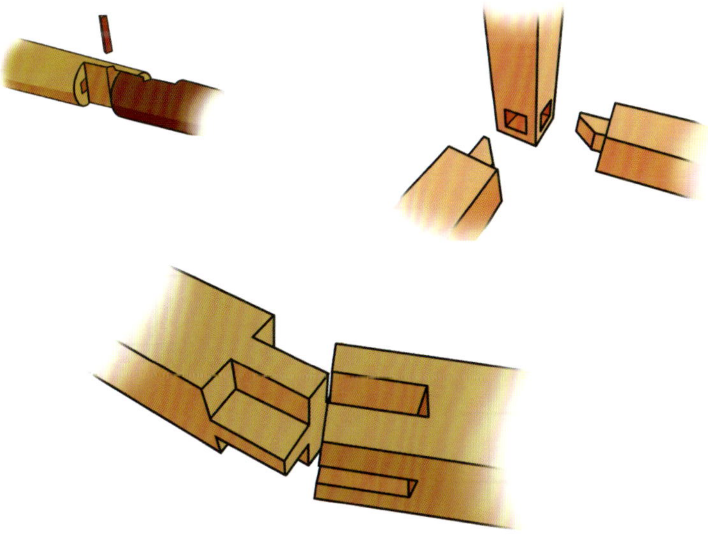

榫（sǔn）卯（mǎo）结构

科学与生活

科技与榫（sǔn）卯（mǎo）工艺的碰撞

古建筑里有神奇机关“榫（sǔn）卯（mǎo）”。故宫能历经地震不倒，就因为用了榫（sǔn）卯（mǎo）结构，它让木块稳固，像保护房子的超级英雄。榫（sǔn）卯（mǎo）一层层叠成“斗拱”，能抗地震，让房子安全。榫（sǔn）卯（mǎo）结构是中国古建筑的核心和智慧精华。下次参观古建筑时，记得找找榫（sǔn）卯（mǎo）结构，传承智慧！

中国古建筑

“趣”阅科学

高大雄伟的紫禁城，琉璃瓦熠熠发光，看起来十分气派，你知道是怎么建造的吗？快来阅读《古代人的家》这本书！

《古代人的家》

奇趣小小
科学家
现象
探险
上册
谷华　张芳　冯静　著
奇趣
中国原子能出版社

图书在版编目（CIP）数据

奇趣小小科学家. 现象探险. 上册 / 谷华, 张芳, 冯静著. -- 北京 : 中国原子能出版社, 2024. 10.
ISBN 978-7-5221-3722-3

Ⅰ. Z228.1

中国国家版本馆 CIP 数据核字第 20246NF719 号

奇趣小小科学家——现象探险（上册）

出版发行	中国原子能出版社（北京市海淀区阜成路 43 号　100048）
责任编辑	杨晓宇
责任印制	赵　明
印　　刷	炫彩（天津）印刷有限责任公司
经　　销	全国新华书店
开　　本	787 mm×1092 mm　1/16
印　　张	3
字　　数	42 千字
版　　次	2024 年 10 月第 1 版　2024 年 10 月第 1 次印刷
书　　号	ISBN 978-7-5221-3722-3　　定　价　**330.00** 元（全 **12** 册）

序言

PREFACE

生活在这个知识爆炸、科技日新月异的新时代，我们每一个人都仿佛置身于一场波澜壮阔的历史洪流之中，经历着前所未有的变革与挑战。在这场变革中，新时代的教育强国建设无疑给我们教育工作者提出了更为崇高且紧迫的使命与要求。在“双减”背景下，做好科学教育的加法为我们重新审视和定义教育内涵提供了宝贵契机。在这场教育生态的重塑之中，科学教育以其独特的魅力与重要性，成为了我们不容忽视的焦点。它不仅关乎孩子们对自然世界的认知与探索，更是培养他们创新思维、实践能力和科学素养的关键途径。正是在这样的背景下，我们汇聚了一群怀揣教育梦想、热爱科学教育的教师同仁，携手众多深耕科学教育领域的专家，共同撰写了这套以科学实验为核心内容的科学丛书。这不仅仅是一系列书籍的创作，更是一场关于科学精神、教育情怀与未来想象的深刻对话与实践。

科学之光，点亮童心

每一个孩子都是天生的探索者，他们对世界充满了好奇与渴望。本套丛书精心策划了一系列科学实验，旨在点燃孩子们对科学的热爱，引导他们从日常点滴中发现科学之美。本套丛书语言活泼、情境精彩、图画生动、实验有趣，从简单的物理现象到复杂的化学反应，从微观的细胞世界到浩瀚的宇宙星辰，孩子们通过观察现象、动手实验、阅读思考、总结规律，轻松掌握科学知识、提高探究能力、滋养想象思维、激发创新精神，每一个实验都是一扇窗，让孩子们得以窥见科学的无限可能，启迪智慧的炫彩火花，点亮未来的梦想之路。

团队协作，智慧结晶

本套丛书的诞生，是集体智慧的结晶。我们集合了河北省各地的优秀科学教师，他们都是科学教育的行家里手，有着丰富的实践经验与教学智慧，对孩子们的学习特点与兴趣点有着敏锐的洞察。在专家的精心指导下，我们反复打磨每一个实验方案，力求做到既科学严谨又生动有趣，既注重知识的传授又强调能力的培养。我们相信，这样的科学教育才能真正触及孩子们的心灵，让他们在轻松愉快的氛围中成长为未来的科学之星。

家校共育，携手成长

这套丛书还特别适用于学校的课后服务以及家庭亲子游戏。我们希望通过这样的形式，搭建起家校共育的桥梁，让家长也能参与到孩子的科学学习中来，共同见证孩子的成长与进步。亲子共做实验的过程，不仅能够增进亲子关系，还能让科学成为连接两代人情感的纽带，让科学教育成为家庭生活中不可或缺的一部分。

展望未来，无限可能

展望未来，我们满怀期待。我们相信，随着这套丛书的广泛传播与应用，将有更多的孩子因此而爱上科学、投身科学、成就科学梦想。让我们携手并进，在科学的道路上不断探索、勇毅前行，共同为孩子们撑起一片更加广阔的天空，让科学的种子在他们心中生根发芽、茁壮成长！

最后，衷心感谢所有参与本套丛书创作的教育同仁、专家学者的辛勤付出与无私奉献。愿这套科学丛书能够成为孩子们成长道路上的良师益友，陪伴他们开启一段段精彩纷呈的科学探索之旅！

河北省石家庄市融创中心第一小学校长
谷华

本书创作组

作　　者：谷　华　张　芳　冯　静

参与创作：辛　红　于彦斌　史静娴　梁　敏　刘　杨

马　宁　李　波　罗文祥

目录

物质科学

地球与宇宙科学

生命科学

工程与技术

第01课
声音的产生和传递

同学们，你们有没有听说过“狮吼功”？你相信仅凭喊叫声就能隔空碎物吗？2015年，在《最强大脑》的舞台上，选手听完敲击玻璃杯所发出的声音后，向杯子隔空吼了6秒钟，不可思议的一幕出现了，杯子竟然碎了！要想练就此功，需从科学的角度挖掘一下狮吼功背后的奥秘——声音。

声音震碎玻璃杯

科学实验室

实验器材

绒毛铁丝条	吸管
纸杯	剪刀

实验步骤

1 用剪刀在纸杯中部钻一个吸管大小的洞。

2 用绒毛铁丝条做一个螺旋状的“小蛇”，并放置在杯顶。

3 将吸管插入杯壁的孔洞中。

实验现象

对着吸管呼气并发出“呜”的长声，小蛇欢快地旋转起来啦。

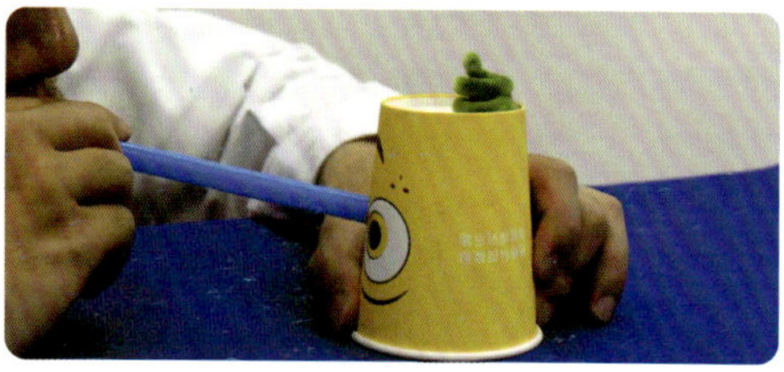

科学小知识

在实验中，我们发出“呜呜”声，引起纸杯内空气振动，进而让小蛇也跟着一起振动。

虽然我们无法直接触摸到声音，但有一种方法可以让我们感知到它的存在。试试拿出玩具鼓，将左手放在鼓面的一侧，然后右手用鼓槌用力敲击另一侧，同时仔细观察鼓面。你感受到了吗？没错，鼓面在振动。这就是声音的本质——由物体振动产生的声波。就像光波和水波一样，声波也有它的频率，这个频率取决于物体振动的速度。

鼓面上的粉尘在振动

当你用叉子轻敲酒杯时，它所发出的清脆声就是杯子的固有频率。如果我们制造的声音与这个固有频率相匹配，就会引起玻璃的振动。这种现象称为共振。当两个频率相同的物体靠近，其中一个振动发声时，另一个也会随之振动，这样共振现象就会产生啦。当声音放大到一定程度时，玻璃杯会产生剧烈的共振现象，最终有可能被震碎，这就是狮吼功的原理。

科学与生活

你是否曾听过这样的说法：把贝壳放在耳边，就能听到大海的声音。那么，贝壳里为什么会传出海洋的声音呢？这些声音又来自哪里？

在贝壳里能听见“海洋之声”，主要是因为共振，这个现象叫“贝壳共振”。在我们的周围存在着许多杂音，它们的频率与贝壳内腔固有频率相同时，便会发生共振，共振会把声音放大，如此一来，我们便能听到“海洋之声”了。

海螺里面可以听见“海的声音”

海螺可以作为一种乐器，因为海螺的空腔对声音有一定的放大能力，往里面吹气就会发出声音了。

小女孩对着海螺吹奏

“趣”阅科学

声音在世界上无处不在。有的声音悦耳动听，有的声音却聒噪难忍，甚至会有让人失聪的风险，可见声音的魔力如此之大！那同学们，你们有没有想过，我们是如何听到声音的呢？声音从何而来？声音又有何用呢？这些问题都可以在《声音的魔力》中找到答案。相信你们阅读完这本书后，就会成为小小“声学家”了！

《声音的魔力》

第02课

爱转弯的光

小米："小娃你看，鱼儿在清澈的水里面游动，可以看得很清楚。然而，沿着你看见鱼的方向去叉它，却叉不到。只有瞄准鱼的下方才能把鱼叉到哟！"

小娃："这是为什么呢？"

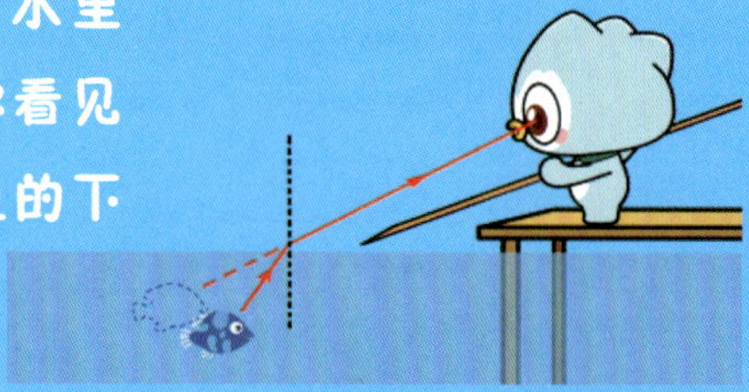

科学实验室

实验器材

彩笔	白纸	密封袋	清水	透明塑料杯

实验步骤

1 将白纸剪得比密封袋略小，用彩笔在白纸上画上喜欢的图案。

2 将画有图案的白纸放入密封袋中。

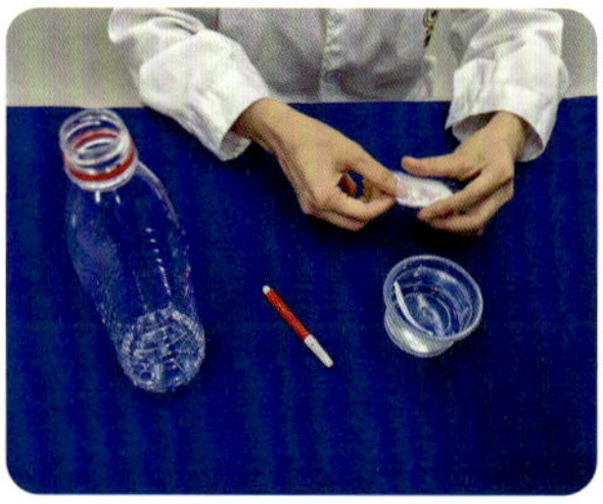

3 向塑料杯中注入清水，并将密封袋垂直插入水中。

4 45° 斜角观察，图案神奇地消失了。

科学小知识

当光从一种介质（介质就是作为媒介的物质或空间，例如空气、玻璃、海水等）斜射入另一种介质时，传播方向发生改变的现象叫光的折射。

那么，为什么纸上的图案会“消失”呢？这是由于光的折射现象。当光线从水中穿过并进入空气时，它会向上弯曲。因此，如果我们从斜上方观察，垂直插入杯中的画就像“隐身”了一样。在水中游动的小鱼也是由于折射现象，所呈的像与实际所处位置不一样。因此用鱼叉捕鱼时，要瞄准鱼的下方位置去叉。把铅笔放在装满水的玻璃杯里，铅笔因折射现象看起来变得弯折。

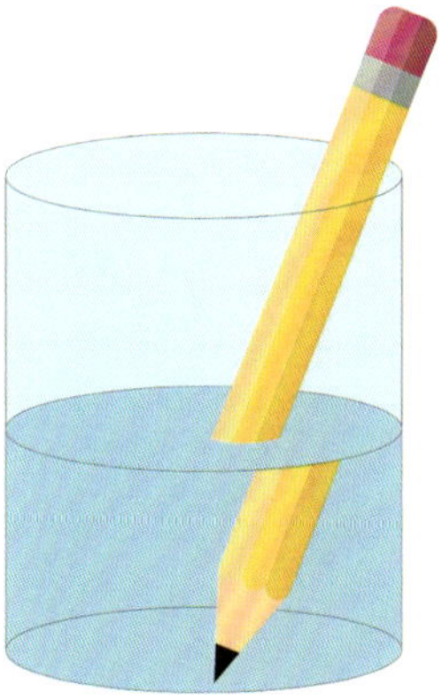

铅笔放入装了水的水杯中发生了折射现象

科学与生活

我们可能都听说过“海市蜃楼”这个词。那么，“海市蜃楼”真的存在吗？它又是如何形成的呢？

“海市蜃楼”其实是一种因远处物体被折射而产生的幻象。它是地球上物体反射的光经过大气折射后形成的虚像。由于不同的空气层的密度不同，而光在不同密度的空气中折射率也不同。因此，当折射光线经过多次偏折后，就会将远处的建筑呈现在我们眼前。

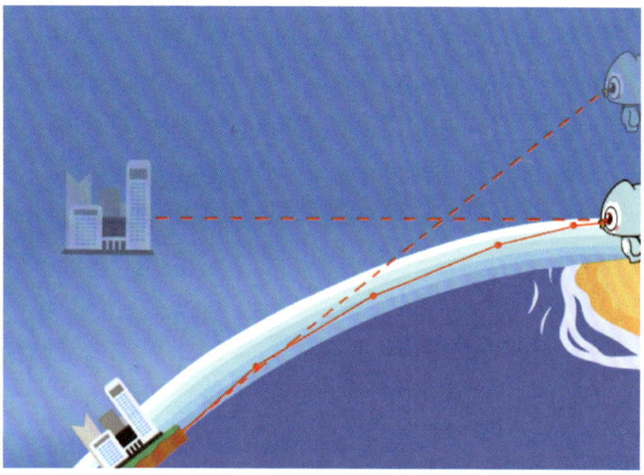

海市蜃楼的折射原理

“趣”阅科学

光点亮了世界，为人类驱散黑暗，帮助人类抵御危险，也推动着文明的进步与发展。那你知道人类是怎样开始利用光的吗？你知道一些神奇的自然现象和景观竟然是光的魔法吗？小朋友们一起在《解密光学》这本书中寻找答案吧！

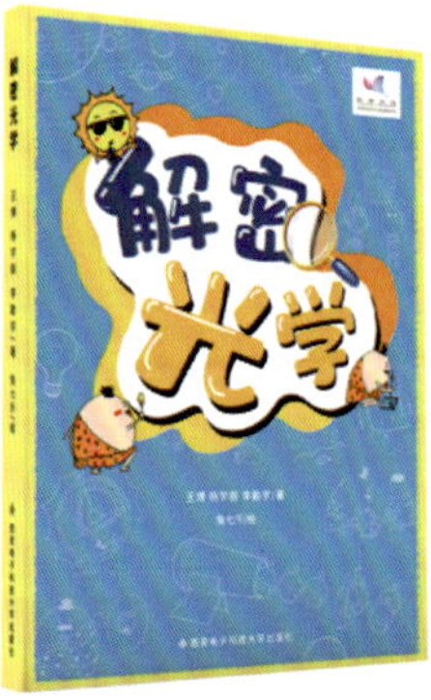

《解密光学》

第03课

美丽的彩虹

小朋友们，你们觉得彩虹可以制造出来吗？准备一个装满水的透明玻璃杯，把一小袋食用小苏打倒入玻璃杯中，再倒入一些白醋，直到产生气泡；拿一张白色纸片放在玻璃杯的口上，等待几分钟；当纸片上出现了一层水滴时，把纸片拿出来，放在阳光下观察，一道美丽的彩虹就出现了，是不是非常神奇？

纸上的彩虹

科学实验室

实验器材

水槽	平面镜
水	白纸

实验步骤

1 向水槽中注水，不要溢出来，把平面镜倾斜放入水槽中。

2 调整平面镜方向及平面镜倾斜角度（需要多次调整平面镜和太阳光的角度），直至白纸上出现美丽的彩虹。

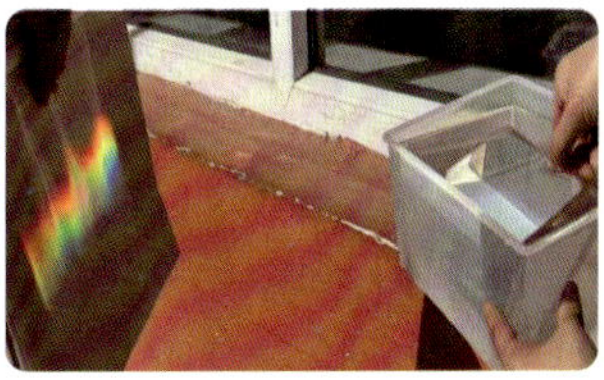

实验现象

白纸上出现美丽的彩虹。

科学小知识

这一现象背后的原理是什么呢？这是光的折射和反射共同作用的结果。

在实验中，光从空气射入水面时发生了第一次折射，通过平面镜反射后，从水中射入空气中时发生了第二次折射，两次折射使不同颜色的单色光被分开。透明水槽、平面镜和水面构成了三棱镜，光线穿过三棱镜被折射及反射形成七彩的光谱，这就是我们看到的彩虹。

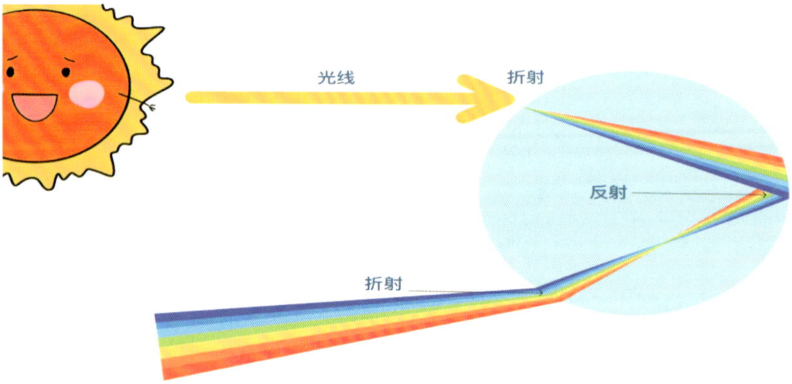

光的色散

科学与生活

同学们，你们有没有想过，为什么夜晚的月球能照亮我们的世界？其实，月球本身并不发光，它就像一面巨大的镜子，把太阳的光芒反射给我们。

月球反射太阳光到地面

很久很久以前，古代的人们就已经发现了这个秘密。后来，在西汉时期的《周髀算经》中，古人更加详细地解释说，月光其实是太阳光的反射，就像太阳给月亮穿上了一件发光的外衣。到了唐代，人们形容月亮就像一面挂在天上的镜子，这说明他们对光的反射有了更深的理解。更有意思的是，《墨经》这本书里，还记载了一个有趣的实验，用镜子把太阳光反射到一个人身上，结果那个人的影子竟然出现在了他和太阳的中间！这个实验生动地展现了光是如何反射的。

海市蜃楼

但是，光不仅仅会反射，它还会折射。著名的海市蜃楼，就是光的折射造成的。还有，当你们把筷子放进水中，筷子看起来就像是弯了，这也是光的折射在捣鬼。不仅如此，放大镜能让你看清小小的蚂蚁，望远镜能让你看到远处的山峦，显微镜能让你发现微观世界的奥秘，所有这些，都是因为光的折射在背后默默工作着，创造了一个个视觉上的奇迹。

以后，当你看到这些神奇的现象时，记得想想光的反射和折射，它们可是自然界中最棒的魔术师呢！

“趣”阅科学

彩虹是天空中出现的神奇现象，能不能把这神奇现象制造出来呢？只需要一个喷雾瓶，书中著名的科学家“风暴诺曼”在演播室为大家定制好了一个神奇的彩虹，快翻开《疯狂的天气：气象与气候》这本书去寻找答案吧。

《疯狂的天气：气象与气候》

第04课

银色的章鱼

玩滑梯的时候，衣服和滑梯摩擦后会发出噼里啪啦的声音；冬天毛衣与外套摩擦后，手碰到会有点麻麻的感觉；用塑料梳子梳头后，梳子会将细小的头发吸起来。

聪明的你知道这是为什么吗？

科学实验室

实验器材

纸巾	橡皮筋	锡箔纸
吸管	剪刀	

实验步骤

1 将面巾纸握成团放在铝箔纸上，握紧它，并将多余的部分剪下来，用来做章鱼的头。

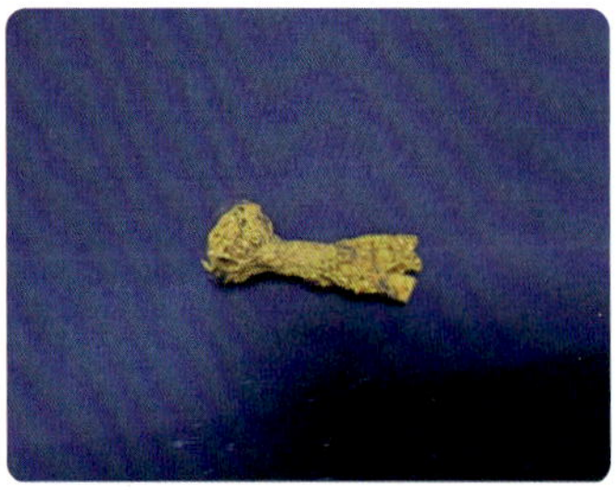

2 将一张方形铝箔纸沿一侧剪成流苏状，卷成圈，做章鱼的脚。

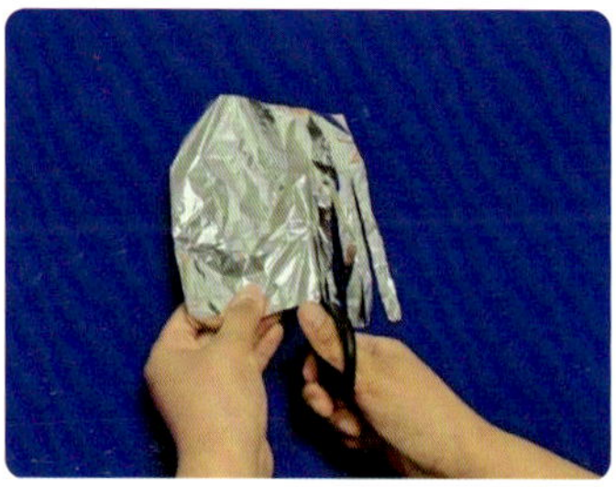

3 将章鱼的头和脚固定起来。

4 用皮筋缠绕章鱼头部起固定作用

5 纸巾摩擦吸管。

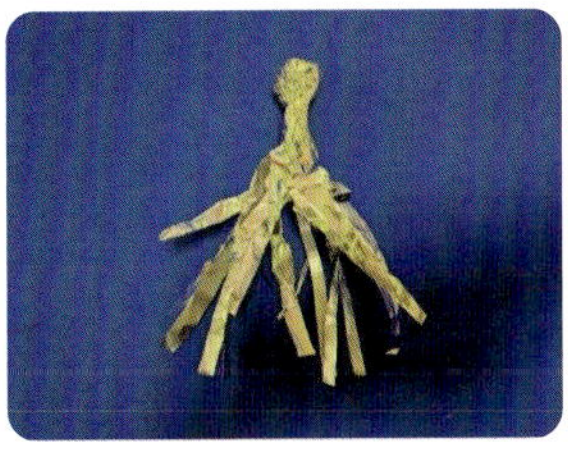

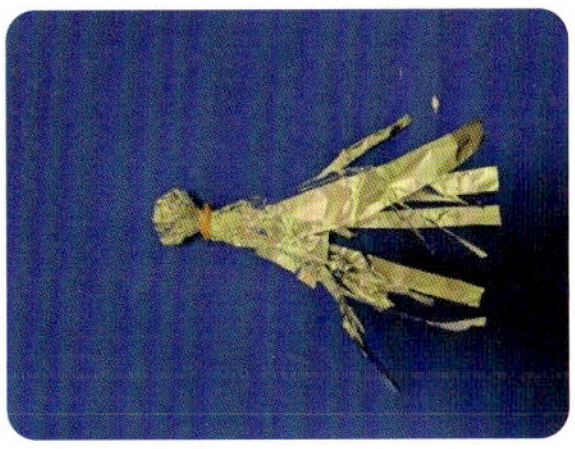

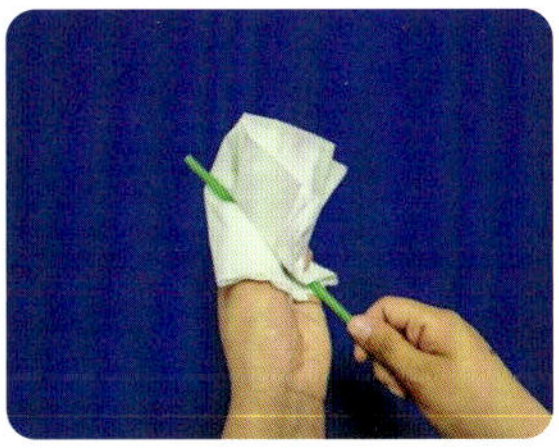

实验现象

左手拿起章鱼,右手将摩擦后的吸管放在章鱼旁边，章鱼就会和你握握手啦！

科学小知识

通过实验，我们发现，将摩擦后的吸管放在章鱼触手旁边，章鱼的触手就会被吸管吸引，就像和吸管握手一样。

这是因为，当吸管被面巾纸摩擦后，其表面会积累大量的负电荷。而铝箔作为一种金属导体，当带电的吸管靠近由铝箔纸制成的章鱼时，会引发静电感应现象。因此，我们可以看到铝箔纸章鱼的脚被吸管吸引，靠近吸管的情况。

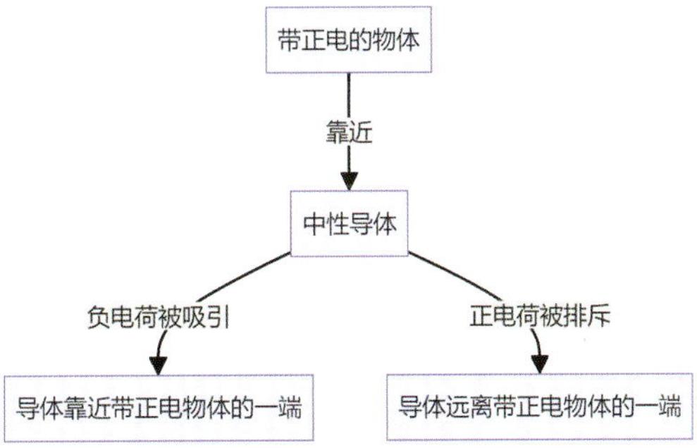

静电感应现象

科学与生活

随着现代科技的飞速发展，静电的应用也日益广泛。然而，静电在带来便利的同时，也会造成一定的危害，因此我们需要采取相应的防护措施。例如，当人们走在地毯上时，脚与地毯之间的摩擦会使人体带电。如果电荷积累到一定程度，一旦伸手触摸金属门把手，就可能发生火花放电现象，让人感受到电击。为了消除这种静电，制造地毯时可以混入一些不锈钢导电纤维。

不锈钢导电纤维

此外，混纺衣物上不易拍掉的灰尘也可能因静电火花引发爆炸，特别是在易燃物体附近。因此，在生活中也需要进行静电屏蔽，以确保安全。

“趣”阅科学

《魔法男孩》讲述了一个小男孩李欧发现自己拥有一种神奇的魔法，这种魔法能够轻轻吸起物体、扫地，甚至让“蝴蝶”飞舞。通过这个故事，你不仅能感受到魔法的神奇，还能明白微笑也是一种直指心灵的魔法。阅读这本书，我们可以一起走进这个充满奇幻色彩的世界！

《魔法男孩》

第05课

小水滴的三次变身

小米：“我能在常温室内让水迅速结冰，你相信吗？”

小娃：“不相信，不可能呀！”

小米：“看，我拿出一瓶在冰箱冷冻两小时的矿泉水，此时矿泉水瓶里的水还是液体的水，把水浇到冰块上。”

小娃：“呀！倒出的水迅速结冰啦，这是怎么回事呢？”

水快速结冰的现象

科学实验室

实验一

实验器材

烧杯	酒精灯	陶土网	火柴
水	三脚架	玻璃棒	

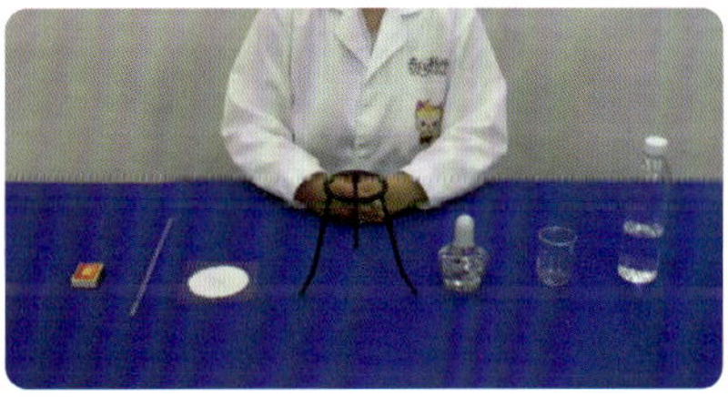

实验步骤

1. 首先把陶土网放到三脚架上。

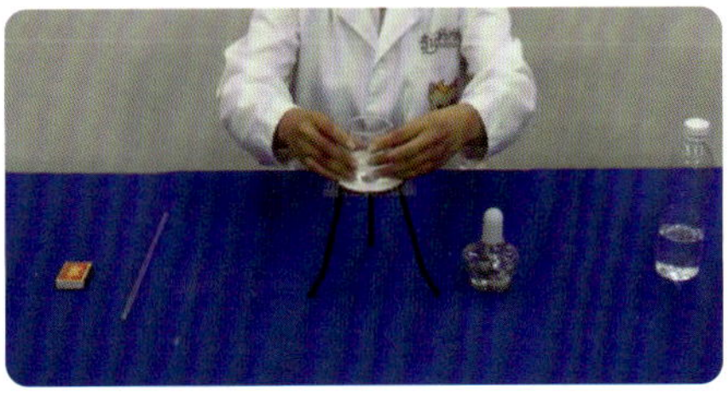

2. 在烧杯中加入适量的水，将烧杯放在陶土网上。

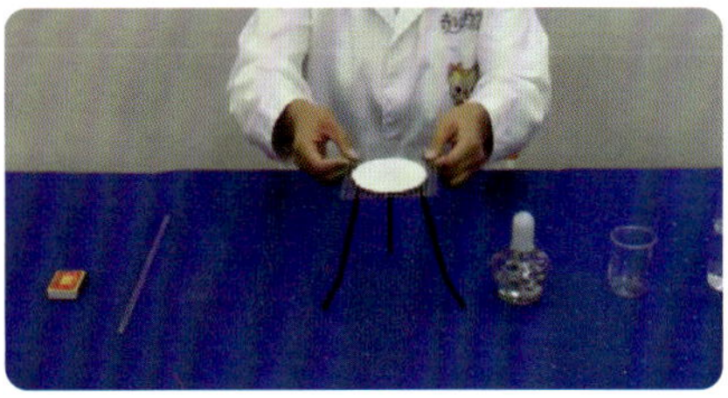

3 点燃酒精灯，加热烧杯，用玻璃棒轻轻搅拌烧杯中的水，加热一段时间，观察烧杯中水的变化。（注意酒精灯熄灭需要盖两次）

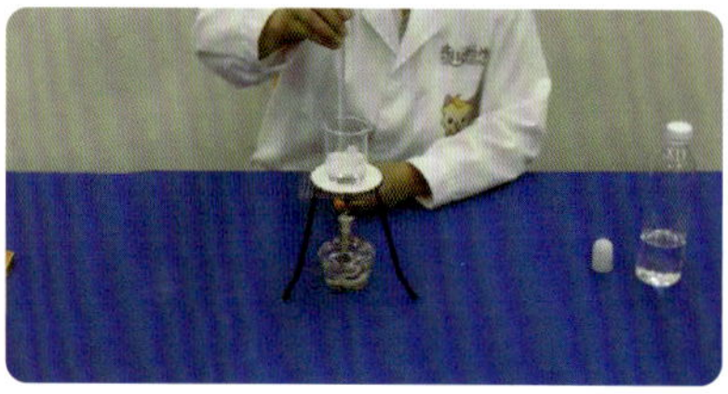

实验现象

用酒精灯加热烧杯，当烧杯中的水达到沸点时，便开始沸腾，被汽化成水蒸气，水蒸气升到一定高度遇冷便又液化成了小水珠，即水沸腾时冒出的白气。

实验二

实验器材

碎冰	食盐	烧杯	湿毛巾	玻璃棒

实验步骤

1 在烧杯内加入适量的碎冰。

2 再在烧杯内加入适量的食盐，用玻璃棒搅拌均匀。

3 把烧杯放到湿毛巾上，静置5分钟，观察并记录实验现象。

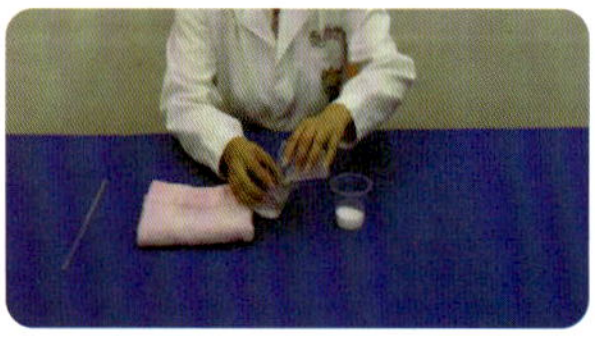

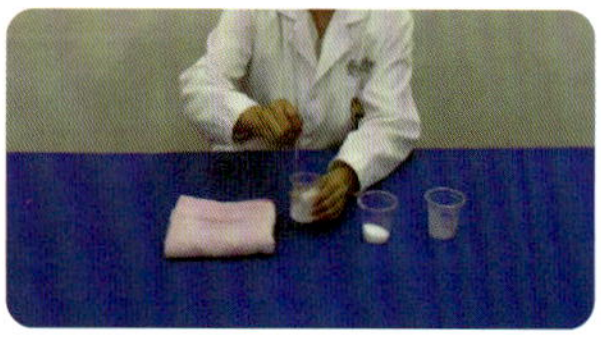

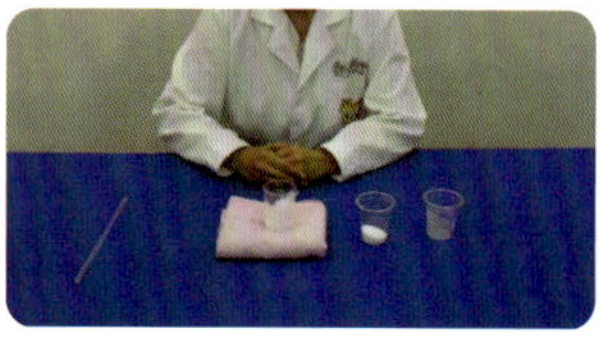

实验现象

在烧杯中加入碎冰和食盐搅拌均匀后，冰的熔点降低，盐水混合物的温度降至0 ℃以下。此时，空气中的水蒸气遇到低温的烧杯外壁，直接凝华成固态，形成白霜。

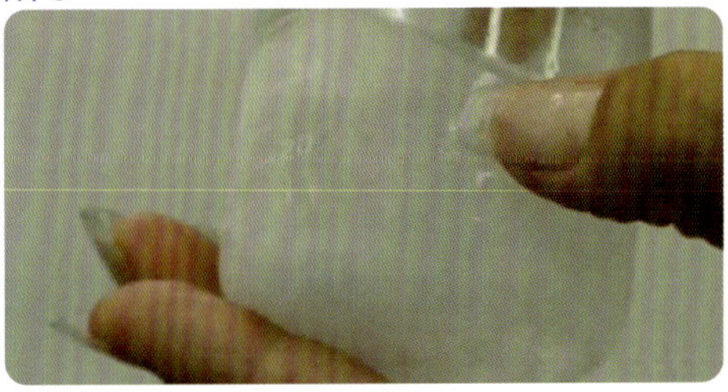

实验三

实验器材

冰块　烧杯

实验步骤

1 把适量的冰块放入烧杯中。

2 再在烧杯内加入适量的食盐，用玻璃棒搅拌均匀。

实验现象

加盐之后，冰块快速融化。

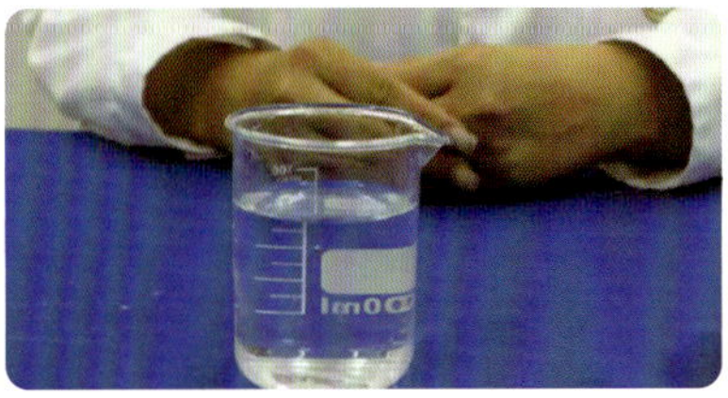

科学小知识

水在自然界中以固态、液态和气态存在，并通过温度变化相互转化。在0 ℃以下，水凝固成冰；高于0 ℃时，冰融化成水。加热水至沸点会汽化成水蒸气，遇冷后液化成小水珠。实验中，加入食盐可降低冰的熔点，使空气中的水蒸气凝华成白霜。这些现象展示了水的三态变化及在自然界中的循环。

科学与生活

空气的水蒸气过于饱和，就会下雨；遇到冷空气，水蒸气就凝结成雪，就会下雪；如果温度急剧下降，就会结成较大的冰团，也就是冰雹。

雨

雪

冰雹

为什么游完泳上岸后会感觉凉爽或者很冷？这是因为游泳的人刚从水中上岸，身上沾的水由于蒸发会从身上吸热，所以人会感到冷。当有风吹来的时候，会加快身上水的蒸发而加快吸热，人会感到更冷。

“趣”阅科学

地球上的气候千变万化，有狂风也有暴雨，但是你知道这些天气的变化都是因何而来吗？《疯狂的天气：气象与气候》这本书完美讲述了水循环的秘密，快翻开看一看吧。

《疯狂的天气：气象与气候》

第06课

消失的红茶

小米：“今天，我来给大家变一个魔术，这是一杯喝剩下的茶水，小娃你看看茶水是什么颜色的？”

小娃：“茶水是褐色的。”

小米：“小娃你要仔细看哟！”

小娃（小娃张大了嘴巴）：“哇！褐色的茶水变黑了，好神奇！好神奇！”（拍手）

小米：“还有更神奇的呢！看好了，见证奇迹的时刻到了。”

小娃：“黑色的液体变浅了。小米，茶水为什么会变色呢？”

科学实验室

实验器材

塑料杯	滴管	柠檬酸	茶包
塑料瓶	勺子	碱	温水

实验步骤

1 向杯子里倒入水，到杯子的三分之一处，把茶叶包泡进去（最好用温水泡茶）。

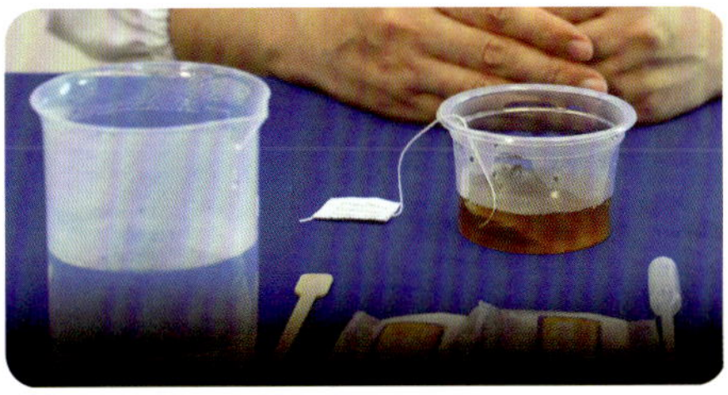

2 用滴管将茶水滴入塑料瓶中。

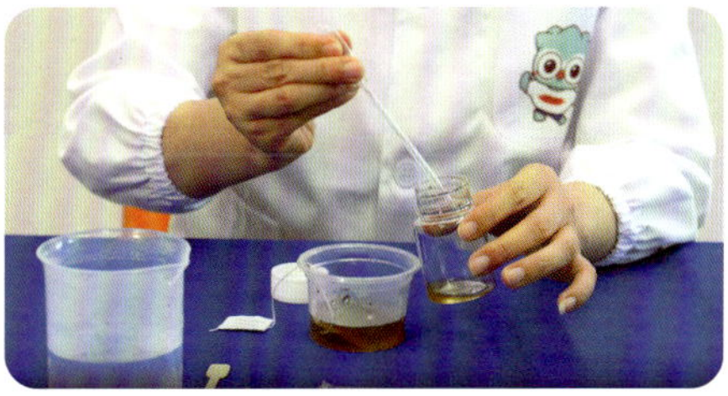

3 用勺子取一勺碱倒入茶水中。

4 轻轻摇晃塑料瓶，观察塑料瓶中的茶水有什么变化？

5 再取一勺柠檬酸倒入塑料瓶中。

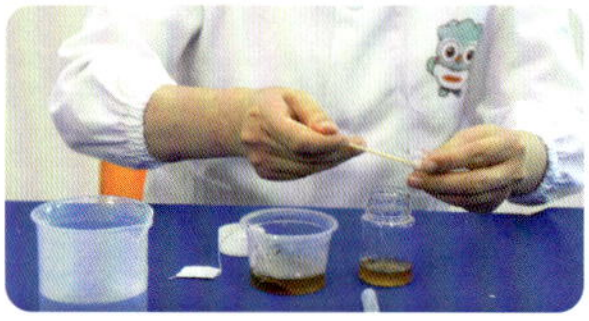

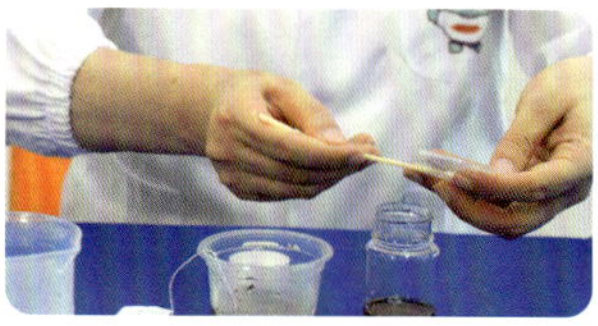

6 轻轻摇晃塑料瓶，观察塑料瓶中的茶水又有什么变化？

实验现象

茶水中放入碱，茶水变黑，加入柠檬酸后，茶水颜色慢慢变浅。

温馨提示：

做实验用的茶水，不可饮用。

科学小知识

这其实是个非常有趣的化学变化实验。物质变化分为两种，一种是物理变化，另一种是化学变化，但在物质变化的过程中往往物理变化和化学变化同时发生。

物理变化是物质变化过程中没有生成其他物质的变化，物质只是在外形和状态方面发生了变化。例如：折断、破碎、榨汁、压片、切片、熔化、凝结等。

榨汁机榨汁属于物理变化

化学变化是物质变化过程中生成其他物质的变化，如木材燃烧放出光和热，剩下灰；铁在潮湿空气中生锈；等等。茶水的颜色发生变化是因为在茶水中加入了另一种物质，发生了化学变化，生成了其他的物质。

电池供电的过程属于化学变化

科学与生活

化学变化引起物质变色在日常生活中经常遇到。当你用刀子切削尚未成熟的水果时，常常看到水果刀刀口处出现蓝色，有人以为是刀子不干净造成的。其实，这种情况同上述茶水变色是一样的道理，刀子上的铁和水果中的单宁酸发生化学反应产生了新的物质。所以现在人们经常用不锈钢刀或塑料刀来切水果。

用刀子切尚未成熟的水果，刀口处会呈蓝色

“趣”阅科学

善于观察的小朋友会注意到有些花会变色，但是很多小朋友不知道变色的原因。让我们跟随小猫去《会变色的花》中，探寻花儿变色的经过和变色的原因！通过此书同学们可以掌握更多的科学知识。

《会变色的花》

第07课

好玩儿的不倒翁

小米：“我给大家带来了一个谜语：一个公公精神好，从早到晚不睡觉，身体虽小力气大，千人万人推不倒。猜猜这是什么？”

小娃：“我知道……我知道，是不倒翁。”

小米：“对，就是大力士都推不倒的不倒翁。”

小娃：“不倒翁不倒的秘密是什么？”

小米：“让我们一起来做个不倒翁，探索其中的奥秘吧！”

科学实验室

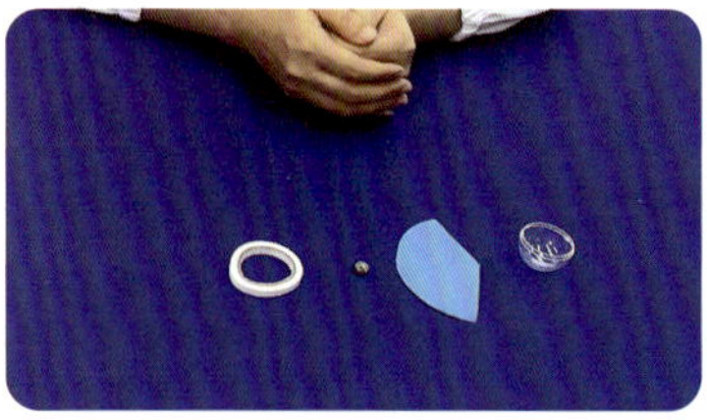

实验一

实验器材

半球底座	扇形卡纸	双面胶条	螺母

实验步骤

1 扇形卡纸对折弯曲成锥形，用双面胶条固定。

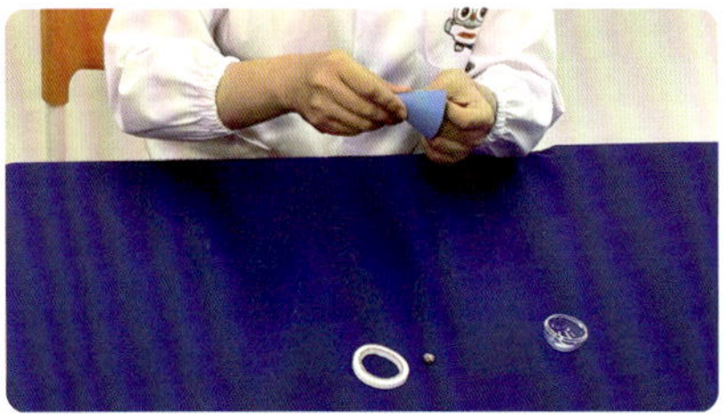

2 锥形卡纸套入半球底座，不倒翁会倾倒吗？（不倒翁倒了）

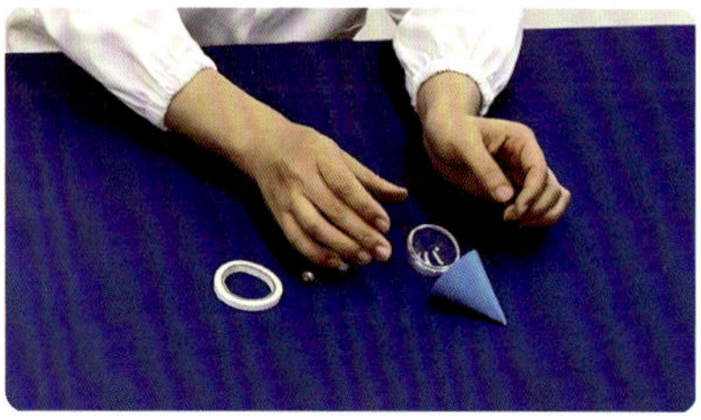

3 将螺母用双面胶条固定在半球底座中心位置。

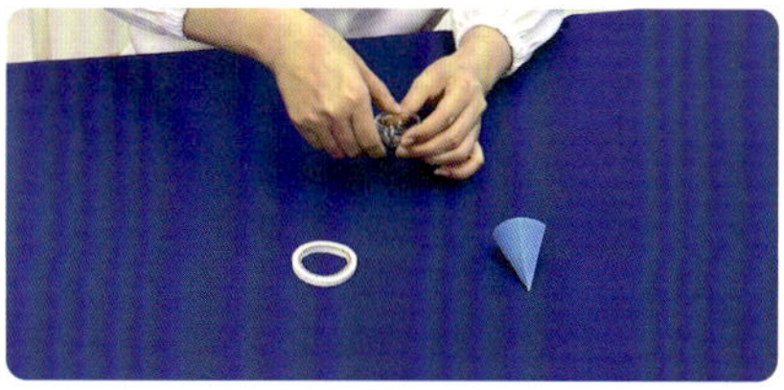

4 再把锥形卡纸套入半球底座，用手指拨动制作好的不倒翁，再看看不倒翁容易倾倒吗？

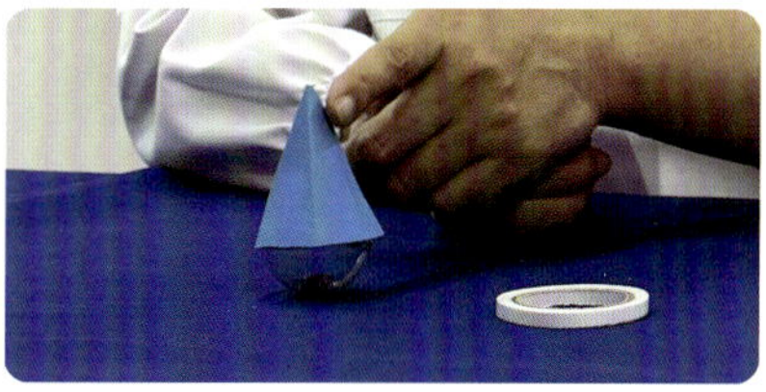

实验现象

左右摇晃不倒翁，不倒翁不会倒。

实验二

实验器材

三颗大小差不多的花生米（也可以用切成小块的橡皮来代替）	牙签 × 3	剪刀

实验步骤

1 拿一根牙签，在距离尖端1/3的地方剪断。

2 按照下图顺序，将牙签与花生米组合起来。花生米不倒翁就做成了。

3 用剩下的一截牙签或用手指托起花生米不倒翁，观察现象。

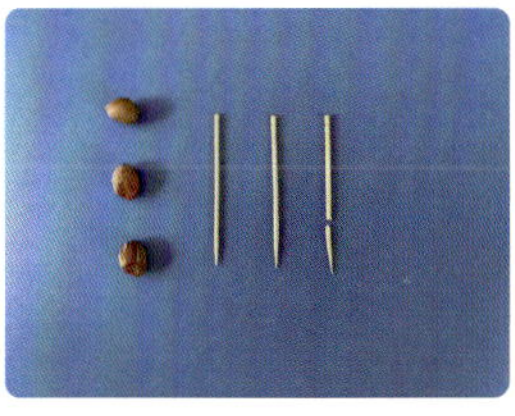

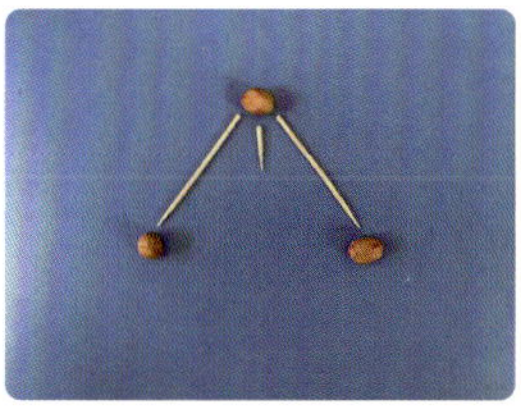

实验现象

不倒翁摇摇晃晃却始终保持平衡。

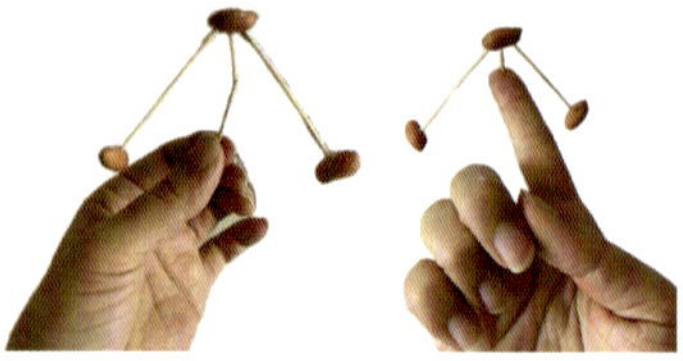

科学小知识

不倒翁不倒的原理属于稳定平衡，处于平衡的物体离开平衡位置，重心会升高，在重力的作用下仍能回到原来的位置。不倒翁上轻下重，当不倒翁处于平衡状态时，重心与接触点的距离最近，而当它来回摆动时，重心就会升高，平衡状态被打破，所以它会来回摆动，来寻找它的重心最低点，直至重新达到平衡。

科学与生活

不倒翁的力学原理在人们的生产生活中得到了广泛的应用。这一原理在建筑、玩具、生活用品、汽车结构以及体育健身器材等多个领域均有所体现。它为人们的生活增添了乐趣。常见的应用实例包括不倒翁玩具、不倒翁式水杯以及不倒翁式沙袋等。

米娃不倒翁

“趣”阅科学

阿纳斯塔西娅·休恩在《摩天大楼，起！起！起！》中讲到重心越高越不稳。建筑学是如何利用平衡原理的，快找来书看看吧！

《摩天大楼，起！起！起！》

第08课

铁锈去除术

小米：“生活中处处都离不开金属。”

小娃：“对，比如吃饭用的勺子、炒菜的铁锅。”

小米：“小娃，我家炒菜的铁锅生锈了，怎么办呢？”

小娃：“可以除锈呀？”

怎么才能去除铁锈呢？我们一起来探究吧！

炒菜的铁锅

科学实验室

在日常生活中，我们经常使用金属用具，这些用具使用时间久了，会在表面生一层锈，面对生锈应该怎么办呢？可以除锈吗？除锈剂、白醋哪个可以有效除锈呢？一起试试吧！

实验器材

除锈剂10 mL	生锈铁丝 × 2	镊子
白醋10 mL	玻璃瓶 × 2	刷子

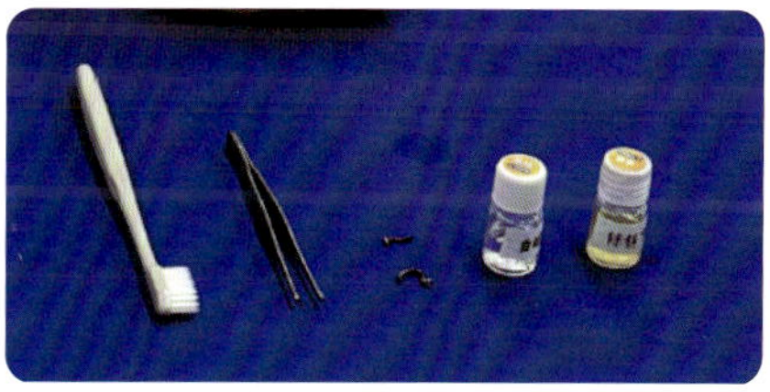

实验步骤

1 把2段生锈铁丝分别浸泡在盛放除锈剂、白醋的瓶子里。

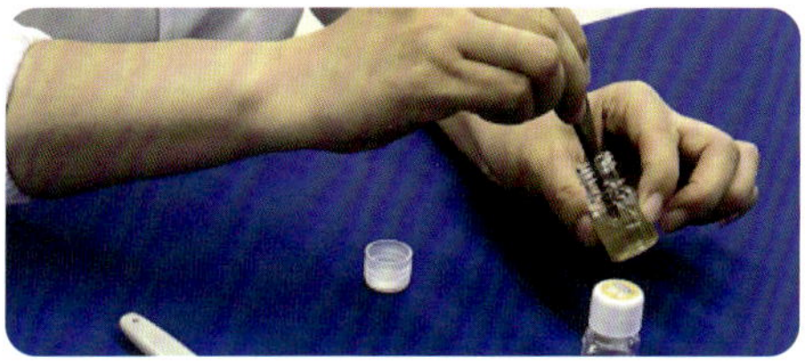

2 观察现象，放除锈剂的瓶子里有气泡产生。

3 用镊子依次取出除锈剂、白醋中的铁丝，观察两段铁丝的除锈程度（除锈剂的瓶子里的铁锈已经开始脱落，白醋的瓶子中铁锈没有明显变化）。然后，再放到瓶中继续除锈，盖好瓶盖。

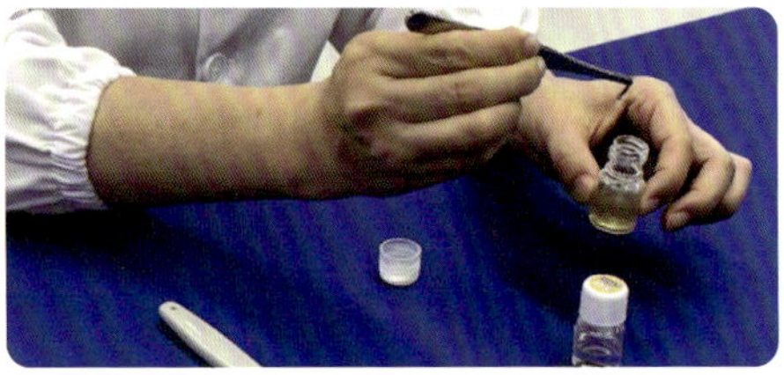

4 48小时后再取出，用清水、刷子清洗干净，观察效果。（此步骤可回家操作）

实验现象

48小时后，两个瓶子中铁丝上的大部分铁锈脱落。

科学小知识

铁生锈是因为铁和空气中的氧气和水反应生成了铁锈，除锈剂、白醋中含有醋酸，铁锈遇到醋酸产生新的物质，铁锈就不见了。

我们生活中有很多的金属，你知道金属有哪些特征吗？让我们来一起认识金属吧！金属是由金属元素组成的，有金属光泽，有导电性、导热性、延展性。

特征一：金属光泽。人们选择黄金、白银做各种漂亮的饰品，主要是因为它们有美丽的金属光泽。

金属的光泽

特征二：导热性。铁锅能炒菜，就是因为铁锅可以很好地传递热量。

特征三：导电性。电线的外层是橡胶外壳，里边是金属铜，铜传输电离子，完成导电的任务。

金属具有导电性（铜线）

特征四：延展性，延性+展性=延展性。什么是延性呢？比如：1克黄金可以拉长成为4 000米长的细丝。1吨黄金拉成的细丝的长度，等于从地球到月球来回5次的距离。什么是展性呢？比如：通过捶打或轧制，1克黄金能延展成1平方米的金箔，50万张这样的金箔叠起来也只有1厘米厚。

金属具有延展性（锡纸）

科学与生活

铁锈去除术，即除锈，是一种广泛应用于日常生活中的技术，主要用于去除金属表面的氧化物，特别是铁锈。例如菜刀、锅铲等厨具在潮湿的环境中容易生锈，影响使用效果。此时，可以用醋或小苏打水与锈层发生化学反应，使锈层溶解、剥离；也可以采用机械除锈法，如使用钢丝刷或砂纸刮磨金属表面，去除锈迹。

工人用钢刷去除车上的锈迹

“趣”阅科学

《金银之书》是一套可以让你双眼放光的科普读书，书中讲述了贵金属黄金和白银的百科知识。从黄金和白银的来源到古今中外的科技、经济、文化、数学和神话故事等领域的相关知识都有涉及。这本书不仅让我们了解金银的历史与用途，还对未来进行了展望，让我们仿佛置身于一场关于黄金和白银的视觉盛宴。

《金银之书》

第09课

吸管喷雾器

小米：“今天我用两根吸管，吹出彩色水雾。注意观察，奇迹马上出现！”

小娃：“好神奇，我也想试一试。”

小米：“我们一起做一个吸管喷雾器。”

吸管喷雾器

科学实验室

实验器材

吸管	杯子	水
剪刀	颜料	

实验步骤

1 用剪刀将一根吸管按2:1的比例剪开。

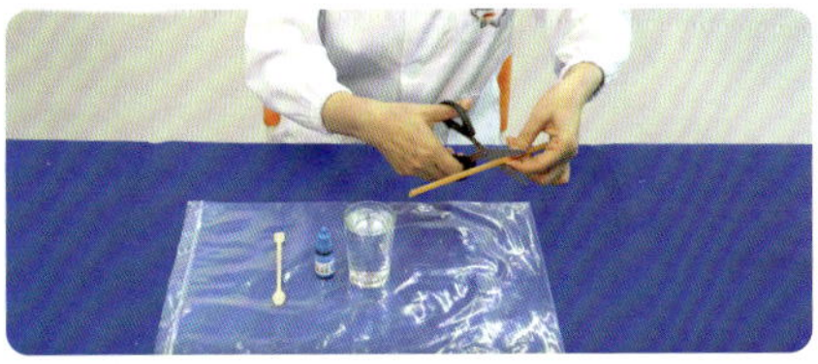

2 杯子中倒入适量清水，滴入颜料。

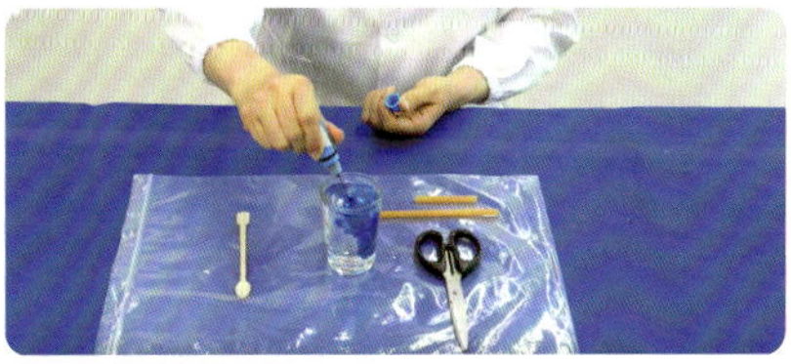

3 将短吸管插进杯中，长吸管与短吸管摆成直角，同水面平行。

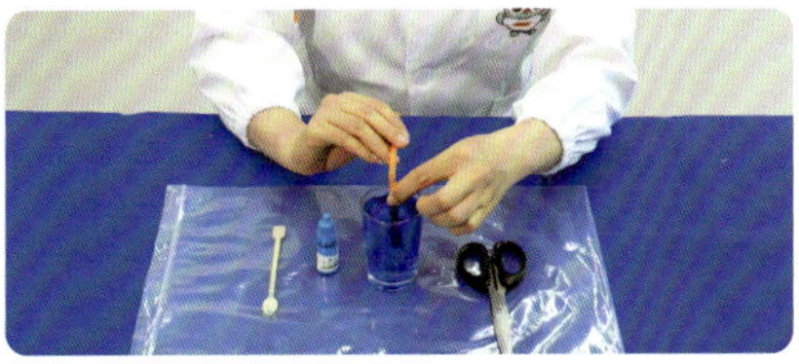

4 用力在长吸管一端吹气，吹气时，用力要均匀。

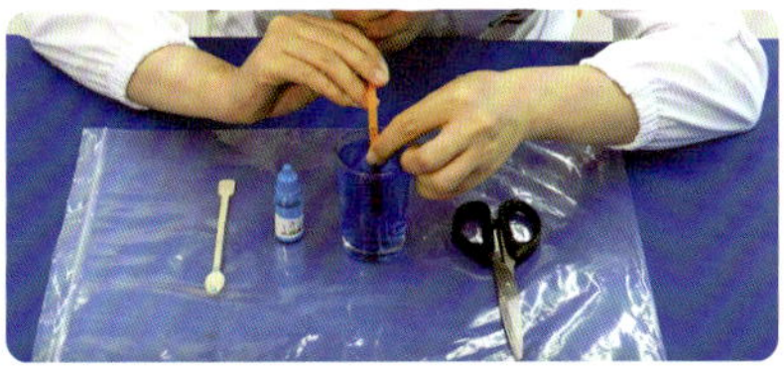

实验现象

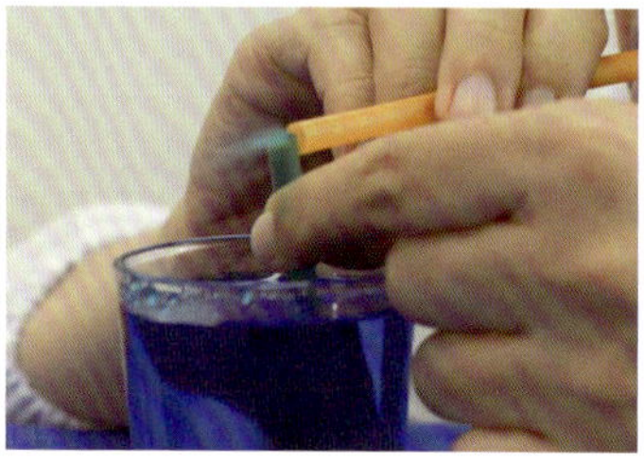

吹气的气流，通过长吸管经过短吸管的上方，短吸管中的水面上升，在气流的作用下喷散开，可以看到短吸管的前端出现彩色的水雾。

科学小知识

当人对着长吸管吹气时，两根吸管交接处的气流比较快，气压下降；短吸管下端水面处的气压还是正常的大气压。水面的大气压就把短吸管周围的水往吸管里挤，直到喷出吸管。喷出来的水，又被长吸管吹出来的气吹散，就形成了水雾。这利用了伯努利原理。伯努利原理是流体力学中的一个重要概念，它的内容是：气流快的地方，气压会下降；气流慢的地方，气压会升高。

科学与生活

1.在野外露营时，有时会遇上大风，帐篷有可能被掀翻。这时顺着风向掀开帐篷，让风通过，就不用担心帐篷被吹翻了。

野外搭帐篷

2.烟囱：风速增加时，烟囱内压力降低，增强排烟效果。这利用了伯努利原理，帮助提高烟囱的通风效率。

3.帆船利用风力推动前进，帆的设计和调整可以使风在帆的一侧流动速度加快，降低该侧压力，而另一侧则保持较高的压力，形成推动力。

海上的帆船

4.吹风机：高速气流降低出风口处压力，吸入周围空气，增强吹风效果。这是伯努利原理在家用电器中的应用。

“趣”阅科学

科学大爆炸系列丛书《鸟中王者：猛禽》中的小松鼠误打误撞，认识了一个驯鹰人。跟着他小松鼠了解了和自己天敌猛禽有关的很多知识。大型猛禽飞得高，俯冲速度快，都可以用伯努利原理解释。快打开书跟随小松鼠感受猛禽世界的丰富和精彩吧！

《鸟中王者：猛禽》

第10课

你是哪个星座

小米：“小娃，送给你一片美丽的星空。”

小娃：“哇，这些星星闪烁起来的样子真是太美了。”

小米：“嘿嘿，我们还可以将这些星星连起来，构成不同的图案。”

星座图案

科学实验室

实验器材

盒子卡纸	二极管	开关	5号电池 × 2
卡纸隔板	电池盒	星座卡片	双面胶条 × 2

实验步骤

1 折叠纸盒。

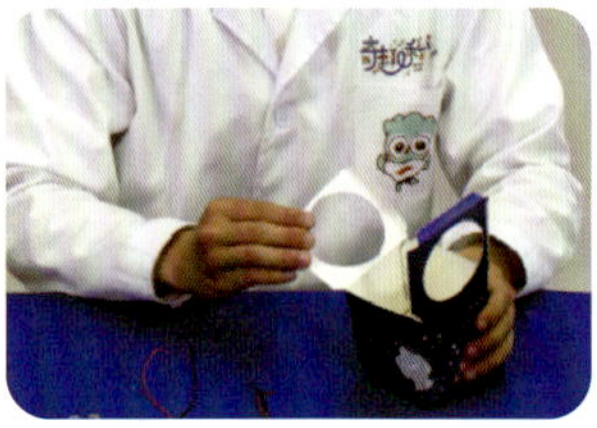

2 组装二极管。

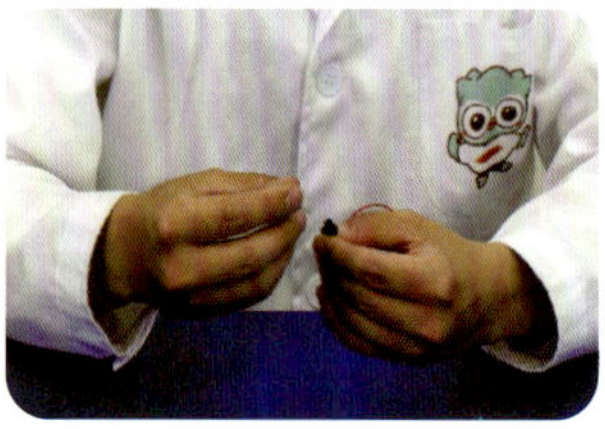

3 将二极管灯泡穿过隔板。

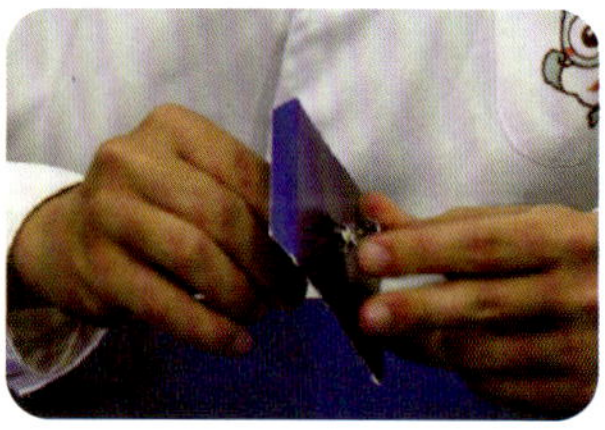

4 组装电池盒，连接黑导线。

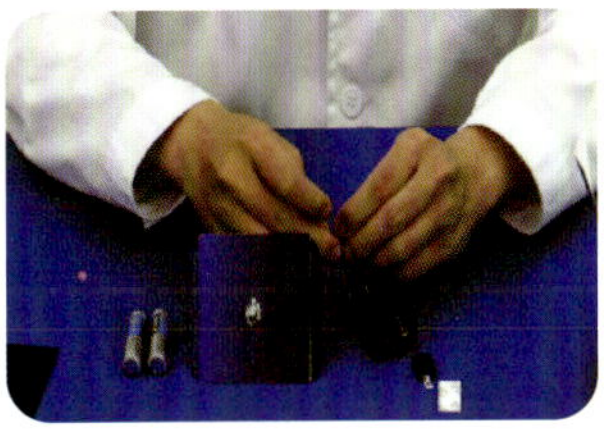

5 将红色导线穿过盒子正面的两个小孔。

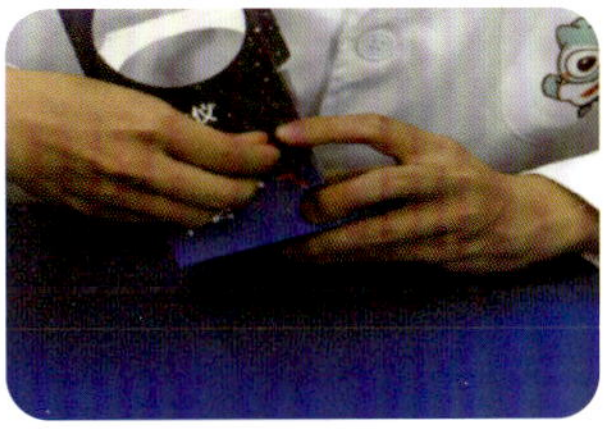

6 组装开关。

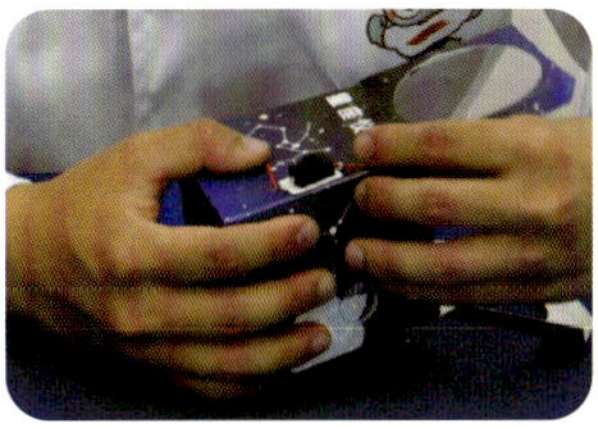

7 将星座卡片放到盒子的顶部，在黑暗的环境下打开开关，观察星座。

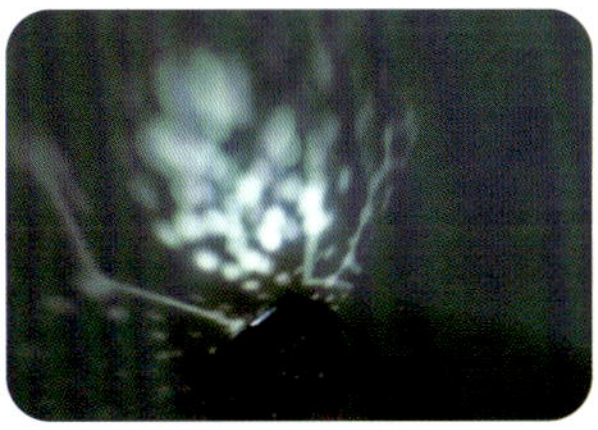

实验现象

二极管发光，光线透过星座胶片上孔隙投射在墙壁上，形成一幅星光璀璨的画面。

科学小知识

星座是天空中一群星星组成的图案。在天文学里，星座是为了方便观测和研究星星而划分的区域。天空被分成了 88 个不同的星座，比如大家熟悉的猎户座、大熊座、小熊座。星座里的星星离我们非常非常远，远到要用光年来计算距离。

美丽的星河

虽然看起来星星好像在一个星座里靠得很近，但其实它们之间的距离可能超级远。而且，星座的位置会随着季节变化。比如冬天能看到猎户座，夏天能看到天蝎座。我们看到的星座形状，其实是从地球上看过去的样子，如果从宇宙的其他地方看，形状可能就不一样啦！星座不是永恒不变的，随着时间的推移，星星也会移动，只是这个过程非常非常慢，要很久很久才能发现变化。

科学与生活

在科学领域，星座是天文学家划分天空区域的一种方式，方便他们观测和研究星星。对于我们的日常生活来说，星座知识能帮助我们在迷路时辨别方向。

通过北斗七星辨别南北方向

在北半球，我们可以通过大熊座来找到北极星，从而辨别北方。大熊座里有七颗比较亮的星星，看起来像一个大大的勺子。从勺子口的两颗星向外延伸五倍左右的距离，就能找到一颗很亮的星星，那就是北极星。北极星所在的方向就是北方。如果你在南半球，南十字星座可以帮助我们找到南方。南十字星座由四颗比较亮的星星组成，像一个十字。把南十字星座中较长的那根“轴”向下延伸大约四倍的距离，那里就是南方啦。

“趣”阅科学

人类自古就对太空充满想象，如今我们已经能驾驶宇宙飞船近距离观测太阳系，发现它比人类的想象更奇妙！翻开《我们在太空中的位置：太阳系》一书，探索太阳与七大行星秘密！

《我们在太空中的位置：太阳系》

第11课

神奇的消化系统

小米：“小娃，你知道我们吃的食物在我们身体里是怎样变化的吗？”

小娃：“要想知道这个答案，让我们开启一段神奇的旅行吧！”

美味的包子

科学实验室

实验器材

薄脆饼干 × 3　白醋20 ml　塑料拉链袋

实验步骤

1. 在塑料拉链袋上画出胃的形状，白醋倒入小杯中备用。

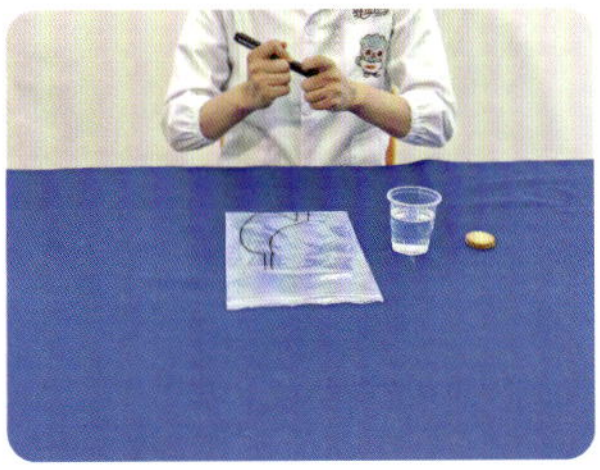

2. 把薄脆饼干放到塑料袋内，可以多放一点直到“填饱肚子”。

3. 用手把饼干捏碎成小块。

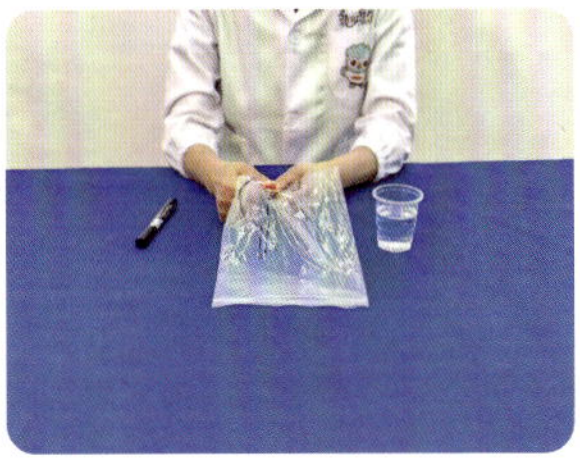

4. 把白醋倒入塑料拉链袋中（白醋富含醋酸），让白醋没过食物。并把塑料袋上的拉链拉紧。继续揉碎“胃”中的饼干，看看“胃”在酸的帮助下能消化多少食物。

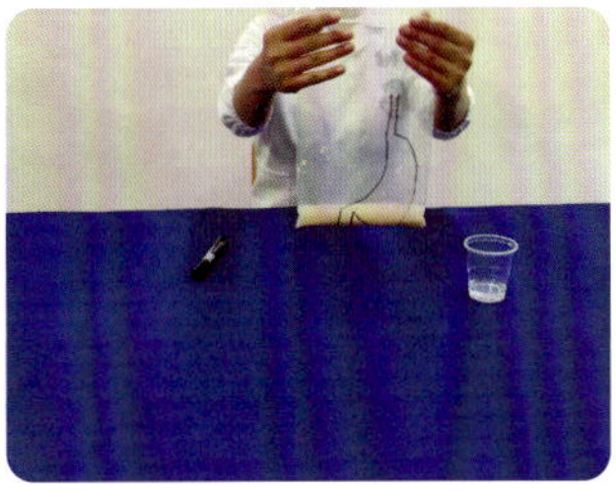

实验现象

在两种方式作用下，塑料袋内的食物被磨碎成粥样分解了。

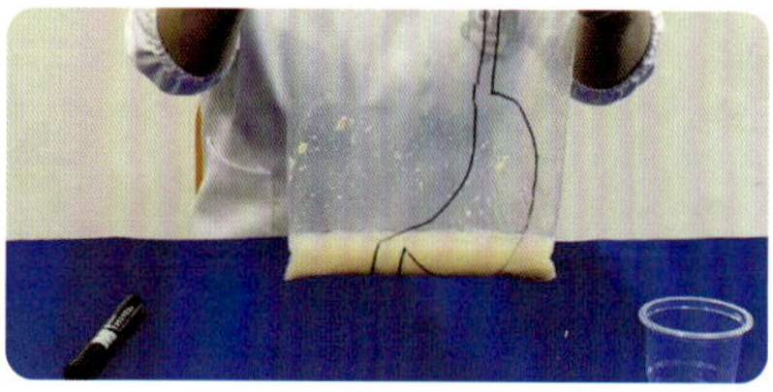

科学小知识

其实食物会在我们的肚子里会进行一段神奇的旅行，很多器官都会参与这个过程。那么到底都有哪些器官参与，它们又各自发挥着什么样的作用呢？我们一起来看一看下面的图片吧。

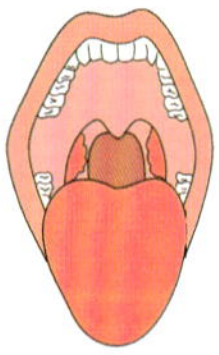

①口腔

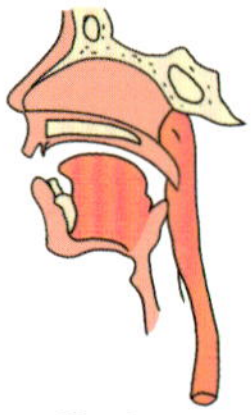

②食道

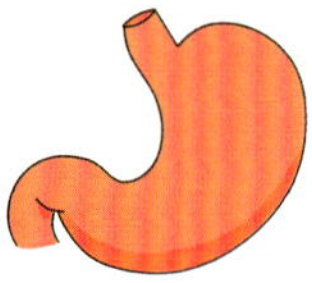

③胃

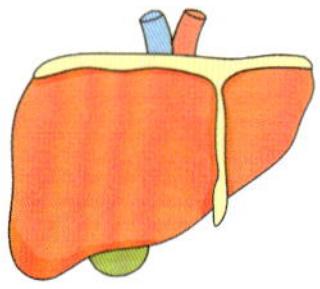

④肝

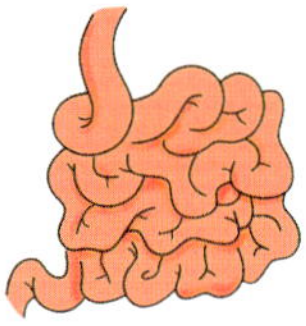

⑤小肠

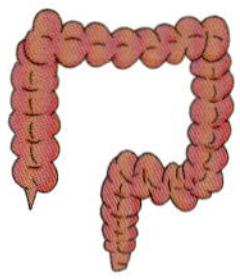

⑥大肠

食物的物理搅拌以及酸的化学分解是胃消化食物的两种方式。食物进入胃后，胃通过不断蠕动，再加上胃液里的盐酸、胃蛋白酶的作用，把食物磨碎成粥样（医学上叫作“食糜”），所以胃的功能就像是磨坊的作用，把食物磨碎。中间再经过一个“传输带”十二指肠，与从肝脏来的胆汁和从胰腺来的消化液充分混合，开始消化，一边消化一边向下走，然后进入小肠，最后通过大肠排出。

科学与生活

胃肠病的病因很多，主要的是“饮食伤脾”，俗称“病从口入”。出现腹胀、食欲差，甚至腹泻症状时，我们该怎么办呢？

首先，胃肠部注意保暖。俗话说“春捂秋冻”，春季昼夜温差较大，早晚外出要注意腹部保暖，随气候变化，适时增减衣物。夜间睡觉时盖好被褥，以防止腹部受寒而引发肠胃不适。

其次，保持情绪稳定。肠胃的健康与人的情绪有着密切联系。中医讲，情绪影响肝之调达，肝气不畅，则影响脾胃运化，进而引起食物消化不良，因此，保持心情愉悦舒畅很是重要。

最后，还要提醒同学们，在日常生活中，我们要养成良好的饮食作息习惯，合理膳食，避免熬夜。适当增加一些有氧运动，可以帮助恢复良好的胃肠功能。

保证良好的作息

“趣”阅科学

《人体运转的奥秘》这本书通过幽默的语言和直观的绘图，带我们深入探索人体这个复杂而精密的“机器”。这本书讲述了人体各个系统的运作原理，使艰涩的生理学知识变得通俗易懂。你们有没有想过，我们的身体是如何工作的呢？从这本书里就可以找到答案了。

《人体运转的奥秘》

生命科学

第12课
我的飞机飞得远

小米："这里有两张一样的纸，将它们靠近到3厘米的距离，往两张纸中间吹气，你猜纸片会发生什么现象？"

小娃："它们会分开。"

小米："我实验一下，你看。"

小娃："呀！我看到纸不但不会向外飘去，反而会被一种力挤压在了一起。这是为什么呢？"

科学实验室

实验器材

A4纸　剪刀

实验步骤

1 首先，准备一张A4纸，如图对折。换个方向重复对折。展开后沿着两条折线的交点对折，下半部分对折到与上半部分重合。

2 撕下下半部分，不要丢掉，后面还有用。沿着折线对折，然后将两个角对折。

3 将小菱形的下侧两个边对折到与中间的缝重合，再将上侧两边对折到与这条缝重合。

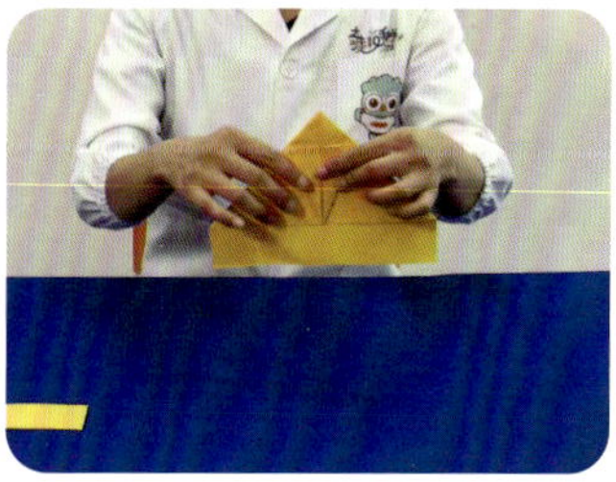

4 把刚刚对折的边全部展开，然后从小菱形的中间的那个角捏起，捏成如图的形状。

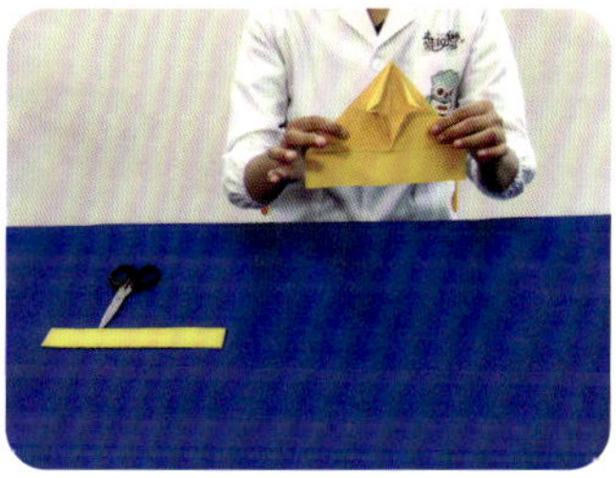

5 然后沿着突起的这两个角如图对折到背面。折出翅膀的形状。飞机主体就完成啦！

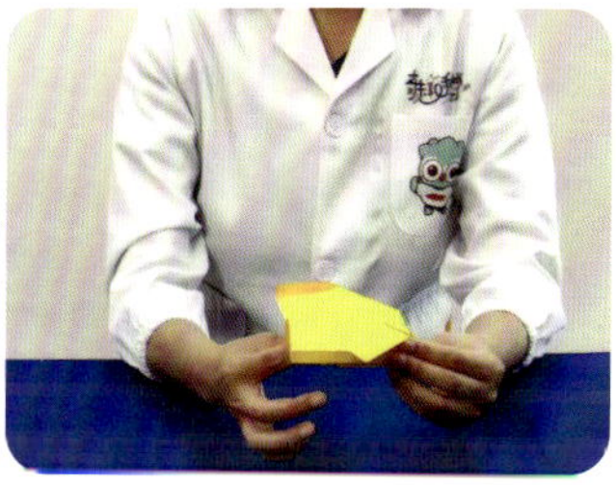

6 还记得之前撕下来的那条纸吗，现在要用这条纸做飞机的尾翼。首先，将它对折。用剪刀在尾部剪出一小截，其他部分对折至如图形状。

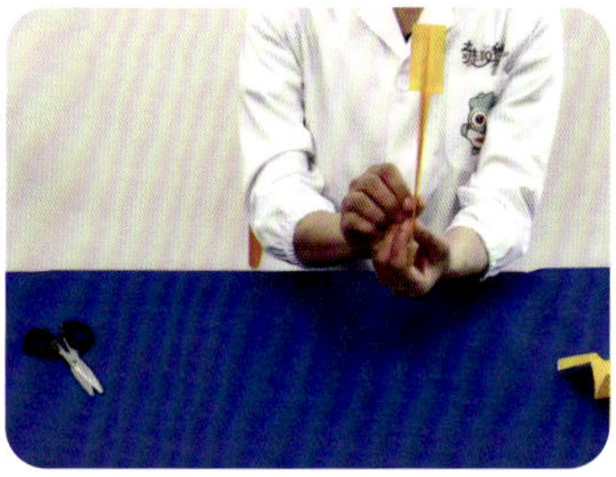

7 然后再对折，并将尾巴的那一小截如图对折。将尾翼插在飞机主体上就完成啦！快把它拿去飞吧，它已经迫不及待地想在空中翱翔了！

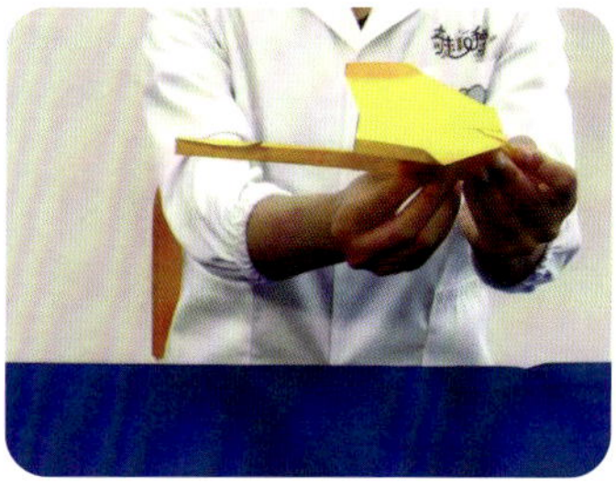

实验现象

飞机能平稳地在空中飞翔。

科学小知识

在水流或气流里，如果速度小，压强就大；如果速度大，压强就小。这就是伯努利原理。刚刚的吹纸片实验过程中，两张纸中间的空气被我们吹得流动的速度加快，压力就减小了，而两张纸外面的空气没有流动，压力就大，所以外面压力大的空气就把两张纸“压”在了一起。

科学与生活

在乘坐地铁、火车时，我们都会在站台上看到一条长长的黄漆线，每当列车快进站时站台工作人员都会要求乘客站在这条黄线后面。这是因为列车进站时速度都比较快，高速行驶的列车会带动车厢两侧的空气快速流动。根据伯努利原理空气由流速慢的地方向流速快的地方流动这一结论，人站立太近的话就有可能向列车的方向被吸过去，从而造成生命危险。

高铁的安全线

“趣”阅科学

气流与鸟类飞翔之间存在着怎样的关系呢？《鸟中王者：猛禽》一书介绍鸟类飞行的原理，快找来看看吧！

《鸟中王者：猛禽》

奇趣小小科学家

现象探险

下册

谷华　张芳　冯静　著

中国原子能出版社

图书在版编目（CIP）数据

奇趣小小科学家. 现象探险. 下册 / 谷华, 张芳, 冯静著. -- 北京 : 中国原子能出版社, 2024. 10.

ISBN 978-7-5221-3722-3

Ⅰ. Z228.1

中国国家版本馆 CIP 数据核字第 2024M36N01 号

奇趣小小科学家——现象探险（下册）

出版发行	中国原子能出版社（北京市海淀区阜成路 43 号　100048）
责任编辑	杨晓宇
责任印制	赵　明
印　　刷	炫彩（天津）印刷有限责任公司
经　　销	全国新华书店
开　　本	787 mm×1092 mm　1/16
印　　张	2.75
字　　数	38 千字
版　　次	2024 年 10 月第 1 版　2024 年 10 月第 1 次印刷
书　　号	ISBN 978-7-5221-3722-3　　　定　价　**330.00** 元（全 **12** 册）

本书创作组

作　　者：谷　华　张　芳　冯　静

参与创作：辛　红　于彦斌　史静娴　梁　敏　刘　杨

马　宁　李　波　罗文祥

序言

PREFACE

生活在这个知识爆炸、科技日新月异的新时代，我们每一个人都仿佛置身于一场波澜壮阔的历史洪流之中，经历着前所未有的变革与挑战。在这场变革中，新时代的教育强国建设无疑给我们教育工作者提出了更为崇高且紧迫的使命与要求。在“双减”背景下，做好科学教育的加法为我们重新审视和定义教育内涵提供了宝贵契机。在这场教育生态的重塑之中，科学教育以其独特的魅力与重要性，成为了我们不容忽视的焦点。它不仅关乎孩子们对自然世界的认知与探索，更是培养他们创新思维、实践能力和科学素养的关键途径。正是在这样的背景下，我们汇聚了一群怀揣教育梦想、热爱科学教育的教师同仁，携手众多深耕科学教育领域的专家，共同撰写了这套以科学实验为核心内容的科学丛书。这不仅仅是一系列书籍的创作，更是一场关于科学精神、教育情怀与未来想象的深刻对话与实践。

科学之光，点亮童心

每一个孩子都是天生的探索者，他们对世界充满了好奇与渴望。本套丛书精心策划了一系列科学实验，旨在点燃孩子们对科学的热爱，引导他们从日常点滴中发现科学之美。本套丛书语言活泼、情境精彩、图画生动、实验有趣，从简单的物理现象到复杂的化学反应，从微观的细胞世界到浩瀚的宇宙星辰，孩子们通过观察现象、动手实验、阅读思考、总结规律，轻松掌握科学知识、提高探究能力、滋养想象思维、激发创新精神，每一个实验都是一扇窗，让孩子们得以窥见科学的无限可能，启迪智慧的炫彩火花，点亮未来的梦想之路。

团队协作，智慧结晶

本套丛书的诞生，是集体智慧的结晶。我们集合了河北省各地的优秀科学教师，他们都是科学教育的行家里手，有着丰富的实践经验与教学智慧，对孩子们的学习特点与兴趣点有着敏锐的洞察。在专家的精心指导下，我们反复打磨每一个实验方案，力求做到既科学严谨又生动有趣，既注重知识的传授又强调能力的培养。我们相信，这样的科学教育才能真正触及孩子们的心灵，让他们在轻松愉快的氛围中成长为未来的科学之星。

家校共育，携手成长

这套丛书还特别适用于学校的课后服务以及家庭亲子游戏。我们希望通过这样的形式，搭建起家校共育的桥梁，让家长也能参与到孩子的科学学习中来，共同见证孩子的成长与进步。亲子共做实验的过程，不仅能够增进亲子关系，还能让科学成为连接两代人情感的纽带，让科学教育成为家庭生活中不可或缺的一部分。

展望未来，无限可能

展望未来，我们满怀期待。我们相信，随着这套丛书的广泛传播与应用，将有更多的孩子因此而爱上科学、投身科学、成就科学梦想。让我们携手并进，在科学的道路上不断探索、勇毅前行，共同为孩子们撑起一片更加广阔的天空，让科学的种子在他们心中生根发芽、茁壮成长！

最后，衷心感谢所有参与本套丛书创作的教育同仁、专家学者的辛勤付出与无私奉献。愿这套科学丛书能够成为孩子们成长道路上的良师益友，陪伴他们开启一段段精彩纷呈的科学探索之旅！

河北省石家庄市融创中心第一小学校长

谷华

目录

物质科学

第01课

多彩的声音世界

物质科学

小米：“你相信同一个瓶子能发出多种不同的声音吗？”

小娃：“那怎么可能呀！”

小米：“你看，我首先对着空瓶子吹气，你听瓶子发出怎样的声音。接着，向瓶内加入水至瓶身的1/4处，现在你听一听声音有什么变化。然后，我继续加水，你再听一听随着水的不断增多，声音发生怎样的变化？它们的声音一样吗？”

小娃：“不一样，太神奇啦！”

科学实验室

实验器材

水	玻璃试管	滴管	金属棒
纸盒	色素	防风杯	

实验步骤

1 沿折痕折叠出完整的盒子。

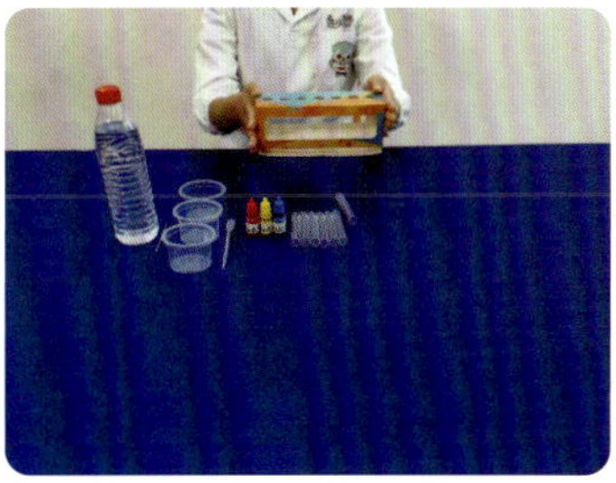

2 将试管放到盒子中，用金属棒敲击空试管，你会发现，每个试管发出的声音是一样的。

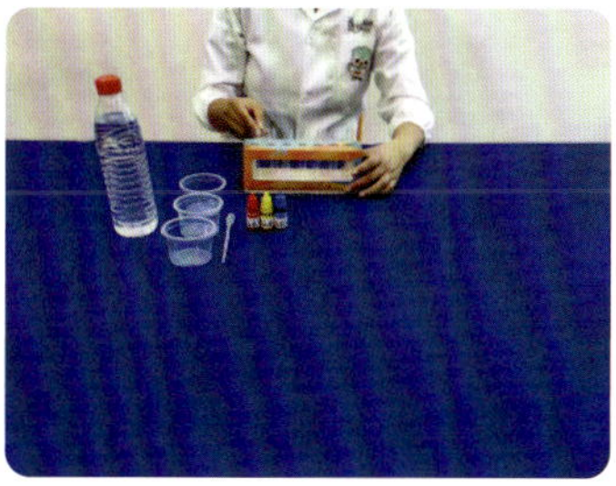

3 向防风杯中倒入1/4的水，与适量色素搅拌均匀。

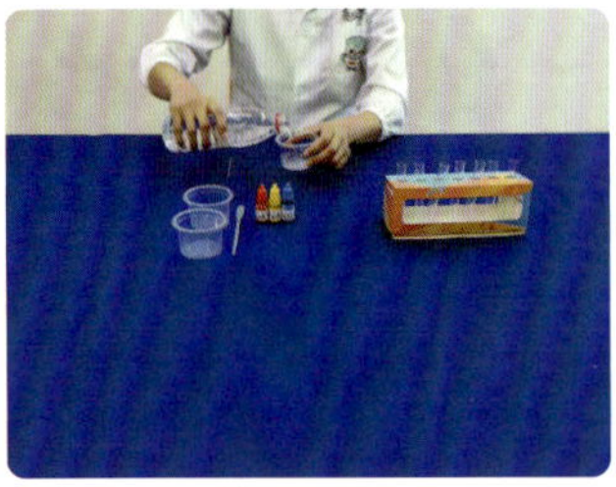

4 把红黄蓝三种色素按照配色表互相掺配，调成七种不同的颜色。

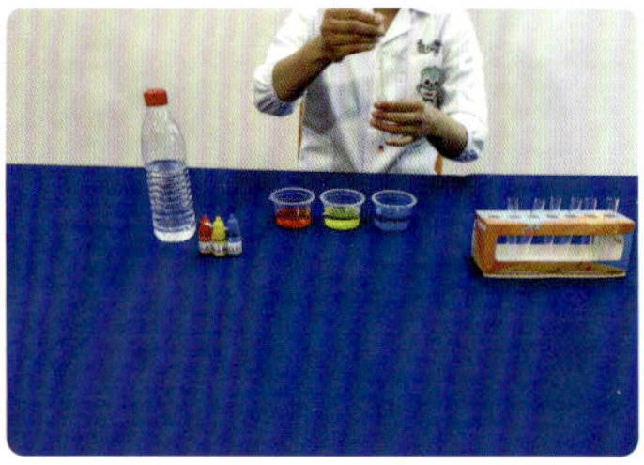

5 把不同颜色的水倒进试管中，使每个试管中水的高度不同。

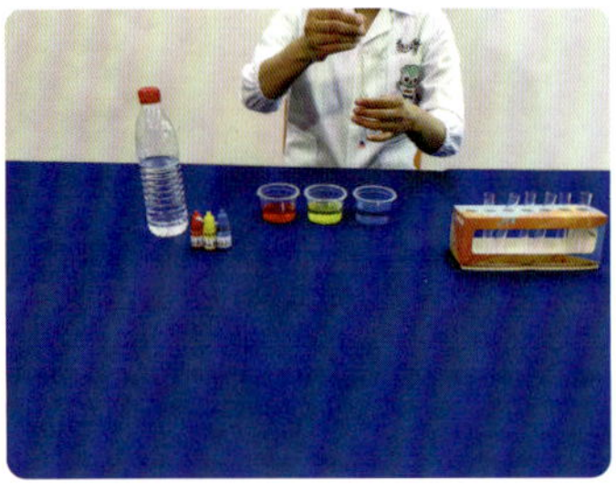

6 敲击装了不同颜色水的试管，倾听有什么不同。

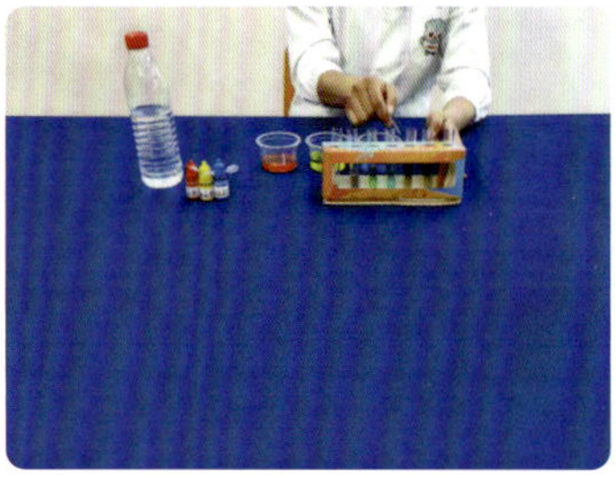

实验现象

敲击装了不同颜色水的试管，发现试管的声音变得高低不同了。

科学小知识

声音有响度、音调和音色三个主要特征，让我们一起来认识一下它们吧。

（一）音调：声音的高低叫音调。决定音调高低的因素是发声体振动的频率。频率越高音调就越高，频率越低音调也越低。

（二）响度：声音的强弱叫响度。影响响度的因素有：振幅的大小和听者距离发声体的远近。距离越远，声音越分散，听到的声音就越弱。

（三）音色：音色是分辨不同发声体的重要依据。音色由发声体本身的材料、结构等因素决定。

人听到的声音是因为振动产生的，声音的高低（高音、低音），由“频率”决定。装不同水量的试管振动频率不同，发出声音的音调就不同。相同的试管、相同的敲击位置，水越少，振动频率越高，音调越高；水越多，振动频率越低，音调越低沉。

《科学与生活》

当我们用烧水壶给保温瓶加开水时，可以利用今天学到的知识判断水壶是否已满。往壶里加水，倒下去的水与壶相互撞击，发出声音。但因为壶内空气多，所以振动的频率慢，音调低沉。慢慢往里加水，壶内水平面就离壶口越来越近，中间那段留给空气的距离越来越短，在单位时间内水振动的速度和频率就很快，所以发出的声音音调就变得很高。因此生活中我们可以通过声音的高低来判断保温瓶是否被灌满。

当热水灌入水壶时，水壶发出声响

《“趣”阅科学》

《出没无声：蝙蝠》一书中讲到了频率与分贝的关系。为什么人听不到的声音，而蝙蝠能听到呢，快找来书看看吧！

《出没没声：蝙蝠》

第02课

看得见的光

小娃：“小米，送你一把激光剑。”

小米：“激光剑？激光剑是什么样子的啊？”

小娃：“嘿嘿，特别酷炫的样子哦。”

小米：“哇！太神奇了！”

激光剑

科学实验室

实验器材

牛奶10 mL	2只100 mL的透明	激光笔	搅拌棒
水200 mL	杯子（塑料材质）	滴管	托盘

实验步骤

1 将两只透明玻璃杯放到托盘上并倒满水。

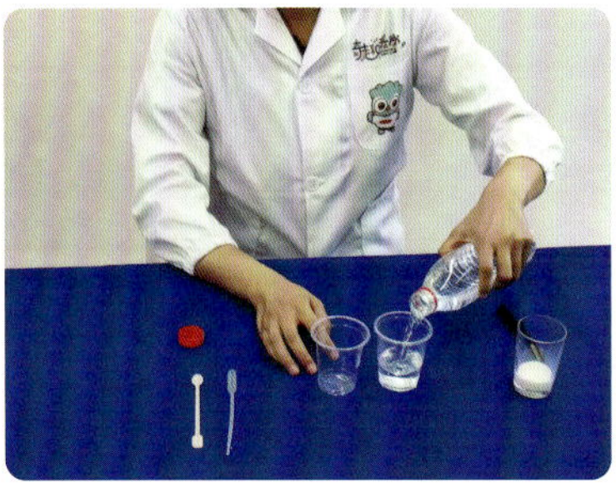

2 用激光笔照射两杯水，观察现象。

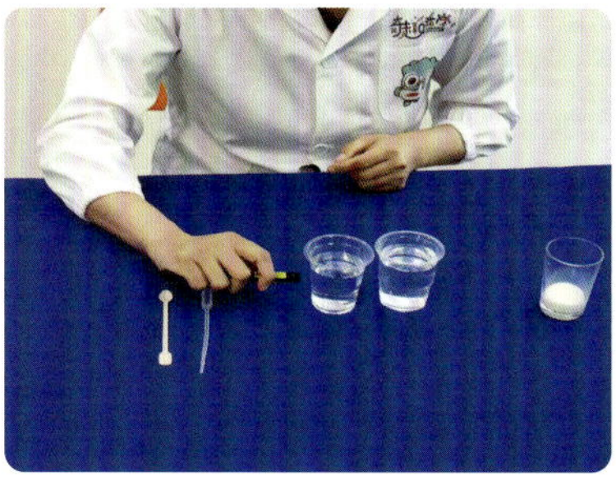

3 向其中一杯水中滴入几滴牛奶，并用激光笔照射。

4 将滴入的牛奶搅拌均匀，并用激光笔照射。

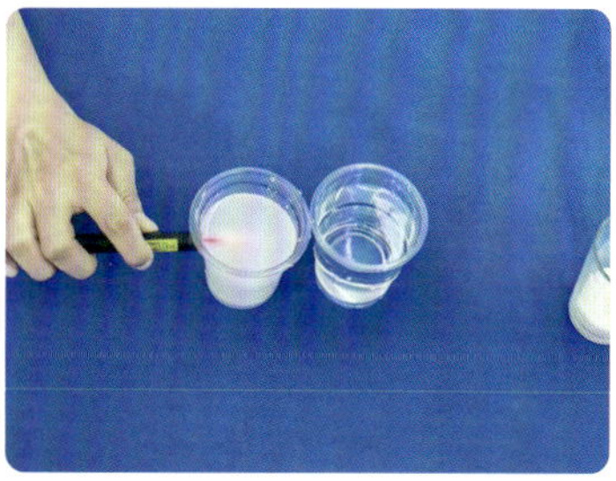

温馨提示：

请勿用激光笔直接照射眼睛；做实验时，牛奶只需要几滴（大概2 mL）。

实验现象

激光通过纯净水时看不到光路。当激光通过加有牛奶的水杯时，可以看到一束明显的激光束！

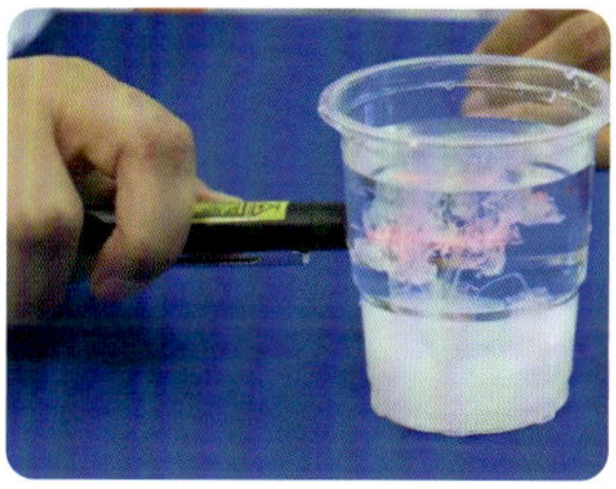

科学小知识

光的散射指的是光在经过不均匀介质时，其中一部分光不再沿着原方向传播的现象，而偏离原方向传播的这部分光被称作散射光。牛奶当中含有大量的脂肪和蛋白质分子颗粒，当光线穿过牛奶时，会在这些颗粒的表面出现散射情况。此时，固体颗粒仿若一个个发光源，无数颗粒对光线散射的综合作用，便构成了一条清晰明亮的光路。像阳光形成的光束以及城市里的激光束，实质上就是光束被空气中数不胜数的悬浮尘埃散射所导致的。

科学与生活

我们日常所见的天空是蓝色的，海水也是蓝色的，天空和海水原本就是蓝色吗？答案并非如此。实际上，天空原本是无色的，因为大气分子的存在，当太阳光投射到地球时发生了散射。其中，蓝紫光的散射最为显著，然而紫光被大气所吸收，人眼对紫光不够敏感，所以，天空展现出蔚蓝色。倘若地球不存在大气层，那么所看到的天空应与宇宙星空相同，除去恒星之外，便是一片漆黑。同样，海水呈现蓝色也是由于水分子的散射所致，若近距离观察，海水实则是透明无色的。另外，距离越远、越深的海水，蓝色愈发深沉甚至趋近黑色，这是由于远深处海水的散射光能够被眼睛接收的变少了，从而呈现出深黑色。

“趣”阅科学

我们每天穿行在光的世界里。阳光是怎么发出的，水中的筷子为什么“断”了，天空为什么是蓝色……《爱上科学：神秘的光》将为你揭开光的传播原理，让你从中领略光的缤纷与神秘。阅读这本书，带你领略光的神奇！

《爱上科学：神秘的光》

第03课 全息投影

同学们，你们听说过平面镜成像吗？其实这是一种物理现象，是指太阳或灯的光照射到人的身上，被反射到镜面上，平面镜又将光反射到人的眼睛里，因此，我们看到了自己在平面镜中的虚像。比如开车的时候看后视镜，试衣服的时候看镜子里的自己，都是利用的这个原理。如果把镜子斜着放在地面上，我们再躺在地上，看看镜子中的自己在哪里呢？让我们去找一面镜子试试吧！

平躺着照镜子

科学实验室

实验器材

盒子卡纸	塑料卡片	双面胶条
奥克卡片	透明胶片 × 4	

实验步骤

1 沿压痕线折叠盒子卡纸，用双面胶条粘贴盒子。

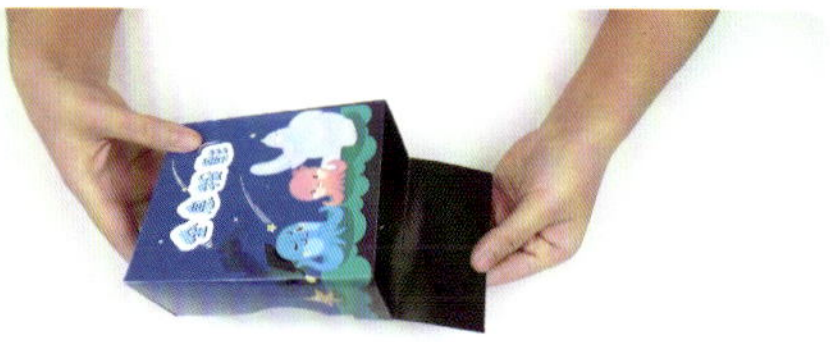

2 用透明胶片粘贴塑料卡片接缝处。（注：塑料卡片边缘锋利，粘贴时务必注意安全！）

3 将奥克卡片和粘贴好的塑料卡片放置在盒内，观察塑料卡片投出的影像。

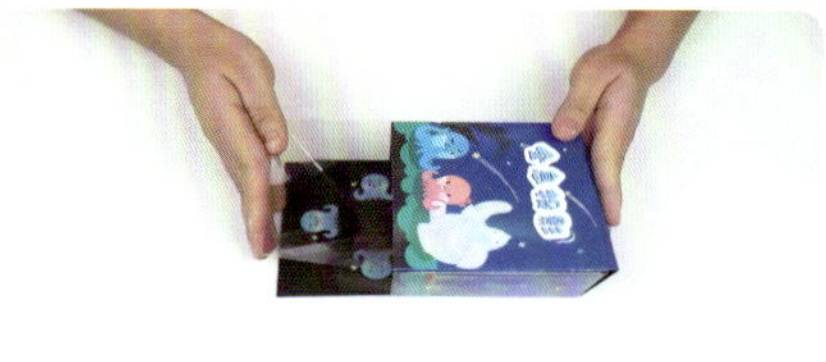

实验现象

我们会看到卡纸上的图案“悬浮”起来，好像立体的一样。

科学小知识

为什么从塑料片的侧面看过去，原本水平的视频影像变成竖直的影像呢？原因在于塑料卡片的上底面正对奥克卡片中心，四面透明的塑料梯形板相当于平面镜，与奥克卡片间各为45°夹角。图案投射到塑料片后发生反射，在塑料片后面形成像，在视觉上给人一种立体的错觉。

全息投影下的立体影像

科学与生活

生活中还有许多应用平面镜成像的实例，如汽车前挡风玻璃的倾斜放置、车载抬头显示器以及全息影像雷达等。

在日常驾驶中，我们需要时刻关注车后方的情况。汽车的后视镜就是一面平面镜，它能够反射车辆后方的物体，使驾驶员能够清晰地观察到身后的物体和路况，从而改善驾驶条件。

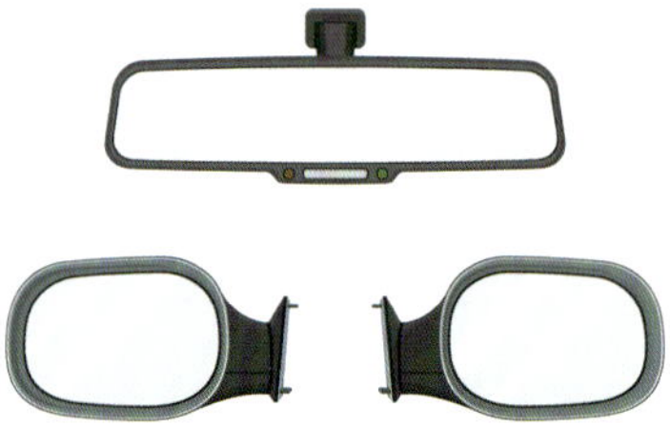

汽车的后视镜

平面镜具有改变光线传播方向的特性。为了清晰地观察牙齿的情况，牙医使用的平面镜就利用了这一特性，通过改变光线的方向，使牙医能够更准确地诊断病情。

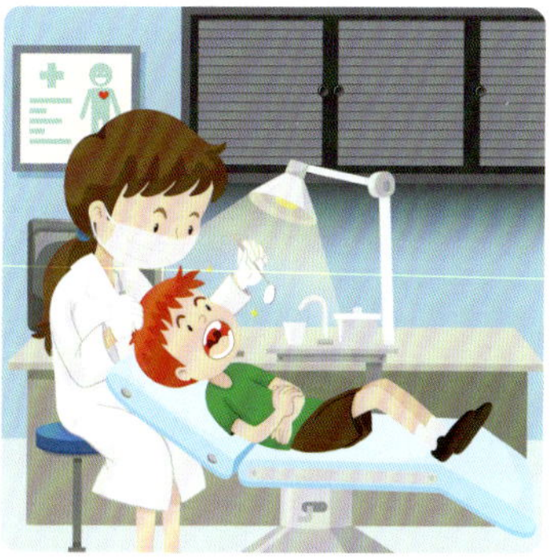

牙医用口腔镜观察牙齿健康情况

“趣”阅科学

《科幻电影中的科学》这本书挑选了《流浪地球》《星际穿越》和《火星救援》三部经典的科幻电影，并回答了“什么是黑洞？”“火星上怎样种土豆？”等问题。通过手绘图解的形式，为你讲解了宇宙空间站、时间膨胀、火星通信、太空对接等硬核的科学知识。这本书不仅内容专业，而且非常有趣，能够在你的心中种下科学的种子。

《科幻电影中的科学》

第04课

自制静电器

冬天脱毛衣的时候，我们会听到“噼里啪啦”的声音，有时还会感觉被电了一下；用梳子梳头发，头发会飘起来，甚至在黑暗中还能看到小火花。这些有趣又奇怪的现象其实都和静电有关。静电就像一个调皮的小精灵，总是在不经意间出现。那静电到底是怎么产生的呢？它又为什么会有这样神奇的力量？就让我们一起走进静电的奇妙世界，去揭开它神秘的面纱！

科学实验室

实验器材

高、矮塑料杯	底座	电池盒	扇叶	双面胶
白色泡沫粒	海绵电击套	电机	环形双面胶 × 2	5号电池 × 2

实验步骤

1 将电池盒红黑导线从底座边孔穿下去，再从中间大孔穿上来，连接到电机两个接线片上。

2 将海绵电机套上下分别贴上环形双面胶并套在电机上。

3 组装扇叶和矮塑料杯并放入泡沫粒，将高塑料杯扣在上方，电池盒用双面胶粘贴在底座一侧。

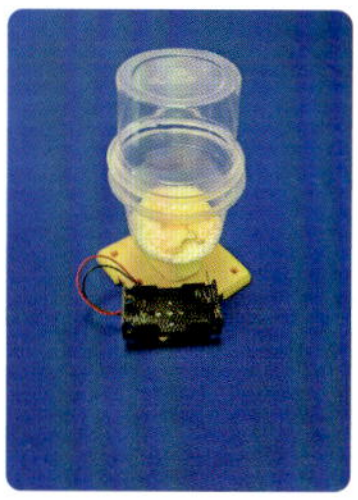

4 将电池按正负极正确装入电池盒（注意：此时刀闸开关处于打开状态），按下刀闸开关即可接通电路。风扇大约旋转3分钟后，将电池盒刀闸关闭。

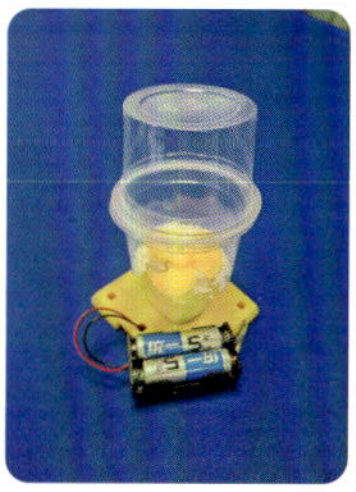

实验现象

关闭电池盒刀闸后，我们发现泡沫粒吸附在杯壁上面。

科学小知识

为什么会出现这种现象呢？是因为泡沫粒受到旋转摩擦产生的静电影响，从而吸附在杯壁上。泡沫粒在旋转过程中受到摩擦，产生了静电。摩擦使泡沫粒带有一定的电荷，而杯壁则带有相反的电荷。由于异性电荷相吸的原理，泡沫粒子就会吸附在杯壁上。

科学与生活

静电在生活中有着广泛的应用。

在众多工业生产过程中，静电被用来清除空气中的尘埃和微粒。通过静电场的作用，悬浮在气体中的尘粒会带上电荷，并吸附到电极上，从而保持工业生产环境的清洁。这种静电除尘技术在工业生产中起到了重要的作用。

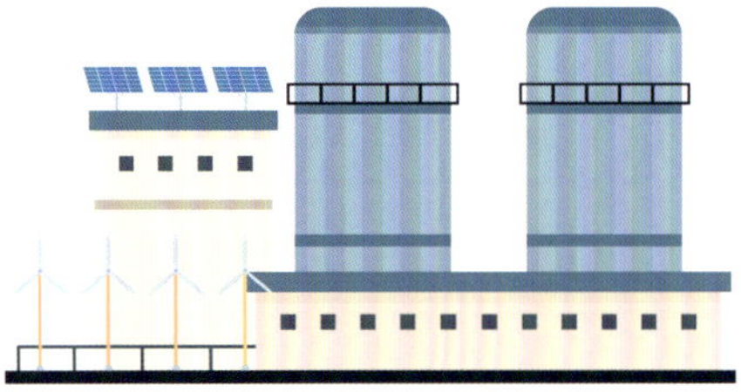

工厂里的静电除尘技术

在静电复印的时候，光敏感的鼓面和静电吸引力会被用来生成和传递图像。经过干法显影、影像转印和定影等一系列过程，最后就能得到复制件。这种技术在办公环境中被广泛运用，给文档复制提供了方便的办法。

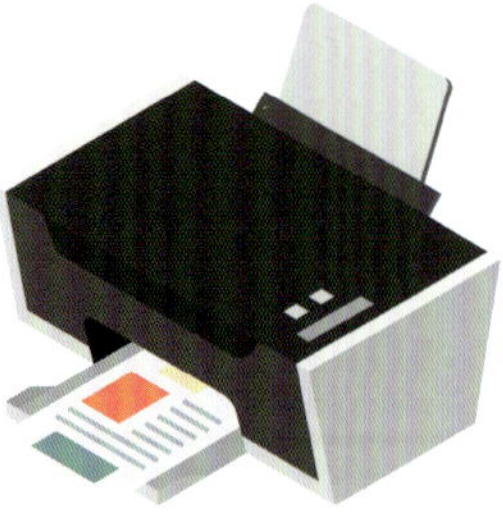

静电复印技术

“趣”阅科学

努比看着灯光璀璨的城市，觉得很奇怪，为什么夜晚的地球会比天上还要热闹，还要亮呢？他决定一探究竟，于是找到了一根电线，钻了进去。结果……他被电成了一位老爷爷，发生什么事了呢？我们一起来阅读《会发光的电爷爷》这本书，从中找找答案吧！

《会发光的电爷爷》

第05课

会跳舞的回形针

同学们是不是特别喜欢玩磁铁，拿着磁铁到处吸各种铁器，不过要是只把磁铁拿来当吸铁石玩，那就太浪费了，它真正的实力可不止于此。

不信？那就准备一些回形针来一起开始今天的小实验吧！

蹄形磁铁

科学实验室

实验器材

磁铁	回形针 × 20	包装盒盒盖

实验步骤

1 把回形针随意放在盒盖上，磁铁放在盒盖下。

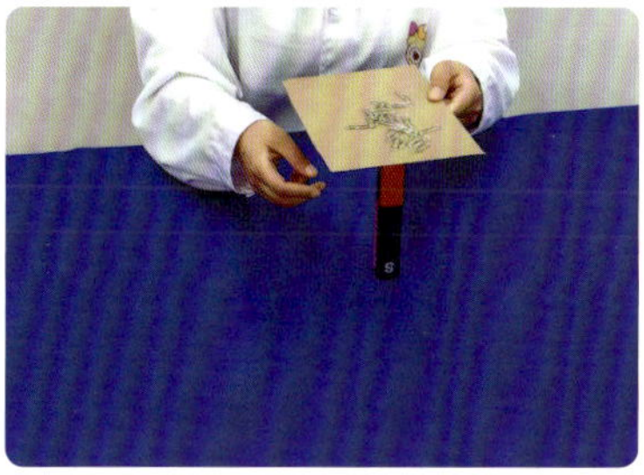

2 将磁铁贴着盒盖向不同方向不断移动。（注意磁铁一定要紧贴盒盖！）

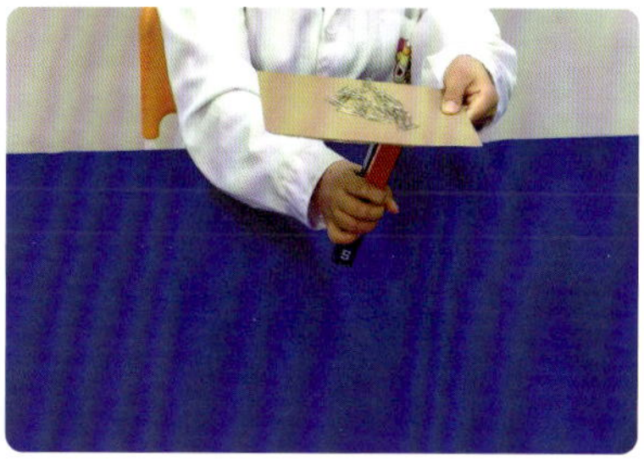

实验现象

回形针会跟着磁铁移动。

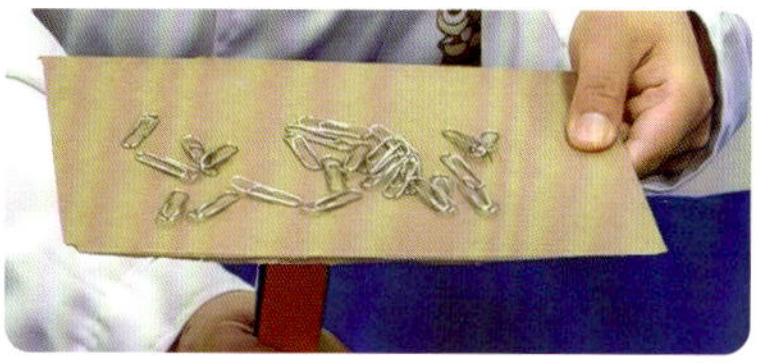

科学小知识

回形针作为一种铁制品，可以被磁铁吸引。这种吸引力是由于磁铁周围的磁场作用而产生的。磁场可穿透非磁性材料作用于铁磁性物体。所以回形针会随着磁铁移动。

科学与生活

在医学上，利用核磁共振可以发现人体组织异常，诊断疾病。同时，磁场与人体经络的相互作用可以实现磁疗，在治疗多种疾病方面有独到的作用，已经有磁疗枕、磁疗腰带等应用。

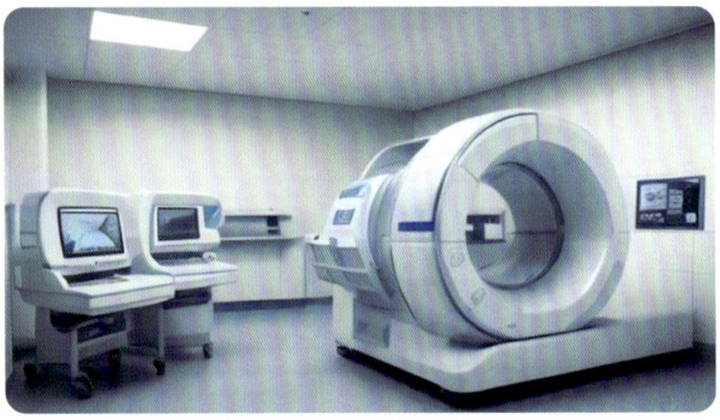

核磁共振仪（MRI）

磁性材料在军事领域同样得到了广泛应用，如果在水雷或地雷上安装磁性传感器，由于坦克或者军舰都是钢铁制造的，在它们接近（无须接触目标）时，传感器就可以探测到磁场的变化使水雷或地雷爆炸，提高了杀伤概率。

磁性传感器

“趣”阅科学

《磁铁怪物》是一本极具吸引力的书籍！它巧妙地将科学知识与精彩的故事相结合，让你在轻松愉快的阅读中了解磁力的奥秘。跟随书中的角色，一起探索未知，感受科学的魅力，开启属于你的知识之旅！

《磁铁怪物》

第06课

看得见的热

在热气球上，你可以欣赏到平常在地面上无法看到的各种奇特的美景。那么，你知道热气球的工作原理是什么吗？

热气球的工作原理基于一个简单的物理现象，即热空气会上升。当热气球内的空气被加热后，它会膨胀并且变得比周围的冷空气更轻。这种受热后变轻的空气为热气球提供了升力。

热气球升空

当热气球需要下降时，操作员将减少或停止对空气的加热。此时，冷空气会进入球囊，替代部分热空气。因为冷空气比热空气重，这使气球内部的整体密度增加，从而增加了重力。当气球的重力超过浮力时，热气球便开始下降。

科学实验室

实验器材

蜡烛	A4纸	尖头木棒
笔	剪刀	

实验步骤

1 用笔在纸上画出螺旋线，剪刀沿线剪开，剪出纸蛇形状。

2 将木棒尖头朝上插在蜡烛上。

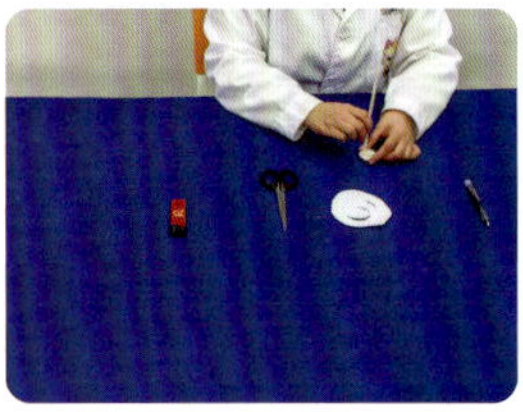

3 点燃蜡烛，将纸蛇套在木棒尖上。

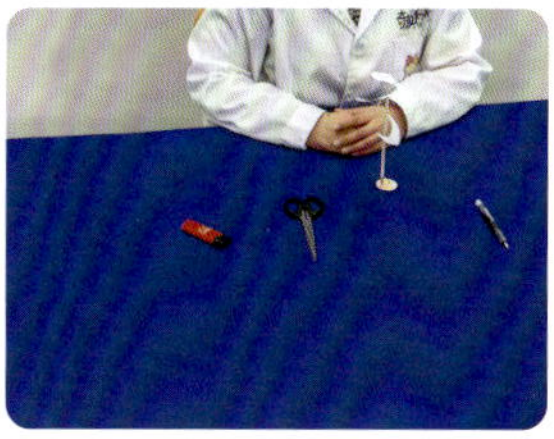

实验现象

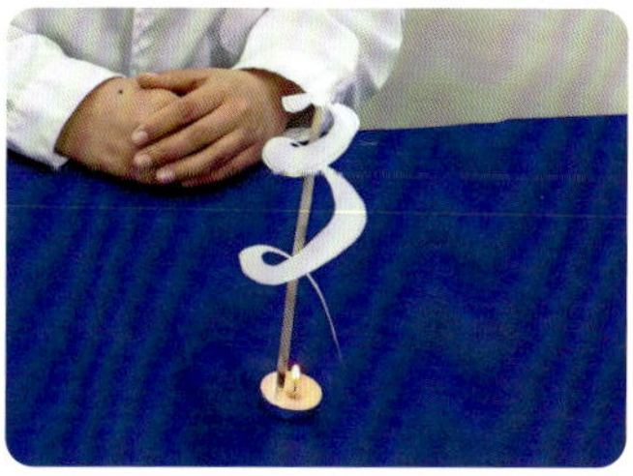

通过观察，我们发现纸蛇开始慢慢旋转起来。

科学小知识

当蜡烛加热空气时，空气分子的运动加剧，并向四周扩散，导致热空气的密度减小。与周围密度较大的空气相比，受热后的空气会上升，形成一股向上的热流，并推动螺旋桨状的纸片开始旋转。那么，热气球为什么能升上天空呢？这是因为热气球燃烧器将燃烧加热的空气由气囊下部的端口喷入气囊，当空气受热膨胀后，相对于外部冷空气具有更低的密度，比重变轻而向上升起，使气球拉起吊篮一同升空。

科学与生活

热现象在生活中应用非常广泛。

把锅放在煤气灶上，打着火，锅就会变热。热量由高温一端传向低温一端，这种现象被称为热传导。

炒菜时铁锅会被加热

利用壁挂炉或者锅炉加热循环水，再通过管材连接到暖气片，通过暖气片加热周围空气。热空气上升，冷空气下沉形成对流循环，推动热量均匀分布至整个房间。

暖气片

“趣”阅科学

你是不是总好奇于无处不在的奇妙现象，例如：温度计为什么可以测出温度？热水瓶为什么可以保温？快来翻开《我把“热乎乎”弄丢了：热传递》这本书，在故事中揭秘这些现象的奥妙所在吧！

《我把“热乎乎”弄丢了：热传递》

第07课

瓶子吹气球

在日常生活中我们如果将可乐摇晃几下，打开瓶盖，可乐就会像喷泉一样喷发出来，只剩下了小半瓶。这也太神奇了，这是什么原因呢？

可乐从瓶子里喷发出来

科学实验室

实验器材

小苏打	塑料瓶	勺子
柠檬酸粉末	气球	贴纸

实验步骤

1 塑料瓶中倒入纯净水至瓶子的大约三分之二处再倒入柠檬酸粉末，拧紧瓶盖摇晃均匀。

2 等到柠檬酸粉末全部溶解后，将小苏打倒入气球中。

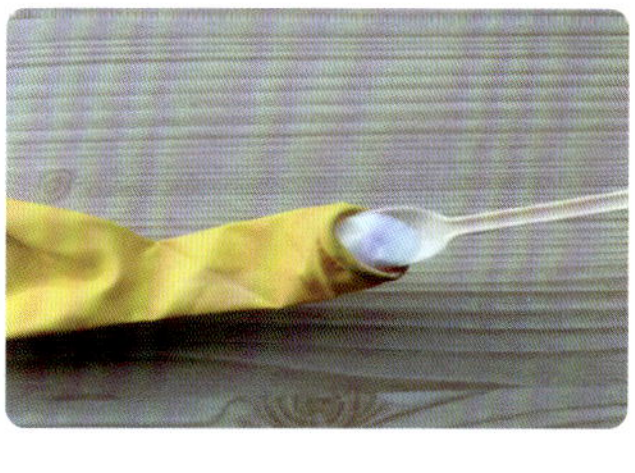

3 把气球固定在塑料瓶口。

4 提起气球末端将小苏打粉末倒进瓶中，倒入时不要让气球的口离开瓶口。

实验现象

气球慢慢变大。

科学小知识

小苏打与柠檬酸结合在一起时，两者之间会发生一个奇妙的化学反应。这个反应释放出一种透明且无味的气体，我们称它为二氧化碳。二氧化碳气体就像是一个看不见的小精灵，悄悄地填充了气球的空间，让它从原本的扁平状态慢慢膨胀，最终变得圆润饱满，仿佛是被魔法瞬间唤醒了一样。这个现象背后的科学原理是什么呢？当小苏打和柠檬酸相遇，它们之间的化学反应产生了二氧化碳，这种气体在气球内积聚，压力增大，从而推动气球壁向外扩张，实现了气球的膨胀。

科学与生活

二氧化碳就像是一个神奇的小伙伴，在我们的日常生活中扮演着许多有趣的角色。让我们一起来看看二氧化碳都在哪些地方帮了我们的忙吧！

当我们在厨房里看妈妈做面包时，面团会慢慢地变大，这是酵母和二氧化碳的功劳。酵母吃掉面粉里的糖分，然后呼出二氧化碳，就像小鱼吐泡泡一样，让面团鼓起来，最后烤出来的面包才松软好吃。

大自然中的植物也需要二氧化碳来生长。通过光合作用，植物在阳光下吸收二氧化碳和水，制造出自己所需的养料，同时放出氧气供我们呼吸。

二氧化碳也是灭火的好手。二氧化碳能隔绝氧气，让火焰熄灭。所以，有些灭火器里面装的就是二氧化碳，它们能在紧急时刻保护我们的安全。

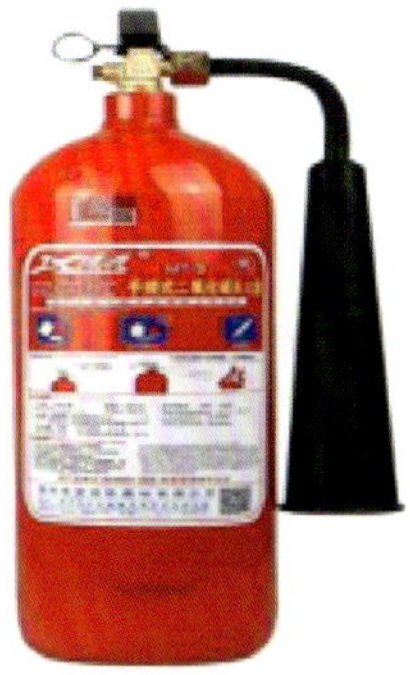

二氧化碳灭火器

虽然二氧化碳有很多用处，但过多的二氧化碳排放也会带来问题。它会在大气层形成一层“毯子”，让地球变暖，这就是所谓的温室效应。所以我们应该节约能源，减少二氧化碳的排放，保护我们的地球家园。

“趣”阅科学

今天给同学们推荐一本超有趣的科普小说《我是碳》。这本书把碳当作一个会说话、会冒险的小伙伴，用特别简单、特别好懂的方式，给我们讲解二氧化碳和气候变化的知识。这里面还介绍了好多减排的办法！

《我是碳》

第08课

彩虹过山车

同学们，把一块儿面巾纸放入装着醋的水杯中，你觉得会出现什么现象呢？我们发现醋会沿着面巾纸往上走，是不是很神奇？现在我们一起来探究一下这种现象吧。

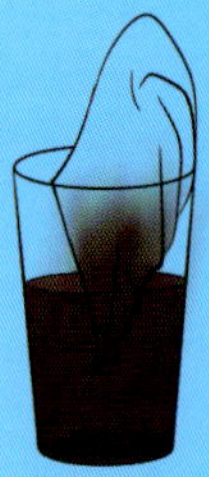

沿着纸巾爬升的醋

科学实验室

实验器材

透明塑料杯×3	棉布×2（或者抽纸×2）	色素水	玻璃棒

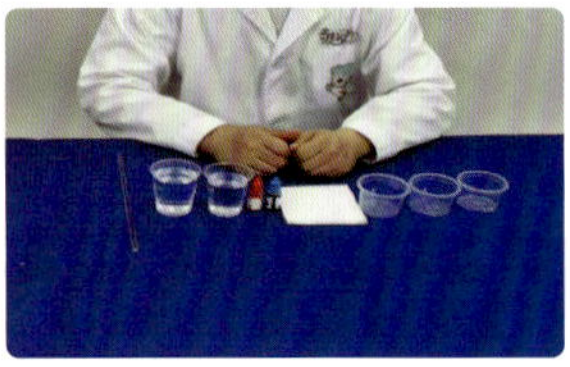

实验步骤

1 把三个透明杯子依次排列。

2 分别往第一个和第三个杯子内倒水。

3 再往装有水的两个杯子里加入蓝色和红色的色素，搅拌均匀。

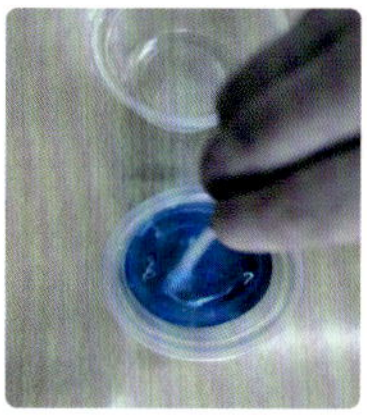

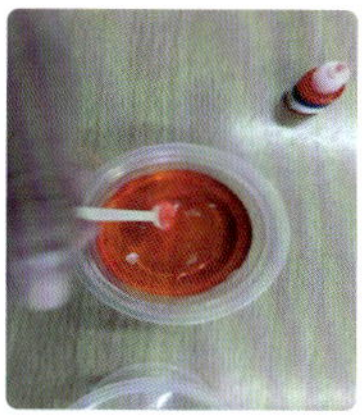

4 把折好的两条抽纸（棉布条）分别搭在相邻的两个杯子之间。

实验现象

抽纸（棉布条）被染成两种颜色，中间杯子里有水了。水的颜色是蓝色和红色混合在一起的颜色。

科学小知识

想象一下，纸巾纤维里面的毛细管就像是超级迷你滑梯，比你的头发还要细好多好多呢！当水碰到这个小滑梯，就像魔术一样，水会自己爬上去，这叫作毛细现象。你知道吗？当你用纸巾擦桌子上的水，或者看到植物的根喝水，其实都是这个神奇的毛细现象在帮忙。

现在，让我们想象一下液体的表面，就像一个弹力十足的小蹦床。如果这个小蹦床是弯的，它就会想方设法变回平的。所以，当液体的表面凹下去的时候，它就像一个小手，轻轻地拉住下面的液体；而如果表面凸起来，它就会像个小锤子，轻轻地敲击下面的液体。

像水这样的好伙伴，它喜欢和滑梯做朋友，所以在毛细管里，水的表面会变成一个小小的凹坑。这个凹坑就像一个小小的力量，一直拉着下面的水往上走，让水沿着滑梯的墙壁慢慢地爬升。直到这个往上拉的小力量和水柱自己的重量差不多了，它们就握手言和，水也就停在那儿不动了，这时候，我们就说它们找到了和平共处的办法，也就是平衡啦！

这样讲，是不是感觉毛细现象变得有趣又容易理解了呢？下次你在玩水或者观察植物的时候，就可以跟朋友们讲讲这个神奇的现象了！

科学与生活

毛细现象可以说在生活中无处不在，用纸巾拭去额头的汗水，或是我们使用的钢笔，包括植物的生长，都存在着毛细现象。

种庄稼时，要保存地下的水分，就应当锄松地面的土，这是毛细现象在生活中的应用。

洗完澡用毛巾擦干头上的水渍

“趣”阅科学

水沿着细小的管道悄悄爬升，仿佛无视了重力的束缚；植物的根系悄无声息地从土壤深处汲取水分，滋养着绿色的生命……这些都是毛细现象在我们身边默默工作的证明。《身边的科学》不仅用生动活泼的语言描绘了这些神奇的现象，更通过一系列易于操作的小实验，让我们亲眼见证科学的魔力。

《身边的科学》

第09课

空 气 炮

小娃：“小米，我用气球就可以把蜡烛熄灭。”

小米：“真的吗？好神奇啊，它是怎么熄灭的？”

小娃：“你瞧，我把气球吹起来，把气球口瞄准蜡烛的火焰，嘿嘿，蜡烛就熄灭啦！”

用气球里的空气吹蜡烛

物质科学

科学实验室

实验器材

喇叭筒　泡沫球　气球

实验步骤

1 把气球口部一端剪掉，把气球口掰开，让气球口变大。

2 将气球套在喇叭筒上，固定好气球。

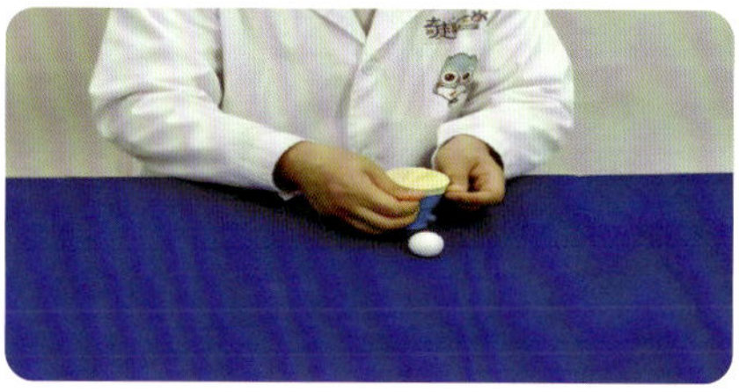

3 喇叭筒小口一端塞入泡沫球，拉动气球膜，发射空气炮。（发射过程中注意安全）

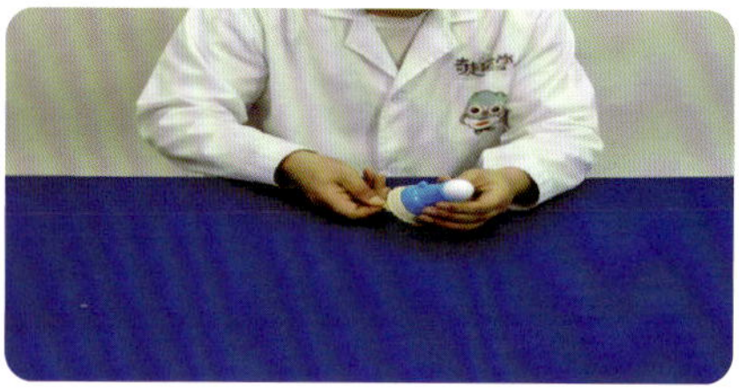

实验现象

喇叭筒上的泡沫球被击飞。

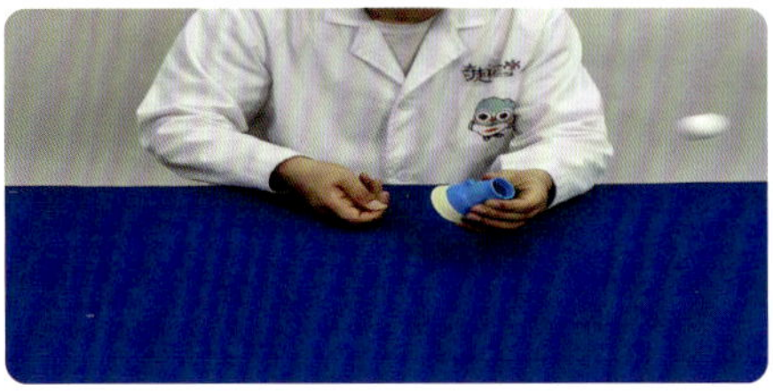

科学小知识

空气炮就像一把大号的玩具枪，但它不发射子弹，而是发射空气。它的工作原理可以分成几个简单的步骤。

装空气：空气炮有一个大桶，里面可以装很多空气。我们可以用手泵或者其他方法把空气压进这个桶里，就像给气球充气一样。

准备发射：当桶里的空气装满了，我们就准备好发射了。空气炮有一个盖子或者阀门，可以把桶口封住。

发射空气：当我们按下按钮或者拉动某个装置，盖子或者阀门会迅速打开，桶里的空气就会一下子冲出来。

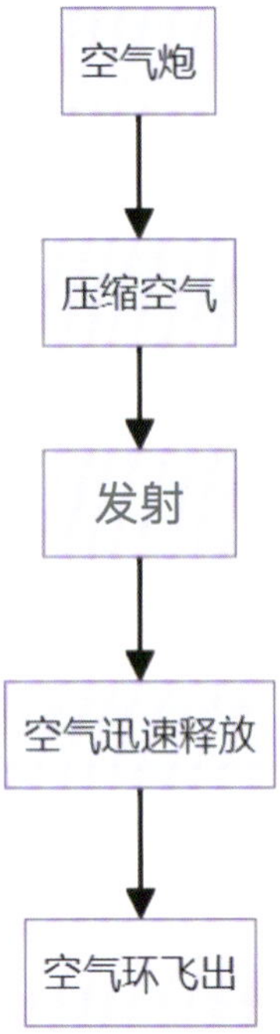

科学与生活

空气炮在生活中用途很广，比如它经常被应用于工厂或仓库中清理堵塞的物料输送管道，例如清理谷物筒仓内的堵塞物，或者清除矿石输送带上的积料。某些儿童游乐场可能会利用类似空气炮原理设计一些互动游戏，比如通过压缩空气推动小球射击目标等。在电影拍摄或舞台表演中，空气炮可用来实现突然释放物体、模拟爆炸效果等特效。

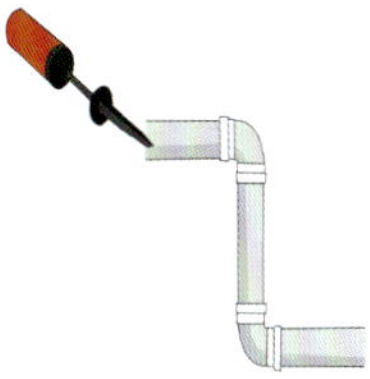

利用空气清理管道

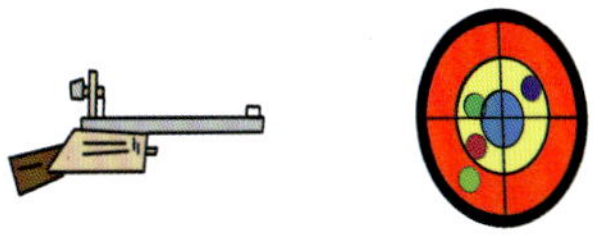

压缩空气枪

空气炮模拟爆炸效果

“趣”阅科学

著名科学家“风暴诺曼”来到一个山洞口，顿时感到很凉爽。温差导致洞内外的气压出现差别，洞口出现了微风。气压是什么？我们不常注意到气压，因为它看不见摸不着，但这种压力时刻影响着我们。在它的作用下，大自然出现了台风、龙卷风等自然现象。让我们打开《疯狂的天气：气象与气候》这本书，去感受一下风的力量吧！

《疯狂的天气：气象与气候》

第10课

水中莲花

小娃：“小米，我可以让没有开花的莲花在水中开花。”

小米：“哼，我才不信呢，你让它开给我看。”

小娃：“诺，你看……”

水中莲花盛开

科学实验室

实验器材

莲花卡纸花瓣×4　塑料圆盘　水

实验步骤

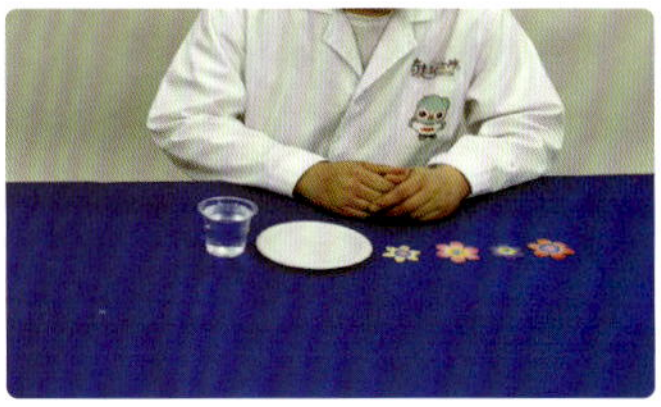

1 在塑料圆盘中加入适量的水。

2 将莲花卡纸花瓣朝中心处依次折叠。

3 将折叠好的莲花放入圆盘中。

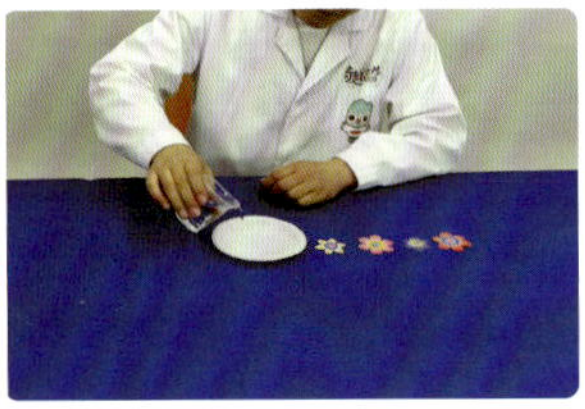

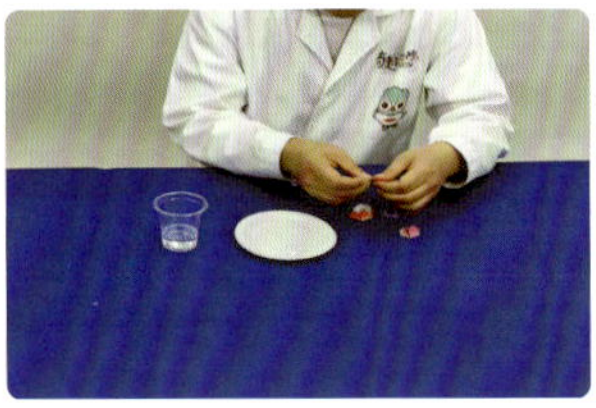

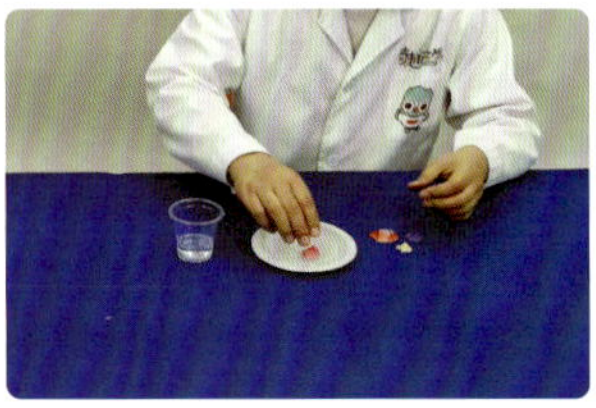

实验现象

花瓣在水中缓缓绽放。

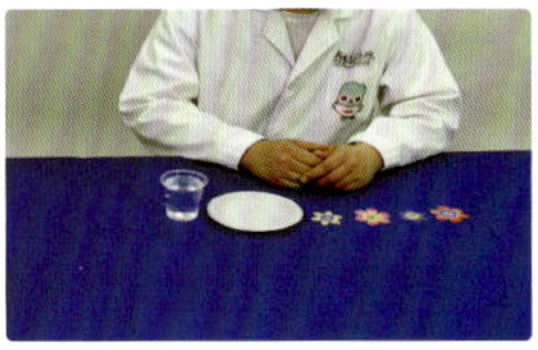

科学小知识

想象一下，水里的小水滴们其实是最好的朋友，它们手拉手，紧紧地抱在一起，就像小朋友们在操场上围成圈玩游戏那样。因为它们互相拉着手，水面就变得有点儿像一个弹性十足的小蹦床，具有了表面张力。就是因为这种神奇的力量，水面才能撑住一些轻巧的东西，不会让它们沉下去。

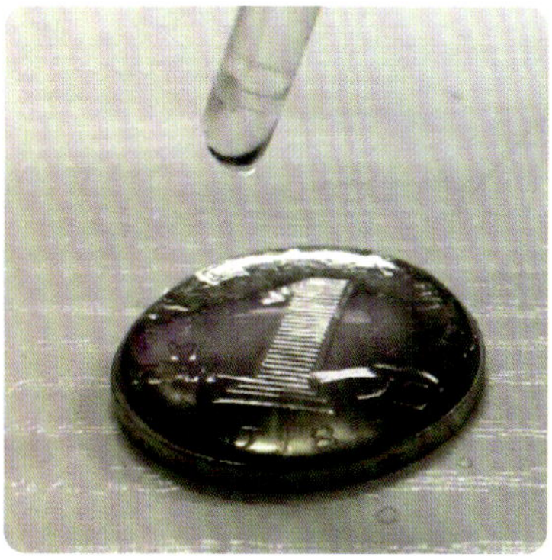

硬币表面被一层“水膜”包裹

现在，我们来看看纸是怎么做的。纸里面有很多细细长长的纤维，它们就像是一张大网里的线，纵横交错地粘在一起。这张网有很多小缝隙，就像是海绵里的小洞洞，可以吸水。如果你把纸剪成一朵花的样子，然后轻轻放在水面上，会发生什么呢？

水开始慢慢地、悄悄地钻进纸的缝隙里，就像是小探险家一样，一点一点地探索纸的世界。因为水的表面张力，水分子会紧紧抱住纸花，不让它沉下去。当纸里的纤维喝饱了水，它们就开始膨胀，变得鼓鼓的，就像小桥一样拱起来。这样，纸花就被水分子抬起来了，漂浮在水面上，而且花瓣折叠的地方也被水一点点地拉开，展开得美美的，就像是真的花儿在水中绽放一样，超级漂亮！

所以，下次你看到纸花在水面上跳舞，就知道这是水的表面张力和纸的纤维一起创造的魔法啦！

科学与生活

小朋友们最喜欢的吹泡泡游戏也与水的表面张力有关。水面的水分子间相互吸引力比较强，泡泡不容易形成。当水中加入了洗洁精、洗手液或洗衣液等洗涤用品的时候，就是加入了表面活性剂。这类表面活性剂“打破”了水的表面张力，于是我们就可以看到形态各异的泡泡啦。

吹泡泡

“趣”阅科学

《101个神奇的实验：101个水的实验》不仅仅是一本书，它是一个科学的游乐园，每一章都是一次全新的探险。在这里，你可以成为一个真正的“水侦探”，解开水的谜题，探索水的奥秘。无论是想成为小小科学家，还是仅仅对世界充满好奇，这本书都能满足你的好奇心，激发你的探索欲。

亲爱的小小科学家们，准备好你的实验装备，跟随《101个神奇的实验：101个水的实验》一起出发！

《101个神奇的实验：101个水的实验》

第11课

智慧回形针

小米："小娃，你知道回形针和我们人一样拥有记忆吗？"

小娃："小米别闹，回形针怎么可能有记忆呢？"

小米："这你就不知道了吧，我把回形针弯曲成任何想要的形状，它都会恢复变形前的样子！不信你看！我无论怎么弯曲它，它都会记住弯曲前的形状，并在炎热的条件下恢复原状。"

小娃："哇！太神奇了，这是怎么回事呀？"

记忆金属

科学实验室

实验器材

彩纸	直尺	切割垫
回形针 × 2	美工刀	

实验步骤

1 把彩纸用美工刀切割成长方形小纸条，并把长方形纸条折成"之"字形。

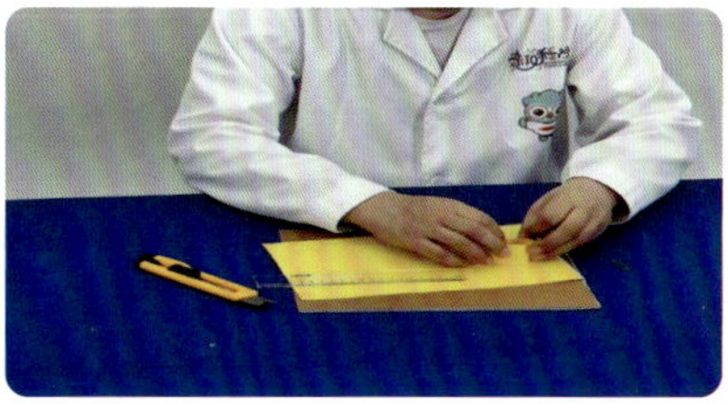

2 在纸条两两相接处，别入回形针，一端别入一枚回形针，另一端再别入一枚回形针。注意：回形针所别上的方向必须相同。

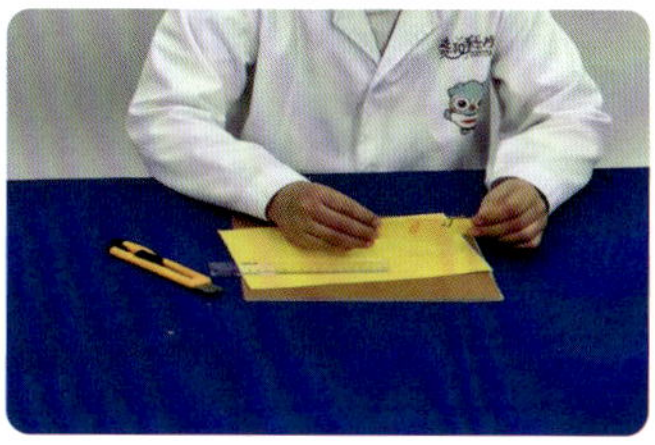

3 握着纸条向两端拉开，注意力度。随着纸条慢慢被拉直，两枚回形针也汇聚到一起。

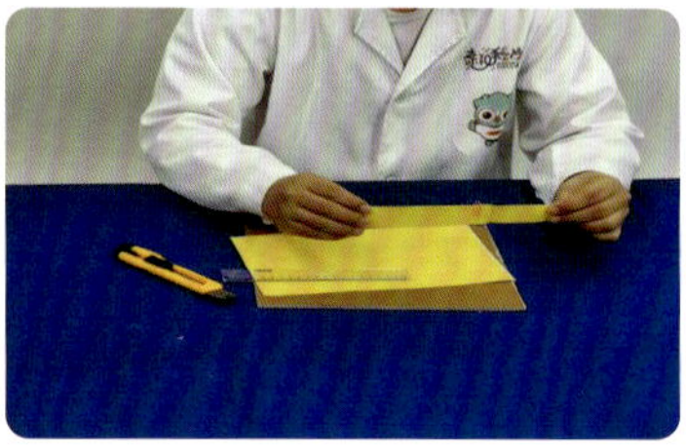

实验现象

两手用力拉，直至纸条恢复原状时，两枚回形针随着“砰”的一声响，迅速被弹了出去。

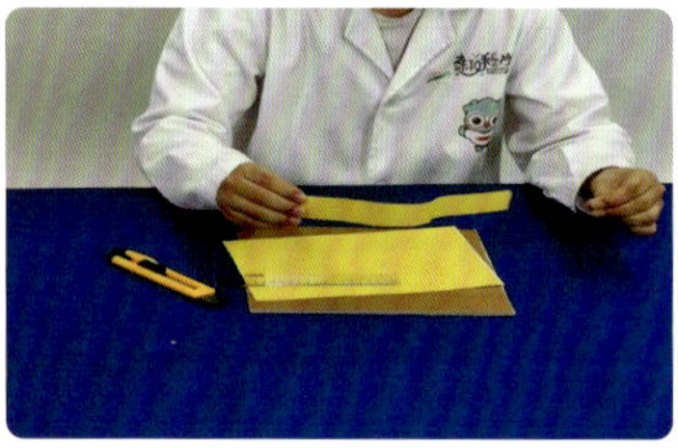

科学小知识

回形针和纸条的小游戏，其实是一场关于弹力的魔法秀。每一次拉伸和弹射，都是弹力这位魔术师在幕后操纵的结果。

想象一下，你有一张纸条，上面有两个回形针，它们就像是两个好朋友，但是各自站在纸条的两端。当你轻轻地拉直这张纸条，就像是在召唤这两个好朋友慢慢靠近。当它们终于碰到一起的时候，如果你还继续拉，这时候，回形针的“弹力”小怪兽就要出来了，但是纸条已经被拉直，没有了阻碍，所以这两个好朋友就顺势串到了一块儿，紧紧地抱在了一起。

当两个回形针紧紧相拥的时候，它们之间产生了一种特别的力量，叫作弹力。这股力量就像是突然爆发的小火箭，让两个回形针“嗖”地一下，从纸条上弹了出去，就像是两个小弹珠一样，飞得好远好远！

下次你拿起回形针的时候，不妨试试这个小实验，看看弹力的魔法有多神奇吧！

科学与生活

弹力在我们的生活中无处不在，就像是一个隐藏的超级英雄，时刻在我们身边施展它的魔法！比如，你一定去过蹦床乐园吧？当你跳上去，蹦床就会向下弯曲，然后又把你弹起来，让你飞得高高的。这就是弹力在工作。当你投篮时，篮球碰到篮板或篮筐后会反弹回来。这是因为篮球和篮板之间的碰撞产生了弹力。篮球里面的空气也有弹性，当你拍打它时，它会压缩，然后迅速恢复原状，把你拍的力量反弹回去，让篮球跳跃起来。

足球有弹性，施加踢力可以使球跑得更远

还有运动鞋底部的材料通常也有弹性，当你跑步或跳跃时，鞋子会稍微压缩，然后迅速恢复，帮助你更好地缓冲地面的冲击力，保护你的脚不受伤害。

你看，弹力在我们的生活中扮演着多么重要的角色！它让我们的生活变得更加有趣和舒适。

“趣”阅科学

《身边的科学》这本书可有意思啦！它带着我们去探索平常生活里那些奇妙的道理。特别是里面讲弹力的部分，十分生动！手里的篮球为什么能弹起来，还有轻轻一按后弹簧马上变回原来的样子，这些平常能看到的现象背后藏着的科学秘密在这本书中你都可以找到答案！

《身边的科学》

第12课

神奇的小毛巾

同学们，这里有两条小毛巾，如果把它们的一部分重叠成波浪的形状，用大拇指和食指轻轻捏住中间，再找两名同学从两端使劲拉扯。咦？这两条毛巾明明没有打结，也没有缝在一起，怎么就扯不开呢？

科学实验室

实验器材

小毛巾×2（自备）

实验步骤

1 将两条小毛巾放在桌子上摊开，接着拿起其中一条毛巾，将这条毛巾的一侧边缘重叠放在另一条毛巾的任何一处边缘，重叠部分大约5厘米。

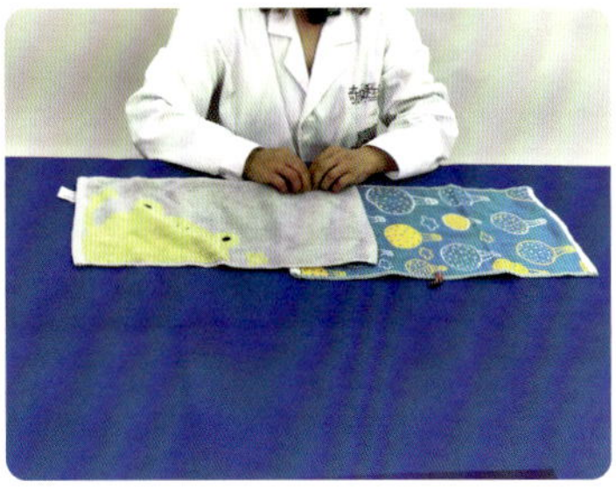

2 把重叠的部分折成像手风琴一样的皱褶，然后用单手握住褶皱处，让毛巾看起来像领结一样。

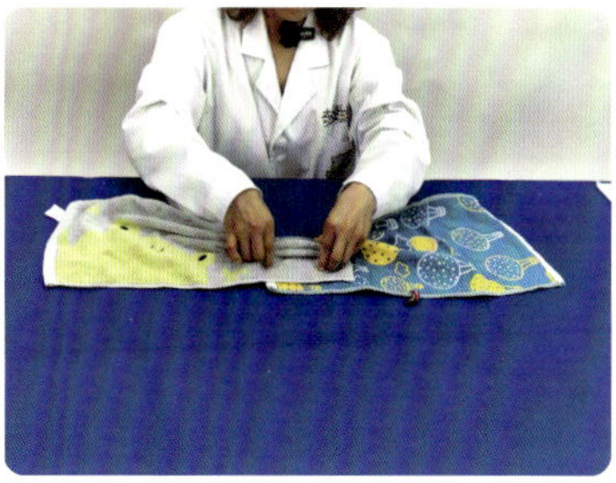

3 两名同学分别站在毛巾两端，并用力拉扯。

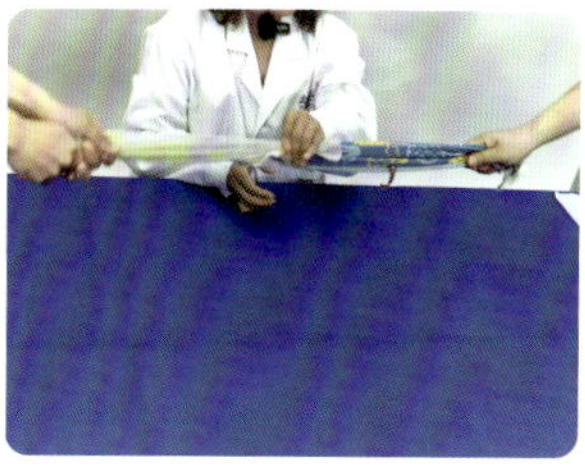

实验现象

通过实验，我们发现，无论双方怎么用力拉扯，都拉不开。

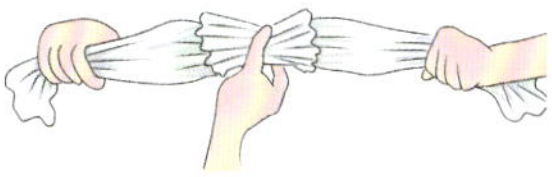

科学小知识

在实验中，两条小毛巾重叠的地方折成了像手风琴一样的皱褶，当你用大拇指和食指捏住中间的皱褶时，就已经将所有的接触点压住了，这样两条毛巾之间的摩擦力就会大大增加，增加的摩擦力会阻碍小毛巾的运动。因此不管另外两名同学如何用力，折好的毛巾也就拉扯不开了。

科学与生活

摩擦力是一种重要的力，它在生活中应用非常广泛。

冰面上人易滑倒

1.冬天下雪后，在光滑的路面上行走十分困难，这是因为接触面摩擦力太小的缘故。

2.我们穿的鞋子的鞋底会有各种花纹，就是为了增大接触面的粗糙程度进而增大摩擦力，起到防滑的作用。

防滑鞋的鞋底

3.汽车陷入泥坑打滑时，可以撒些粗石子或垫上稻草，汽车就能顺利前进，这是靠增大粗糙程度而增大摩擦力。

增大车轮与接触面的摩擦力

4.旱滑冰鞋安装滚轮是变滑动摩擦为滚动摩擦，从而减小摩擦，增加滑行速度。

旱冰鞋

可见，人类的生活中有很多与摩擦力有关现象，有益的摩擦力要充分利用，有害的摩擦力要尽量减少。

“趣”阅科学

《我的第一本奇妙科学书：摩擦力》介绍了各种与摩擦力有关的故事。故事主要发生在滑雪场，多利、玛丽和艾利诺三位小朋友在滑雪时，遇到了研究摩擦力的姜博士，姜博士提出了一个关于摩擦力的问题，结果没有一个人答对。突然，天空中传来直升飞机的声音，姜博士竟然撒腿就跑，艾利诺为了弄清楚之前的问题，紧追不舍。接下来，我们一起来看看这些有趣的故事！

《我的第一本奇妙科学书：摩擦力》

奇趣小小科学家
自然探趣
上册
谷华 张芳 李瑞 著
中国原子能出版社

图书在版编目（CIP）数据

奇趣小小科学家. 自然探趣. 上册 / 谷华, 张芳, 李瑞著. -- 北京 : 中国原子能出版社, 2024. 10.

ISBN 978-7-5221-3722-3

Ⅰ. Z228.1

中国国家版本馆 CIP 数据核字第 20241E0M90 号

奇趣小小科学家——自然探趣（上册）

出版发行　中国原子能出版社（北京市海淀区阜成路 43 号　100048）

责任编辑　杨晓宇

责任印制　赵　明

印　　刷　炫彩（天津）印刷有限责任公司

经　　销　全国新华书店

开　　本　787 mm×1092 mm　1/16

印　　张　2.25

字　　数　31 千字

版　　次　2024 年 10 月第 1 版　2024 年 10 月第 1 次印刷

书　　号　ISBN 978-7-5221-3722-3　　定　价　**330.00** 元（全 **12** 册）

本书创作组

作　　者：谷　华　张　芳　李　瑞

参与创作：豆少华　杨雪珂　杜亚玲　周　洁　顾　鑫

王叶培　谷婷婷　胡晓玥　何世茹　牛玉荣

乔文飞　张　惠　杨　倩　罗文祥

序言

PREFACE

生活在这个知识爆炸、科技日新月异的新时代，我们每一个人都仿佛置身于一场波澜壮阔的历史洪流之中，经历着前所未有的变革与挑战。在这场变革中，新时代的教育强国建设无疑给我们教育工作者提出了更为崇高且紧迫的使命与要求。在“双减”背景下，做好科学教育的加法为我们重新审视和定义教育内涵提供了宝贵契机。在这场教育生态的重塑之中，科学教育以其独特的魅力与重要性，成为了我们不容忽视的焦点。它不仅关乎孩子们对自然世界的认知与探索，更是培养他们创新思维、实践能力和科学素养的关键途径。正是在这样的背景下，我们汇聚了一群怀揣教育梦想、热爱科学教育的教师同仁，携手众多深耕科学教育领域的专家，共同撰写了这套以科学实验为核心内容的科学丛书。这不仅仅是一系列书籍的创作，更是一场关于科学精神、教育情怀与未来想象的深刻对话与实践。

科学之光，点亮童心

每一个孩子都是天生的探索者，他们对世界充满了好奇与渴望。本套丛书精心策划了一系列科学实验，旨在点燃孩子们对科学的热爱，引导他们从日常点滴中发现科学之美。本套丛书语言活泼、情境精彩、图画生动、实验有趣，从简单的物理现象到复杂的化学反应，从微观的细胞世界到浩瀚的宇宙星辰，孩子们通过观察现象、动手实验、阅读思考、总结规律，轻松掌握科学知识、提高探究能力、滋养想象思维、激发创新精神，每一个实验都是一扇窗，让孩子们得以窥见科学的无限可能，启迪智慧的炫彩火花，点亮未来的梦想之路。

团队协作，智慧结晶

本套丛书的诞生，是集体智慧的结晶。我们集合了河北省各地的优秀科学教师，他们都是科学教育的行家里手，有着丰富的实践经验与教学智慧，对孩子们的学习特点与兴趣点有着敏锐的洞察。在专家的精心指导下，我们反复打磨每一个实验方案，力求做到既科学严谨又生动有趣，既注重知识的传授又强调能力的培养。我们相信，这样的科学教育才能真正触及孩子们的心灵，让他们在轻松愉快的氛围中成长为未来的科学之星。

家校共育，携手成长

这套丛书还特别适用于学校的课后服务以及家庭亲子游戏。我们希望通过这样的形式，搭建起家校共育的桥梁，让家长也能参与到孩子的科学学习中来，共同见证孩子的成长与进步。亲子共做实验的过程，不仅能够增进亲子关系，还能让科学成为连接两代人情感的纽带，让科学教育成为家庭生活中不可或缺的一部分。

展望未来，无限可能

展望未来，我们满怀期待。我们相信，随着这套丛书的广泛传播与应用，将有更多的孩子因此而爱上科学、投身科学、成就科学梦想。让我们携手并进，在科学的道路上不断探索、勇毅前行，共同为孩子们撑起一片更加广阔的天空，让科学的种子在他们心中生根发芽、茁壮成长！

最后，衷心感谢所有参与本套丛书创作的教育同仁、专家学者的辛勤付出与无私奉献。愿这套科学丛书能够成为孩子们成长道路上的良师益友，陪伴他们开启一段段精彩纷呈的科学探索之旅！

河北省石家庄市融创中心第一小学校长

谷华

目录

物质科学

生命科学

地球与宇宙科学

第01课
看见声音

把乒乓球放置于小音箱上方，打开音箱开关，播放一首节奏欢快的歌曲，乒乓球也上下跳了起来，难道乒乓球也懂舞蹈？让我们一同来寻找答案吧！

会跳舞的乒乓球

科学实验室

实验器材

喇叭	短棍	堵头
橡胶膜	长棍	插销（xiāo）

实验步骤

1 将插销（xiāo）插到喇叭筒的小孔里，然后把短棍插到插销里。

2 将橡胶膜套到喇叭筒的开口上，形成鼓膜。

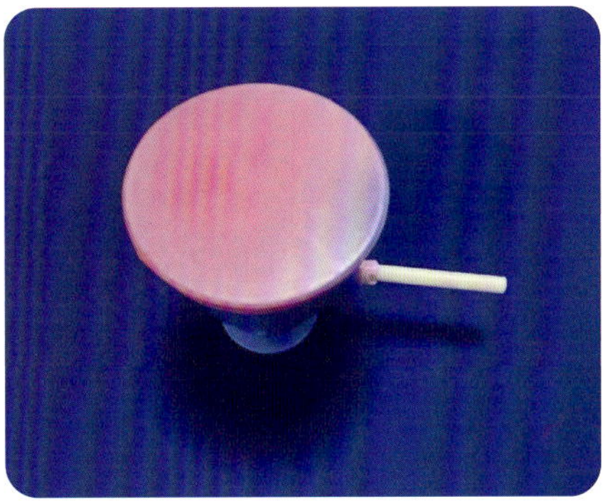

3 将堵头插入长棍一头做成鼓槌（chuí）。

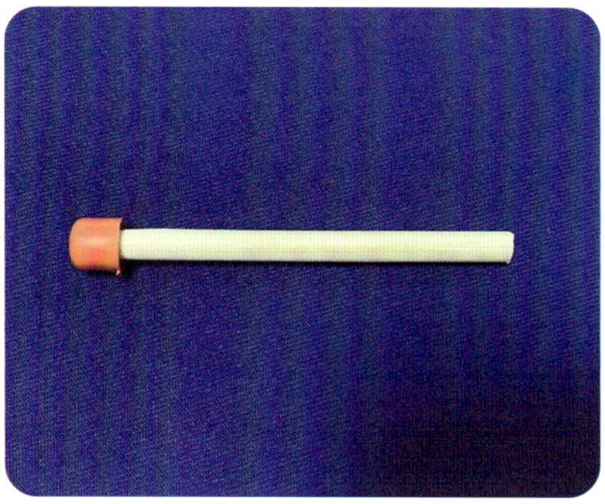

4 用鼓槌敲击鼓膜，听一听有声音吗？试着撕些碎纸放在鼓膜上，敲击鼓膜，碎纸会在鼓膜上跳动吗？

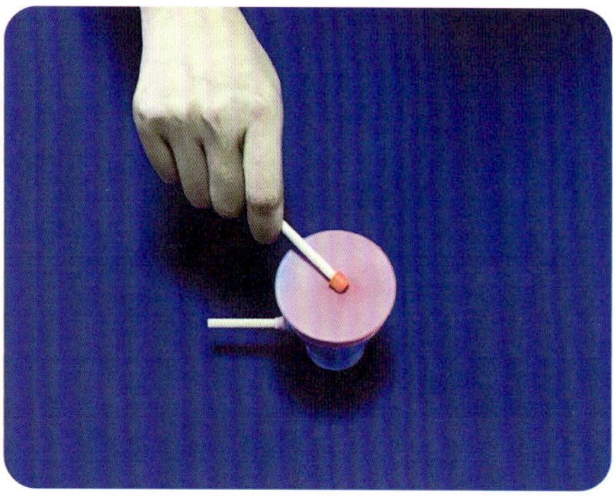

实验现象

用鼓槌敲击鼓膜会发出声音。将碎纸放在鼓膜上，用鼓槌敲击鼓膜时，碎纸屑（xiè）也会跟着跳动，就像是一场纸屑舞会！

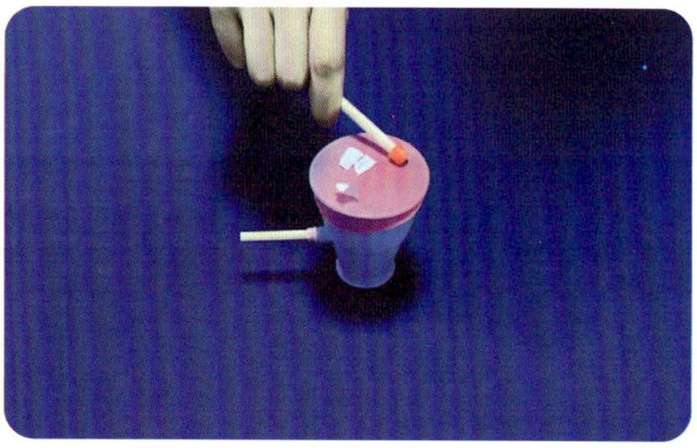

科学小知识

声音是由于物体振动而产生的，一切发声物体都在振动。当声音传播到鼓膜，鼓膜就产生了振动，振动又传到鼓膜上面的碎纸屑上，所以碎纸屑就跳起舞来了。我们前面讲到的音箱上会随音乐跳动的乒乓球，也是同样的科学原理。

声音还会因物体的阻挡而发生反射，例如人在山洞里呼喊，可以听到自己呼喊的回声。

小男孩在山洞里呼喊

科学与生活

声音在生活中也有很大的用处。比如说医生在看病的时候，会使用听诊器来诊断病人的病情；我们买西瓜的时候，可以通过听敲西瓜发出的声音，来判断西瓜是否成熟。

医生为米娃听诊

米娃敲击西瓜

“趣”阅科学

《神奇校车：探访感觉器官》一书中，弗瑞丝老师驾驶神奇校车，带领学生们展开了惊险刺激的科学探访之旅。小朋友，快来加入他们的奇妙旅行吧！

《神奇校车:探访感觉器官》

第02课
声 声 入 耳

“左一片右一片，隔座高山不见面，说起话却听得见。”你知道这是我们身体上的什么器官吗？

你想知道它有什么神奇功能吗？

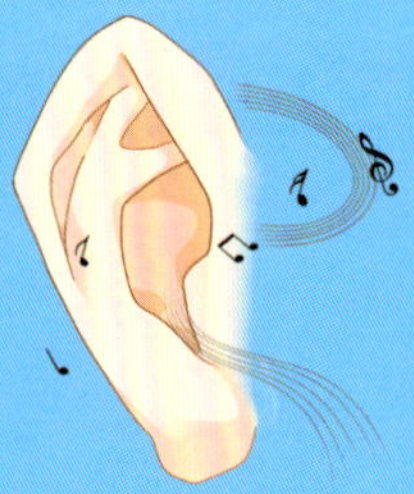

耳朵聆听声音

科学实验室

实验器材

耳朵模型 | 纸巾 | 一根吸管

实验步骤

1 仔细观察耳朵模型，说一说耳朵模型都包含什么部位，猜一猜各个部位有什么作用？

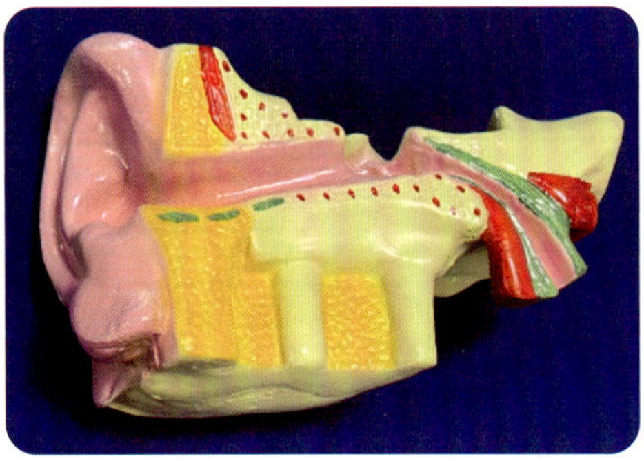

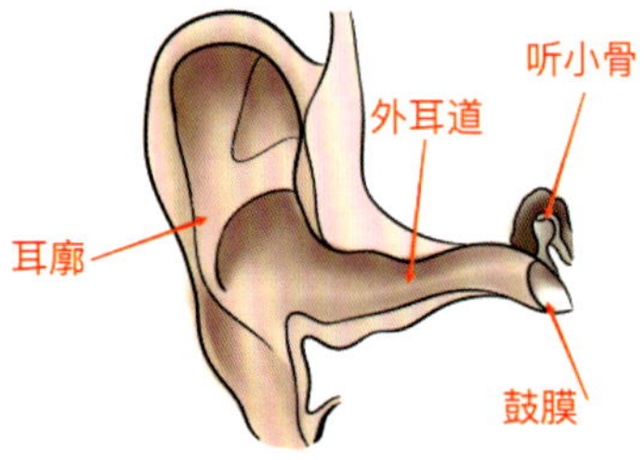

耳朵的结构

2 将吸管从耳廓（kuò）一侧放入外耳道，一个学生用嘴巴从耳朵模型耳廓一侧向内吹气，另一个学生拿着纸巾放在耳朵模型另一侧。

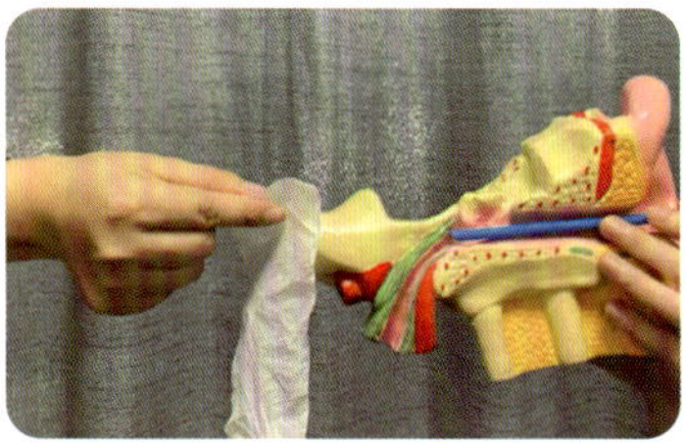

实验现象

学生吹气时，纸巾会飘动起来。

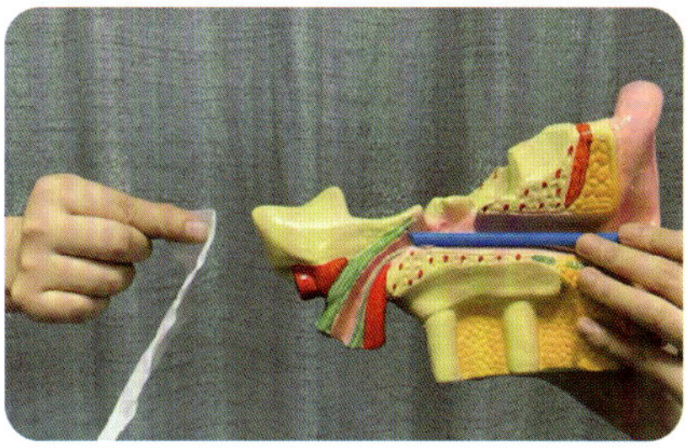

家庭小实验

利用气球鼓和泡沫，做一个简易的耳朵模型吧！

用气球鼓做的耳朵模型

科学小知识

耳廓像一个小扇子，负责收集声音，声音再经过外耳道传到鼓膜上使鼓膜振动，振动产生的声音经过听小骨传送到我们的大脑，我们就听到声音啦！

学生向耳朵模型吹气纸巾飘起来的过程，就是模仿声音从外向内传入耳朵产生振动的过程。

科学与生活

耳朵是我们身体的重要器官，它具有“自我清洁”的能力。我们平时在说话、咳嗽的时候，耵（dīng）聍（níng）会慢慢从耳道里面向外排出，适量的耵（dīng）聍（níng）还能有效阻挡微生物、小虫子等进入耳道，因此大家不要频繁地挖耳朵！

护耳小知识

1. 科学饮食，适当补充微量元素，可以保护耳朵。

2. 远离噪声，噪声会刺激耳朵，严重时会让我们听力下降。

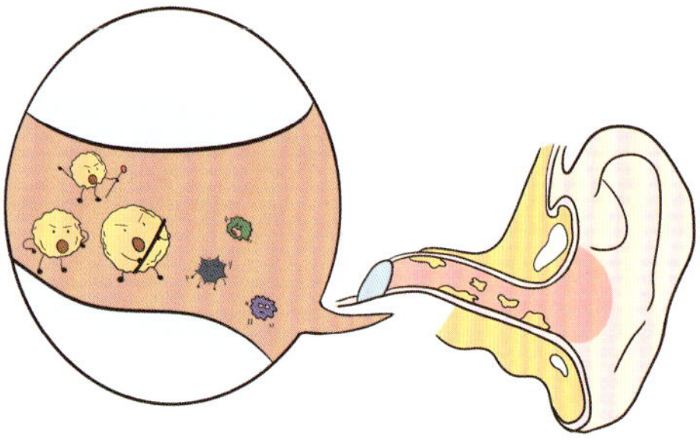

耳道放大图

“趣”阅科学

今天给同学们推荐一本书叫《可怕的科学：声音的魔力》，这本书不仅介绍了各种声音现象，还生动地讲解了有关声音的知识，带领小读者感受声音的奇妙之处。

《可怕的科学：声音的魔力》

第03课

皮影戏的秘密

你看过皮影戏吗？皮影戏是用纸板或兽皮做成的人物来表演的一种民间戏剧！有没有想过自己制作一个皮影，给爸爸妈妈来一场精彩的演出？今天让我们跟着米娃一起尝试一下吧！

皮影戏人物——女性

科学实验室

实验器材

三爪底座	海绵底座 × 3	双面胶片 × 5
塑料扁棒	白卡纸	手电筒
圆棒 × 3	卡通贴纸 × 3	

实验步骤

1 取出三爪底座和塑料扁棒，观察孔位，拼接到长条形的孔上。

2 将白卡纸粘贴到拼接支架居中的位置，作为屏幕待用。

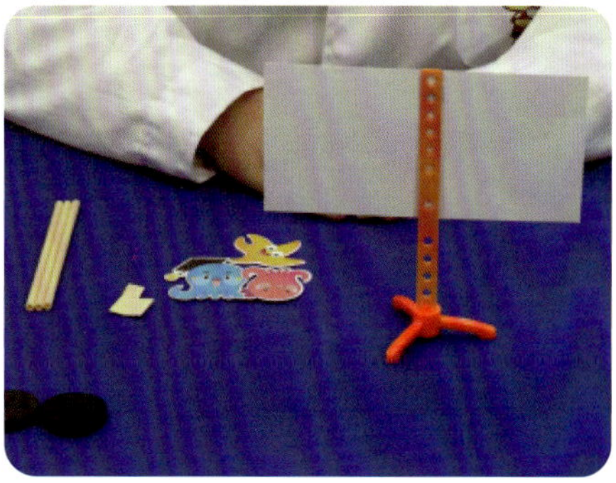

3 取出圆棒和海绵底座，将圆棒插进海绵底座中间的小孔。

4 在圆棒上粘贴卡通贴纸。

5 把屏幕放在卡通贴纸的后面，拿出手电筒进行照射，看看是否会出现卡通贴纸的影子。

实验现象

拿出手电筒进行照射，能看见卡通贴纸的影子。

科学小知识

用一个手电筒照亮一张精心雕刻的猫咪剪纸。剪纸上不透明的部分会阻挡住光线，导致光线无法穿透它直接照射到地上。剪纸上镂空的地方就像是小窗户，光线能够透过这些地方，直接照到地上。

随着光影的交织和变化，猫咪和线条仿佛都活了起来。

猫咪纸雕下的光影

科学与生活

影子在我们生活中很常见，在阳光和灯光下，我们都能发现它们。

阳光下树叶的影子

手影戏

“趣”阅科学

在遥远的古代，人类就开始了对于光的研究。太阳、星星、灯泡到底是如何发光的呢？让我们一起来看看《光从哪里来》中的故事，找找答案吧！

《光从哪里来》

第04课

静电杯

小米："老师，老师，小娃打我。"

小娃委屈地看着老师："老师，我没有打他，我只是要拉他一起玩。"

小米："那怎么像被扎了一样疼……"

小娃："我也疼呢。"

听到这里，老师明白了，原来是"静电"在作怪。什么是静电呢？让我们一起来揭示静电的奥秘吧！

科学实验室

实验器材

塑料杯 × 2	气球
锡纸条 × 2	消毒棉片

实验步骤

1 把一张锡纸条环绕多圈，贴在第一个塑料杯的内侧，剩余3～4厘米，放在杯子外侧。再把另外一张锡纸条环绕多圈，贴在第二个塑料杯的外侧。

2 将锡纸条在内侧的杯子放在锡纸条在外侧的杯子里。

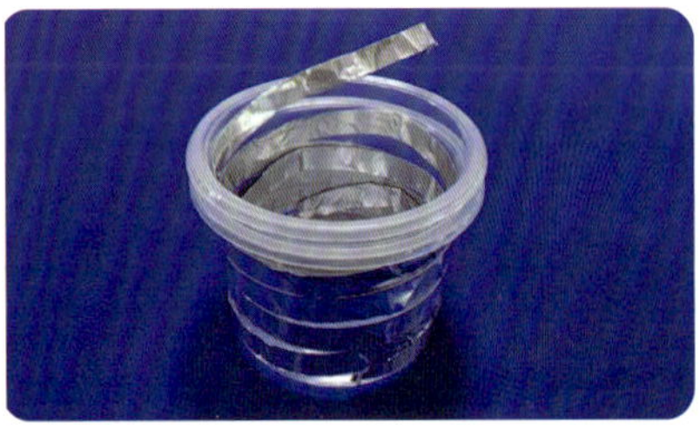

3 把气球吹起来，用气球和头发摩擦5～6下，注意吹气前先用消毒棉片擦拭气球口。

4 用摩擦后的气球触碰锡纸条多余出来的部分。然后重复步骤3和步骤4的动作7～8次。

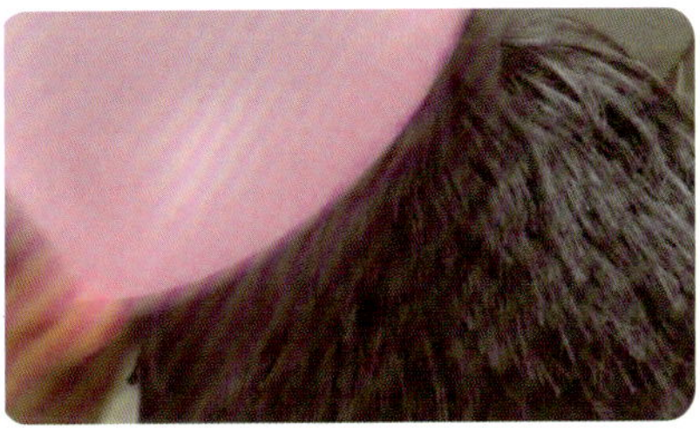

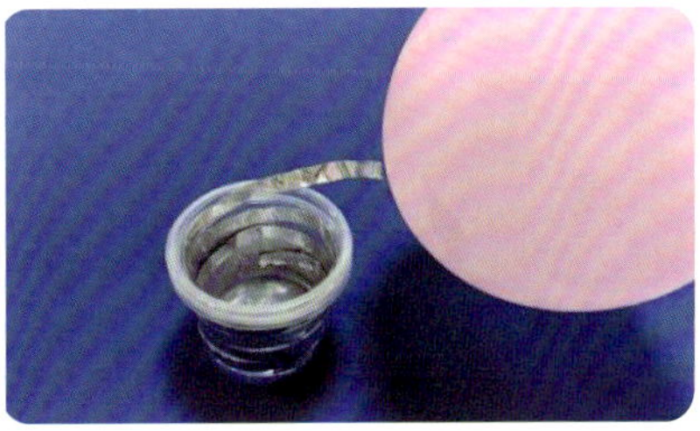

实验现象

用手触碰锡纸条多余的部分，手指会感受到一股针刺般的疼痛。

科学小知识

静电是个隐形的小怪兽，快速召唤它的办法就是反复摩擦。气球反复摩擦后就带上了静电。锡纸条是一条传输电力的小通道，锡纸条多余的部分就是驱动电力传输的开关，带电的气球接触锡纸多余部分，触发开关，把静电传输到杯子中，成为“静电杯”。当我们用手触碰锡纸条多余部分的时候，静电会迅速通过手指传输到身体，产生针刺的感觉。冬天，人和人接触有时会有刺痛的感觉，便是静电在“捣鬼”。

科学与生活

生活中我们最常遇到人体中的静电，而且会给我们的日常生活带来困扰，因此掌握一些防静电的方法很有必要。

将梳子沾水后再梳头

增加室内的湿度

"趣"阅科学

今天给同学们推荐一本好书《万能的电》。电在我们的生活中扮演着非常重要的角色，就像一个超级英雄，虽然你看不见它，但它无处不在，想知道电能为我们带来哪些好处吗？读读这本书你就会知道答案了。

《万能的电》

第05课 会呼吸的食物

小米：“小娃，你想过没有，小鸡在蛋壳里待那么久，会不会觉得闷得喘不过气来呢？”

小娃：“嗯……应该不会吧，我猜它肯定能在里面呼吸的。”

小娃猜的正确吗？让我们通过小实验找找答案吧！

科学实验室

实验器材

1杯300 mL的热水	生鸡蛋	烧杯

实验步骤

1 将鸡蛋小心地放入烧杯中。

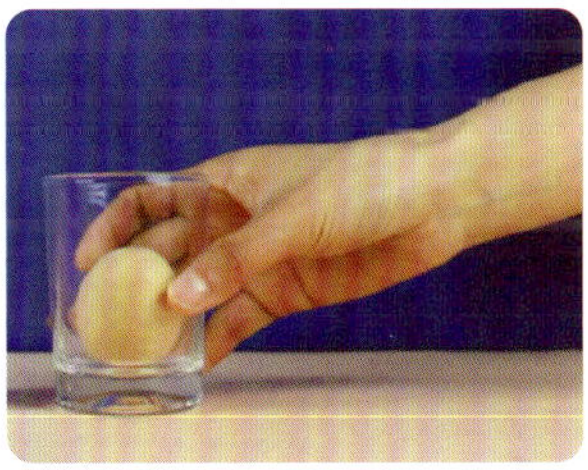

2 向杯中缓慢地倒入热水，使鸡蛋全部浸没在水中，仔细观察鸡蛋表面会有什么现象。

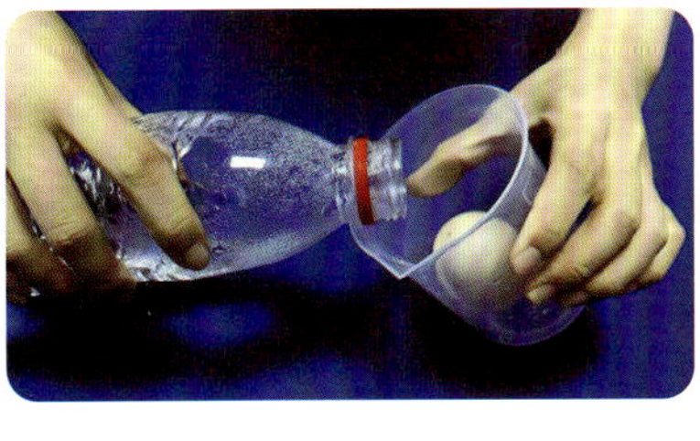

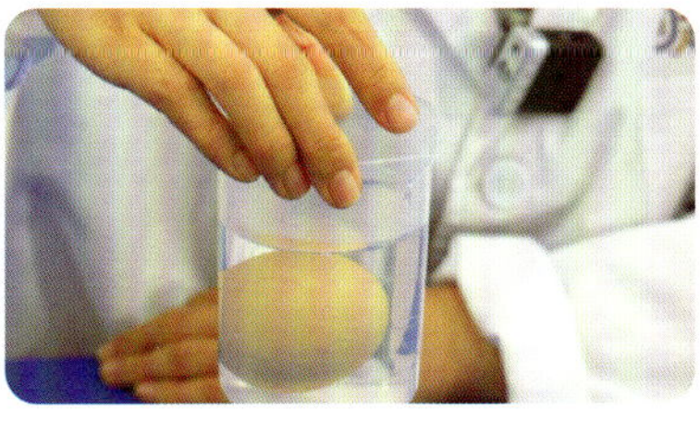

实验现象

将鸡蛋浸在热水中，可以在鸡蛋壳上观察到有微小的气泡冒出。

家庭小实验

准备蛋壳模型、彩色笔，做一个专属的蛋壳画标本。

科学小知识

鸡蛋的蛋壳上藏着好多好多秘密的小洞，这些洞太小太小了，我们的眼睛根本看不到它们。猜猜有多少？整整有7000多个呢！在热水的作用下，鸡蛋内部的空气会发生膨胀，由于内部空间有限，鸡蛋内的气体被迫从蛋壳上的小孔中“逃走”，这个情景看上去就像鸡蛋在呼吸一样。

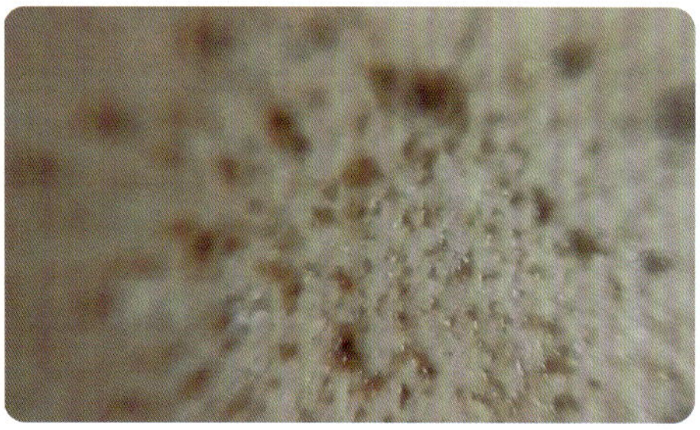

蛋壳表面放大

科学与生活

冰箱里的鸡蛋可以储存较长时间，除了低温作用以外，还得益于鸡蛋摆放的方式。放鸡蛋要大头朝上，小头朝下，像小士兵一样直直站着。因为大头朝上，气室在上面，空气不会压迫蛋壳而使蛋壳产生裂缝，同时蛋黄在下面也不会因为乱晃而破损，鸡蛋就能保鲜。

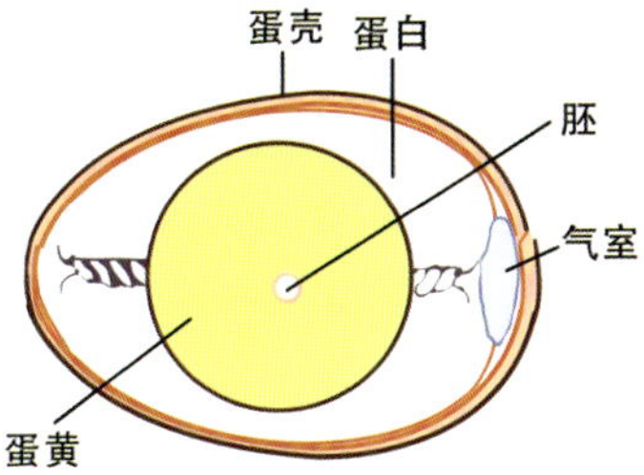

鸡蛋的内部结构

新鲜鸡蛋的摆放

“趣”阅科学

今天给大家推荐的书籍是《自然科学启蒙：小鸡从哪里来》。你们有没有想过，小鸡到底是怎么从蛋里出来的呢？通过这本书，我们一起探索这个有趣的自然现象。

《自然科学启蒙：小鸡从哪里来》

第06课

破译密信

小米：“小娃，看，这是我给你写的一封信。”

小娃：“可是信上什么字都没有啊？”

小米：“嘿嘿，这可是我新学的密信！”

怎样才能看到信上的内容呢？让我们一起破译密信的奥秘吧！

科学实验室

实验器材

塑料杯	蜡烛	白纸（自备）
柠檬酸	棉签	

注意事项

1. 学生做实验必须在老师的指导下操作，任何器件不可含入口中。
2. 实验中包含的材料仅供本实验使用，请勿做其他用途。
3. 需要老师协助学生点燃蜡烛，白纸靠近蜡烛时切勿点燃白纸。

实验步骤

1 将柠檬酸倒入塑料杯中，再倒入水，用棉签搅拌均匀。

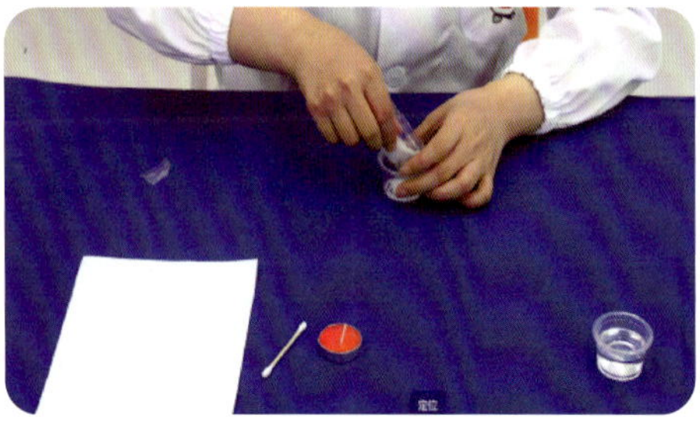

2 用棉签蘸取柠檬酸溶液在白纸上写字。

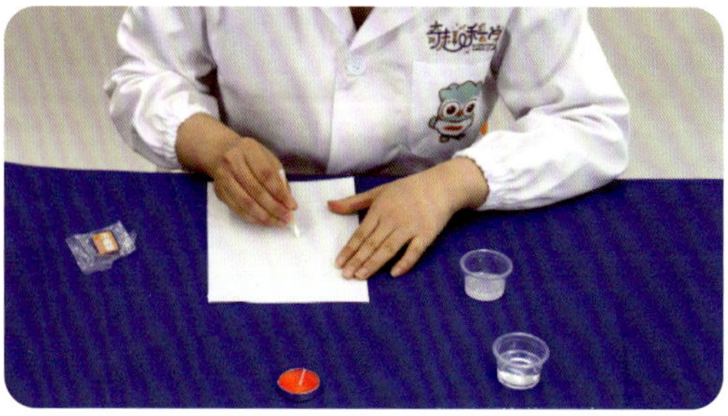

3 等字迹晾干后，将白纸写字的一面朝下，靠近点燃的蜡烛，烘烤写字区域。

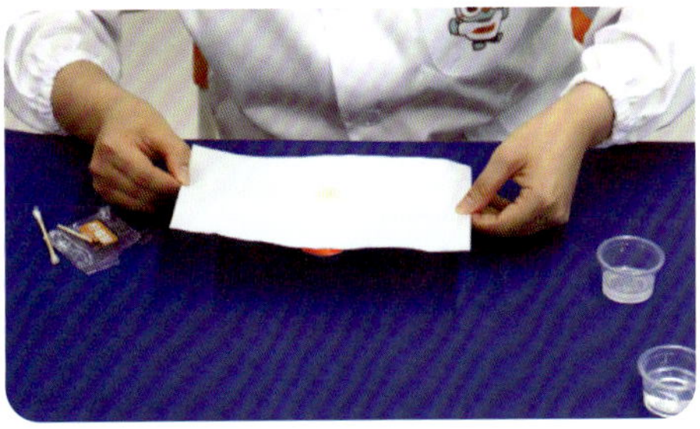

实验现象

白纸上显示出褐色的字迹。

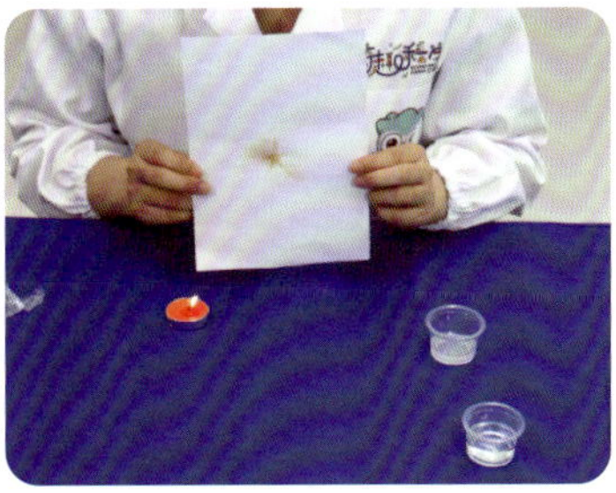

科学小知识

当烘烤柠檬酸溶液写成的字时，柠檬酸与空气中的氧气发生反应，在写字的地方生成褐色的物质，所以会显示出褐色的字迹。这种颜色的变化是常见的化学变化之一，密信就是用这种方式写成的，是不是很有趣呢？

科学与生活

生活中的化学现象还有很多，一起来了解一下吧！

铁丝生锈

苹果变色

“趣”阅科学

《这就是化学》是一本非常有趣的科普故事书，通过生动的图画和有趣的故事，帮助小朋友了解化学的基本知识。在阅读此书的过程中，我们可以跟小分子和小原子一起去探险。

《这就是化学》

第07课

火山爆发

在一个遥远的梦幻森林里，住着一座名叫“冒泡山”的小火山。每天，冒泡山都会轻轻地冒出一些泡泡。有一天，冒泡山突然变得异常活跃，泡泡越来越大、越来越多。最后，冒泡山像变魔术一样喷出了绚丽多彩的岩浆瀑布！你们知道为什么冒泡山会有这样的变化吗？让我们去一探究竟吧！

科学实验室

实验器材

火山底座	食用碱	塑料杯
柠檬酸	色素	勺子

实验步骤

1 在火山底座的凹洼内倒入柠檬酸白色粉末。

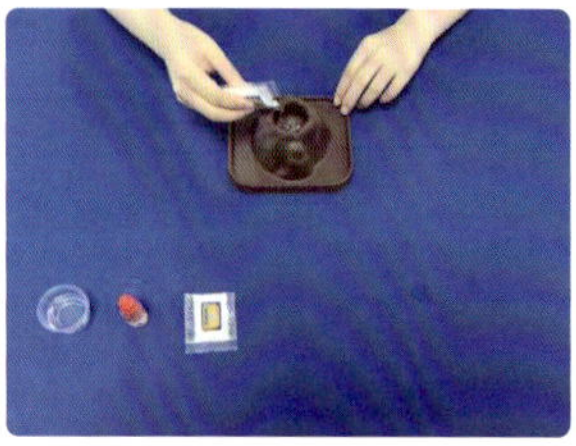

2 在火山底座的凹洼内再倒入食用碱，用勺子搅拌均匀。

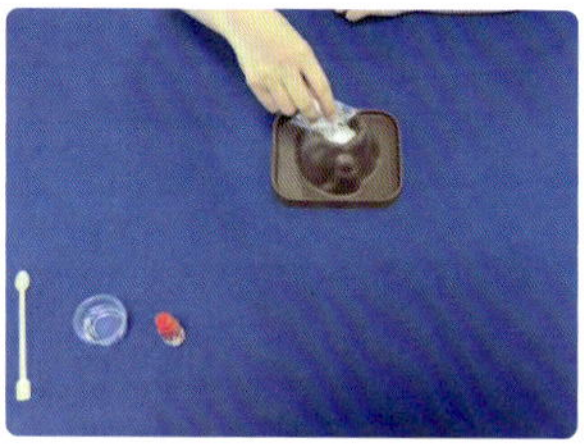

3 在塑料杯内倒入水并滴入红色色素，用勺子搅拌均匀。

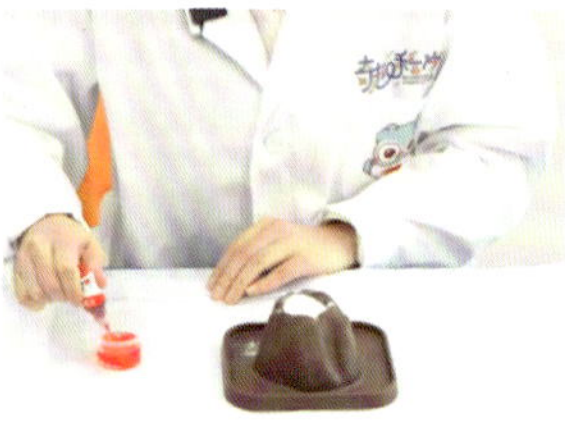

4 向火山凹洼内小心缓慢地倒入搅拌好的色素水。

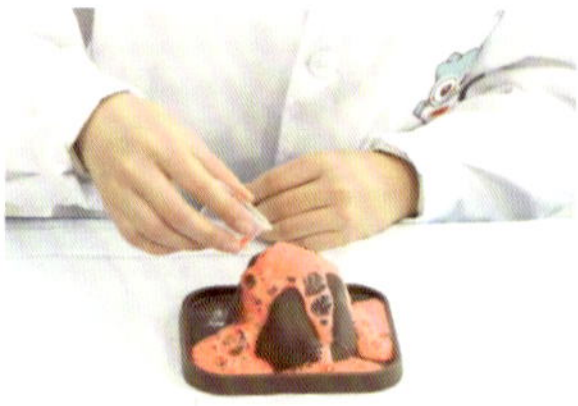

实验现象

火山凹洼里的溶液喷发出来。

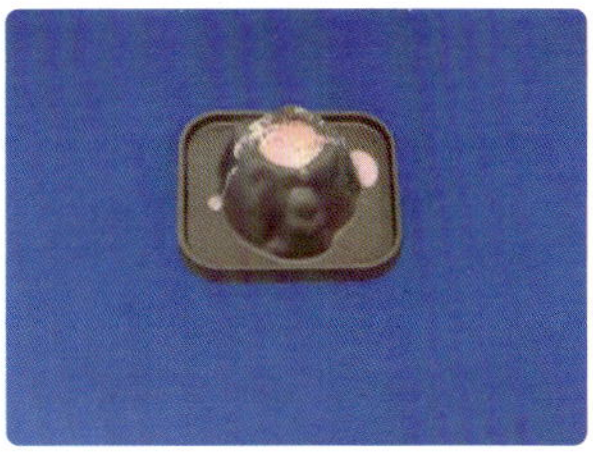

科学小知识

柠檬酸和碱，它们俩平时可以安静地待在一起，可一旦有清清凉凉的水精灵跑来凑热闹，就会发生反应，变出二氧化碳气体，它带动水和柠檬酸从火山上喷发出来，就形成了火山爆发的景象。

现实中的火山喷发，虽是一种严重自然灾害，但对我们的地球也是有益处的，例如火山灰非常肥沃，有利于植物生长。

科学与生活

生活中，酸碱魔法小实验的应用还有很多，一起来看看吧！

用碱清洗水槽

用碱中和面团发酵产生的酸性物质，并使面团再次膨胀

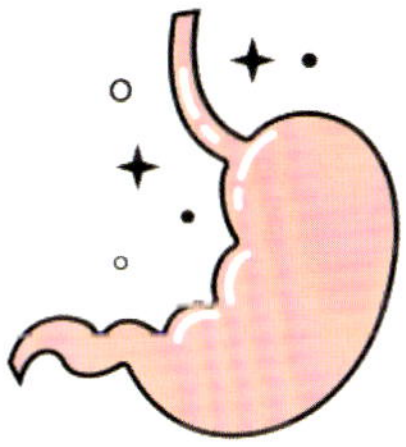

中和胃酸

"趣"阅科学

你们知道吗？火山爆发这种大自然的壮丽景象，其实是地球内部力量的一种释放。那为什么会有火山呢？今天给大家推荐一本科普图书《火山爆发了》，让我们一起在书中探索吧！

《火山爆发了》

第08课

自制温度计

同学们，你们观察过吗？超市货架上的矿泉水瓶还有饮料瓶，它们都不是装满的，这是为什么呢？

其实呀，这是为了避免夏天的温度过高使瓶中液体膨胀而导致瓶子破裂。同学们，你们知道用什么可以测量温度吗？对，我们用温度计可以测量温度。在使用温度计的时候，温度升高时，液柱是升高还是下降呢？接下来让我们通过实验一起探究一下吧！

不同种类的汽水

科学实验室

实验器材

玻璃瓶	温度计	滴管	瓶塞
塑料杯×2	吸管	色素	小橡胶圈

实验步骤

1 将几滴蓝色色素滴入玻璃瓶内，并用滴管滴入半瓶水。

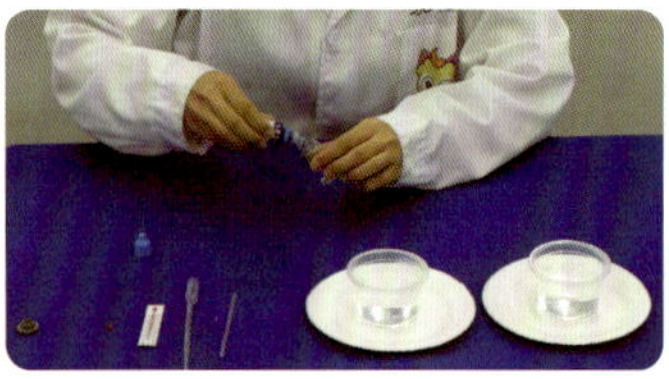

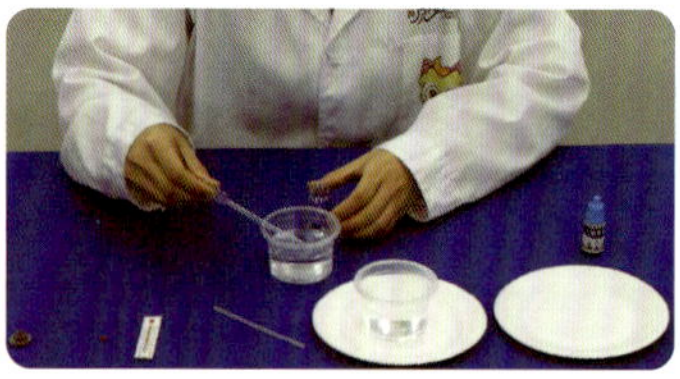

2 将吸管塞入瓶塞的小孔中，吸管底部没入色素水中，并用橡胶圈在吸管液面处做好标记。

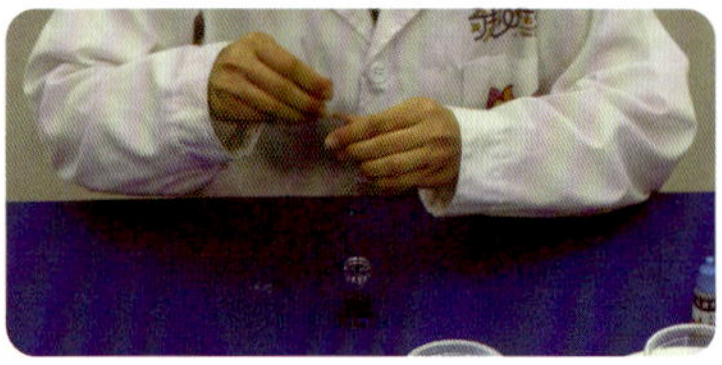

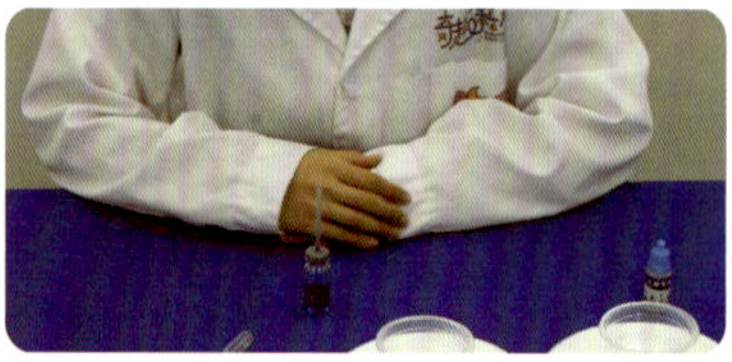

3 将制作好的温度瓶分别放入热水、冷水中，观察吸管中的水柱变化，再拿出温度瓶，用橡胶圈在液面处做好标记。

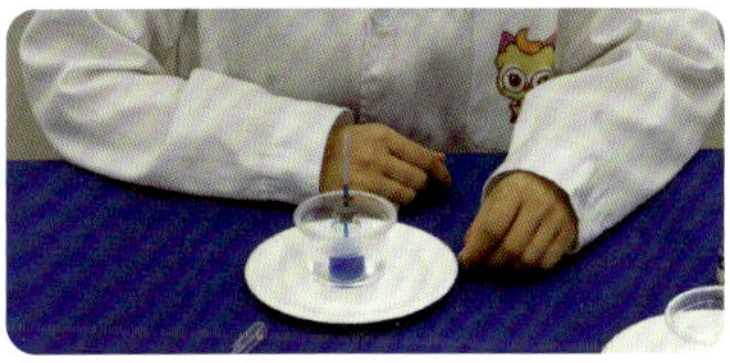

4 将温度计分别放入热水、冷水中，观察液柱变化。

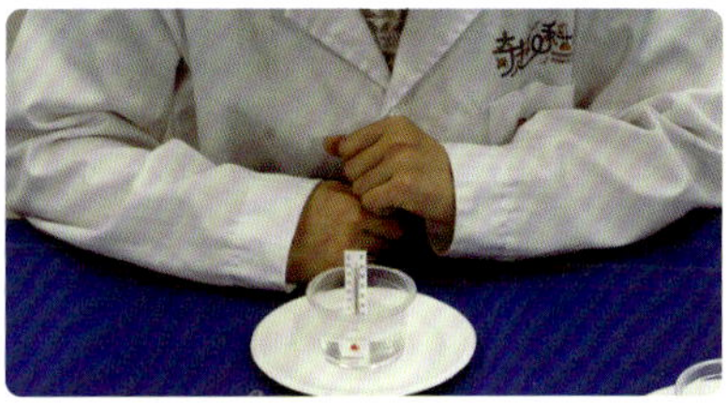

这样，自制温度计就做好啦！同学们，你们学会了吗？

实验现象

将温度瓶放在热水中，吸管中的水柱会上升；放入冷水中，吸管中的水柱会下降。将温度计放入热水中，水柱上升；放入冷水中，水柱下降。

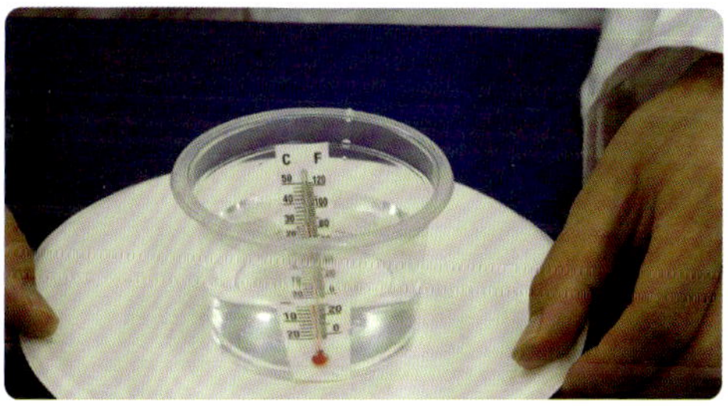

科学小知识

自制温度瓶和温度计利用了“热胀冷缩”原理。温度瓶中的水遇热会膨胀，遇冷会收缩，使温度瓶中的水位上升和下降。所以，矿泉水瓶和饮料瓶都不是装满的，否则夏天温度过高，瓶中液体受热膨胀会导致瓶体破裂或瓶盖崩开。

科学与生活

刚煮好的鸡蛋很难剥壳，怎么办呢？

我们可以利用“热胀冷缩”原理，将热鸡蛋放到凉水里浸泡，鸡蛋内部的蛋白遇冷就会收缩，与蛋壳分离，从而形成一些空隙，我们就可以很轻松地把蛋壳剥下来啦。

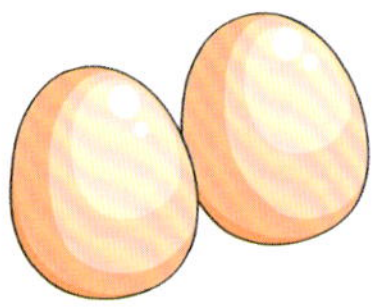

煮熟的鸡蛋

把热鸡蛋放在凉水中就可以轻松剥下蛋壳

“趣”阅科学

《热的旅行》是一本科学启蒙绘本书，以西游记为背景，带领小朋友们探索奇妙的热学世界，让我们一起去看看吧！

《热的旅行》

第09课

惯性——我为什么停不下来

太阳当空照，花儿对我笑。坐上车启动了，猛靠椅背磕到后脑勺。我要上学校，天天不迟到。安全带不系牢，紧急刹车磕出满头包。

为什么急刹车时，我们的身体会向前冲呢？让我们一起去探索吧。

一家人开着汽车出行

科学实验室

实验器材

小车卡纸 × 1　　双面胶条 × 2

螺母 × 1　　双面胶片 × 2

实验步骤

1 粘贴小车卡纸，底部形成圆环状。

2 将小车卡纸与马路卡纸粘贴在一起。

3 用双面胶片将螺母粘贴在圆环连接处。

4 将马路卡纸的末端快速前后移动，观察现象。

实验现象

小卡车纸保持在原地，没有随着马路卡纸一起移动。

科学小知识

静止的物体想要保持静止，运动的物体想要继续运动，这种性质就叫惯性。一切物体都具有惯性。牛顿第一定律也称为惯性定律，它告诉我们，所有的物体都有一点点“懒惰”，它们喜欢保持它们现在的状态——不管是躺着不动，还是跑来跑去——除非有别的东西来打扰它们，让它们不得不改变。简单来说，就是物体喜欢保持它们现在的样子，不想轻易改变。

科学与生活

生活中还有很多惯性的例子。比如锤头松了，将它反过来，用锤柄连续杵几次地，锤头借助惯性就会重新套紧；又比跳远如运动员在起跳后能够继续向前移动。

跳远时利用惯性取得更好成绩

锤头回位

“趣”阅科学

今天推荐的书籍是《任性国王抓“坏蛋”：惯性》。这本书通过一个富有创意的故事，带我们探索发现惯性的各种“妙用”，想知道都有哪些妙用吗？在书中可以找到答案。

《任性国王抓“坏蛋”：惯性》

第10课
火眼金睛辨长短

喜马拉雅山脉的珠穆朗玛峰高8848.86米，一年级小朋友的身高大约为1.2米，珠穆朗玛峰相当于7374个小朋友"搭高梯"，这些高度是怎么测量出来的呢？接下来就到了我们动手实践的时候啦！

喜马拉雅山脉

科学实验室

实验器材

铅笔　直尺

实验步骤

1 把铅笔平放在课桌上，用直尺的零刻度线对准铅笔一端，直尺的边要和铅笔紧贴。

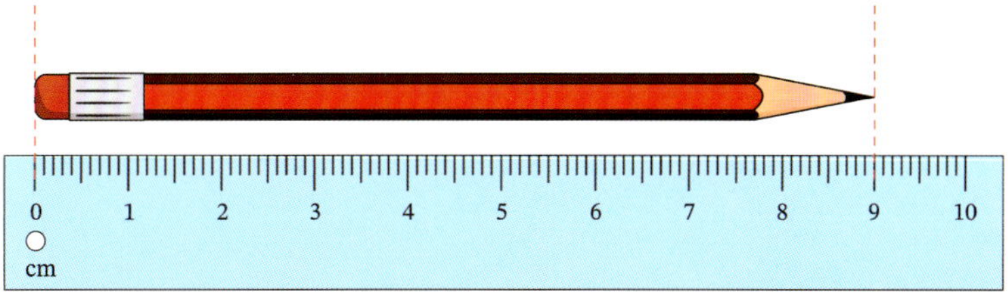

2 铅笔最右端对着刻度几，铅笔就是几厘米，读数时，视线要正对刻度线。

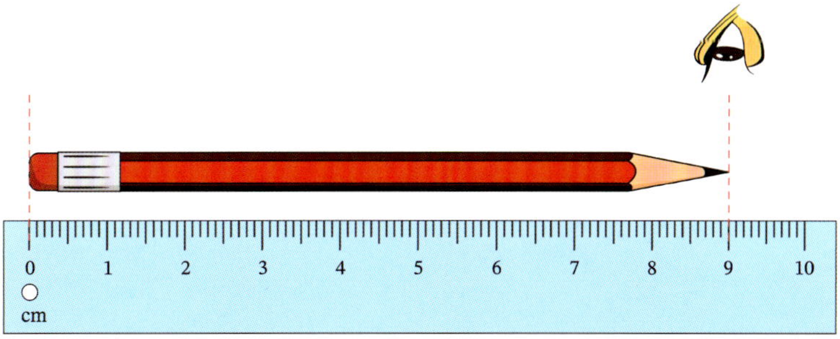

3 记录数值，必须注明测量单位。

实验现象

铅笔的长度是9 cm。

科学小知识

测量实际上是一个比较的过程，我们是怎么知道一支铅笔是几厘米的呢？这就需要用到一个秘密武器——公认的测量标准，就像是我们玩游戏时大家一起同意遵守的游戏规则。米是国际单位制基本单位中的长度单位。

国际基本单位制

物理量	单位名称	单位符号
长度	米	m
质量	千克（公斤）	kg
时间	秒	s

科学与生活

生活中除了直尺，还有卷尺、游标卡尺等。不同尺子有很多共同点，比如：

1. 都是“长度侦探”。它们都是用来帮我们测量东西有多长、多远的超级助手。

2. 都有神秘的“密码线”。每把尺子上面都有好多短短的线和数字，这些就是刻度。

测量工具

“趣”阅科学

《我家漂亮的尺子：长度单位和测量》是一本非常有趣的儿童绘本，通过不同事物的大小比较、用身体测量，帮助你理解测量的概念和工具。这本书不仅让你在阅读过程中感受到数学的趣味，还能了解数学在生活中的应用。

《我家的漂亮尺子：长度单位和测量》

第11课

人体的感受器——眼、耳、口、鼻

小朋友们，超有趣的“神秘袋子”游戏来啦！变身小侦探，隔着袋子来猜物。第一步，轻轻摸辨别质感；第二步，细细闻识别气味；第三步，贴近耳朵听响动。乐趣无穷，等你揭秘！

神秘袋子

科学实验室

实验器材

石头	装有200 mL 40～50 ℃温水的杯子 包子

实验步骤

1 依次观察石头、装有温水的杯子、包子三种物品都有什么特点。

2 仔细用耳朵听一听敲击石头、杯子的声音。

3 闻一闻石头、温水和包子各有什么气味。

实验现象

不同的物体带给我们不同的感受。

家庭小实验

用五官贴纸拼一拼五官的位置。

五官贴纸

科学小知识

人体感官充满奥秘。眼睛通过复杂结构成像，让我们领略多彩世界。耳朵接收声波，感知丰富声音。鼻子分辨气味，带来多样感受。嘴巴品尝滋味，还能表达思想。双手触摸物体，传递细腻触感。

科学与生活

世界上有许多视力或听力障碍者，他们以独特的方式感知世界。视力障碍者通过盲文、触觉来代替眼睛，用导盲犬、盲道导航。小朋友们，我们一定不要挤占盲道和无障碍通道。

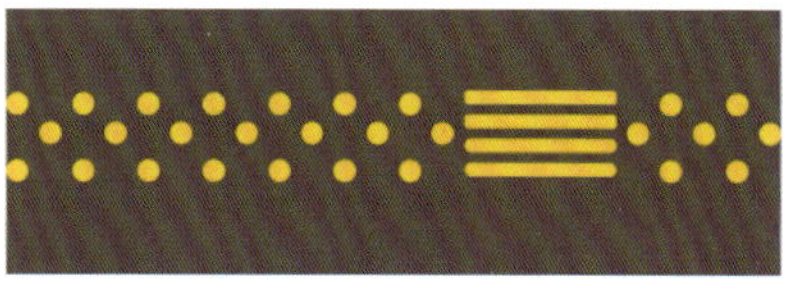

盲道

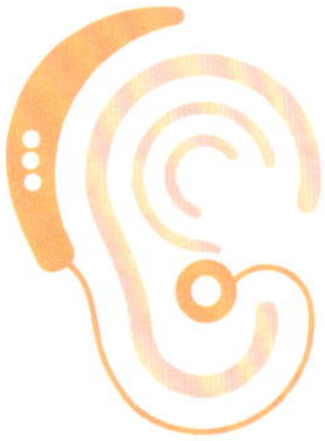

助听器

手语

听力障碍者利用助听器助听、手语传情。我们要理解和接纳他们。

“趣”阅科学

在《五官保护好》这本书中，我们将学习什么是五官。五官是指眉、眼、鼻、口、耳，它们不仅关系到我们的外貌，还对我们的健康有重要作用。通过书里的故事，我们会了解到五官的具体作用，并学习到如何在日常生活中保护它们。

《五官保护好》

第12课
神秘太阳系

太阳是爸爸，八个大行星是孩子。地球说：“我最特别，只有我这里有小动物和花。”木星生气了：“我最大！”水星说：“我离爸爸最近。”海王星在远远的地方说：“别争了，我们都围着爸爸转。”八大行星究竟是怎么排列的呢？

太阳系的八大行星

科学实验室

实验器材

太阳系卡纸	星球卡纸 × 9	双面胶条
塑料管 × 9	圆双面胶 × 9	

实验步骤

1 将双面胶条贴在留好的位置上，然后把太阳系卡纸沿着压痕线折叠，组装成一个长方形盒子。

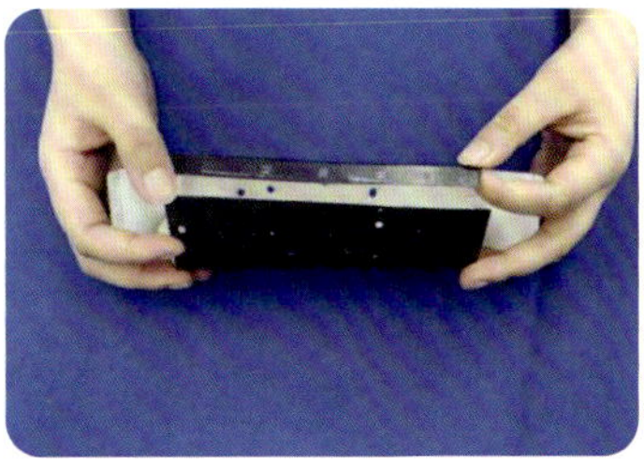

2 星球卡纸背部中心粘贴圆双面胶。

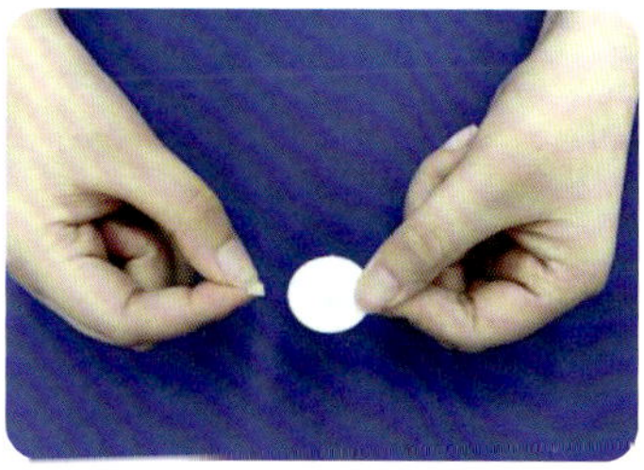

3 将塑料管（平整的一端）粘贴到星球卡纸背面的双面胶上。

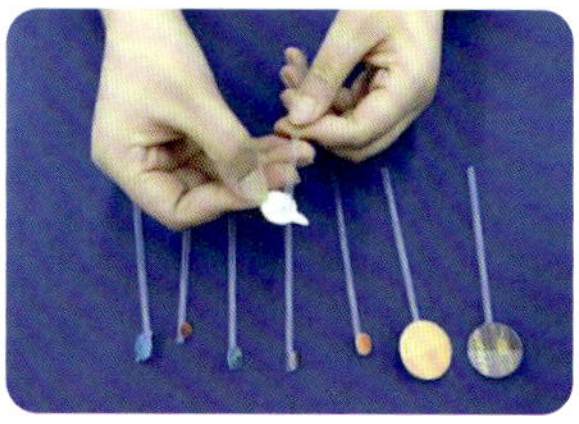

实验现象

从做好的太阳系模型中，我们可以看出八大行星距离太阳从最近到最远的排序。

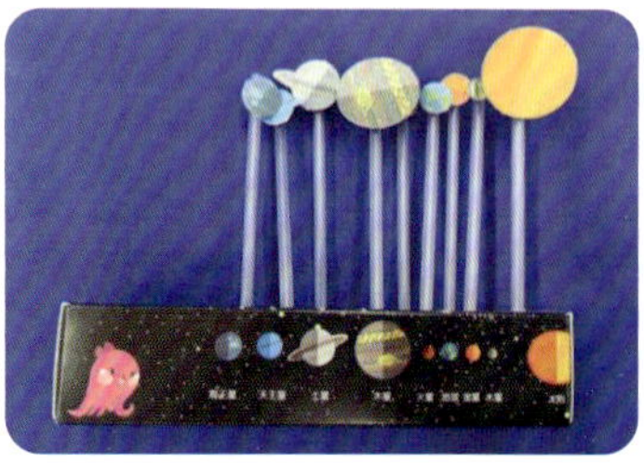

科学小知识

太阳系就像一个大家庭，太阳是家长。家里面有八大行星，它们按照离太阳的远近排排坐。从最近到最远，分别是：水星、金星、地球、火星、木星、土星、天王星和海王星。太阳系中还有很多小行星和矮行星，它们都围着太阳转。

八大行星相对太阳的位置

科学与生活

右图中这颗红褐色的星球就是火星。人类花费了很大的力气去探索火星，是因为在太阳系八大行星中，火星是最“像”地球的那一个。根据目前对太阳系各个行星的探测，火星的物理性质和化学性质与地球最为相近。

火星

“趣”阅科学

今天给同学们推荐的书籍是《DK翻翻玩百科：震撼太空之旅》，这本书带给读者们的不只是一次星际旅行，更是一次探索未知的天文历险。

《DK翻翻玩百科：震撼太空之旅》

奇趣小小
科学家
自然
探趣
下册
谷华 张芳 李瑞 著
奇趣
中国原子能出版社

图书在版编目（CIP）数据

奇趣小小科学家. 自然探趣. 下册 / 谷华, 张芳, 李瑞著. -- 北京 : 中国原子能出版社, 2024. 10.
ISBN 978-7-5221-3722-3

Ⅰ. Z228.1

中国国家版本馆 CIP 数据核字第 2024NY1449 号

奇趣小小科学家——自然探趣（下册）

出版发行	中国原子能出版社（北京市海淀区阜成路 43 号　100048）
责任编辑	杨晓宇
责任印制	赵　明
印　　刷	炫彩（天津）印刷有限责任公司
经　　销	全国新华书店
开　　本	787 mm×1092 mm　1/16
印　　张	2.25
字　　数	31 千字
版　　次	2024 年 10 月第 1 版　2024 年 10 月第 1 次印刷
书　　号	ISBN 978-7-5221-3722-3　　定　价　**330.00 元（全 12 册）**

本书创作组

作　　者：谷　华　张　芳　李　瑞

参与创作：豆少华　杨雪珂　杜亚玲　周　洁　顾　鑫

王叶培　谷婷婷　胡晓玥　何世茹　牛玉荣

乔文飞　张　惠　杨　倩　罗文祥

序言

PREFACE

生活在这个知识爆炸、科技日新月异的新时代，我们每一个人都仿佛置身于一场波澜壮阔的历史洪流之中，经历着前所未有的变革与挑战。在这场变革中，新时代的教育强国建设无疑给我们教育工作者提出了更为崇高且紧迫的使命与要求。在“双减”背景下，做好科学教育的加法为我们重新审视和定义教育内涵提供了宝贵契机。在这场教育生态的重塑之中，科学教育以其独特的魅力与重要性，成为了我们不容忽视的焦点。它不仅关乎孩子们对自然世界的认知与探索，更是培养他们创新思维、实践能力和科学素养的关键途径。正是在这样的背景下，我们汇聚了一群怀揣教育梦想、热爱科学教育的教师同仁，携手众多深耕科学教育领域的专家，共同撰写了这套以科学实验为核心内容的科学丛书。这不仅仅是一系列书籍的创作，更是一场关于科学精神、教育情怀与未来想象的深刻对话与实践。

科学之光，点亮童心

每一个孩子都是天生的探索者，他们对世界充满了好奇与渴望。本套丛书精心策划了一系列科学实验，旨在点燃孩子们对科学的热爱，引导他们从日常点滴中发现科学之美。本套丛书语言活泼、情境精彩、图画生动、实验有趣，从简单的物理现象到复杂的化学反应，从微观的细胞世界到浩瀚的宇宙星辰，孩子们通过观察现象、动手实验、阅读思考、总结规律，轻松掌握科学知识、提高探究能力、滋养想象思维、激发创新精神，每一个实验都是一扇窗，让孩子们得以窥见科学的无限可能，启迪智慧的炫彩火花，点亮未来的梦想之路。

团队协作，智慧结晶

本套丛书的诞生，是集体智慧的结晶。我们集合了河北省各地的优秀科学教师，他们都是科学教育的行家里手，有着丰富的实践经验与教学智慧，对孩子们的学习特点与兴趣点有着敏锐的洞察。在专家的精心指导下，我们反复打磨每一个实验方案，力求做到既科学严谨又生动有趣，既注重知识的传授又强调能力的培养。我们相信，这样的科学教育才能真正触及孩子们的心灵，让他们在轻松愉快的氛围中成长为未来的科学之星。

家校共育，携手成长

这套丛书还特别适用于学校的课后服务以及家庭亲子游戏。我们希望通过这样的形式，搭建起家校共育的桥梁，让家长也能参与到孩子的科学学习中来，共同见证孩子的成长与进步。亲子共做实验的过程，不仅能够增进亲子关系，还能让科学成为连接两代人情感的纽带，让科学教育成为家庭生活中不可或缺的一部分。

展望未来，无限可能

展望未来，我们满怀期待。我们相信，随着这套丛书的广泛传播与应用，将有更多的孩子因此而爱上科学、投身科学、成就科学梦想。让我们携手并进，在科学的道路上不断探索、勇毅前行，共同为孩子们撑起一片更加广阔的天空，让科学的种子在他们心中生根发芽、茁壮成长！

最后，衷心感谢所有参与本套丛书创作的教育同仁、专家学者的辛勤付出与无私奉献。愿这套科学丛书能够成为孩子们成长道路上的良师益友，陪伴他们开启一段段精彩纷呈的科学探索之旅！

河北省石家庄市融创中心第一小学校长

谷华

目录

物质科学

地球与宇宙科学

第01课
吸管乐器

小米：“小娃，我给你介绍一种古老乐器——排箫，你听，是不是特别好听？”

小娃：“哇！太好听了，我也想拥有一个！”

小米：“那我们一起来做一个吧！”

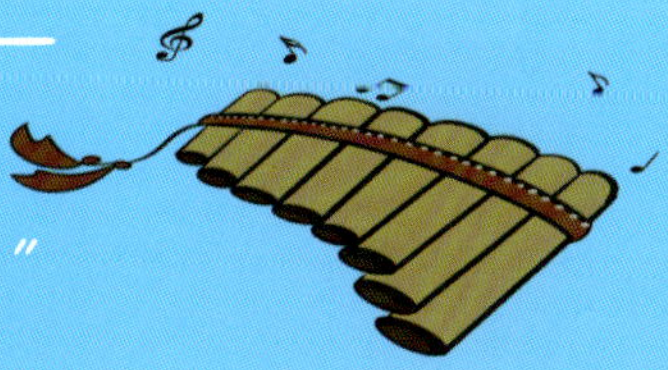

排箫

科学实验室

实验器材

排箫插孔	不同长度吸管 × 7	海绵塞 × 7

实验步骤

1 将海绵塞从吸管底部塞入。

2 将塞好海绵塞的吸管按长短依次排序。

3 将塞好海绵塞的吸管从长到短依次插入排箫插孔之中，塞有海绵塞的一侧对齐向下。

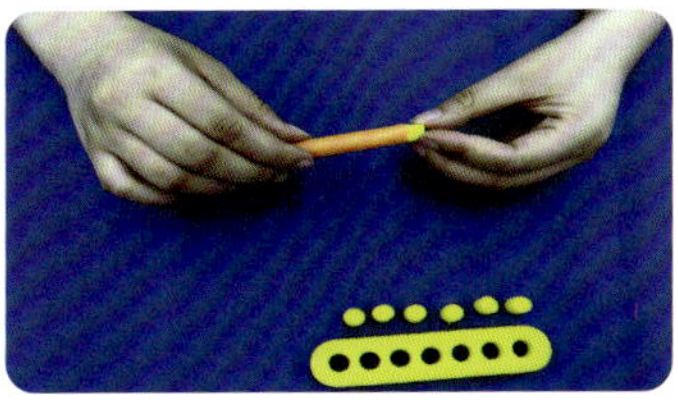

实验现象

吸管能吹出声音，吸管越短，音调越高；吸管越长，音调越低。

科学小知识

我们发现吸管的长短对声音是有影响的。当我们用力吹吸管时，从嘴巴里出来的气流就像一阵小旋风，嗖地钻进了吸管里面。这股气流会使吸管中的空气振动起来。吸管的长度不同，空气振动的频率就不一样。吸管越短，内部空气振动的频率越高，音调越高；吸管越长，内部空气振动的频率越低，音调越低。

科学与生活

小朋友们，你们注意过向暖水瓶灌水时发出的声音吗？刚灌水时，瓶内空气受到扰动，振动发声；水位渐升，顶部空气柱缩短，振动频率升高，音调随之升高。下次爸爸妈妈灌水时，你可以仔细听听哟！

向热水壶灌水会发出“咕噜”的声音

“趣”阅科学

《乐乐趣揭秘翻翻书：揭秘音乐》这本书从音乐的产生、乐器的种类、知名音乐家等方面向同学们介绍了与音乐有关的知识，还从不同角度对音乐进行了分析。同学们可以从书中感受到音乐的力量。

《乐乐趣揭秘翻翻书：揭秘音乐》

第02课

眼睛蒙了纱

小米："小娃，你知道吗，指引方向的箭头也会迷路。"

小娃："这是怎么一回事呢？箭头怎么会迷路呢？"

让我们一起通过小实验找找答案吧！

米娃看见路标感到迷惑

科学实验室

实验器材

白纸	直身瓶	白板笔
水	烧杯	

实验步骤

1 用烧杯量取八分满的水，再将水倒入直身瓶中。

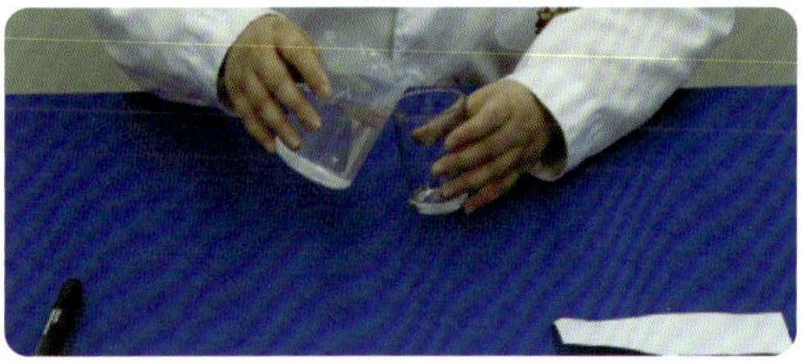

2 用白板笔在白纸上画一个箭头。

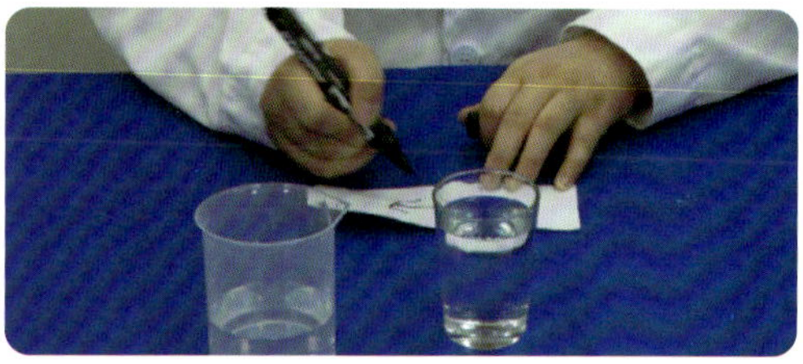

3 将画了箭头的白纸放到灌水后的直身瓶身后，透过瓶子观察箭头。

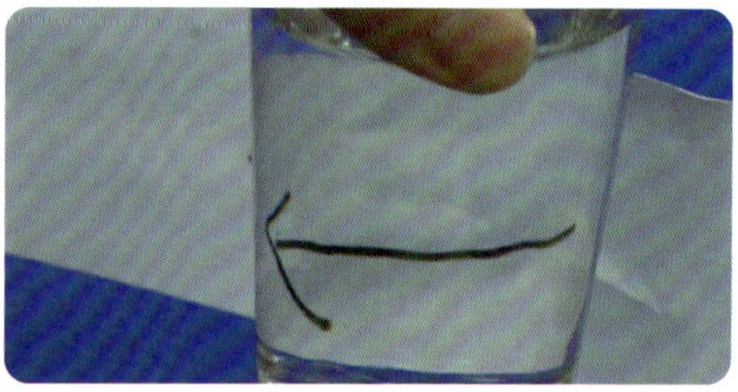

实验现象

透过水瓶观察，白纸上的箭头指向相反方向。

科学小知识

光就像个小精灵，它从空气跑进水里时，不会直直地走，而是会稍微拐个弯儿。水和空气的密度不同，光线在两者交界处发生折射，改变了我们看到的铅笔形状，这就叫作“折射”。

水中的铅笔向上弯折

科学与生活

光的折射现象在生活中很常见，比如池水变浅、水中鱼的位置与目测的位置有偏差等等。

“趣”阅科学

《神秘的光》这本书揭示了许多我们日常生活中常见的光现象，包括万丈光芒背后的成因、宇宙中的“赛跑冠军”、绚烂的极光、肥皂泡上的七彩虹、近视的小秘密、哈哈镜的奥妙等。还介绍了一些高新科技的光现象。这些内容不仅让我们了解了光的神奇，还能激发我们对科学的探索欲。

《神秘的光》

第03课

水沸腾了

你见过老式的烧水壶吗？只要水一开，伴随着悦耳的水哨声，壶盖还可能会上下翻动，像个小舞者似的。你想知道是谁在让壶盖跳舞吗？

科学实验室

实验器材

三脚架	火柴	烧杯
酒精灯	石棉网	玻璃搅拌棒

实验步骤

1 将三脚架放平稳，放上石棉网。

2 在烧杯里放入适量的水，将烧杯放在石棉网上。

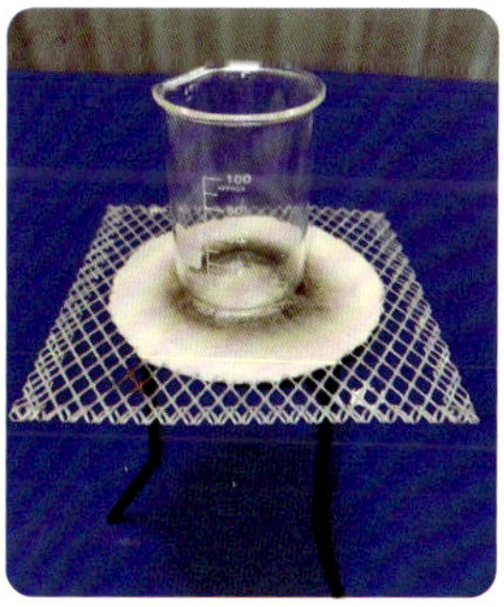

3 把酒精灯点着，放在石棉网下给烧杯加热。用玻璃搅拌棒搅拌，观察烧杯中的水。

实验现象

1. 加热一段时间后，烧杯底部产生小气泡。

2. 随着时间增加，气泡越来越多。

3. 随着持续加热，大量的气泡上升到水面破裂，里面的水蒸气散发到空中，就是我们看到的白烟啦。

科学小知识

水加热后温度升高，到沸点以后，就会大量地由液态变为气态。水蒸气顶着壶盖做上下运动，壶盖就跳起舞来了。

科学与生活

你知道吗？第一代火车蒸汽机车就是巧妙地利用了水蒸气的巨大能量来驱动车辆前进。燃料在炉膛里燃烧，把锅炉里的水烧成蒸汽，蒸汽在汽缸里推动汽缸活塞进行往复运动，火车就跑起来啦！

靠蒸汽驱动的火车

“趣”阅科学

迈克和他的红色蒸汽铲车玛丽一起愉快地工作，但由于新型铲车的出现，他们的工作被抢走了。最终，他们在一个小城市完成了一项看似不可能完成的任务，赢得了居民们的赞扬。阅读《迈克和他的蒸汽铲车》，可以让我们一起进入这个充满冒险和友情的世界！

《迈克和他的蒸汽铲车》

第04课

磁力小车

小娃：“一块磁铁靠近铁钉，就像有魔法一样，铁钉仿佛被无形的力量吸引，主动飞向磁铁并牢牢吸附在上面。”

小米：“呀！这么神奇，这是怎么回事呀？”

磁铁吸附铁钉

科学实验室

实验器材

长圆棒	方圆插片	车轴 × 2
短圆棒	双面胶片	车轮轴套 × 4
圆三通 × 3	环形磁铁	雪糕棒

实验步骤

1 将圆三通插入长圆棒。

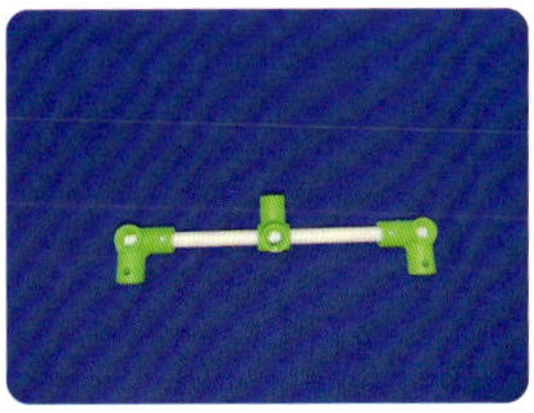

2 组装车轴，车轴两侧轴套固定。

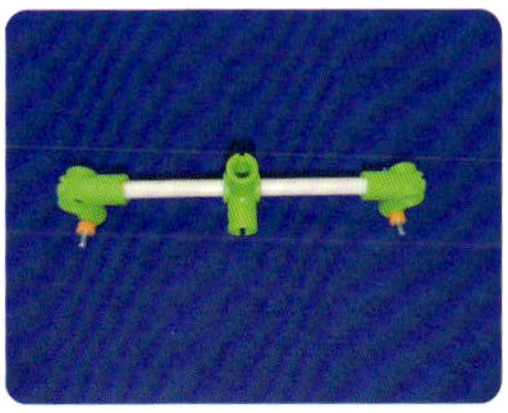

3 组装车轮与立柱。

4 在方圆插件两端粘贴磁铁。

5 将磁铁粘贴在雪糕棒上。

磁力小车

实验现象

粘有磁铁的雪糕棒靠近小车时，小车向靠近手柄的方向运动，或小车向远离手柄的方向运动。

科学小知识

磁力小车利用了磁铁同极相斥、异极相吸的原理。

相互吸引的两个蹄形磁铁

科学与生活

磁力既看不到，也摸不着。虽然看起来像是魔法，但实际上这是磁铁与铁钉之间磁场相互作用的科学现象。这种现象不仅有趣，而且在生活中有很多实际的应用，比如磁悬浮列车、核磁共振仪、磁性黑板、磁性铅笔盒等。通过了解磁力，我们可以更好地解释和利用这种“魔法”般的现象。

高铁动车的轨道

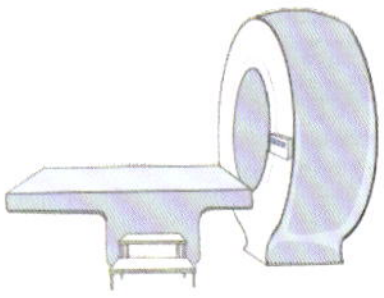

核磁共振仪

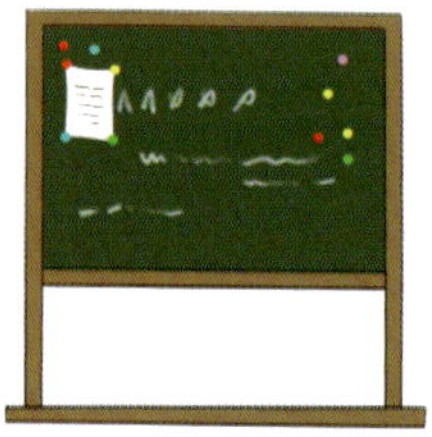

黑板上的磁贴

磁吸铅笔盒

“趣”阅科学

今天给同学们推荐的书叫作《神奇的磁铁》，书中的主人公是一只憨厚的胖猫和一只聪明的瘦猴，它们和其他小动物一起玩耍，总能经历有趣的事，发现一些规律。今天发生了跟磁铁有关的什么趣事呢？去书里寻找答案吧！

《神奇的磁铁》

第05课

胃里的魔法药水

米娃感觉胃不舒服、反酸水，正好口袋里有一袋苏打饼干。刚吃完，他的小肚肚就感觉好多了。这是怎么回事呢？难道饼干有神奇的力量？让我们一起去找找答案吧！

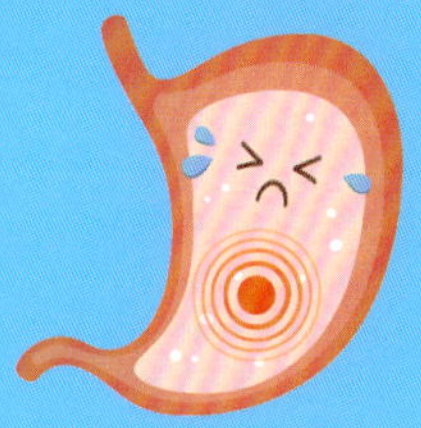
感到疼痛的胃

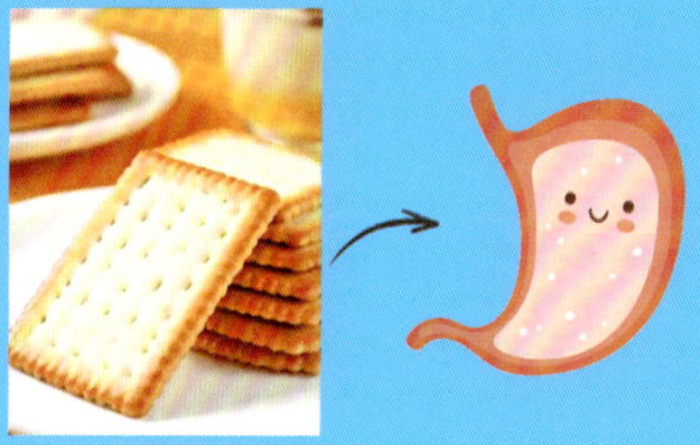
吃过苏打饼干后疼痛减缓了

科学实验室

实验器材

塑料袋	苏打饼干 × 6	100 mL白醋

实验步骤

1 将饼干放入塑料袋中。

2 在塑料袋中倒入100 mL白醋。

3 密封好塑料袋，认真观察饼干的变化。

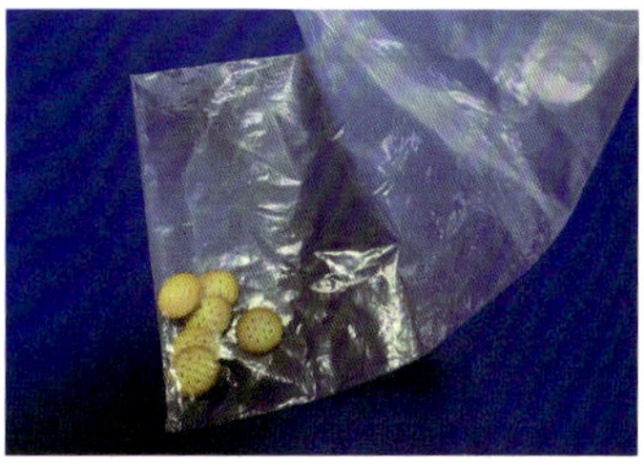

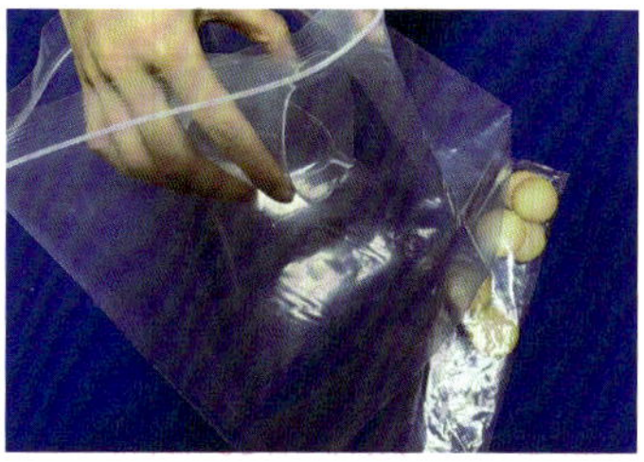

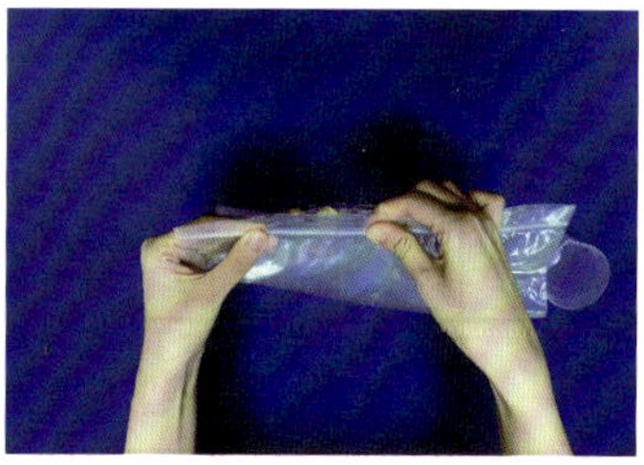

实验现象

饼干被白醋消化。

科学小知识

当我们把白醋和苏打饼干混在一起的时候，白醋中的醋酸会和苏打饼干中的碳酸氢钠（碱性物质）发生中和反应。所以，当我们胃里的胃酸太多，让胃不舒服的时候，吃一点苏打饼干，去消耗掉多余的胃酸，这样胃就不难受啦！（注意：苏打饼干可以作为临时缓解措施，不可替代药物，也不适用于其他原因引起的胃部不适。）

科学与生活

酸碱中和反应在生活中应用非常广泛。胃酸过多产生不良反应时，可食用含碱性的食物，如馒头、苏打水、苏打饼干等来缓解症状。蚊虫叮咬时，蚊子会释放酸性物质在伤口处，可以用碱性的软膏来缓解叮咬后的不适症状。

蚊子在叮咬伤口处释放酸性物质

“趣”阅科学

《如何制作超级胃》是一本关于胃的科普书，用生动有趣的方式，介绍了胃的奇妙结构，尤其是胃的工作原理和构造。这本书不仅让我们了解了胃的重要性，还教会了我们如何保护和照顾我们的胃。通过简单易懂的语言和丰富多彩的插图，我们可以轻松地学到很多关于人体的知识。

《如何制作超级胃》

第06课

舌尖上的美味

茄子切开后，暴露在空气中慢慢变黑了

炒茄子加了白醋之后，就像穿上了亮亮的衣服

亲爱的同学们，为什么会出现这样的现象呢？让我们一起去探索吧！

科学实验室

实验器材

白醋50 mL	相似的茄子片 × 2	碗（能装茄子的容器即可） × 2

实验步骤

1 将两个茄子片分别放入两个碗中，在一个碗中倒入50 mL白醋。

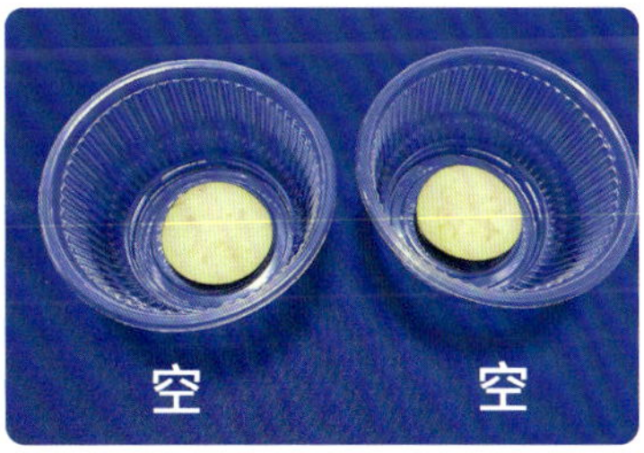

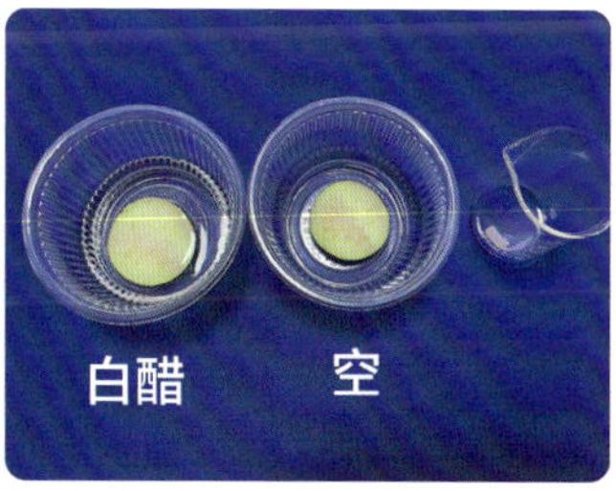

2 静置15分钟，观察现象。

实验现象

放醋的茄子片没有变色；没放醋的茄子片变成黄褐色。

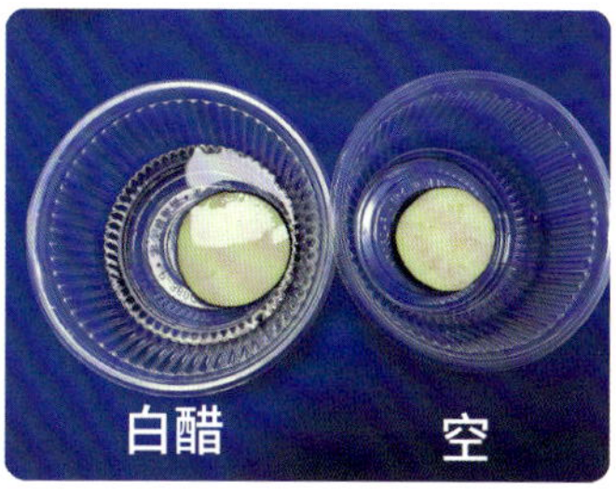

科学小知识

不放醋的茄子片表面会发生氧化，变成褐色。加醋可以减缓氧化反应的发生，使茄子片的表面不变色。

醋可以保鲜的原因是醋酸具有强大的杀菌能力。白醋中的醋酸可以降低细菌生长的可能性，减缓食物的腐败速度。

白醋

科学与生活

在生活中，醋不仅是调味品，还会与其他物质产生化学反应，发挥不同的作用。在炒制茄子、土豆等蔬菜时加点醋，可以保持它们的颜色不变；绿叶菜在烹饪时遇到醋则会变成黄褐色。

茄子

土豆

包心菜

“趣”阅科学

化学不枯燥，化学很有趣。可到底多有趣呢，快去读一读《化学太有趣了》这书吧，肯定不会让你失望的。

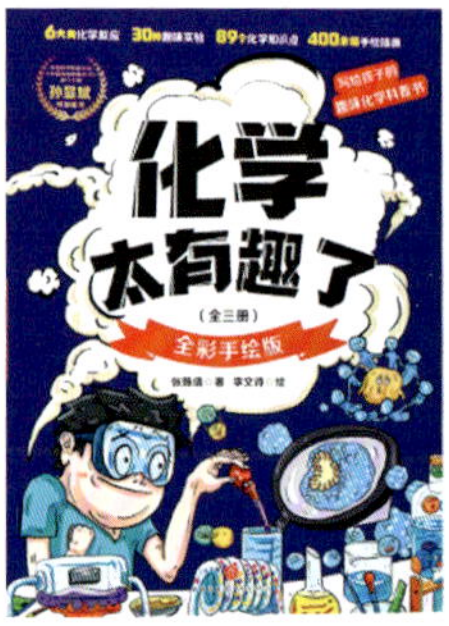

《化学太有趣了》

第07课 灯泡是怎么亮起来的

在我们的生活中有各种各样的灯，彩灯可以让舞台更加漂亮，夜景灯能为城市添加色彩，照明灯能让我们在黑暗中看清东西，红绿灯可以指挥交通。

城市灯光

路灯

舞台灯光

红绿灯

同学们，你们知道灯是怎么亮起来的吗？下面让我们一起去探索这个秘密吧！

科学实验室

实验器材

开关 × 2	灯泡（含灯座）× 2
电池盒（含电池）	导线

实验步骤

1 用导线把电池盒、开关、灯座依次连接起来。

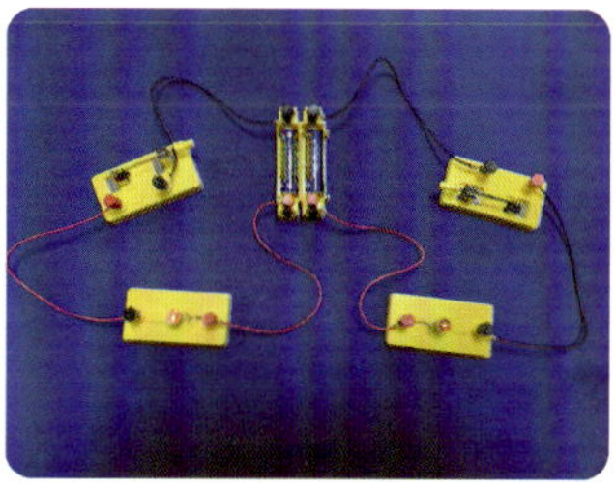

2 合上开关。

实验现象

灯泡亮起来了。

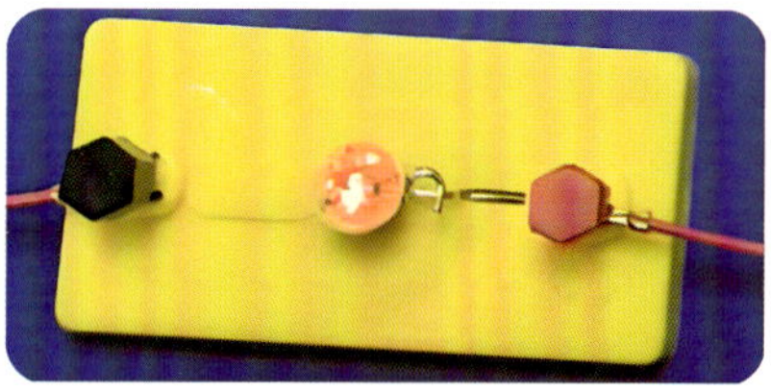

科学小知识

正确连接电池、电线、灯泡后，就组成一个完整的电路，从而产生电流，这样灯泡就亮起来了。

灯泡之所以会亮，是因为电流通过灯丝时，使灯丝温度迅速升高，当灯丝的温度达到一定程度时，灯丝就发光了。

发光的灯泡

科学与生活

生活中，电给人类带来了哪些便利呢？有了电，我们可以看到精彩的电视节目，可以打开空调调节室内温度。如果没有电，电梯就不能正常工作，电冰箱就无法使用，电动车也无法行驶……

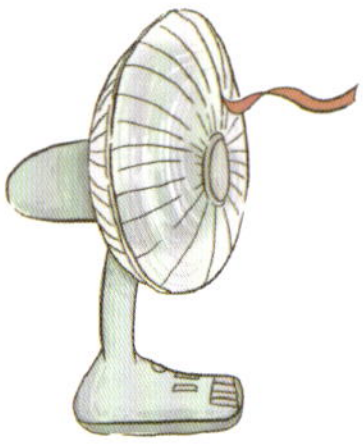

电风扇

洗衣机

空调

电冰箱

“趣”阅科学

《电灯亮起来了》这本书设计非常巧妙，通过电灯亮起来这样一个切入点，把发电的原理、电是怎么产生的、怎么使机器运转起来等一系列问题，用幽默诙谐的语言讲得十分清楚。看完这本书，同学们可以了解到很多有关电的科学知识！

《电灯亮起来了》

第08课

空气家族都有谁

同学们，你们知道空气里面都有什么吗？要是没了空气会发生什么？我们一起来思考。

地球上的空气让动物们自由呼吸

科学实验室

实验器材

玻璃杯	火柴
玻璃片	蜡烛

实验步骤

1 将蜡烛点燃，放在玻璃片上。

2 用玻璃杯罩住燃烧的蜡烛。

实验现象

蜡烛不久后熄灭。

3 将点燃的火柴放入玻璃杯中。

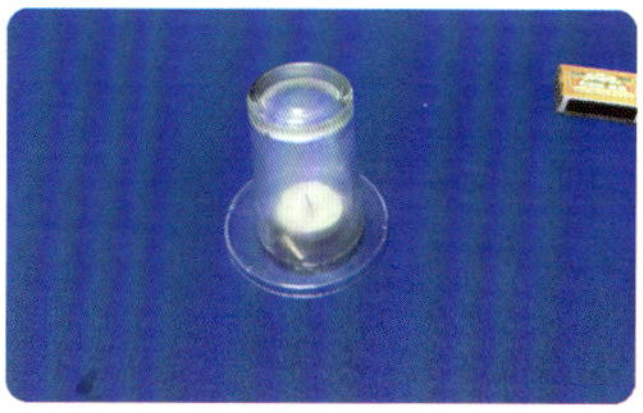

实验现象

火柴很快熄灭。

家庭小实验

自制打气筒。

科学小知识

空气里面含有一种气体叫氧气，火柴燃烧和动物呼吸都需要它。

在空气里不断燃烧的火苗

如果没有氧气，火焰就会熄灭，动物就无法呼吸，因此，氧气是生命之气。

科学与生活

同学们，有没有注意到，当你打开一瓶碳酸饮料，会听到“嘶嘶”的响声，那是溶解在饮料里的二氧化碳跑了出来。

“嘶嘶”作响的可乐

还有，鱼缸里的水草在光合作用下会释放氧气，帮助鱼儿呼吸。

鱼缸里的水草会释放氧气

“趣”阅科学

《你问我答翻翻书：揭秘空气》是一本趣味科普书，它通过简单易懂的语言和生动的插图，带领同学们了解空气的秘密。书中不仅介绍了空气的组成和特性，还讲解了大气污染的成因和影响，并提出了解决方案。同学们可以一起探索这本书中的精彩内容，揭开空气的神秘面纱。

《你问我答翻翻书：揭秘空气》

第09课

喷气式战斗机

同学们，你们坐过飞机吗？你们知道飞机是怎么飞上天的吗？

科学实验室

实验器材

机身	贴纸	短F夹 × 2	铁轴 × 2	车轮 × 4	吹嘴
尾翼	长F夹 × 2	短木条 × 2	轴套 × 2	羊眼螺栓	气球

实验步骤

1 将贴纸粘贴在机身和机翼上。

2 安装F夹和铁轴，轴套与F夹要留一点间隙。

3 安装车轮，两只手各拿一个车轮对准铁轴两端，同时用力插入。

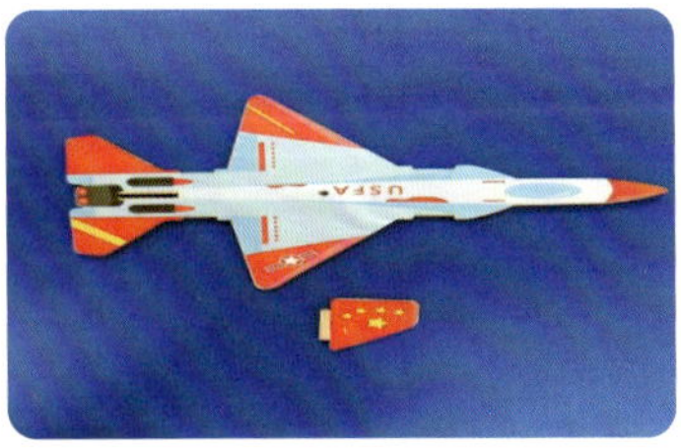

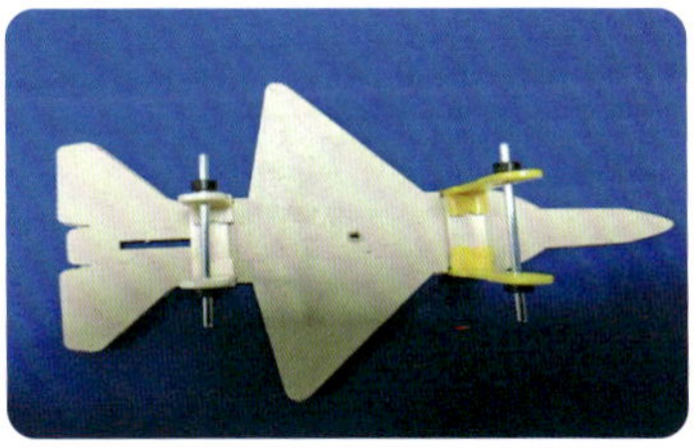

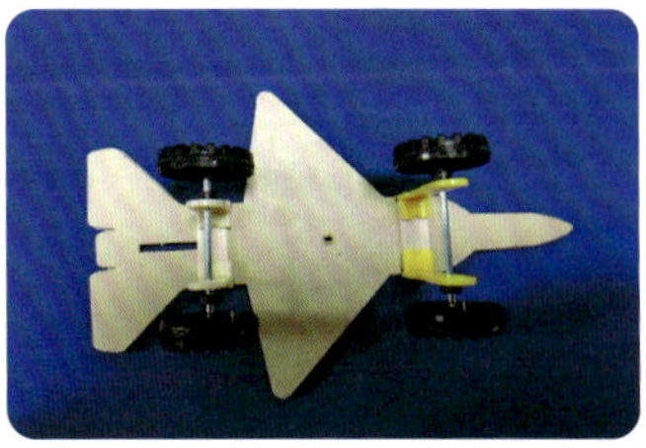

4 将尾翼插入机身尾部。

5 将羊眼螺栓拧入机身孔内。

6 将气球套入吹嘴。（用消毒棉片擦拭气球吹嘴后再吹气）

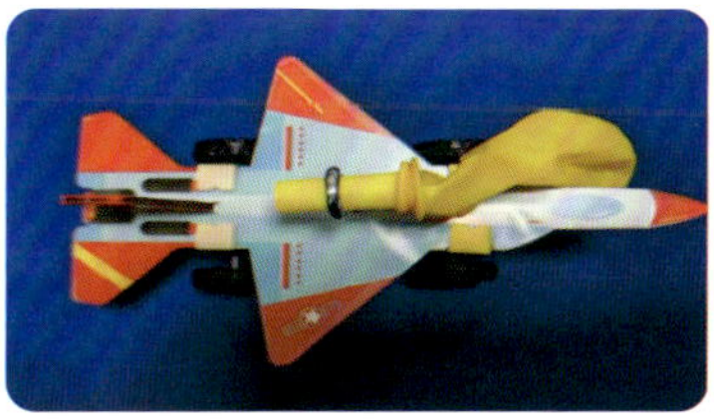

7 气球吹至直径10 cm左右，用手捏紧气球口，将吹嘴插入羊眼螺栓孔中。

实验现象

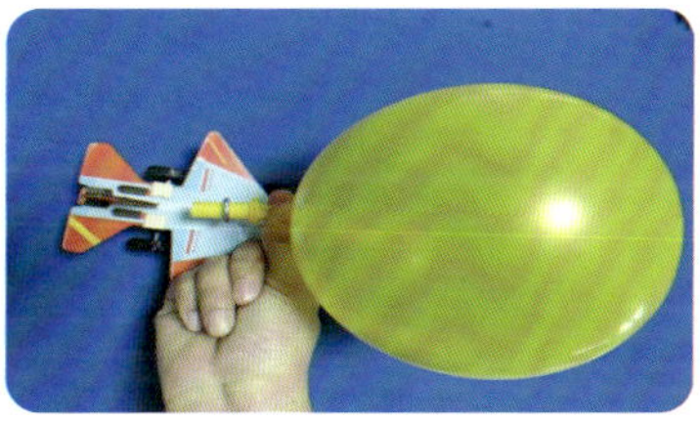

当手松开气球口时，战斗机平稳向前滑行。气球吹得越大，战斗机滑行速度越快。

科学小知识

以上的实验运用的就是作用力与反作用力原理，但是真正的喷气式战斗机不是用气球，而是用特别厉害的机器——喷气发动机。喷气发动机能把空气吸进来，将它与燃料混合点燃产生高温高压的热气，最后把这股热气从后面快速喷出去。后面的热气喷出去时，会给战斗机一个向前的巨大推力，这样战斗机就能咻咻咻地飞得非常快啦！

科学与生活

其实呀，这样的好搭档在我们的日常生活中也是无处不在呢！让我们一起找找看吧！

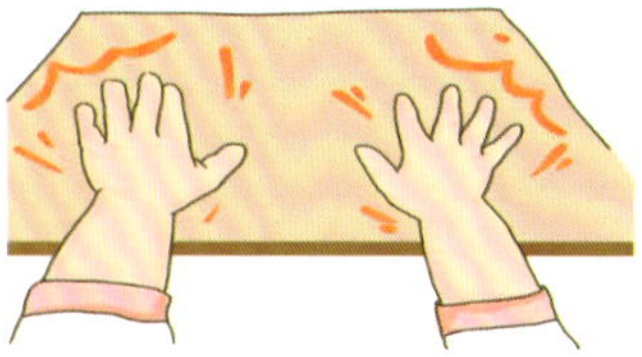

用手拍打桌子，手会感到疼痛

滑冰的时候，手用力推墙，会发现自己往后退

划船的时候，船桨向后滑，船向前运动

只要我们细心观察，就能发现它们藏在各种各样的现象中。快去找找看，把你找到的新例子分享给大家吧！

“趣”阅科学

推拉的力、投掷的力、抬举的力、驱动汽车和飞机的力……我们身边存在各种各样的力，尽管看不见、摸不着，但它们确实在日常生活中的各个场合中发挥着作用，欢迎走进《力学原来这么有趣》来探索这些力的神奇作用。

《力学原来这么有趣》

第10课 一拉就跑

运动会上，同学们在进行激烈的比赛，跑完同样的距离，哪位同学用的时间短，哪位同学获胜。我们常说获胜的同学速度快，那什么是速度呢？我们一起来看一看。

运动员冲过终点线

科学实验室

实验器材

车轮 × 4	轴套 × 4	铁轴 × 4	车身
车杠 × 2	拉线齿轮箱或回力拉线盒	双面胶 × 5	

实验步骤

1 把四根铁轴如图插入车杠上的孔中。

2 安装另一根车杠。

3 在不带有塑料管的车杠上安装轴套和车轮。

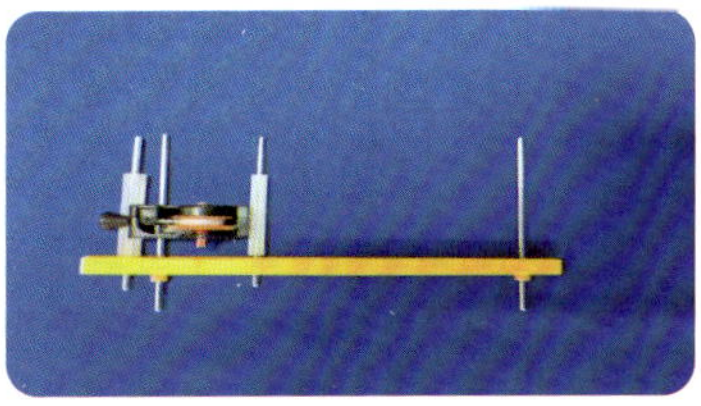

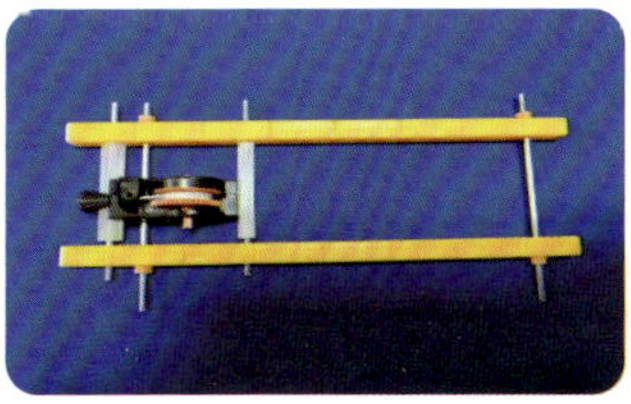

4 组装车身，并用双面胶固定。

5 把车身粘贴在车杠上。

实验现象

用手慢慢推动小车，小车滑行速度慢。用力拉动拉线齿轮箱或者回力拉线盒，松手后，小车滑行速度快。

科学小知识

速度是帮助我们了解东西移动得快不快的一个物理量。就像我们骑自行车，速度快的话，一会儿就能骑很远；速度慢的话，骑行同样的距离就要花更多时间。生活中用速度来表示物体运动的快慢，谁的速度快，谁就能够在相同的时间里移动得更远。

飞速奔跑的赛车

科学与生活

速度在生活中很常见。

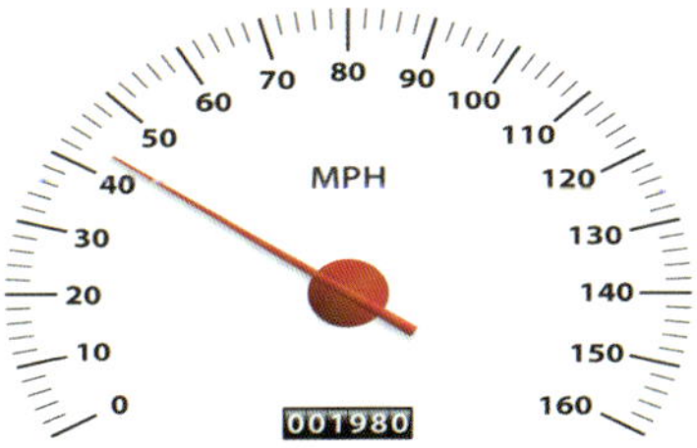

汽车上的速度表

高铁行驶速度

“趣”阅科学

同学们，你们知道吗？中国不仅拥有世界上最庞大的高速铁路网络，而且还掌握了世界上最实用的高速铁路技术。中国高铁是如何一步步达到世界领先水平的？这本《了不起的中国高铁》会告诉你答案。

《了不起的中国高铁》

第11课
颜色对对碰

同学们，你们用水彩笔画过画吗？水彩笔都有什么颜色呢？如果将几种不同的颜色混合在一起会是什么颜色呢？

不同颜色的彩笔

科学实验室

实验器材

塑料杯×6	红色色素	黄色色素
水	蓝色色素	滴管

实验步骤

1 在三个塑料杯中分别倒入半杯清水。

2 在这三个塑料杯中分别滴入红、黄、蓝不同颜色的色素10滴，并用滴管搅拌均匀。

3 取一个空杯，用滴管将红、黄、蓝3种色素溶液分别向杯内滴10滴管，用滴管搅拌均匀，观察杯内颜色变化。

4 再取一个空杯，滴入一滴管的蓝色色素溶液，滴入一滴管的黄色色素溶液，用滴管搅拌均匀，观察杯内颜色变化。

5 再取一个空杯，滴入一滴管的红色色素溶液，滴入一滴管的黄色色素溶液，用滴管搅拌均匀，观察杯内颜色变化。

实验现象

我们发现三种颜色混合后会变成黑色；将蓝色和黄色的色素溶液混合在一起，会变成绿色；将红色和黄色的色素溶液混合在一起，会变成橙色。

黑色

绿色

橙色

科学小知识

将不同的颜色按照一定的比例混合能调出其他不同的颜色，你还能调出什么颜色，快来动手试一试吧！

不同的颜料

科学与生活

彩虹中的所有颜色都可以用红、黄、蓝调配出来。红+黄=橘黄，红+蓝=紫色，黄+蓝=绿色，红、黄、蓝三个颜色加在一起就是黑色。同学们可以自己去探索调配更多的颜色！

自然状态下的彩虹

“趣”阅科学

颜色的世界很奇妙，不同的颜色碰撞在一起，都会发生什么变化呢？推荐同学们阅读绘本《红黄蓝》，进入神奇的颜色世界！

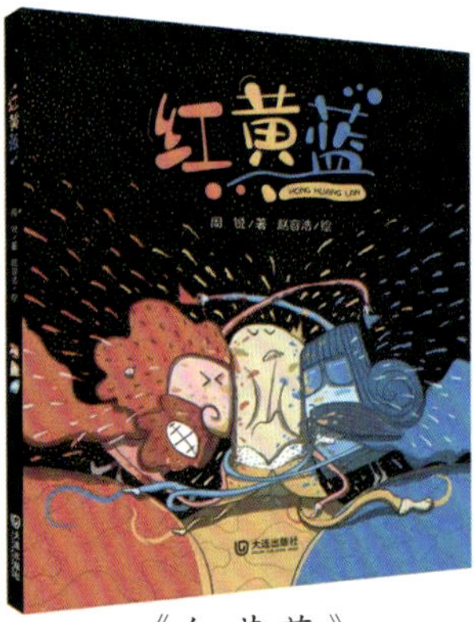

《红黄蓝》

第12课

靠近的小球

小兔子抬头看到天上一闪而过的亮光。“妈妈，快看，有颗星星跑了！”小兔子叫道。兔妈妈笑着问：“你知道那是什么星星吗？”小兔子摇摇头。兔妈妈就告诉她：“那是流星。”小兔子：“什么是流星？”

一颗流星划过

科学实验室

实验器材

泡沫球×2	吸管	5孔棒	15孔棒
线绳×2	插销×2	9孔棒×3	双面胶片×2

实验步骤

1 底座组装。

2 组装横臂。

3 固定线绳，两个插销间隔四个孔，用插销将线绳夹稳。

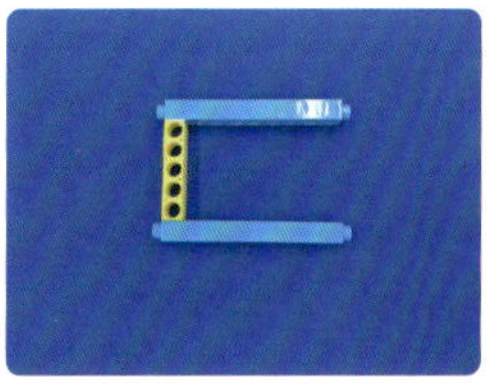

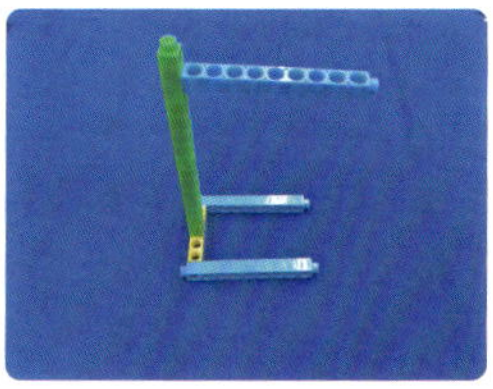

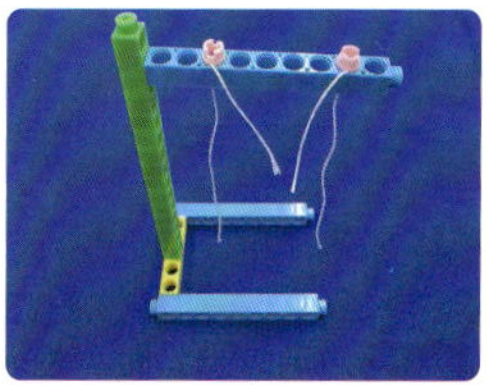

4 粘贴泡沫球，用双面胶片粘贴线绳与泡沫球。

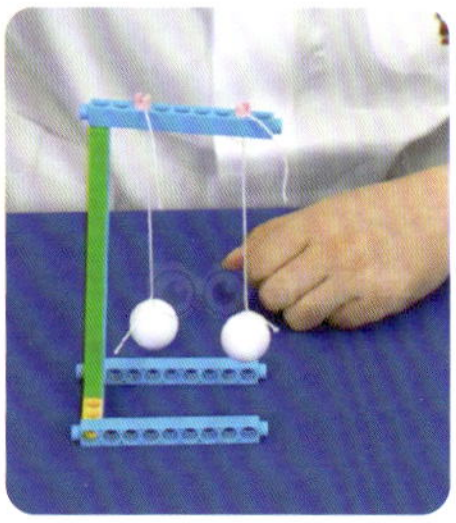

实验现象

在实验中，两个带电的泡沫小球即使相隔一定距离也能因静电引力被吸引“拉近”，这种力无需接触，使小球加速靠近；而夜空中流星，是被地球自身的引力“捕获”，拽入大气层。两者均体现了自然界四种基本力之一的“吸引力”，遵循相似的物理规律。

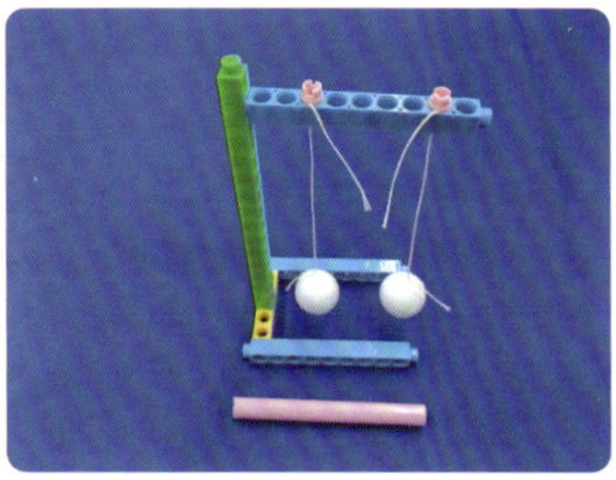

科学小知识

宇宙里的尘埃和小碎粒（流星体）在穿过地球大气层时，由于速度过快，和大气层的气体摩擦，它们就会燃烧起来变得很热很亮，就像火球一样在天空中划过，我们看到的这个亮光就是流星。

流星雨

科学与生活

如果我们想看流星，可以让爸爸妈妈带我们去一个远离城市、视野开阔的地方，这样就不会有灯光干扰，也不会有东西挡住我们的视线了。

用望远镜观测星空

“趣”阅科学

《当我们看星星时，我们看见了什么》这本书带领我们探索夜空中的奇妙世界。我们不仅能通过这本书了解到星座的知识，还能认识太阳系中的行星、彗星、流星等天体。

《当我们看星星时，我们看见了什么》

奇趣小小科学家

科技未来

上册

谷　华　张　芳
付志远　栗玉娟　著

中国原子能出版社

图书在版编目（CIP）数据
奇趣小小科学家. 科技未来. 上册 / 谷华等著.
北京 : 中国原子能出版社, 2024. 10. -- ISBN 978-7
-5221-3722-3
Ⅰ. Z228.1
中国国家版本馆 CIP 数据核字第 2024XC8109 号

奇趣小小科学家——科技未来（上册）

出版发行　中国原子能出版社（北京市海淀区阜成路 43 号　100048）
责任编辑　杨晓宇
责任印制　赵　明
印　　刷　炫彩（天津）印刷有限公司
经　　销　全国新华书店
开　　本　787 mm×1092 mm　1/16
印　　张　3.5
字　　数　45 千字
版　　次　2024 年 10 月第 1 版　2024 年 10 月第 1 次印刷
书　　号　ISBN 978-7-5221-3722-3　　　　定　价　**330.00** 元（全 **12** 册）

本书创作组

作　　者：谷　华　张　芳　付志远　栗玉娟

参与创作：刘肖云　付静文　杜海燕　王一凡　刘晓君

张　慧　郝侣侣　温进红　娄天琪　陈秀芸

赵　郡

序言

PREFACE

生活在这个知识爆炸、科技日新月异的新时代，我们每一个人都仿佛置身于一场波澜壮阔的历史洪流之中，经历着前所未有的变革与挑战。在这场变革中，新时代的教育强国建设无疑给我们教育工作者提出了更为崇高且紧迫的使命与要求。在“双减”背景下，做好科学教育的加法为我们重新审视和定义教育内涵提供了宝贵契机。在这场教育生态的重塑之中，科学教育以其独特的魅力与重要性，成为了我们不容忽视的焦点。它不仅关乎孩子们对自然世界的认知与探索，更是培养他们创新思维、实践能力和科学素养的关键途径。正是在这样的背景下，我们汇聚了一群怀揣教育梦想、热爱科学教育的教师同仁，携手众多深耕科学教育领域的专家，共同撰写了这套以科学实验为核心内容的科学丛书。这不仅仅是一系列书籍的创作，更是一场关于科学精神、教育情怀与未来想象的深刻对话与实践。

科学之光，点亮童心

每一个孩子都是天生的探索者，他们对世界充满了好奇与渴望。本套丛书精心策划了一系列科学实验，旨在点燃孩子们对科学的热爱，引导他们从日常点滴中发现科学之美。本套丛书语言活泼、情境精彩、图画生动、实验有趣，从简单的物理现象到复杂的化学反应，从微观的细胞世界到浩瀚的宇宙星辰，孩子们通过观察现象、动手实验、阅读思考、总结规律，轻松掌握科学知识、提高探究能力、滋养想象思维、激发创新精神，每一个实验都是一扇窗，让孩子们得以窥见科学的无限可能，启迪智慧的炫彩火花，点亮未来的梦想之路。

团队协作，智慧结晶

本套丛书的诞生，是集体智慧的结晶。我们集合了河北省各地的优秀科学教师，他们都是科学教育的行家里手，有着丰富的实践经验与教学智慧，对孩子们的学习特点与兴趣点有着敏锐的洞察。在专家的精心指导下，我们反复打磨每一个实验方案，力求做到既科学严谨又生动有趣，既注重知识的传授又强调能力的培养。我们相信，这样的科学教育才能真正触及孩子们的心灵，让他们在轻松愉快的氛围中成长为未来的科学之星。

家校共育，携手成长

这套丛书还特别适用于学校的课后服务以及家庭亲子游戏。我们希望通过这样的形式，搭建起家校共育的桥梁，让家长也能参与到孩子的科学学习中来，共同见证孩子的成长与进步。亲子共做实验的过程，不仅能够增进亲子关系，还能让科学成为连接两代人情感的纽带，让科学教育成为家庭生活中不可或缺的一部分。

展望未来，无限可能

展望未来，我们满怀期待。我们相信，随着这套丛书的广泛传播与应用，将有更多的孩子因此而爱上科学、投身科学、成就科学梦想。让我们携手并进，在科学的道路上不断探索、勇毅前行，共同为孩子们撑起一片更加广阔的天空，让科学的种子在他们心中生根发芽、茁壮成长！

最后，衷心感谢所有参与本套丛书创作的教育同仁、专家学者的辛勤付出与无私奉献。愿这套科学丛书能够成为孩子们成长道路上的良师益友，陪伴他们开启一段段精彩纷呈的科学探索之旅！

河北省石家庄市融创中心第一小学校长

谷华

目录

物质科学

生命科学

地球与宇宙科学

物质科学

工程与技术

第01课

谁在偷偷用力

你留意过家里的吸盘挂钩和吸盘置物架吗？这种吸盘使用方便，且不用打孔、不用胶粘，就能具有较大的承重能力，你知道它承重的秘密吗？其实，早在三百多年前，德国马德堡市的市长奥托·冯·格里克做过一个实验，就揭示了其中的奥秘，一起来动手做一做吧！

科学实验室

实验器材

金属环 × 2	逆止阀	针管	橡胶软管 × 2
半球 × 2	黑皮圈	S钩	

实验步骤

1 安装橡胶软管、金属环。

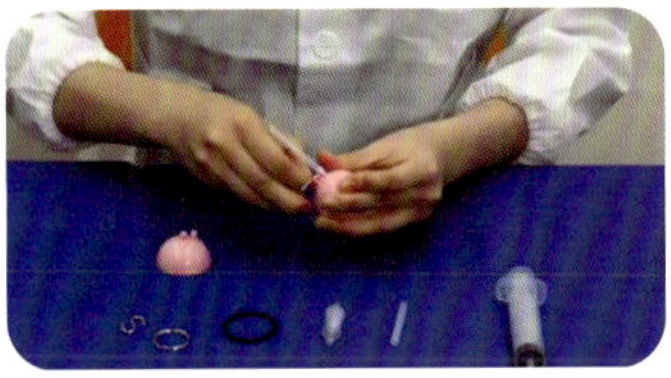

2 连接逆止阀。

3 安装针管。

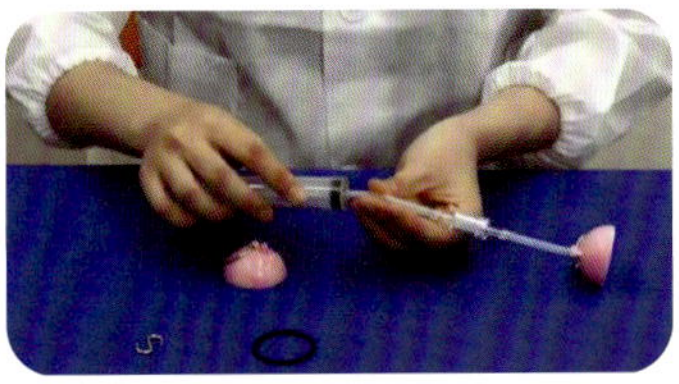

4 安装马德堡半球剩余部分，并抽出半球中的空气。

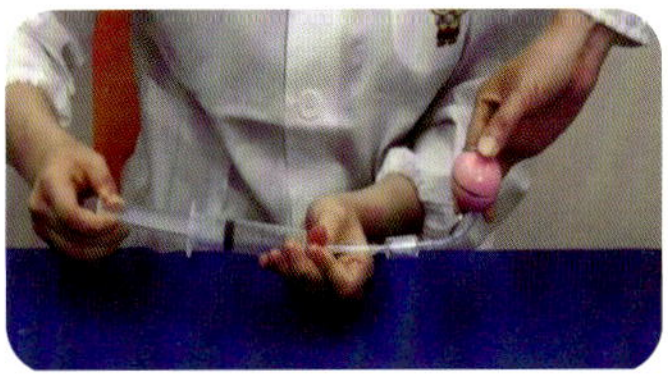

5 尝试拉开半球，感受所用的力度。

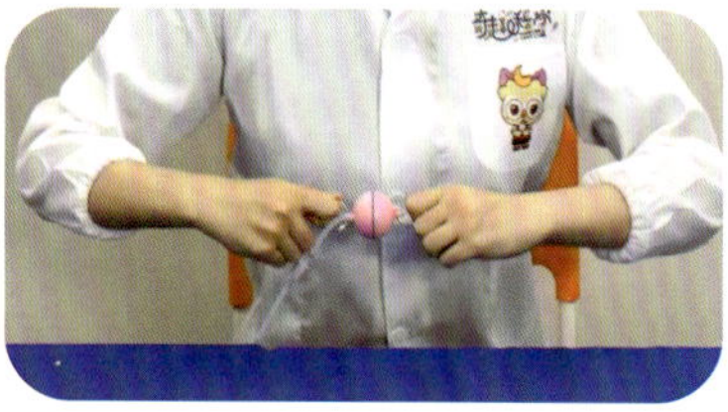

实验现象

抽掉半球内的空气后，发现很难拉开半球。

科学小知识

大气压强：地球周围被一层厚厚的气体包围着，这层气体叫作大气层。大气层中的气体和固体、液体一样，受重力作用，并且具有流动性。因此，空气内部向各个方向都有压强，这种压强就叫作大气压强。

马德堡半球实验证明：大气压强是存在的，并且十分强大。实验中，当两个半球内的空气被抽掉后，内部的气压变得非常低，而外部的大气压强依然很高。由于内外气压差的存在，外部的大气压强会将两个半球紧紧压在一起。这个实验直观地展示了大气压强的巨大力量。

科学与生活

你在生活中利用过大气压强吗？可以举例说明。

吸盘挂钩：安装挂钩时，吸盘内的空气被排除，使里面的气压降低，外界大气压力将吸盘紧紧地压在墙上，就可以用它来挂东西了。

用吸管喝饮料：我们平时用吸管喝饮料就是利用了大气压强的原理。当吸管吸气时，管内压强会变小，吸管外部压强大，内外产生压强差，从而产生压力差，将饮料压入吸管中，最终喝到饮料。

真空吸尘器：真空吸尘器利用大气压强的原理来产生负压。当打开真空吸尘器并使用它时，机器内部的真空泵高速运转，排出吸尘器仓内的空气，使仓内大气压力降低，从而吸入灰尘、污垢等杂物。

吸盘挂钩

用吸管喝饮料

真空吸尘器

另外，对于人们的生活来说，大气压强有以下几个方面的影响：

1. 气象预报：大气压强是气象预报中的重要参数之一，可以预测天气情况，如降雨量、气温变化等，为人们的出行和生产活动提供便利。

2. 航空航天：大气压强是航空和航天领域中的重要参数，对于飞机的起降和高度控制有着关键作用。

3. 健康：大气压强的变化可能会影响人类身体的健康，例如高压天气可能会导致心脑血管疾病的发生。

4. 制氧：在高海拔地区，大气压强较低，氧气含量也较低，需要通过制氧等手段来维持人类的生存和工作。

5. 风力发电：大气压差是驱动风力发电机的动力源，因此大气压力变化也会影响这一可再生能源的收集效率。

开动脑筋，发现更多应用大气压强的实例！

“趣”阅科学

大气压力到底有多大？大气压力有什么妙用？阅读《疯狂的天气：气象与气候》，你就会探索出其中的奥秘！

《疯狂的天气：气象与气候》

第02课

有趣的虹吸

这只杯子叫公道杯，与其他杯子不同，公道杯是一个“永远倒不满”的杯子。当向杯中注酒时，如果只有八分满，即可品尝到美酒；若酒高过杯中“公道佬”的胸部，杯中之酒即迅速从杯内泄光，流到下面承接的杯托之中，让“贪心者水尽”。

科学实验室

实验器材

大塑料杯	塑料瓶	吸管
小塑料杯	橡皮泥	色素

实验步骤

1 将吸管插入大塑料杯底部开孔。

2 用橡皮泥堵住杯底孔与吸管间的缝隙。

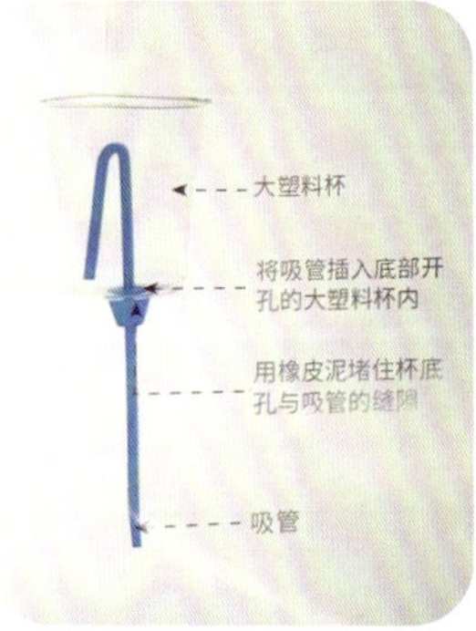

3 将塑料杯底部的吸管插入塑料瓶内。

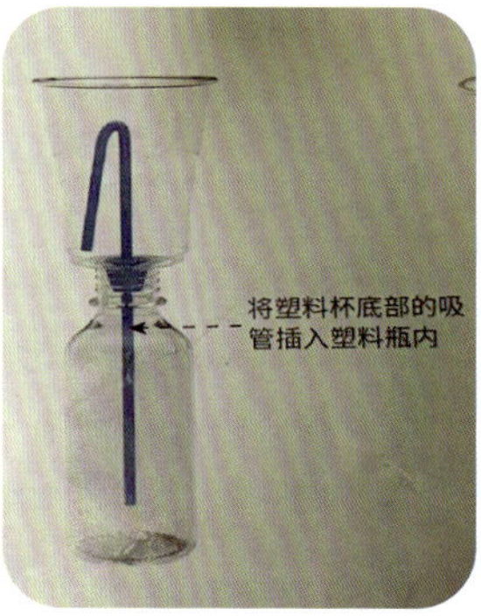

4 色素在小塑料杯里调好，然后倒入大塑料杯中，液体不要高于吸管最高点。

5 继续倒入色素水观察实验现象。

实验现象

液面低于吸管最高点，液体会留在杯中；液面高于吸管最高点，液体从杯中不断地被抽出来，直到液面低于管口。

科学小知识

这是因为水在管子里形成了一个连续的流动，水的重力和压力差帮助水从高处流到低处。这个过程就叫作虹吸。

用更简单的话说，虹吸就像是用一根管子把水从一个高的地方搬到一个低的地方，水开始流动起来。

虹吸效应是一种简单而有效的液体传输方法，利用重力和压力差来实现液体从高处流向低处。它在许多领域都有重要的应用，是一种非常实用的物理现象。

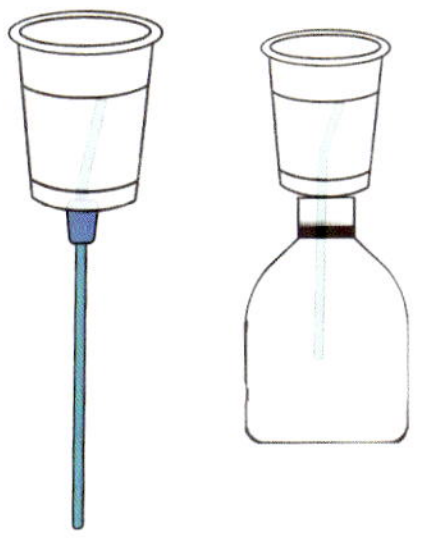

虹吸原理

科学与生活

1. 抽水马桶应用的也是虹吸原理。当你按下抽水马桶的冲水按钮时，水会迅速流入马桶内部。这时，马桶里的水面会升高，超过马桶底部的 S 形弯管的最高点。这个 S 形弯管就像一个小山坡，水需要爬过这个小山坡才能流出去。

当水面超过这个小山坡时，虹吸效应就开始了。水会被快速地吸走，把马桶里的水和污物一同带走。这个过程就像是水被“抽”走了一样。

当马桶里的水和污物被吸走后，水面会下降，直到只剩下少量的水。这时，虹吸效应就停止了。剩下的少量水会留在 S 形弯管的底部，形成一个水封。这层水封可以防止下水道的臭气回流到马桶里，保持卫生间的空气清新。

2. 在农业上，虹吸现象被用来灌溉农田。比如在黄河流域和其他一些地方，河床比地面高。农民们利用虹吸效应，把河水引到农田里进行灌溉。这种方法不需要额外的动力，水就能自动流到需要灌溉的地方，非常省力。

3. 在鱼缸换水时，虹吸现象也非常有用。你只需要一根软管，把软管的一端放到鱼缸底部，另一端用嘴吸出管内的空气，然后用手堵住这端。接着，把这端放到比鱼缸底部低的位置，放开手，鱼缸底部的水和杂物就会通过软管自动流出来。这种方法既方便又节水。

4. 在日常生活中，当我们需要从一些固定或很大的容器中取出液体时，也可以利用虹吸现象。比如从大桶里取油，你可以用一根管子，一端放在桶底，另一端用嘴吸出空气，然后放低这端，油就会自动流出来。这种方法让液体能够轻松地从容器中流出，省时省力。

5. 元龙泉窑青釉划花堆塑公道杯高 9.5 厘米；托直径 16.2 厘米，底径 4 厘米，高 3.7 厘米；杯高 6.8 厘米，口径 7.8 厘米，底径 2.5 厘米。现收藏于烟台市博物馆。公道杯釉色青翠，由杯和托两部分组成，外腹部刻有菊瓣纹，杯座凸印缠枝莲纹，寓意“清廉”。

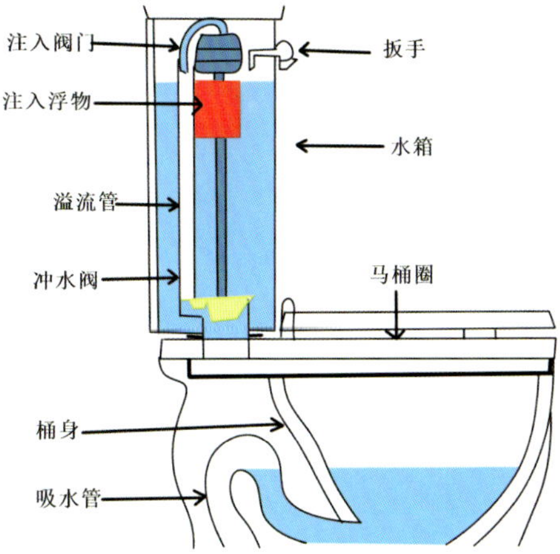

抽水马桶

“趣”阅科学

《不可思议的科学现象》这本书有好多好多让你们瞪大双眼、惊叹不已的科学现象。人类如何认识和解释科学现象？这本科学宝典将带你们遨游科学世界，用简单易懂的文字和好看的图片，给你们讲清楚这些现象背后的科学道理。读了这本书，你们会发现科学就在我们身边，到处都有好玩的秘密等着你们去探索。

《不可思议的科学现象》

第03课

小小消防员

在日常生活中，我们常常目睹某些物质以惊人的速度燃起火焰，而一旦火势失控，便可能演变为灾难性的火灾，给我们的生命财产带来严重的损失。这些物质为何能够轻易燃烧？燃烧的背后又隐藏着哪些必要条件？更重要的是，我们该如何在关键时刻有效控制火势，阻止悲剧的发生呢？

此刻，请你充分发挥智慧和勇气，化身为小小消防员，与我们一同深入探索燃烧的秘密，学习并掌握灭火的方法。让我们携手共进，共同守护我们的家园！

科学实验室

实验器材

塑料瓶	柠檬酸	吸管
小苏打	勺子	纸巾

实验步骤

1 取半袋柠檬酸倒入塑料瓶中，向瓶内注水至四分之一处。

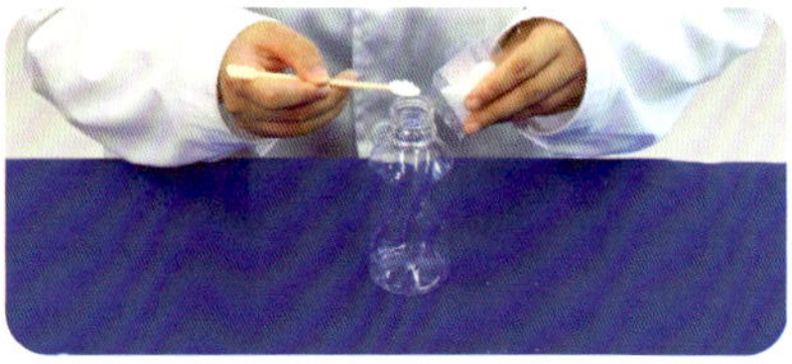

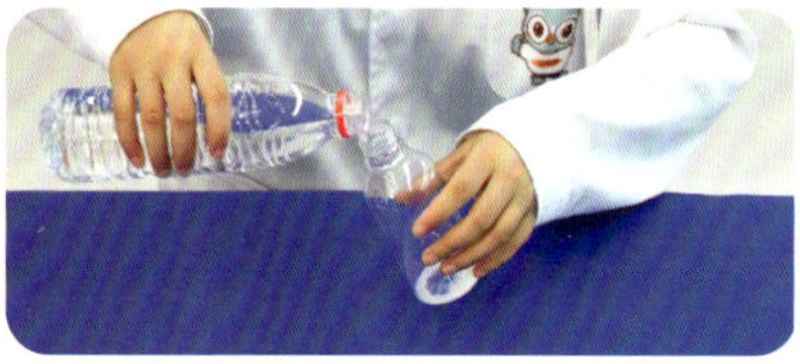

2 将半袋小苏打用纸巾包裹并塞至瓶口，使之卡住不落入瓶中。（要注意，如果落入瓶中会提前生成二氧化碳气体，会影响最终的实验效果哦！）

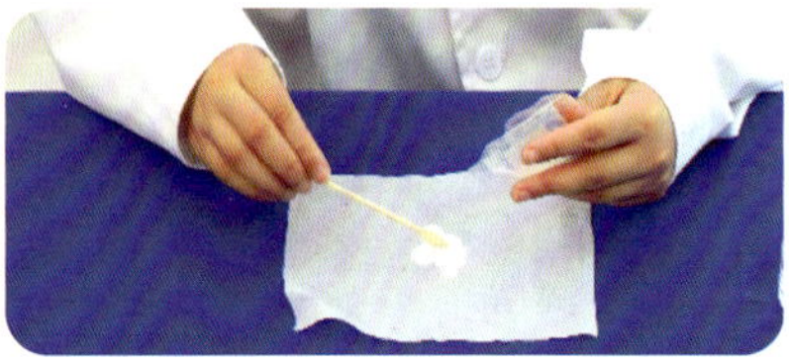

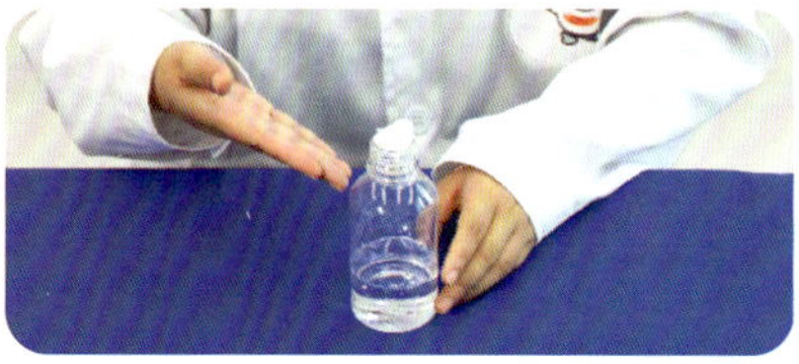

3 拧紧瓶盖，吸管短边插入瓶盖孔，并把瓶口处的卫生纸推至瓶底，轻轻摇晃塑料瓶，被包裹的小苏打与柠檬酸溶液发生反应，生成二氧化碳气体。

实验现象

将吸管口对准蜡烛火焰，火焰会熄灭。

科学小知识

那些在空气中能够燃烧的物质，统称为可燃物。燃烧的首要条件就是有可燃物。对于可燃物而言，要想实现燃烧，必须达到一个特定的温度，我们称之为燃点。因此，燃烧的第二个条件便是可燃物达到其燃点。而可燃物之所以能够熊熊燃烧，离不开空气中氧气等助燃剂，这是燃烧的第三个不可或缺的条件。在满足了这三个基本条件后，燃烧现象才能得以产生和持续。

根据燃烧必备的条件，灭火可以有以下几种方法：

冷却法：通过降低燃烧物的温度，使温度降至燃点以下，从而停止燃烧，常用水来冷却。

隔离法：通过移除或隔离可燃物，阻断燃烧的传播途径。例如，移走周围的可燃物。

窒息法：通过减少或隔绝燃烧所需的氧气，使燃烧无法继续进行，常用二氧化碳、泡沫灭火剂等。

化学抑制法：通过化学反应中断燃烧的链式反应，从而停止燃烧，要使用特定的化学灭火剂。

科学与生活

二氧化碳灭火器作为我们熟知的灭火设备之一，其工作原理独特而高效。在灭火过程中，二氧化碳气体能够紧密包围燃烧物体的表面或在封闭空间内均匀分布，通过显著降低可燃物周围或防护空间内的氧气浓度，从而达到窒息灭火的效果。此外，当二氧化碳从储存容器中喷出时，它会迅速从液体状态转变为气体，这一过程会吸收周围的热量，起到显著的冷却作用。因此，二氧化碳灭火器特别适用于扑灭书籍、贵重设备、精密仪器、档案资料以及油等燃烧引发的火灾。

除了二氧化碳灭火器，市面上还有干粉灭火器和泡沫灭火器等多种类型。干粉灭火器得名于其筒体内填充的干粉灭火剂，它广泛适用于液体火灾、带电设备火灾，尤其擅长应对气体火灾，但在扑灭精密仪器火灾时则需谨慎使用。泡沫灭火器通过喷射泡沫进行灭火，主要适用于油品火灾，如汽油、煤油、植物油等引发的火灾，同时也可用于扑救一般固体物质火灾，如木材、棉麻制品、竹制品等引发的火灾，以及飞机、汽车事故引发的火灾。然而，泡沫灭火器不适宜用于扑灭带电设备火灾及气体火灾。

火灾对我们的生命和财产安全构成严重威胁，因此预防火灾显得尤为重要。

首先，我们不能随意丢弃火种，家长要妥善放置火柴、打火机等易燃物品，确保儿童无法接触并玩耍。其次，切勿在酒后、疲劳时或临睡前躺在床上或沙发上吸烟，以免因疏忽导致火灾。此外，在规定的区域和时间安全燃放烟花爆竹，并确保儿童在燃放时有大人的监护。外出或临睡前，务必熄灭室内外的火种，并关闭燃气（煤气、液化气、天然气）的总阀门。同时，保持居室的走道、楼梯畅通无阻，切勿随意堆放物品，更不得以防盗为名擅自安装铁门封堵楼道通道和安全出口。最后，在使用电熨斗、电吹风、电热杯、电取暖器等家用电热器具时，要有人在场，并严禁使用灯泡取暖或烘烤衣物，以免引发火灾。

灭火器

灭火

“趣”阅科学

《漫画儿童安全》这本书通过各种生活场景中可能遇到的危险，告诉我们避免意外伤害和受到伤害后的紧急处理办法。其中，还通过讲述灭火器的原理，告诉我们如何预防火灾的发生。

《漫画儿童安全》

第04课

会吹气球的酵母菌

发酵是大自然的“法术”，是人类利用微生物制造美食的过程，让同一种食物拥有了千变万化的风味。

比如我们常吃的馒头、面包等，都是美味的发酵食品。常吃发酵食品还能平衡肠道菌群、维持肠道健康、提高免疫力。

那么，这些面食是如何被发酵的呢？咱们这就来探究下面食发酵的变化过程。

科学实验室

实验器材

气球 × 3	500 mL量杯	矿泉水瓶 × 3
酵母菌1包	玻璃棒 × 3	药匙
白糖200 g	标签纸	

实验步骤

1 将三个矿泉水瓶用标签纸进行标号，分别为①、②、③。

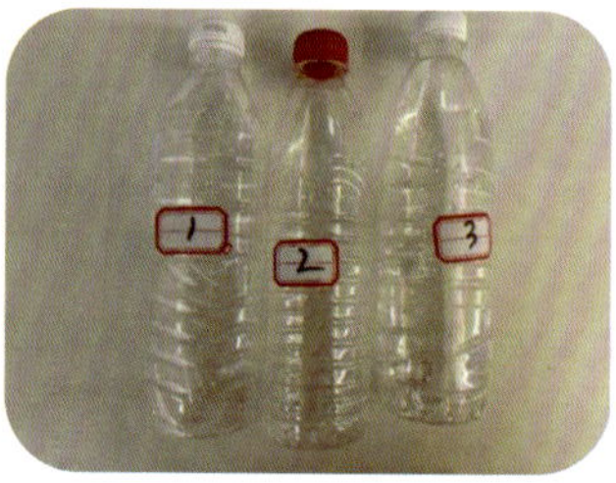

2 向①号矿泉水瓶中加入3勺酵母菌、9勺白糖、250 mL水。向②号矿泉水瓶中加入等量酵母菌和水。向③号矿泉水瓶中加入等量白糖和水。

3 分别用玻璃棒进行搅拌，使之溶解。

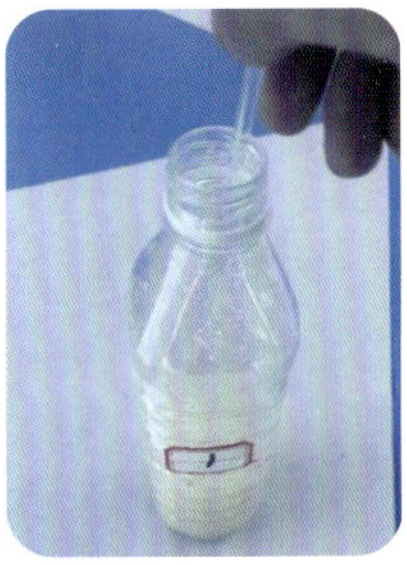

4 将三个气球分别套到三个矿泉水瓶瓶口上，静置10分钟，观察现象。

实验现象

①号矿泉水瓶里有大量气泡产生，瓶口的气球鼓起来了。休眠的活性干酵母在适宜的条件下能快速复活，进而生长繁殖，并发酵产生大量气体。

科学小知识

酵母菌是一种活体生物，在1600倍的显微镜下可以看到一个个活着的细胞，有球形、椭圆形、柱状、香肠状等形状，宽度约1～5 μm（微米），长度约5～30 μm（微米）。酵母菌是一种真菌，属于异养生物，就是自己无法合成营养，必须以有机物作为碳源和能源的一类微生物。

酵母菌还是兼性厌氧生物，就是在有氧或无氧的环境下都能够存活。在有氧的情况下生长很快，把糖分解为二氧化碳和水；在无氧缺氧情况下则把糖分解为酒精和二氧化碳。酵母菌的生存需要适宜温度，在20~30 ℃的环境里它们的生长繁殖会更惬意；如果温度低于0 ℃，或高于47 ℃，酵母菌不会生长，但并不会死去。

在面粉中加入酵母菌，酵母菌利用面团中的糖类和其他物质在一定条件下进行快速繁殖，并利用分泌的酵素将糖分解，产生大量二氧化碳及其他生成物，二氧化碳会被面团的面筋包住，令加热后的面食体积膨胀变大、更富弹性，产生特有的发酵香味，口感会更加松软。

酵母菌

科学与生活

发酵是世界上保存食物最古老、最原始的三种方法之一，另外两种方法是干制、烟熏。发酵食品的历史悠久，我国古人很早就掌握了发酵食品的生产技术，如利用发酵白菜制作酸菜，用黄豆、小麦发酵酿造酱油，用粮食发酵酿酒，用豆腐发霉制作豆腐乳，等等。世界上很多国家都有自己的传统发酵食品，如日本的纳豆、韩国的泡菜、意大利的色拉米香肠等。我国现在常吃的发酵食品主要包括乳类发酵食品，如奶酪、酸奶等；豆类发酵食品，如豆瓣酱、豆腐乳、豆豉、酱油等；果蔬发酵食品，如泡菜、酸菜、食用酵素等；酒类发酵食品，如啤酒、白酒、黄酒、红酒等；面粉类发酵食品，如馒头、面包、发糕等；醋类发酵食品，如米醋、果醋等。

发酵后的面食里面都是酵母菌，可以吃吗？对身体有害吗？

我们吃的馒头和包子里面的确有很多酵母菌，一口咬下就有数百亿个，但是在高温蒸制馒头、包子的过程中，这些酵母菌已经死亡。因此，我们吃掉的都是它们的尸体，而酵母菌本身就像鸡蛋、肉类一样，饱含营养，不但有丰富的蛋白质，还有B族维生素、各类氨基酸、脂肪、糖、酶等多种营养成分，为人体提供营养还能助消化，因此不仅可以吃，还对身体有很多益处呢！

常见的酵母菌有酿酒酵母、面包酵母、酸奶酵母等多种类型。它们在生活中还有许多应用。

1. 食品加工：酿酒酵母、面包酵母等常用于食品加工中的发酵过程。酿酒酵母可用于酿造啤酒、葡萄酒等，面包酵母则可以用于面包、糕点等的制作。

2. 营养补充：酵母菌中含有丰富的维生素B、蛋白质等营养素，可以作为营养补充剂添加到食品中。

3. 医药领域：酵母菌有一些医学应用，例如用于合成某些药物或生产疫苗。

4. 常规实验：酵母菌是常用的实验模型生物之一，可以用于生物化学、分子生物学、基因调控和蛋白质表达等领域的研究。

5. 环保领域：酵母菌可以用于生化法处理污水和工业废水，对于污染治理具有一定的效果。

6. 生物能源：利用酵母菌可将废弃物转化成生物燃料，实现废物利用。

“趣”阅科学

《小小科学家：发酵实验室》通过有趣的实验和生动的讲解，让你们了解发酵的基本原理和应用。这本书内容丰富，语言简洁易懂，配有大量插图，可以帮助你们更好地理解和掌握发酵的知识。

《小小科学家：发酵实验室》

第05课

蒸 汽 机 船

你知道吗？有一种超级神奇的船叫蒸汽机船！它的动力不靠风也不靠水流，而是靠一个叫蒸汽机的东西。一开始的时候，蒸汽机船还带着全套的帆具，就像带着翅膀一样。那时候，蒸汽机只是个小配角，在甲板上努力地驱动着船两边的明轮，让船向前航行。

到了19世纪80年代，出现了更强大的三胀式蒸汽机。这个蒸汽机的压力更高、力量更大。于是，原来的明轮被螺旋桨取代，船的速度大大提高。

蒸汽机船的发明和发展，不仅改变了航海方式，也推动了全球贸易和交通的发展。是不是感觉超级厉害？

你们是不是对蒸汽机船充满了好奇？想不想更多地了解它的秘密呀？

科学实验室

实验器材

塑料管	瓶塞	木板配件	热缩管
塑料瓶	船体	一套	蜡烛

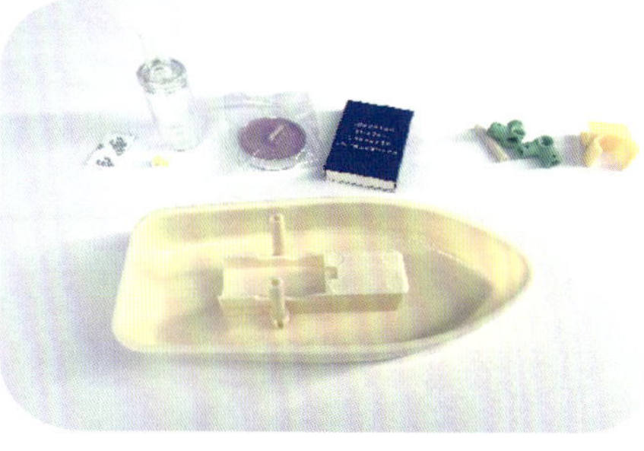

实验步骤

1 组装立柱。

2 组装瓶夹。

3 将瓶塞装在瓶口，插入管子。将瓶子安装在夹子上。

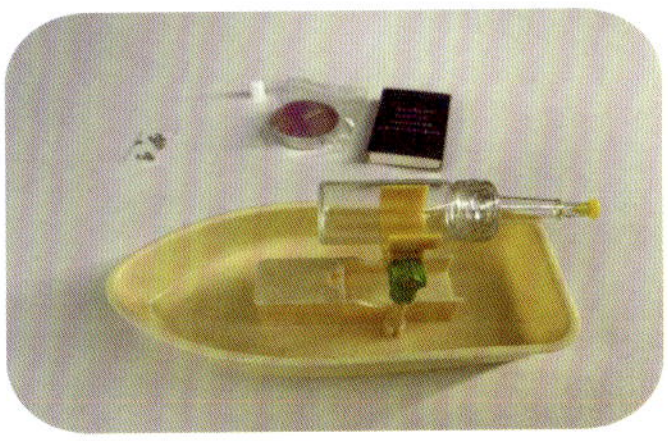

4 将蜡烛放好，调整塑料瓶安装高度。

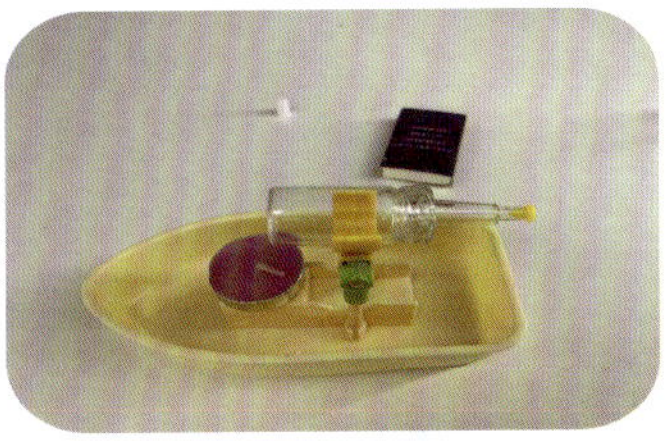

5 在瓶中装2/3左右的水，在吸管尾部装上热缩管，将船放到水中，点燃蜡烛。

注意：

1. 因需要点火，且中途产生沸腾蒸汽，需要在大人陪同下操作。
2. 注意不要烧干瓶子，不要用手直接触碰加热的瓶子，不要把手放在蒸汽出口。

实验现象

点燃蜡烛一段时间后水开始沸腾，小船就开始行驶了！

科学小知识

蒸汽船行驶的原理如下。

1. 加热水：蒸汽小船上有一个小瓶，瓶里装了水。蜡烛燃烧，瓶里的水被加热。

2. 产生蒸汽：当水被加热到一定温度时，就会变成蒸汽。蒸汽会聚积在瓶子里，产生一定的压力。

3. 喷射蒸汽：蒸汽直接通过喷嘴喷射出来，推动小船向反方向前进。

科学与生活

蒸汽机船

将蒸汽用于航船的最初尝试可以追溯到18世纪末。当时帆船航行如此发达，以致人们认为蒸汽用于航船没有必要。即使有了汽船，在一段很长的时间里汽船上仍装有完备的帆樯设备。航船不采用蒸汽设备也是由于发动机和燃料太重，以致必须增加船的体积。第一艘汽轮是美国人罗伯特·富尔顿制造的。他的“克勒蒙特”号轮船只用蒸汽发动机，借助轮子和桨叶推动，于1807年绕纽约航行一周。在英国工业革命期间，铁焊技术和蒸汽发动机技术的发展大大改进了第一批汽轮的设计。1838年，实现了穿越大西洋的“大西方号”装有空前巨大的发动机，有4个锅炉供汽。19世纪60年代，布鲁尼制造的“大东方号”轮船，比当时最大的轮船还大5倍，发动机也比当时的都大。这艘轮船的建造与作家凡尔纳的小说《漂浮的城市》产生的轰动效应一样巨大。

蒸汽挂烫机

蒸汽挂烫机的工作原理是加水通电后，挂烫机使常温的水汽化成高温、高压的水蒸气，并通过蒸汽导管和喷头将灼热的水蒸气释放出来。使用中需对准衣物皱褶处喷射。水蒸气不断接触衣物，软化衣物的纤维组织，使衣物平整顺滑，灼热的水蒸气还具有清洁消毒的作用。蒸汽挂烫机可以在服装专卖店、宾馆、家庭中使用，使用简单、操作方便、节约能源和时间。

蒸汽挂烫机

“趣”阅科学

《科学大爆炸：汽车》讲到了一些超有趣的关于蒸汽动力交通工具的内容，同时里面也有好多有趣的科学秘密等着你们去发现！

《科学大爆炸：汽车》

第06课

水果点亮灯泡

小米：“炎炎夏日，有什么比柠檬讨人喜欢！可做柠檬无骨鸡爪，可榨鲜爽的柠檬汁增强食欲，柠檬图案也很时髦。今天这个水果萌宠要来发电、发电、发电！”

小娃：“家里停电，自己发电，太酷了，我们开始吧！”

科学实验室

实验器材

塑料杯 ×4	金色铜片 ×4	水 烧杯
红导线 ×4	银色锌片 ×4	二极管插座
热缩管 ×2	水果 ×4	勺子
黑导线	二极管	柠檬酸

实验步骤

1 塑料杯内注入清水并加入等量柠檬酸，用勺子搅拌均匀。

2 二极管长腿与红线插接，短腿与黑线插接，铜片和锌片接在导线的两端。

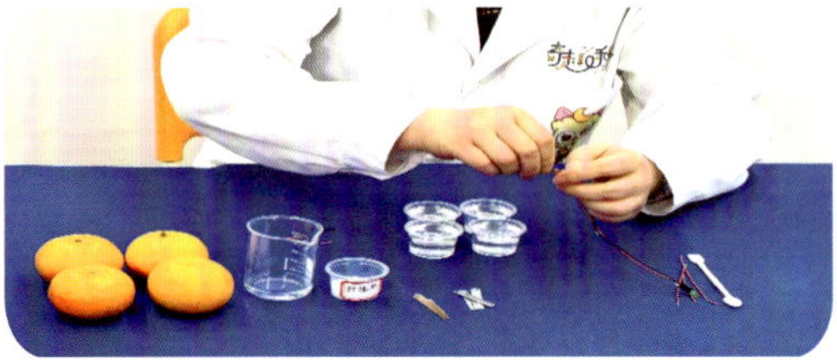

3 按照下图连接导线和金属片。取一根导线，一端连接在锌片上，另一端连接在二极管短腿上。将二极管长腿的一端与铜片的导线连接。

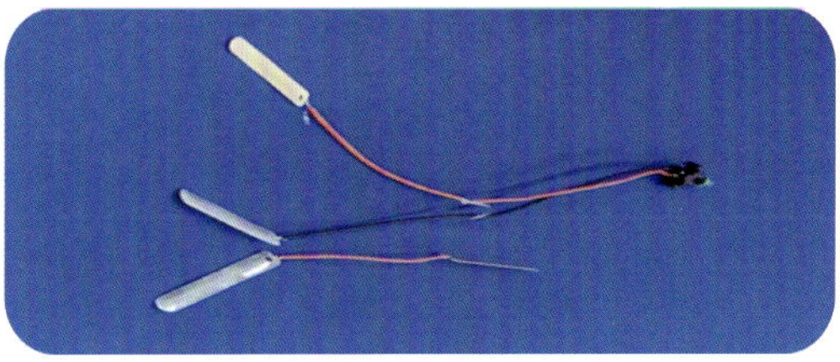

4 放置铜片和锌片，按照锌片—铜片—锌片—铜片的顺序，注意两个金属片不要接触，观察二极管是否会发亮。

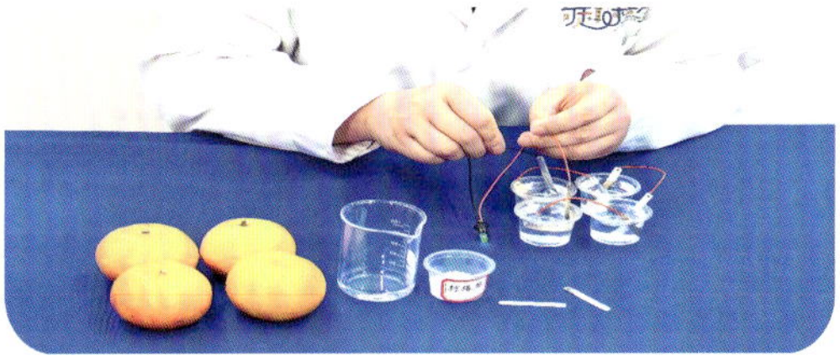

5 将柠檬酸溶液换成水果，试试看哪一种水果的发电效果最好？

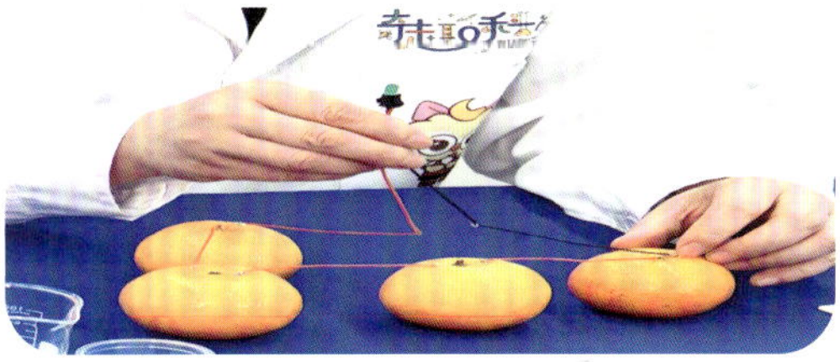

实验现象

二极管亮了。

科学小知识

电池是一种方便的储能设备。水果本身不带电，但储备有化学能。

水果电池之所以可以提供电能，是因为水果中都含有一种物质——柠檬酸，当水果中插入活泼性不同的两种金属片，活泼的金属片能和水果中的柠檬酸反应，失去电荷，为了整个系统稳定，就产生了电荷的定向移动，从而产生电流，这样水果电池就可以提供电能，从而使二极管亮起来了。由于水果含柠檬酸的浓度不同，产生的电流大小不同，二极管的亮度也不同。

意大利科学家伏特发明了伏特电池，是世界上最早的电池。在现代生活、生产中电池有不可替代的作用，小到心脏起搏器、手机、电脑，大到空间站、飞机、轮船、火箭、卫星。不管应用在哪里的电池，都有和水果电池相同的发电原理。

科学与生活

电池在现代生活中有着广泛的应用，并且随着科技的发展，其重要性日益增加。

1. 便携电子设备

手机、平板电脑、笔记本电脑：这些设备依赖于锂离子电池提供长时间的续航能力。

智能手表和健身追踪器：小型电池可为这些可穿戴设备供电。

2. 家用电器

遥控器、手电筒、无线鼠标和键盘：通常使用AA或AAA电池。

电动工具：如电钻、电锯等，使用可充电电池。

3. 交通工具

电动汽车：使用大型锂离子电池组提供动力，减少对化石燃料的依赖。

电动自行车和滑板车：使用电池作为动力源，方便短途出行。

4. 医疗设备

心脏起搏器：使用小型电池维持心脏的正常跳动。

便携式医疗设备：如血糖仪、血压计等，依赖电池供电。

5. 可再生能源储能

家庭储能系统：如特斯拉的Powerwall通过锂离子电池技术，储存太阳能或风能，供家庭使用。

电网储能：大规模电池储能系统帮助平衡电网负荷，保障可再生能源的稳定供应。

通过自制水果电池实验，你认为我们可以怎样减少对传统电池的依赖，促进环保？通过自制水果电池实验，我们可以增强环保意识，提倡使用可充电电池和环保替代品，同时倡导节能减排，并积极参与电池回收计划，以减少对传统电池的依赖，共同促进环保。

“趣”阅科学

燃料电池作为一种高效、清洁的能源转换技术，其研究和应用正在不断发展。可是亲爱的同学们，燃料电池却不需要燃烧，这是为什么呢？你想知道燃料电池的更多奥秘吗？可以从《绿色的革命：漫话燃料电池》这本书里找到答案。

《绿色的革命：漫话燃料电池》

第07课
巧手做豆腐

同学们，豆腐是日常生活中非常常见的一种食物，其营养物质含量丰富，包含蛋白质、脂肪、糖类、膳食纤维、维生素E、维生素B、钙、磷、钾、钠、镁等。平常想吃豆腐都是去超市买，其实我想告诉你，豆腐你也可以自己制作。

科学实验室

实验器材

压豆腐盒	小杯子	滤网	葡萄糖内酯 ×1
豆浆 ×1	搅拌棒	石头	水
不锈钢盆	电磁炉	纱布	

实验步骤

1. 把豆浆透过滤网倒入不锈钢盆当中，在电磁炉上给不锈钢盆加热直至豆浆沸腾两分钟（边加热边轻轻用搅拌棒搅拌）。

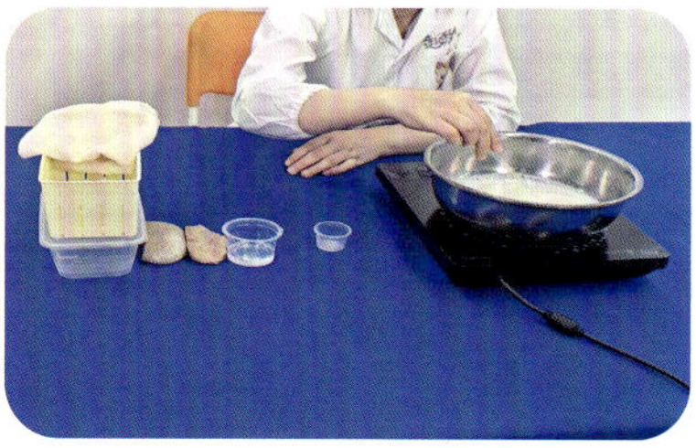

2 关闭电磁炉，等待三分钟。

3 把一袋葡萄糖内酯倒入小杯子当中，加入少许水稀释。

4 将稀释好的葡萄糖内酯溶液缓慢倒入煮好的豆浆中，向一个方向边搅拌边加入，最后静置五分钟，此时豆腐花已经形成。

5 将豆腐花倒入模具中用纱布包好。用木板和石块压在包好的豆腐上，静置一段时间。

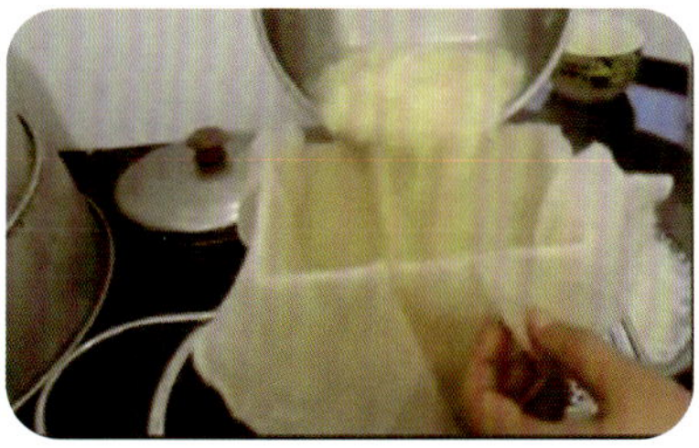

拓展小实验

实验器材

果冻粉（主要成分为卡拉胶，溶于热水变成胶体）	白砂糖或果汁 柠檬酸（作用等同于卤水）	新鲜的水果颗粒（草莓、香蕉等） 果冻模具

「巧手做豆腐」

1 将15 g果冻粉与5 g白砂糖混合。

2 加入500 mL温水并搅拌。

3 过滤掉浮渣，剩下的液体待用。

4 煮沸液体，放置5分钟。

5 向液体中加入3滴柠檬酸，边滴边缓慢向一个方向搅拌。

6 在模具中放入准备好的水果，将液体倒入模具，放置晾凉成形（或放置在冰箱中加速成形）。

实验步骤大比拼

豆腐的制作步骤：
1. 泡豆
2. 磨浆
3. 滤渣
4. 煮浆
5. 点卤水
6. 压制成形

果冻的制作步骤：
1. 混合果冻粉和白砂糖
2. 加温水
3. 过滤
4. 加热
5. 点柠檬酸
6. 冷却成形

科学小知识

豆浆制成豆腐主要归功于一种凝固剂——葡萄糖内酯。在食品工业中，葡萄糖内酯主要用作凝固剂、稳定剂、酸味剂、保鲜剂和防腐剂，是一种多功能的食品添加剂。它可以作为豆腐的凝固剂。

1. 传统豆腐种类

南豆腐（嫩豆腐、石膏豆腐）：以石膏粉为凝固剂，主要在南方地区制作和食用。其特点是含水量较高，口感细嫩、松软，适合烧制、煮汤、蒸制等烹饪方式。

北豆腐（老豆腐、卤水豆腐）：以盐卤为凝固剂，主要流行于北方地区。其含水量相对较低、质地较硬、弹性和韧性较强，适合烧制、煎炸、凉拌等烹饪方式。

内酯豆腐：采用葡萄糖内酯作为凝固剂，口感细腻软嫩，含水量较高，具有清淡的豆香味和甜味，适合凉拌、煮汤、蒸制等烹饪方式。

2. 特殊工艺豆腐

酸浆豆腐：通过酸浆（ 种发酵产生的酸性液体）作为凝固剂制作而成，具有独特的微酸味道和细腻的质地。

千叶豆腐：制作工艺独特，主要材料包括大豆蛋白粉、木薯粉和色拉油等，口感相较于普通豆腐更软和有弹性。

3. 加工豆腐制品

冻豆腐：豆腐经过冷冻后形成的特殊品种，内部有大小不一的空隙，具有很强的吸汁能力，口感松软。

油豆腐（豆腐泡）：经过磨浆、压坯、油炸等多道工序制作而成，色泽金黄、细致绵软、富有弹性。

豆腐干：豆腐脱水后制成的干制品，可进一步加工成五香、麻辣等口味。

豆腐皮/千张：在中国不同地区有不同的称呼，是一种非常薄的豆腐干，常用于卷菜或作为烹饪食材。

传统豆腐

千叶豆腐

豆腐皮

科学与生活

豆腐作为一种传统食品，在日常生活中与人们息息相关。

1. 多样化的烹饪方式

豆腐可以煎、炸、煮、蒸、炖等，适用于各种烹饪方式。常见的豆腐菜肴有麻婆豆腐、红烧豆腐、豆腐汤、豆腐脑等。

豆腐还可以作为素食和健康饮食的重要组成部分，广泛应用于素食餐厅和家庭烹饪中。

2. 营养价值

豆腐富含植物蛋白、钙、铁等多种营养成分，低脂肪、低热量，是一种健康食品。

对于素食者和乳糖不耐受者，豆腐是重要的蛋白质来源。

3. 文学艺术

豆腐在中国文学艺术中常被提及，象征着朴实、纯洁和健康。例如，古代诗词中常有描写豆腐的句子，反映了人们对豆腐的喜爱。

豆腐还出现在许多民间故事和传说中，如淮南王刘安发明豆腐的故事。

4. 节庆与习俗

在一些地方，豆腐是节庆和祭祀活动中的重要食品。例如，春节期间，许多家庭会制作豆腐菜肴，象征团圆和幸福。

在一些地方，豆腐还被用作祭品，表达对祖先的敬意。

“趣”阅科学

《万物由来：豆腐》一书介绍了豆腐制作的全过程，包括泡豆、磨豆、滤浆、煮浆、点卤、成型等环节。书中还介绍了豆腐凝固剂的作用，不同种类的豆腐制品，以及豆腐传播到世界各地后发展出的不同风味和独具地方特色的豆腐菜。同学们，快读起来吧！

《万物由来：豆腐》

生命科学

第08课

鸡蛋里的世界

把鸡蛋放进水中，鸡蛋会沉在水底，在水中加入一定的食盐，鸡蛋又缓缓地浮出水面。浮上来的鸡蛋为什么是大头朝上呢？你知道大头和小头的内部结构有什么区别吗？鸡蛋里隐藏着什么奥秘呢？让我们剥开鸡蛋一探究竟吧！

科学实验室

实验器材

新鲜鸡蛋	培养皿	镊子
尖头剪刀	塑料杯	温水

实验步骤

1 观察鸡蛋的外形，区分钝端和尖端。

2 将鸡蛋用力攥入手中，感受卵壳的保护作用。

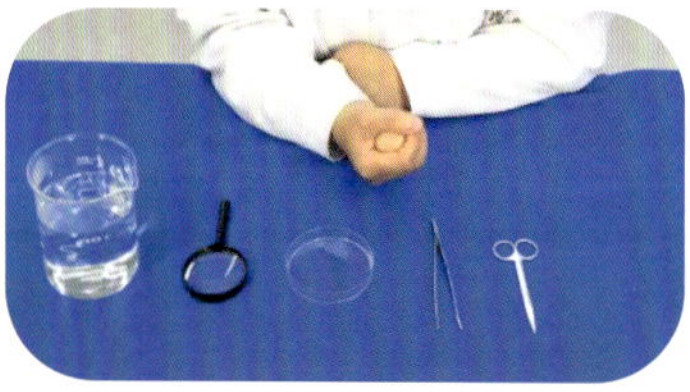

3 观察鸡蛋表面，可以看到坚硬的卵壳表面有许多小孔。将鸡蛋放入40～50℃的温水中，观察现象。

4 用剪刀轻轻敲击钝端的卵壳，直至出现裂痕。用镊子剥去卵壳，观察白色的卵壳膜和气室。剥开卵壳时要注意力度，以防卵壳膜破裂。

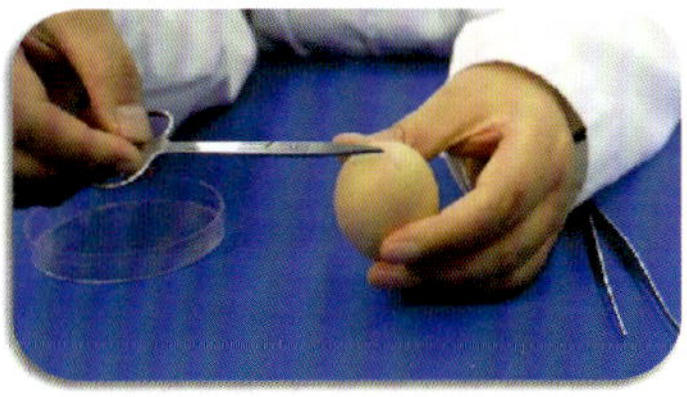

5 用镊子撕开卵壳膜，将内部的物质全部倒入培养皿中，观察并识别出各部分物质。

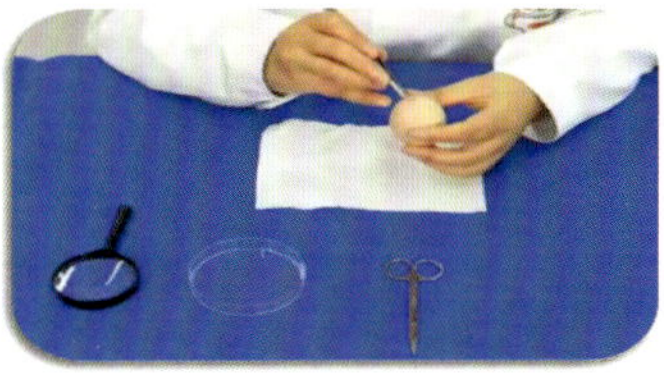

6 根据观察结果注明鸡蛋各部分物质的名称，将废弃物倒入指定的废物桶中并整理器材。

实验现象

我们能清晰看到鸡蛋的内部结构。

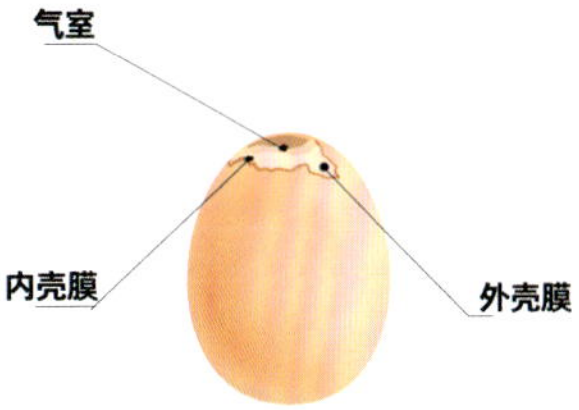

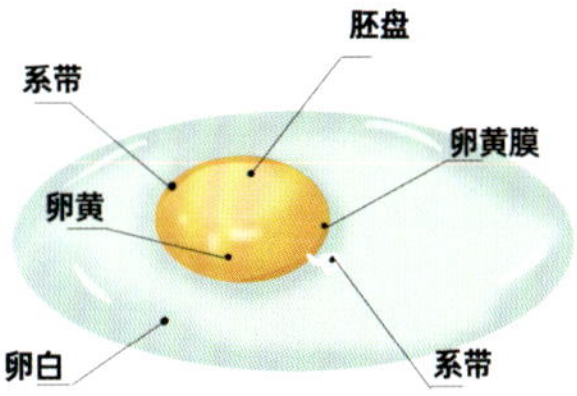

科学小知识

鸡蛋又称鸡卵、鸡子，具有丰富的营养。

蛋壳（卵壳）：完整的蛋壳呈椭圆形，大的一端叫作钝端，小的一端称为尖端。蛋壳较坚硬，对整个鸡蛋起保护作用。卵壳表面有很多小孔，这些小孔叫气孔，是鸡蛋与外界进行气体交换的通道。

蛋壳膜（卵壳膜）：蛋壳膜的作用是阻隔微生物和防止水分流失。

气室：鸡蛋产出之后才形成的，由蛋壳内膜与外膜之间的空气腔构成。

蛋白（卵白）：为鸡胚胎发育提供养分。

卵黄膜：位于蛋黄和蛋白之间，主要起保护作用。

蛋黄（卵黄）：多居于蛋白的中央，由系带悬于两极。是鸡胚胎发育的主要营养来源。

系带：起固定卵黄、减震的作用，利于孵化。

胚盘：在蛋黄表面的一个白点，是鸡蛋进行胚胎发育的部位。

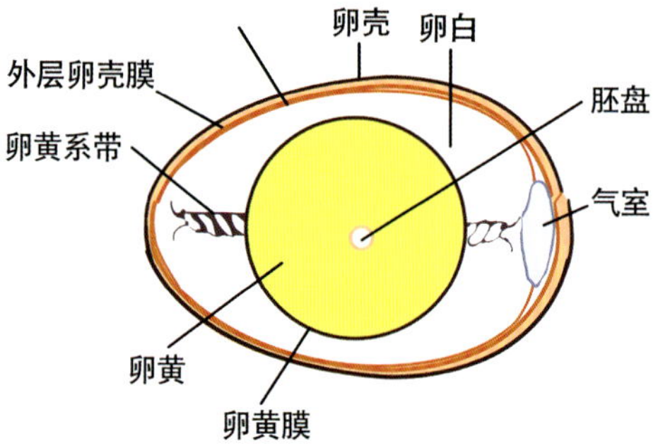

鸡蛋内部结构图

科学与生活

红壳鸡蛋比普通鸡蛋更有营养？

鸡蛋壳的颜色和鸡的品种有关，与营养价值没有关联。鸡蛋壳的颜色主要由蛋壳中的“原卟啉色素”决定，原卟啉色素含量越多，蛋壳的颜色就越深。原卟啉色素本身没有任何营养价值，原卟啉色素的含量以及合成能力主要由遗传基因决定。也就是说，蛋壳的颜色取决于母鸡的种类，属于“天生”的，与人为因素无关。鸡蛋的营养成分主要有蛋白质、维生素、脂肪和矿物质等，不同颜色的鸡蛋营养差异不大，所以不用过度关注它们的颜色。无论是白壳蛋还是红壳蛋，新鲜、卫生才最重要。

你能不借助任何工具，区分出生鸡蛋和熟鸡蛋吗？按照下面的方法试试。

首先，准备一枚生鸡蛋和一枚熟鸡蛋，在上面画上笑脸和哭脸以便区分。然后将两只鸡蛋依次转动起来。要注意：两次转动鸡蛋用的力量要大致相同，否则会影响实验结果。你会发现容易旋转起来的是熟鸡蛋，不容易转起来的是生鸡蛋。因为熟鸡蛋内外都是固体，所以蛋的内部会随着外壳的运动而运动；而生鸡蛋内部为液体，旋转鸡蛋后只是鸡蛋的蛋壳受力，鸡蛋内部的液体由于要保持原来的状态不会轻易跟着蛋壳转，所以生鸡蛋不容易旋转起来。

“趣”阅科学

母鸡下蛋、虫儿产卵，但你可能不知道某些鱼类为了产卵不远万里在洄游路途上历经艰险……很多动物就是这样，靠着下蛋或类似下蛋的方式繁衍出无穷无尽的子孙后代，使物种长久地存活在地球上。什么动物会下蛋？动物为什么下蛋？阅读《指尖上的探索：动物为什么下蛋》后，你就会知道其中的奥秘。

《指尖上的探索：动物为什么下蛋》

第09课

制作三球仪

白天我们能看到炙热的骄阳，夜晚我们能见到皎洁的月亮。太阳、月亮，壮丽而遥远，神秘而令我们产生无限遐想，从古至今，人类一直都在探索着……那么，你知道太阳、地球和月亮的关系是怎样的吗？

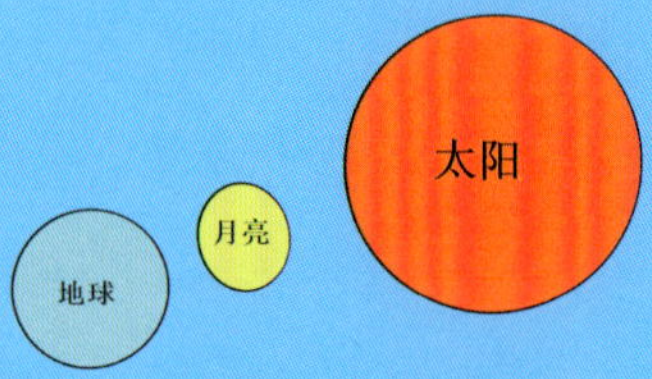

科学实验室

实验器材

大滑轮	长插销 × 3	把手	十五孔棒
小滑轮	短插销 × 5	皮筋	长轴
五孔棒	短轴 × 2	底座	

实验步骤

1 组装立柱、大滑轮。

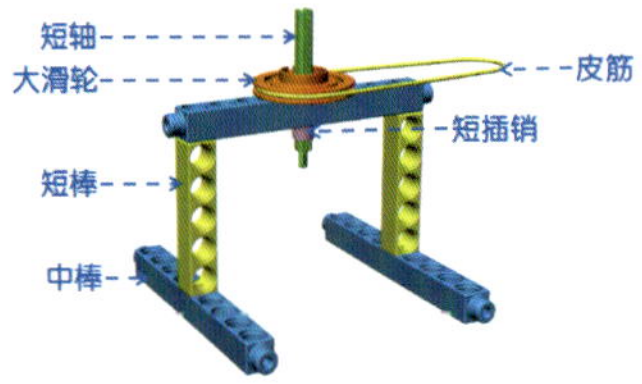

2 组装大旋转臂。

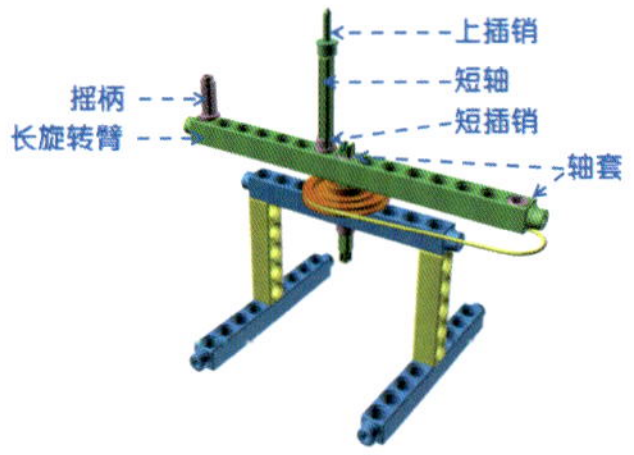

3 组装小旋转臂。

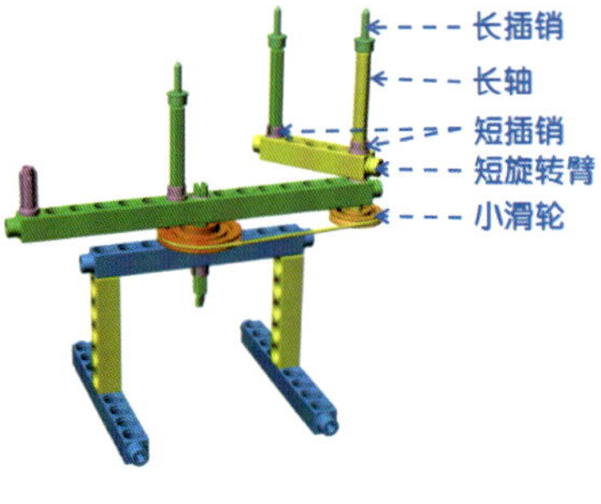

4 组装太阳、地球、月球并涂色。

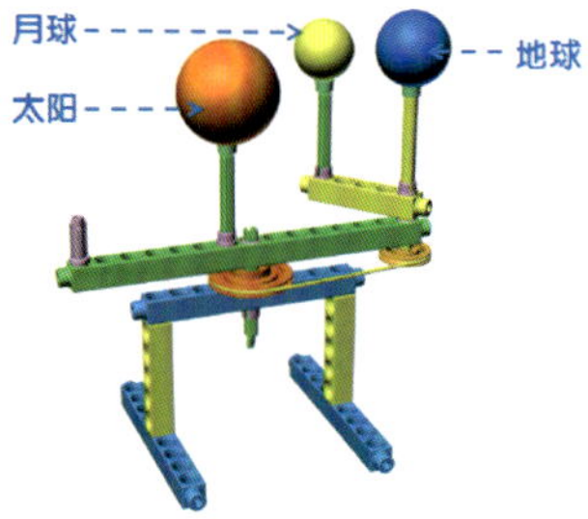

实验现象

当拨动十五孔棒时，地球围绕太阳转，月亮围绕地球转，地球与月亮共同绕太阳运行。

科学小知识

三球仪能直观展现“三球”在太阳系中的运行状态和轨迹，能反映一年四季中任意一天三者之间的相互位置关系以及各自的公转、自转、速度、轨道倾角等。其中因地球自转产生了昼夜交替、太阳东升西落，因地球公转产生了四季交替轮回、昼夜长短变化。

太阳是太阳系的中心天体，占太阳系总体质量的99.86%。太阳系中的八大行星、小行星、流星、彗星以及星际尘埃等，都围绕着太阳公转，而太阳则围绕着银河系的中心公转。

地球是太阳系的行星，太阳是地球的主恒星，地球围绕太阳转，转一周是阳历1年。

月球是地球的卫星，同时月球也是地球已知的质量最大的卫星，二者组成一个天体系统——地月系统。月亮围绕地球转一周是阴历一个月。月球与地球的平均距离约38万千米，大约是地球直径的30倍。

科学与生活

日食，又称日蚀，是一种天文现象。当月球运动到太阳和地球中间，且三者正好处在一条直线时，月球就会挡住太阳射向地球的光，在月球背着太阳的方向会出现阴影，称作月影。在月影扫过地球的区域看到的太阳被月球所遮挡，这种现象称作日食。

一天的时间里地球自转一圈，身处地球上的我们，怎样才能确认地球在自转呢？

19世纪时，许多人已经相信地球在自转，但是没有确切的直接证据。1851年，法国科学家让·傅科（1819—1868）在巴黎先贤祠大厅的穹顶上垂下了长达67米的钢索，钢索下端悬挂了重达28千克的摆锤。这个巨大的摆锤在公众面前缓缓偏转，直观地表明了地球的自转。从此，这类摆就被称为傅科摆。

一般来说，摆锤并没有受到改变摇摆方向的力，那么无论经过多长时间，摇摆的方向都不应发生变化。那么，为什么在傅科的演示中，摆锤的摇摆方向会慢慢地顺时针偏转呢？

其实，这并不是摆锤在旋转，而是观察摆锤运动的人们在与地面一同旋转。理应沿着固定的方向摆动的摆锤在旋转，正是地球在自转的证据。

让我们设想在北极有一个摆，那么观察者在一天内就会逆时针旋转360°，所以摆锤的摇摆方向也就会在一天时间内看上去顺时针旋转360°。

摆在赤道上的情况又是如何呢？由于观察者只在赤道上运动，本身朝向不发生变化（垂直于地面的轴不发生旋转），因此不会看到摆锤的旋转。

摆在纬度介于以上两者之间的地方，观察者朝向的变化会比两极小，摆锤的偏转速度也会变小。一天之内，摆锤偏转的角度因纬度不同而不同，纬度越高偏转越大。傅科演示的场所位于纬度较高的巴黎（北纬49°），条件正合适。

为什么需要巨大的摆锤？因为摆锤摇摆方向的变化十分缓慢，因此需要让摆锤长时间摆动才能看出变化。钢索很长的话，便可以让摇摆速度变慢。这样，空气阻力的影响就会变小。此外，增加摆锤重量（密度增大）也可以减小空气阻力的影响，从而削弱空气运动（风）在实验中的影响。

许多天文馆、科技馆里都有傅科摆展示，大家可以去那里参观，实地感受一下地球的自转。

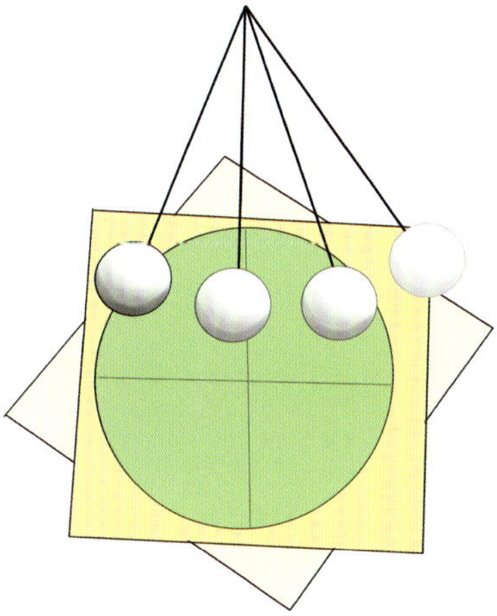

傅科摆

“趣”阅科学

在《和孩子聊宇宙》这本书里，你们会看到浩瀚无垠的星空，了解到各种各样奇妙的天体，比如闪闪发光的恒星、巨大的行星、神秘的黑洞等等。它会告诉你们太阳为什么会发光发热，月亮为什么会有阴晴圆缺。还会讲到人类是怎么探索宇宙的，那些宇航员叔叔阿姨们又是怎样勇敢地飞向太空的。书里还有很多精美的图片，让你们仿佛身临其境，感受到宇宙的壮美和神奇。

《和孩子聊宇宙》

第10课

爱变脸的家伙——月相演示仪

三四五，像把弓，十五十六正威风，人人说我三十寿，二十八、九便送终。

大家猜一猜，这说的是哪一种天体呢？

现在，请大家跟我一起来抬头望望天空吧！

科学实验室

实验器材

月相底板	旋转臂	人形卡片
长插销	短插销	滑轮
圆盘底座	橡皮筋	

实验步骤

1 组装底座。

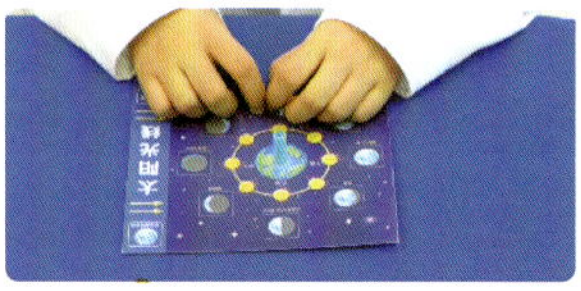

2 组装支架。

3 组装球体。（将两个白色半球扣在一起后卡入黑色半球）

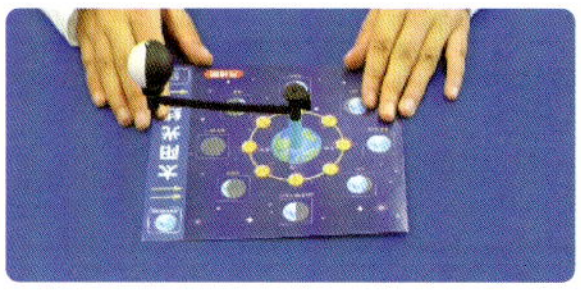

4 组装橡皮筋和人形卡片。（注意：要调整月球明暗的位置，月亮在新月位置时，看到的都是黑色部分）

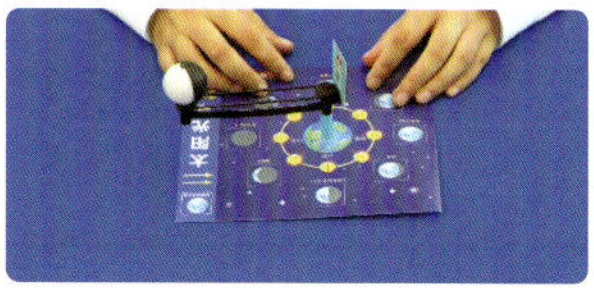

实验现象

转动支架，当“月球”转动到不同位置时，从人物卡纸观察“月球”，看到的白色半球的多少会变化，并且变化是有规律的。实验中，白色半球代表月球被太阳光照到的部分，黑色半球代表太阳光照不到的部分。

科学小知识

月相变化规律

农历每月初一，月球位于太阳和地球之间。地球上的人们正好看到月球背离太阳的暗面，因而在地球上看不见月亮（相当于“黑月亮”），称为新月或朔月。此月相与太阳几乎同升同落，即清晨月出，黄昏月落，只有在日食时才可觉察它的存在。

新月过后，月球向东绕地球公转，从而使月球离开地球和太阳中间而向旁边偏了一些，即月球位于太阳的东边。月球被太阳照亮的半个月面朝西，地球上可看到其中有一部分呈镰刀形，凸面对着西边的太阳，称为蛾眉月。

蛾眉月日出后月出，日落后月落，与太阳同在明亮的天空中，故看不到月相。只有当太阳落山后的一段时间才能在西方天空看到蛾眉月。

月相变化歌

初一新月不可见，只缘身陷日地中。
初七初八上弦月，半轮圆月面朝西。
满月出在十五六，地球一肩挑日月。
二十二三下弦月，月面朝东下半夜。

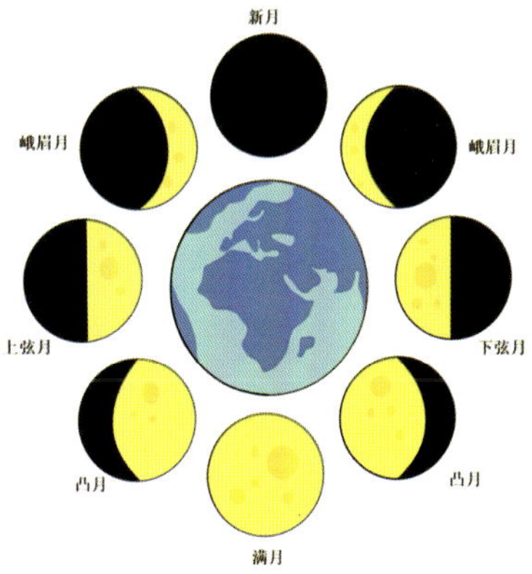

月相图

科学与生活

月球体积相对地球较小，当地球恰好位于太阳与月球之间时，地球上的我们为何仍能欣赏到十五、十六那圆满明亮的月亮呢？当月球处于太阳与地球之间，我们是否能每月初一都见到日食呢？

在月相图上，受限于绘制空间，月球和地球的公转轨道被简化在同一平面上，使日、地、月三者仿佛能连成一线。在这一假设中，地球处于中心位置时会引发月食，而月球位于中心时则会导致日食。

然而，现实世界的天文现象远非如此简单。月球围绕地球旋转的轨道平面被称为白道面，而地球围绕太阳旋转的轨道面则被称为黄道面。两者并非完全重合，而是存在一个约为50°的夹角。由于这一夹角的存在，日食并非每月初一都会发生，同样，月食也并非每月十五都会降临。实际上，日食和月食的出现遵循着一种较为复杂的周期性规律。

日食

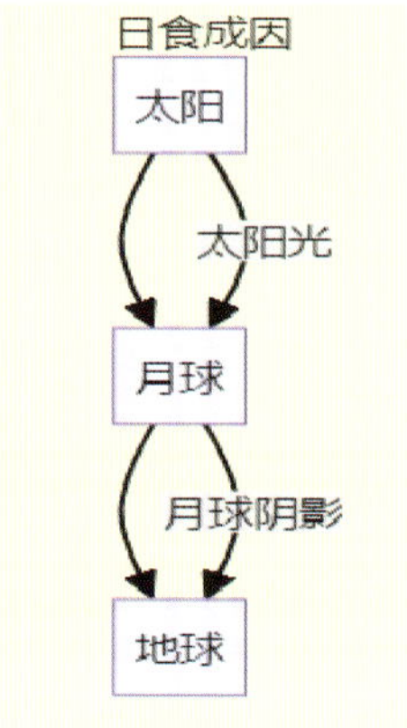

日食成因图

“趣”阅科学

通过这本书，你们不仅能了解地球上的自然现象，还能了解地球、月球、太阳相关的一些科学知识。书中关于月相的成因以及人类对月球的探索史介绍得都很详细，让我们一起阅读它吧！

《万物探索：天文气象》

第11课

同素异形体——碳的形态

你知道世间万物是由什么形成的吗？通过不断探索，人们发现了组成万物的基本成分——元素。但其实目前已知的元素只有118种，已知的物质却已经超过3000万种，那这一百多种元素是怎样形成这数千万种不同物质的呢？

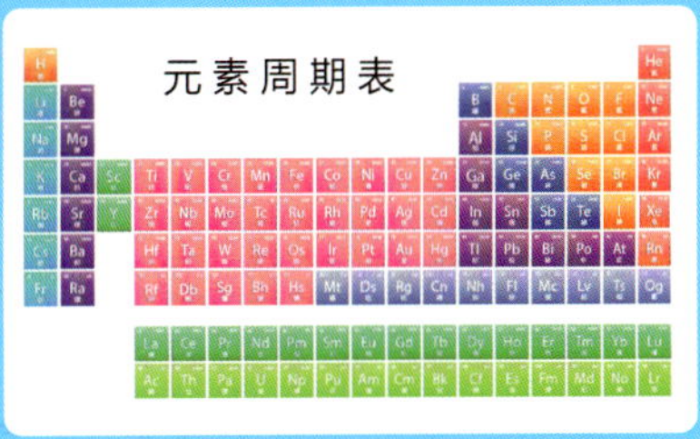

科学实验室

实验器材

热熔胶枪 | 火柴一盒

实验步骤

1 打开火柴盒，拿出四根火柴。

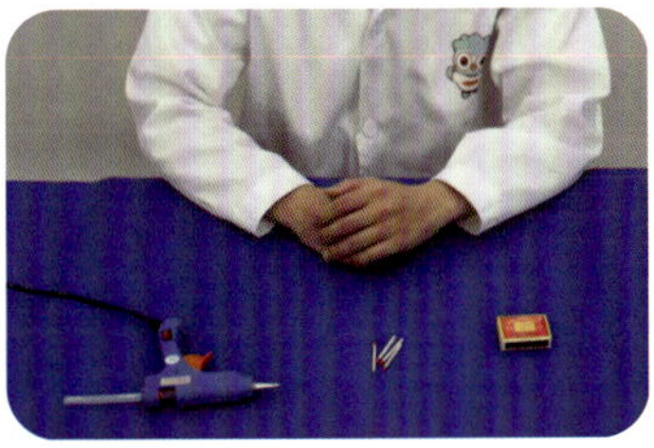

2 打开热熔胶枪的电源，预热2～3分钟。

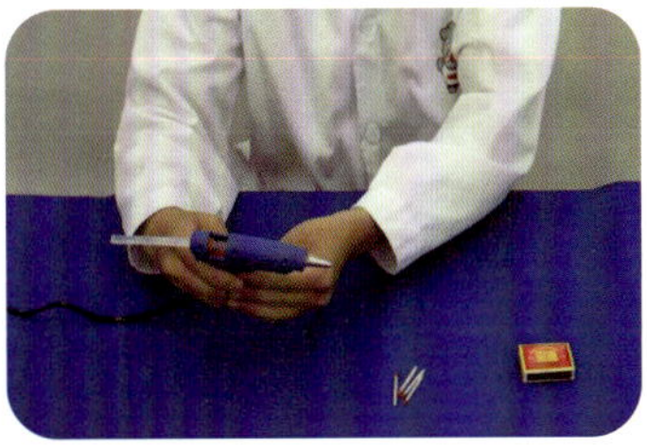

3 用热熔胶枪将火柴粘在一起，组装成C_{60}的结构。

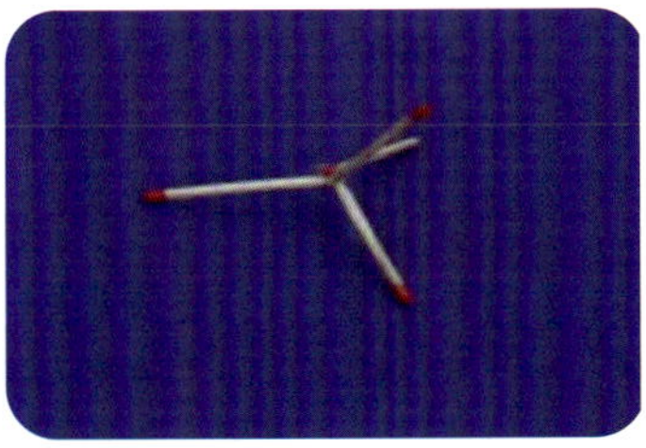

4 取出6根火柴，组装成石墨的结构。

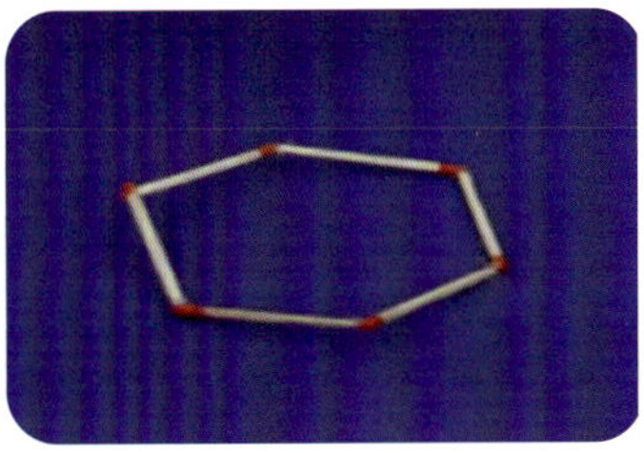

科学小知识

单质是由同种元素组成的纯净物。研究发现，透明的金刚石、灰黑色的石墨和足球状的C_{60}都是由碳元素组成的单质。像这样由同一种元素形成的多种单质叫作这种元素的同素异形体。

金刚石

纯净的金刚石是无色透明的固体。天然采集到的金刚石经过仔细研磨后，可以成为璀璨夺目的装饰品——钻石。

金刚石可用来裁玻璃、切割大理石、加工坚硬的金属，以及装在钻探机的钻头上钻凿坚硬的岩层等。它是天然存在的最硬的物质。

钻石

石墨

石墨是一种灰黑色的有金属光泽而不透明的细鳞片状固体。石墨很软，有滑腻感。此外，石墨还具有优良的导电性能。

C_{60}

每个C_{60}分子是由60个碳原子构成的。C_{60}分子形似足球，足球结构的C_{60}分子很稳定。

C_{60}的发现使人类了解到一个全新的碳世界。C_{60}的独特结构决定了它具有一些特殊的物理和化学性质，能广泛应用于超导、催化、材料、医学及生物等领域。

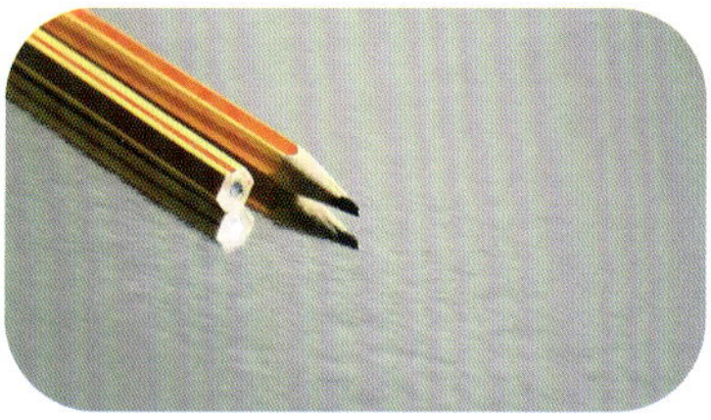

石墨

石墨烯

金刚石和石墨都是由碳元素组成的单质，为什么它们的性质和用途会有这么大的差异呢?

石墨内部的碳原子呈层状排列，一个碳原子周围只有三个碳原子与之相连，碳与碳组成了六边形的环状，无限多的六边形组成了一层碳原子。层与层之间联系力非常弱，而层内三个碳原子的联系很牢固，因此受力后层间就很容易滑动，这就是石墨很软能写字的原因。

金刚石内部的碳原子呈“骨架”状三维空间排列，一个碳原子周围有4个碳原子相连，因此在三维空间形成了一个骨架状，这种结构在各个方向联系力均匀，联结力很强，因此金刚石具有高硬度的特性。

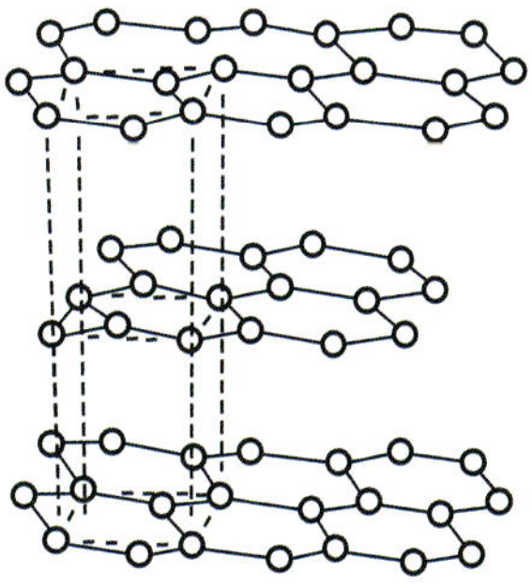

石墨的晶体结构

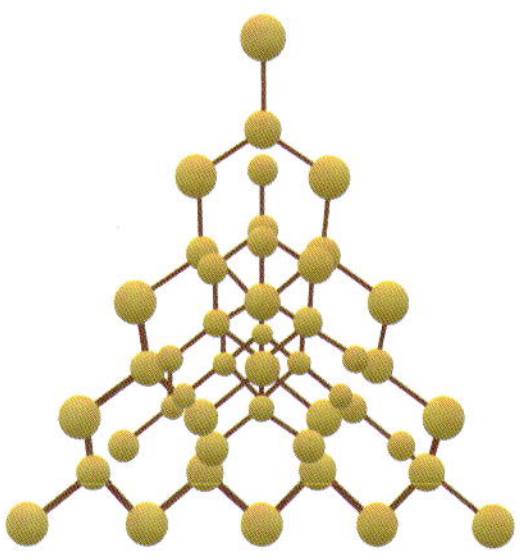

金刚石的晶体结构

科学与生活

在日常生活和工农业生产中，我们常常要用到木炭、焦炭、活性炭和炭黑等，这些物质的主要成分也是碳单质，而它们的结构则与石墨类似。

木炭具有疏松多孔的结构，因此它具有吸附能力。可以利用木炭的这个性质来吸附一些食品和工业产品里的色素，也可以用它来吸附有异味的物质。活性炭的吸附作用比木炭还要强，防毒面具里的滤毒罐就是利用活性炭来吸附毒气的。制糖工业也利用活性炭来脱色以生产白糖。随着社会的发展，活性炭的应用范围不断扩大，如城市污水、工业废水和饮用水在深度净化处理时都要用到活性炭，人们利用活性炭来吸附装修产生的对人体有害的气体，等等。

“趣”阅科学

《写给青少年的“双碳”故事》是一本专为青少年编写的科普书籍，通过生动有趣的故事和通俗易懂的语言，介绍碳达峰和碳中和的概念、背景及重要性。书中涵盖碳排放的来源和影响、实现“双碳”目标的途径、全球和中国的“双碳”行动等内容，并鼓励青少年通过实际行动为环保贡献力量。

《写给青少年的“双碳”故事》

第12课

干 净 啦

小米：“小娃，快去把你的书桌整理干净。”

小娃：“好的，我这就去！这些小纸屑和橡皮屑好难收拾啊。我要制作一个吸尘器，这样既省力又干净。”

怎样制作吸尘器呢？

科学实验室

实验器材

电池盒	过滤网	密封圆片	双面胶条×2
电池盒夹	内环	喇叭盖	
电机	吸管	电池×2	
扇叶	喇叭	碎纸屑	

实验步骤

1 内环粘贴双面胶。

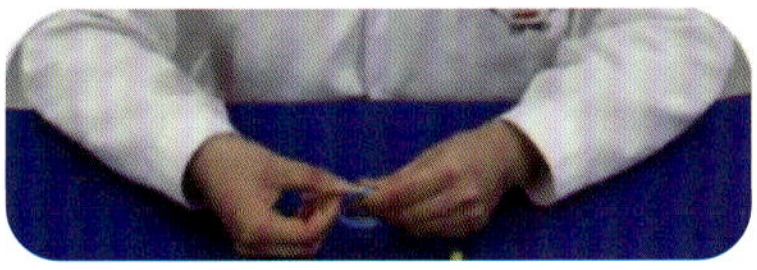

2 组装过滤网，并用内环固定。

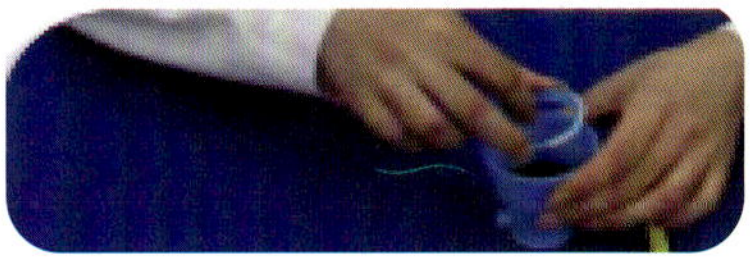

3 将扇叶装在电机上。

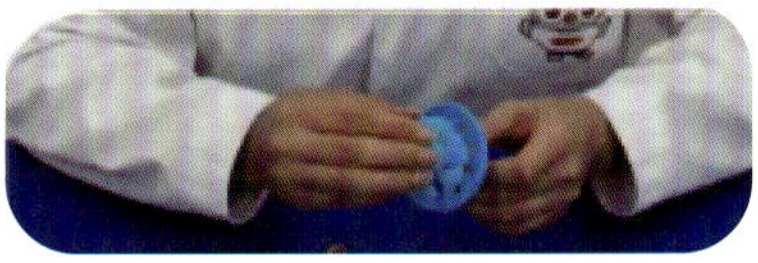

4 组装密封圆片、吸管和喇叭盖。

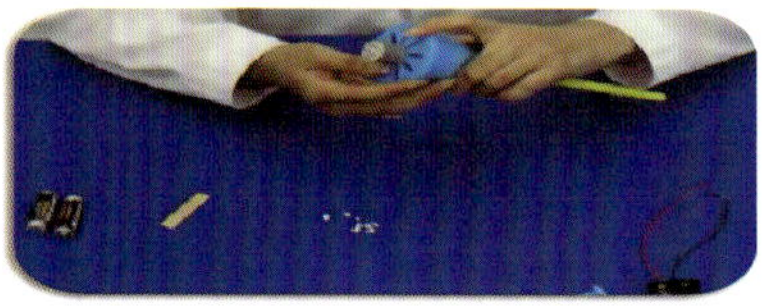

5 组装电池盒并接线。

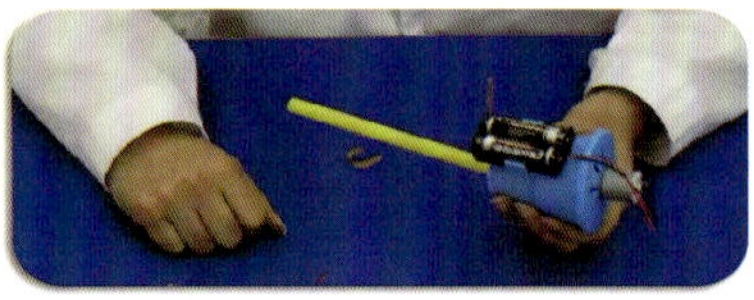

6 按下开关，并将吸管对准废纸屑。

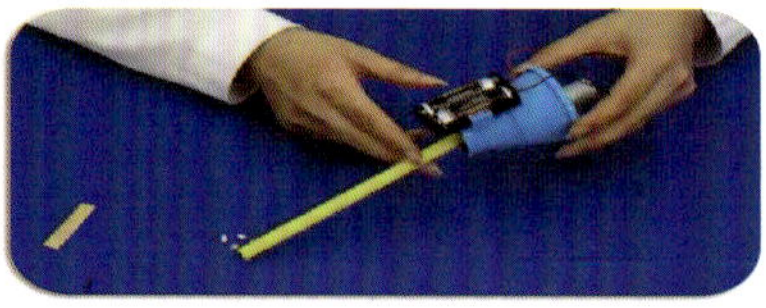

7 将接电机的红黑线倒换一下试试吸力效果是否一样。

实验现象

闭合开关，将吸尘器对准碎纸片就可以将之吸入吸尘器中。

科学小知识

吸尘器与电风扇

空气占据空间，当空气流动时就形成了风。我们知道风扇可以吹风，那你留意过风扇的背面有很大的吸力吗？我们可以利用这种吸力来制作吸尘器。这就运用到了伯努利原理。叶轮转动带动空瓶里的空气快速向后流动，快速流动的风会产生低压，造成空瓶内气压小于外界气压，所以轻小物体就被吸了进去。

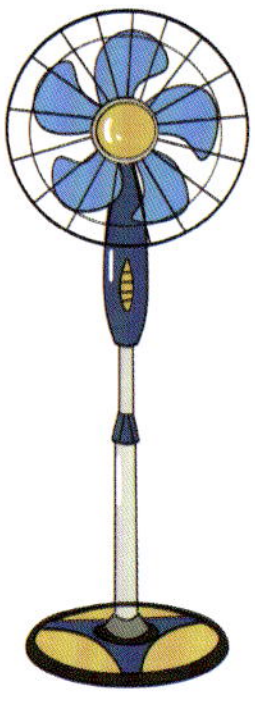

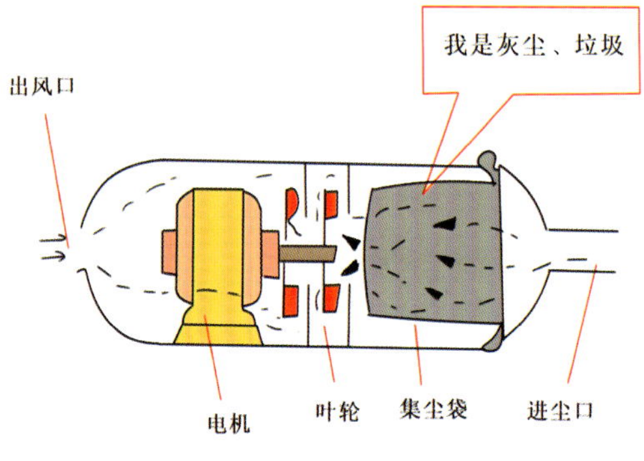

吸尘器内部电机高速旋转，带动电机周围叶片产生高速转动。此时吸尘器内部将瞬时真空，与外界大气压形成负压差。在压差作用下，吸尘器将吸入含灰尘的空气，带动地面上的垃圾吸入，过滤后的清洁空气将从吸尘器的出气口排出。

科学与生活

生活中的“伯努利”原理

我们拿着两张纸，往两张纸中间吹气，会发现纸不但不会向外飘去，反而会被一种力挤压在了一起。因为两张纸中间的空气被我们吹得流动的速度快，压力就小，而两张纸外面的空气没有流动，压力就大，所以外面力量大的空气就把两张纸“压”在了一起。这就是“伯努利”原理的简单示范。

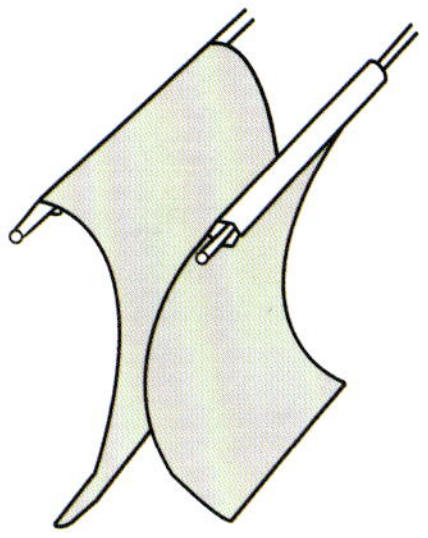
伯努利原理示范

家用吸尘器

1. 干式吸尘器

干式吸尘器是一种仅能够清洁干燥垃圾的吸尘器，是不能碰水的，碰水就会有损机身。

2. 干湿两用吸尘器

干湿两用吸尘器又叫作水过滤吸尘器，它不仅能清洁干燥垃圾，还能清洁湿润垃圾，并且一些硬物如钉子、玻璃等，也都能够清洁干净。一般而言，干湿两用吸尘器比干式吸尘器更为实用。

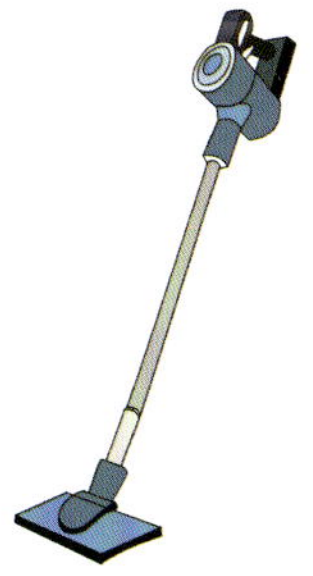
干式吸尘器

全自动吸尘器

随着科技的不断发展，我们生活中的许多日常家务也逐渐被智能化和自动化工具所承担。全自动吸尘器是机器人形式的清洁设备，能够利用传感器完成地面清洁工作。

全自动吸尘器需要经过以下三个基本步骤来完成清洁工作：

1. 启动：全自动吸尘器凭借传感器自动寻找清洗路线，找出适合它清洁的区域，包括房间边角、进出口等。

2. 执行清洁：机器人中的吸尘部分利用中央吸引系统，收拾杂物、灰尘等环境垃圾。

3. 返回充电：机器清洁完成后，会自动寻找并回到充电站充电，直到电池充满后重新执行下一次的清洁任务。

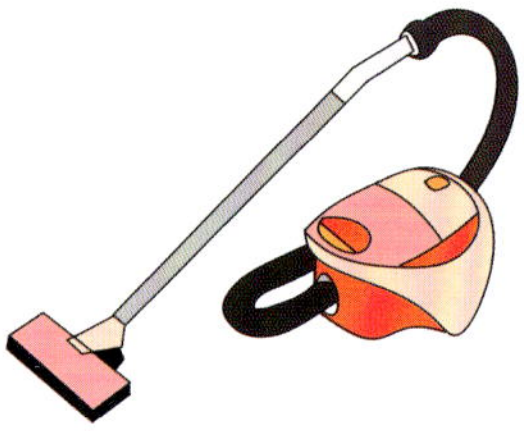

干湿两用吸尘器

全自动吸尘器

“趣”阅科学

《疯狂的天气：气象与气候》这本书讲到了有关大气压强的知识，我们平时感受到的风，还有不同的天气变化，都和大气压强有关系。当然，关于天气还有很多神奇的知识在书中等着你！

《疯狂的天气：气象与气候》

奇趣小小
科学家
科技
未来
下册
谷　华　张　芳
付志远　栗玉娟　著
中国原子能出版社

图书在版编目（CIP）数据

奇趣小小科学家. 科技未来. 下册 / 谷华等著. 北京 : 中国原子能出版社, 2024. 10. -- ISBN 978-7-5221-3722-3

Ⅰ. Z228.1

中国国家版本馆 CIP 数据核字第 2024DY2632 号

奇趣小小科学家——科技未来（下册）

出版发行　中国原子能出版社（北京市海淀区阜成路 43 号　100048）

责任编辑　杨晓宇

责任印制　赵　明

印　　刷　炫彩（天津）印刷有限公司

经　　销　全国新华书店

开　　本　787 mm×1092 mm　1/16

印　　张　3.25

字　　数　44 千字

版　　次　2024 年 10 月第 1 版　2024 年 10 月第 1 次印刷

书　　号　ISBN 978-7-5221-3722-3　　　定　价　**330.00** 元（全 **12** 册）

本书创作组

作　　者：谷　华　张　芳　付志远　栗玉娟

参与创作：刘肖云　付静文　杜海燕　王一凡　刘晓君

张　慧　郝侣侣　温进红　娄天琪　陈秀芸

赵　郡

序言

PREFACE

生活在这个知识爆炸、科技日新月异的新时代，我们每一个人都仿佛置身于一场波澜壮阔的历史洪流之中，经历着前所未有的变革与挑战。在这场变革中，新时代的教育强国建设无疑给我们教育工作者提出了更为崇高且紧迫的使命与要求。在“双减”背景下，做好科学教育的加法为我们重新审视和定义教育内涵提供了宝贵契机。在这场教育生态的重塑之中，科学教育以其独特的魅力与重要性，成为了我们不容忽视的焦点。它不仅关乎孩子们对自然世界的认知与探索，更是培养他们创新思维、实践能力和科学素养的关键途径。正是在这样的背景下，我们汇聚了一群怀揣教育梦想、热爱科学教育的教师同仁，携手众多深耕科学教育领域的专家，共同撰写了这套以科学实验为核心内容的科学丛书。这不仅仅是一系列书籍的创作，更是一场关于科学精神、教育情怀与未来想象的深刻对话与实践。

科学之光，点亮童心

每一个孩子都是天生的探索者，他们对世界充满了好奇与渴望。本套丛书精心策划了一系列科学实验，旨在点燃孩子们对科学的热爱，引导他们从日常点滴中发现科学之美。本套丛书语言活泼、情境精彩、图画生动、实验有趣，从简单的物理现象到复杂的化学反应，从微观的细胞世界到浩瀚的宇宙星辰，孩子们通过观察现象、动手实验、阅读思考、总结规律，轻松掌握科学知识、提高探究能力、滋养想象思维、激发创新精神，每一个实验都是一扇窗，让孩子们得以窥见科学的无限可能，启迪智慧的炫彩火花，点亮未来的梦想之路。

团队协作，智慧结晶

本套丛书的诞生，是集体智慧的结晶。我们集合了河北省各地的优秀科学教师，他们都是科学教育的行家里手，有着丰富的实践经验与教学智慧，对孩子们的学习特点与兴趣点有着敏锐的洞察。在专家的精心指导下，我们反复打磨每一个实验方案，力求做到既科学严谨又生动有趣，既注重知识的传授又强调能力的培养。我们相信，这样的科学教育才能真正触及孩子们的心灵，让他们在轻松愉快的氛围中成长为未来的科学之星。

家校共育，携手成长

这套丛书还特别适用于学校的课后服务以及家庭亲子游戏。我们希望通过这样的形式，搭建起家校共育的桥梁，让家长也能参与到孩子的科学学习中来，共同见证孩子的成长与进步。亲子共做实验的过程，不仅能够增进亲子关系，还能让科学成为连接两代人情感的纽带，让科学教育成为家庭生活中不可或缺的一部分。

展望未来，无限可能

展望未来，我们满怀期待。我们相信，随着这套丛书的广泛传播与应用，将有更多的孩子因此而爱上科学、投身科学、成就科学梦想。让我们携手并进，在科学的道路上不断探索、勇毅前行，共同为孩子们撑起一片更加广阔的天空，让科学的种子在他们心中生根发芽、茁壮成长！

最后，衷心感谢所有参与本套丛书创作的教育同仁、专家学者的辛勤付出与无私奉献。愿这套科学丛书能够成为孩子们成长道路上的良师益友，陪伴他们开启一段段精彩纷呈的科学探索之旅！

河北省石家庄市融创中心第一小学校长

谷华

目录

物质科学

地球与宇宙科学

生命科学

工程与技术

第01课

吃软不吃硬的家伙——非牛顿流体

我们常听说一种轻功叫“水上漂”，轻功水上漂在现实生活中容易实现吗？

轻功水上漂是一种虚构的武术技巧，虽然在现实中很难实现，但如果不是踩在水上而是踩在一种特殊的流体上呢？

科学实验室

实验器材

量杯	勺子	色素
塑料盒	100 g 淀粉	40 mL水

实验步骤

1 用量杯量取40 mL水加入塑料盒中。

2 向塑料盘中滴入适量色素，并用勺子搅拌均匀。

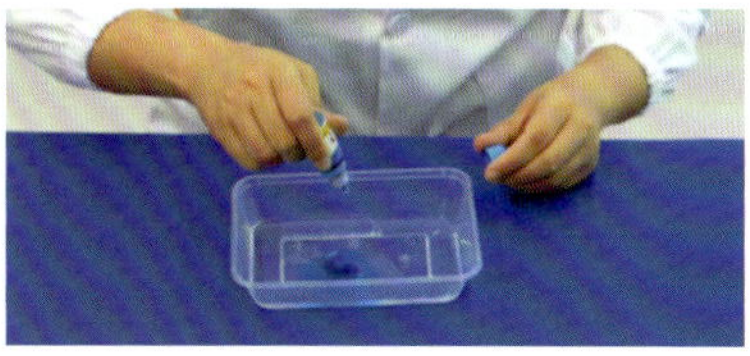

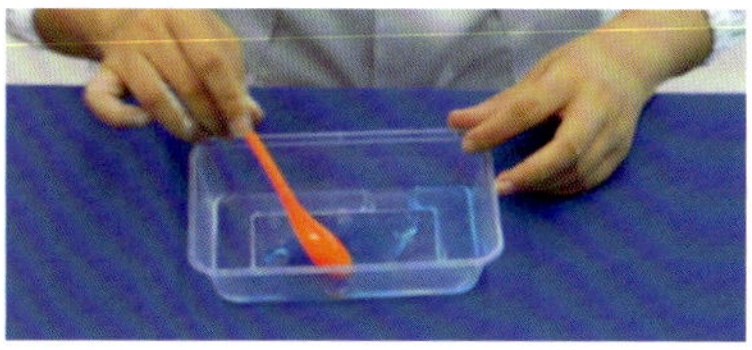

3 用勺子向塑料盒中分次加入100 g淀粉，边加边搅拌，直至感觉加入淀粉后快速搅拌比较费力。

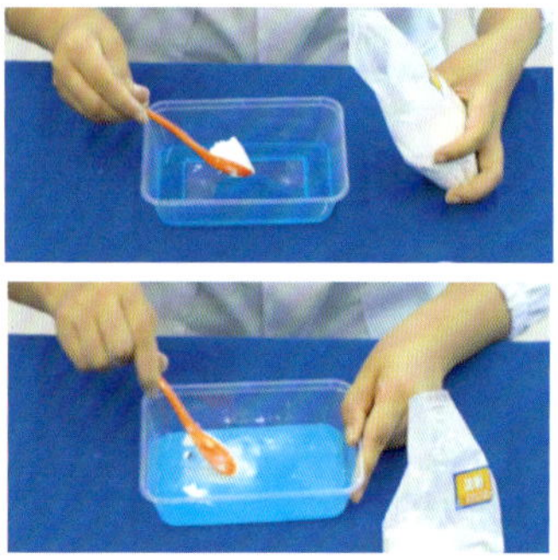

4 感觉一下用手锤击与用手触摸淀粉溶液的区别。

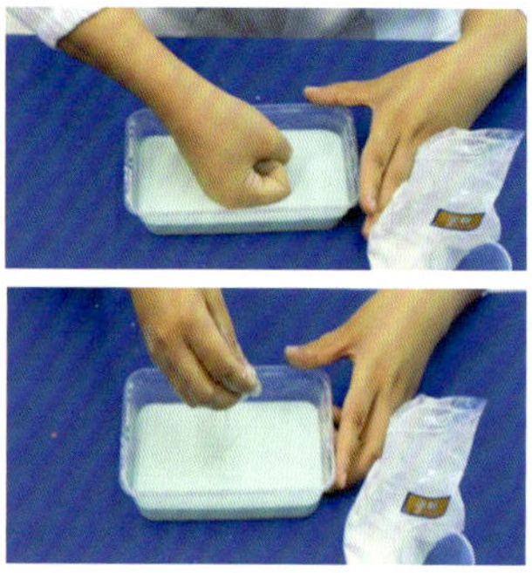

实验现象

用力击打淀粉溶液时它会变得很硬，轻轻触摸的时候它就会很软。

科学小知识

淀粉溶液这类特殊的物质有其独特的性质。当我们用力击打它时，它仿佛被赋予了坚硬的特质，变得异常坚硬；然而，当我们以轻柔的触摸去感知它时，它却又像是一位优雅的舞者，展现出柔软的身姿。这种既能在强烈冲击下表现出硬度，又能在轻触中呈现柔软状态的物质，被我们称为非牛顿流体。这种特性使非牛顿流体在多个领域都展现出了其独特的魅力和应用价值。

科学与生活

生活中的非牛顿流体

在我们日常生活中，水这一平凡无奇的物质，实则拥有“牛顿流体”这一称谓。得名“牛顿”流体，源于伟大的物理学家艾萨克·牛顿，他深入探索了水这类流体的流动机制，遂以其名字命名。然而，在物质的浩瀚海洋中，还有一种别样的存在，它犹如一位变脸大师，遇强则强，坚韧得连子弹都束手无策，足以承载一个成年人的重量；遇弱则弱，只需轻轻一指，便可轻易穿透其防线。它就是充满魅力的“非牛顿流体”。

非牛顿流体并不罕见，它在我们的生活、生产和大自然的每一个角落都留下了独特的痕迹。事实上，绝大多数生物体内的流体，如我们的血液、淋巴液、囊液都可以表现出非牛顿流体的特性。除此之外，工业领域中，石油、泥浆、水煤浆、陶瓷浆、纸浆、油漆、油墨、牙膏、家蚕丝再生溶液、钻井用的洗井液和完井液，以及磁浆等，也都归属于非牛顿流体的范畴。

更值得一提的是，食品工业中那些令人垂涎欲滴的美味佳肴，如番茄汁、淀粉液、蛋清、苹果浆、浓糖水、酱油、果酱、炼乳、琼脂、土豆浆、熔化巧克力、面团、米粉团，以及鱼糜、肉糜等各种糜状食品物料，同样都是非牛顿流体。这些物质的独特性质，为我们的生活增添了无尽的色彩与可能。

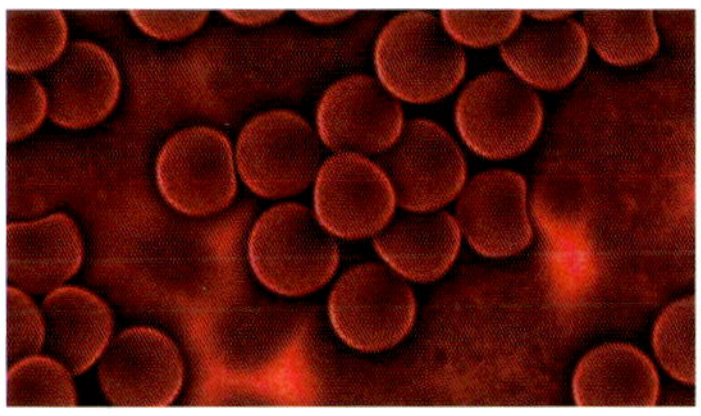

血液

石油开采

“危险”的非牛顿流体——沼泽

在户外旅行时，除了要注意恶劣天气、蚊虫叮咬外，还要注意一种不易发现的危险，就是沼泽。它是一个“吃人”的陷阱，沼泽就是一种非牛顿流体。当人们不小心踏入沼泽地后，由于处在一个非常黏稠的非牛顿流体之中，迅速地抬脚会急速增加脚部的摩擦力，最终的结果就是——抬不起来。而抬脚的同时，身体的全部力量就会集中在另一只脚上，往往会越陷越深，最终会被吞没。

沼泽大致可以分三种，分别是富养沼泽、贫养沼泽、中养沼泽。在我国分布最广的其实是富养沼泽。

沼泽在丛林冒险片里时有出现，全世界的沼泽面积有286.3万平方公里，而在我国沼泽的面积有11万平方公里。沼泽在城市周边的农村以及城市里的工地和公园里都有可能出现。

被困在沼泽里的话，千万不要在沼泽里挣扎，这样做就会让你越陷越深，最好的方法就是增大受力面积，脱去衣服铺在沼泽上，面积越大越好，然后趴到衣服上，这样下陷速度比较慢，然后呈倾斜状，慢慢抽出双腿，尽量增大受力面积，慢慢抬脚，在移动过程中，尽量抓住一些可借力的物体，慢慢地向坚硬的地面移动。

沼泽

“趣”阅科学

《解析流动：画说流体力学》这本书能让我们更深入地理解流体力学的原理，使之成为自己真正掌握并可以运用的知识。作者专门绘制了大量既精美又保持了科学性的插图，增加了学习的趣味性，并有助于读者对科学原理的理解。本书非常适合广大青少年和热爱物理的人们阅读，快去读一读吧！

《解析流动：画说流体力学》

第02课
厨余堆肥DIY

家里厨房的瓜果皮、菜帮、菜根等都被你扔掉了吗？“落红不是无情物，化作春泥更护花”，岂知被我们丢弃的厨余也能变成天然肥料滋养大地！让我们一起来做环保的堆肥达人，将绿色生活进行到底！

科学实验室

实验器材

剪刀　EM菌200 g　土壤

水　一次性手套

带盖子的大口塑料瓶（如图）

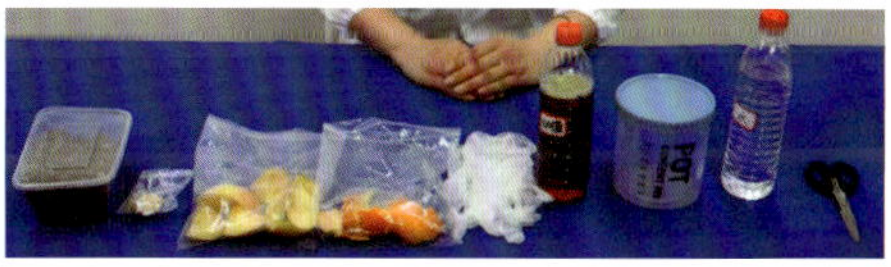

厨余（水果皮核、菜叶菜根、剩饭、米、面食品、蛋壳、茶叶渣、药渣、凋谢的花草、蛋豆渣、果壳、鱼、肉类等）

实验步骤

1 用剪刀将收集来的厨余材料处理成小块——越小的体积越有利于菌种的发酵作用。

2 将厨余放入塑料瓶中。像制作三明治一样，先放入一层土，再放一层厨余（2～3厘米厚），然后撒一层EM菌，EM菌要求均匀覆盖厨余表面，否则部分未被EM菌覆盖的厨余可能会堆肥失败。最后再放一层土，洒一些水，呈湿润状态即可。

3 根据瓶子的高度进行重复堆积，保证最后一层是湿润的土壤，然后盖紧盖子进行发酵。

4 每周翻土一次，观察厨余的发酵过程。

实验现象

厨余堆肥发酵1～2周，桶内厨余长满白色或偏红色的菌丝，气味是一种类似泡菜或醋的味道，这表明发酵过程良好，堆肥顺利。3～4周后菌丝会慢慢老化、褪去，原本厨余材料的形态已经被分解得较不明显，形成肥沃的黑色土壤。

科学小知识

农作物必需的营养元素有碳、氢、氧、氮、磷、钾、钙、镁等，除碳、氢、氧可由空气供应外，其余的元素主要通过土壤提供。氮、磷、钾的需求量最大，而土壤中含量却较少，要用肥料补充。通常把氮、磷、钾叫作“肥料三要素”。家里的厨余进行处理之后会成为含有丰富氮、磷、钾的有机肥料。

堆肥是利用自然界广泛分布的细菌、放线菌、真菌等微生物，在一定的人工条件下，有控制地促进可被生物降解的有机物向稳定的腐殖质转化的生物化学过程，其实质是一种发酵过程。

波卡西堆肥法是指将EM活菌制剂混合到被发酵物里，一同存放进密封的发酵容器，通过间歇性缺氧发酵，来分解被发酵物质的一种堆肥方法。通过对厨房食物垃圾的分解发酵，得到营养丰富的有机肥及液体肥料，变废为宝，是厨余垃圾最有效的绿色环保回收利用方式。

科学与生活

什么是堆肥？为什么要堆肥？

每家每户在日常生活中都会产生一些厨余，例如西瓜皮、坏掉的苹果、择下来的菜梗和菜叶，还有吃不完的米饭和面包等。很少有人会关心这些厨余被丢弃成为垃圾后的去向。实际上，集中处理垃圾的方法无非两种：烧掉或者埋起来。

我们为什么要做厨余堆肥呢？厨余运到焚烧厂烧掉不好吗？厨余垃圾含水多、热量低，焚化它们需要使用大量的燃料，要消耗大量的能源，燃烧产生的烟雾又会造成二次污染，这个办法实在代价不菲。

将厨余拉到垃圾填埋场掩埋怎么样？厨余垃圾往往分量重、体积大、高温天气易发臭、运输困难，掩埋它们需要占用大量的土地资源，而且用作垃圾填埋场的土地在百年之内无法它用。可以说，正是我们自己每天给围绕城市的“垃圾墙”添砖加瓦。

俗语说：“庄稼一枝花，全靠肥当家。”肥料就像是植物的食物，植物要健康茂盛，离不开含有各种养分的肥料。在中国，很多家庭都种植了一些植物，但是居住在城市里的人们常常要为植物的肥料发愁，而利用家庭厨余来堆肥，省钱、省力又环保，举手之劳便可以让植物更健康茂盛，何乐而不为呢？

通过简单易行的堆肥活动，可以减少生活垃圾、节约能源和土地资源。同时，厨余变成了腐殖土，把有机质还给大地，真可谓“垃圾变成黑黄金”。即使你不种花草、不培植有机蔬菜，那也没关系，你可以把这些优质有机肥放置到路旁的绿化带或公园里的大树下，植物会因为你的堆肥变得更茂盛、更健康。也许我们无法让世界立刻变得美好起来，但是一件件美好小事的累积就可以改变世界。

自古以来，人们将有机废弃物进行混合堆沤处理，并将产物作为肥料，这既有利于农业可持续发展，也有利于促进农业和畜牧业的共同发展，提高人民生活质量。

堆肥技术已成为发展生态农业和改善农村环境的重要技术支撑，在秸秆、尾菜综合处理，畜禽粪便资源化利用，商品有机类肥料的开发，有机肥替代化肥等行动计划中发挥着越来越重要的作用。

厨余堆肥

“趣”阅科学

《厨余堆肥DIY：厨房垃圾变沃土》是一本实用指南，教我们如何将厨房垃圾转化为有机肥料。书中详细介绍了堆肥的基本原理、所需工具和材料、操作步骤及注意事项。通过简单易行的方法，帮助我们在家中实现厨余垃圾的循环利用，减少废弃物，改善土壤质量，促进环保。

《厨余堆肥DIY：厨房垃圾变沃土》

第03课 可乐的秘密

小娃："可乐甜甜的很好喝，但每次喝完可乐总会打嗝，这是为什么呢？可乐里边是有气体吗？"

可乐是一种碳酸饮料，我们饮用后会进入到胃部，胃部温度高，使碳酸分解成为水和二氧化碳，当二氧化碳在胃部积累过多的时候就会往上走，通过口腔排出，所以就出现了打嗝的这种情况。

下面，我们尝试摇晃拧紧瓶盖的可乐，观察会产生什么现象？

科学实验室

实验器材

柠檬酸一袋	小苏打一袋
火柴	气球 × 2
勺子	塑料瓶

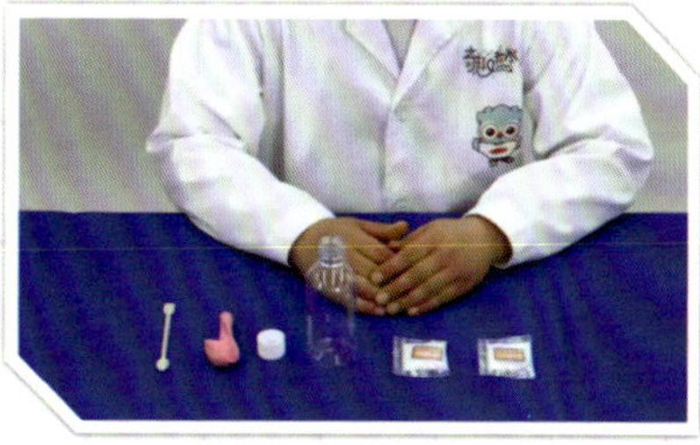

实验步骤

1 将半袋柠檬酸倒入塑料瓶中，再倒入清水至瓶子大约2/3处，并且摇匀。

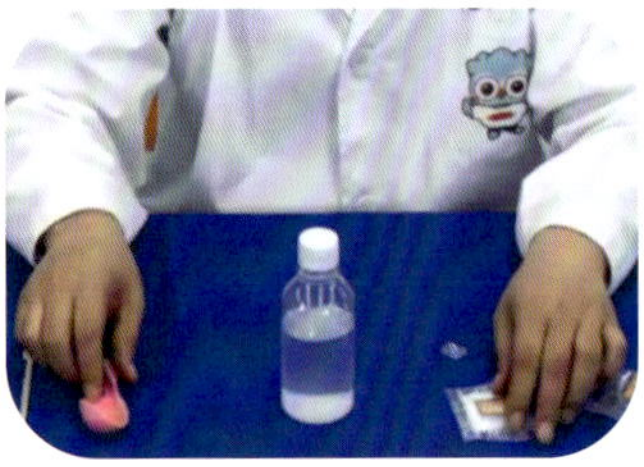

2 将半袋小苏打用勺子装入气球中，并把气球套在瓶口处(套紧气球，防止漏气)。

3 将气球固定在塑料瓶口。

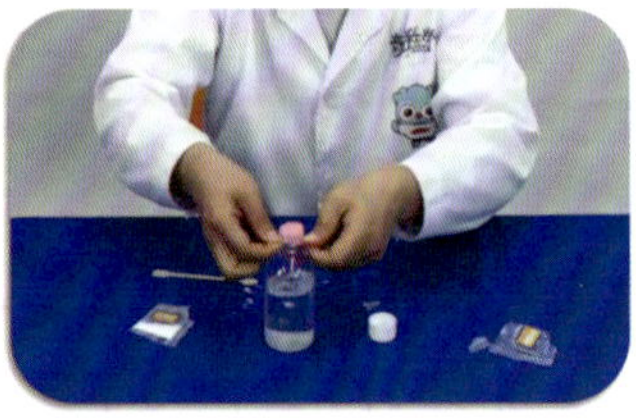

4 提起气球末端将气球中的小苏打倒入瓶中。（让气球保持竖直，不要让气球口离开瓶口）观察会发生什么现象呢?

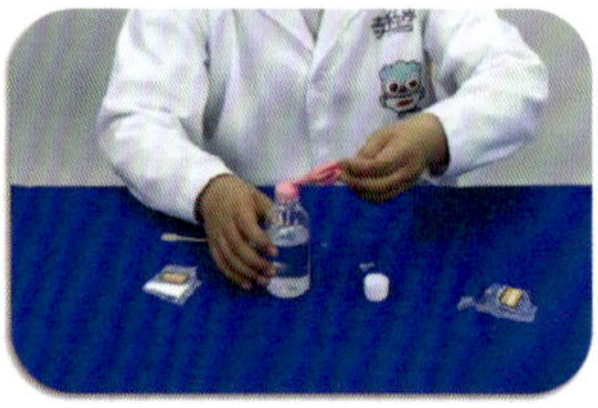

实验现象

倒入小苏打后，气球慢慢变大。

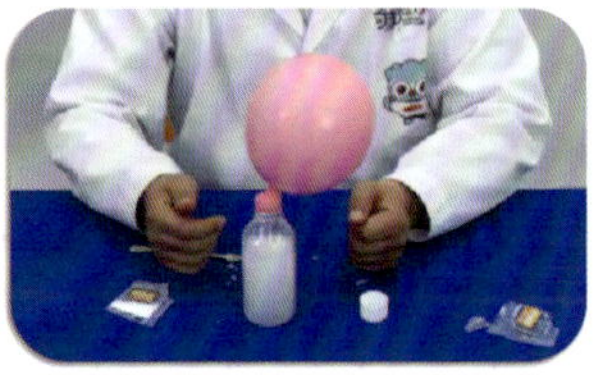

科学小知识

可乐里面有一种叫碳酸的东西，它很不稳定！要是摇晃可乐后再打开瓶盖，就会冒出好多气泡，这些气泡里的气体就是二氧化碳。

柠檬酸和小苏打在一起发生化学反应，也会产生二氧化碳，这样套在瓶子上的气球就会被吹得大大的。二氧化碳能让火柴熄灭。所以，如果想知道一种气体是不是二氧化碳，就可以用这个办法来检测。要记住哦，二氧化碳既不能燃烧，也不能帮助别的物体燃烧。

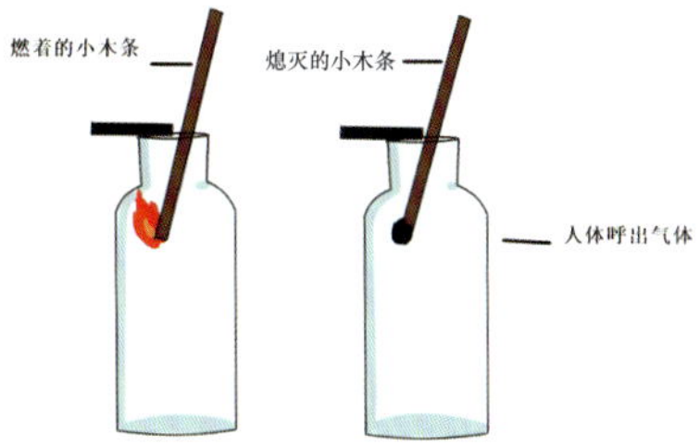

小木条熄灭了

科学与生活

二氧化碳灭火器

二氧化碳灭火器里面装的都是液态的二氧化碳。液态的二氧化碳很容易就会变成气体，变成气体后，它的体积能变大760倍左右！当灭火器把液态二氧化碳喷出来，它马上就变成气体，还会从周围吸收热量，一下子就变成干冰，像霜一样，能让周围变凉快，起到冷却的作用。

灭火器

二氧化碳再变身

你们知道吗？糖可是我们身体能量的重要来源！科学家们一直在努力想办法人工合成糖。在这之前，全世界许多科学家都做出了不同程度的努力。

咱们中国的科学家非常厉害！他们在实验室里成功地把二氧化碳变

成了糖，这可是人工合成糖的关键一步！他们建立了一个很厉害的人工生物系统，就像一个神奇的工厂，把高浓度的二氧化碳这些原料放在反应溶液里调配好，再靠着化学催化剂和酶催化剂的帮忙，就得到了葡萄糖、阿洛酮糖、塔格糖、甘露糖这四种己糖，还解决了糖分子立体结构不好控制的难题，这就有可能让我们只用二氧化碳就能造出各种各样的糖！这个研究成果比之前把二氧化碳合成淀粉还要厉害！

实验室研究

以前我们要通过种甘蔗这些农作物来提取糖分，得花好长时间，差不多要一年。现在只要几个小时就能得到糖啦，这是目前国内外人工制糖的最高水平！

“趣”阅科学

在《科学大爆炸：汽车》这本书中，讲到了火三角，还有完全燃烧和不完全燃烧的知识。同时又介绍了烃类燃烧的相关内容，这里面有好多有趣的科学秘密等着大家去发现！

《科学大爆炸：汽车》

第04课

双氧水消毒伤口的白气泡是什么

小米："小娃，考考你！假如你去珠穆朗玛峰登山，你准备什么必需品？"

小娃："厚点的衣服、登山绳、防滑鞋，更要多带氧气。"

小米："氧气可以在工厂中大量生产，生活中有一些常见物质也可以产生少量氧气。"

怎样获得氧气？我发现身体有伤口时，用双氧水清洗伤口。把双氧水滴到伤口上时，伤口处就会有许多泡泡。

白色气泡是什么气体呢，会不会是氧气？我们一起探究一下吧！

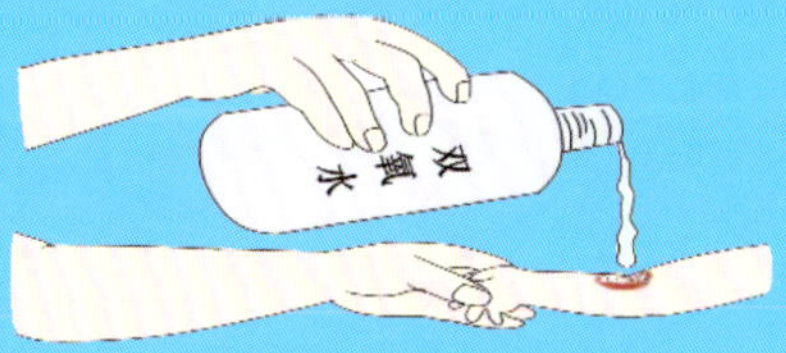

科学实验室

实验器材

医用过氧化氢100 mL	小木条×2
安琪酵母5 g	火柴
（或红砖粉末一小包）	500 mmL的矿泉水瓶
塑料瓶	

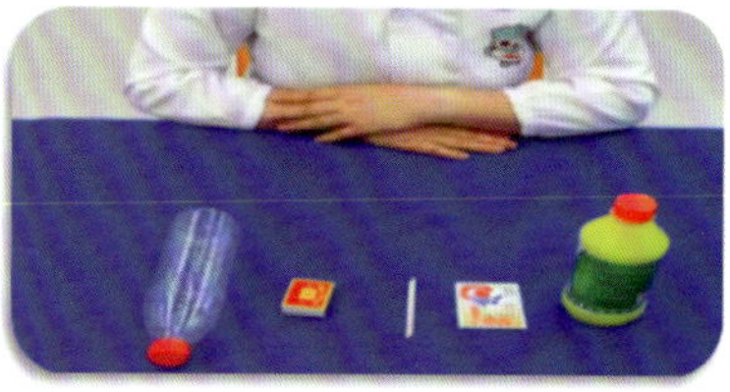

实验步骤

1 取一个矿泉水瓶，放在面前备用。

2 打开瓶盖，瓶内加入一小包安琪酵母，然后打开医用双氧水，将双氧水缓慢倒入矿泉水瓶中，观察实验现象。

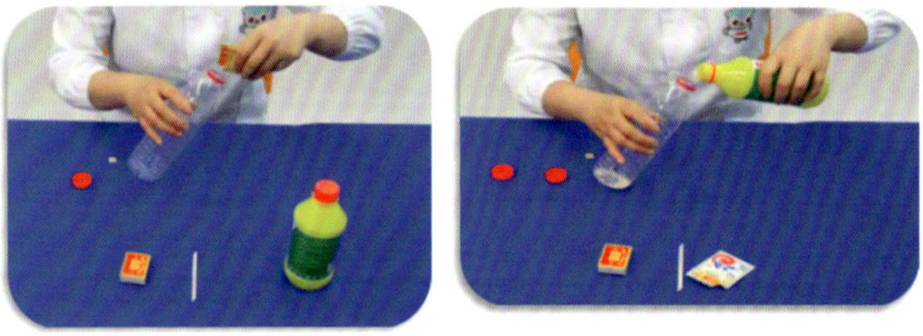

3 当看到瓶内产生大量白色气泡时，取一根小木条，用火柴点燃后吹灭（小木条要带有火星），将带火星的小木条伸入矿泉水瓶中，注意不要接触瓶壁。观察实验现象。

实验现象

发酵粉和双氧水相遇，产生大量气泡。带火星的小木条伸入瓶中，小木条重新燃烧起来。

双氧水遇到发酵粉会产生气泡，气泡能使带火星的木条复燃，该气体是氧气。

科学小知识

氧气是一种重要的物质，可以供给呼吸，可以支持燃烧。工业上可以炼钢、生产化肥，国防中可以做火箭助燃剂、制炸药。生物生存大多数离不了氧气。常温下氧气为气体，降温加压可以变为淡蓝色的液体和固体。氧气本身无毒，但长时间吸入高浓度氧气可能导致氧气中毒，损伤肺部。

氧气瓶

科学与生活

大自然的氧气是如何产生的?

在自然界中，植物通过光合作用产生氧气。这个过程中水和二氧化碳在阳光的作用下转化为葡萄糖和氧气。某些微生物如蓝细菌和某些藻类也能通过光合作用或化学合成过程产生氧气。

氧气是一种无色、无味的气体。它是地球大气中最重要的成分之一，占大约 21% 的体积。地球大气中的氧气并非从一开始就那么多。大约在 25 亿年前，蓝细菌通过光合作用释放了大量的氧气，逐渐改变了大气的组成。

氧气的发现对现代科学产生了深远的影响，主要表现在以下几个方面：

1. 推动了化学革命：氧气的发现标志着现代化学的诞生。在氧气被发现之前，化学家们对空气和燃烧过程的理解非常有限。氧气的发现促使科学家们重新思考化学反应的本质，推动了化学理论和实践的重大变化。

2. 促进了人类对呼吸和生命科学的理解：氧气的发现揭示了呼吸作用的基本机制，即生物体通过吸入氧气并释放二氧化碳来获取能量。这一发现极大地推动了生物学和医学的发展。

3. 引起了人类对环境污染的关注：随着对氧气及其相关反应了解的加深，科学家们开始意识到空气污染对环境和健康的影响。这促进了环境科学和大气化学的发展。

4. 推进了工业发展：氧气的发现促进了工业生产，使氧气在医疗、焊接、金属加工、火箭推进和其他工业过程中得到了广泛应用。

总之，氧气的发现不仅改变了我们对自然界的基本理解，还促进了科学各个领域的进步，对现代科学和技术产生了深远的影响。

光合作用产生氧气

科学“趣”拓展

本书详细讲述了氧气的发现历程，包括早期的科学理论、实验和科学家们的故事。它不仅介绍了氧气本身，还涉及了与之相关的科学原理和历史背景。有兴趣的同学可以阅读《氧气发现的故事》。

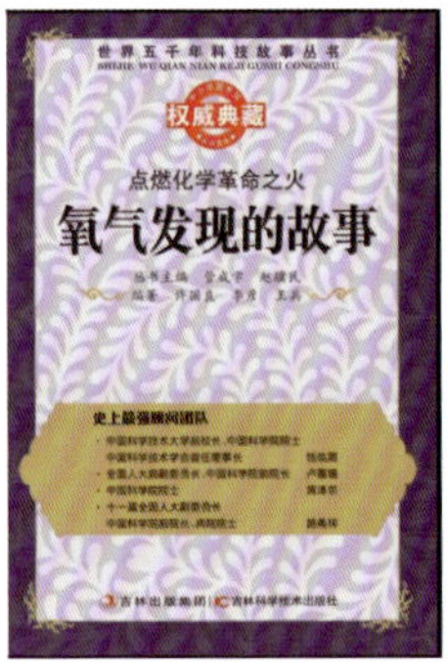

《氧气发现的故事》

第05课 让家里的银首饰亮起来

同学们，你们有没有注意过这样的事情？每当家中有小宝宝诞生，长辈们常常会送给小宝宝银手镯和银项圈。可是过了一段时间，当你又一次打开装首饰的盒子，会发现那些银饰都没有了光亮，变得黑乎乎的。那要怎么做才能让这些首饰重新变得闪亮呢？

科学实验室1

实验器材

银手镯	食盐
锡纸	开水
塑料盒	搅拌棒

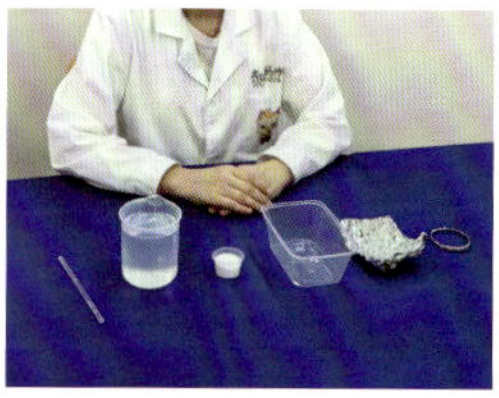

实验步骤

1 将锡纸铺在塑料盒中，倒入适量食盐。

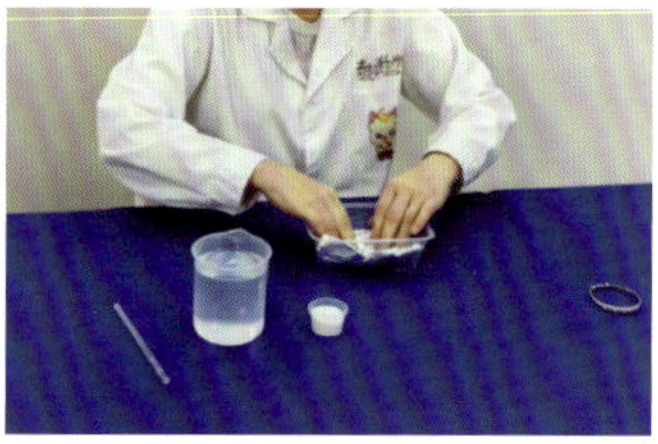

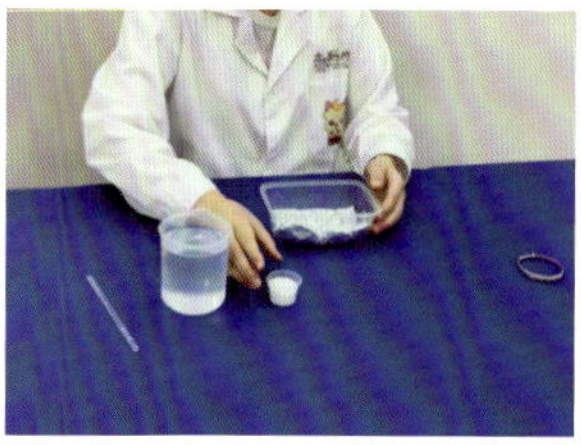

2 把银手镯放入碗中。

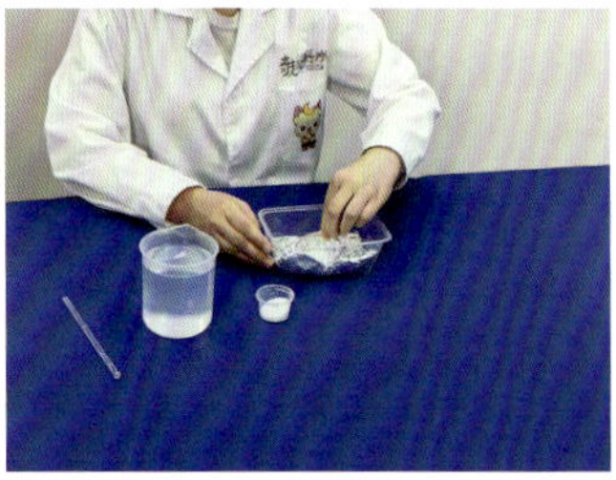

3 将烧开的水倒入塑料盒中（水要没过手镯），观察银镯子的变化。（水温较高，注意安全）

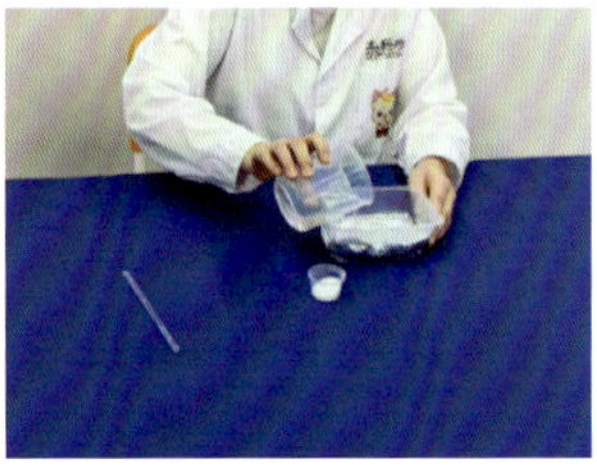

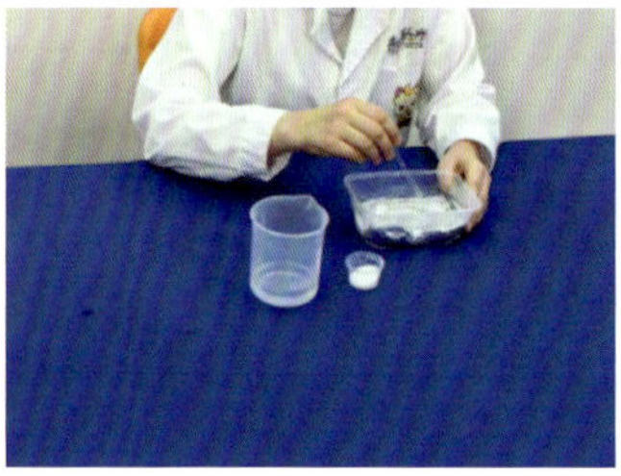

实验现象

能观察到银手镯颜色发生变化，随着搅拌时间延长，大约二十分钟后，银手镯褪去黑衣变“白”了。

科学实验室2

实验器材

小烧杯	碘伏
一次性筷子	苹果

1 向小烧杯内倒入适量的水，加入碘伏并搅拌均匀，能看到烧杯内的水呈褐色。

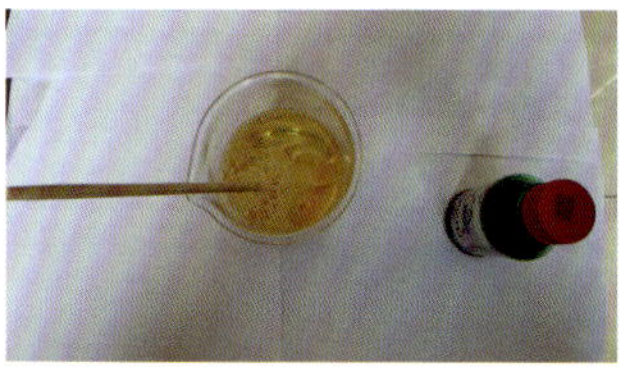

2 用筷子插一块苹果，将苹果完全浸没于烧杯内的水中，缓慢搅动并观察碘伏水溶液颜色变化。

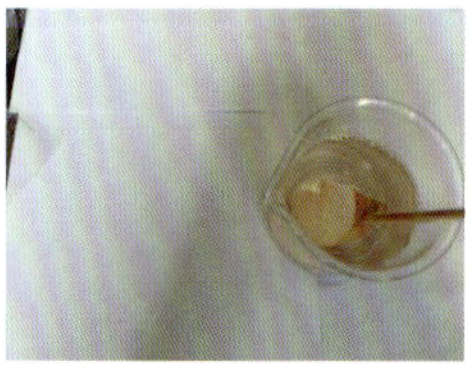

实验现象

随着搅动的时间越来越长，碘伏水溶液的颜色会变得越来越浅，最后变成了无色透明的！

科学小知识

今天来给你们讲讲这个有趣试验的小秘密！

首先是银手镯变“白”的秘密。我们用来包东西的锡纸，它主要的成分是锡。如果你们的银手镯变黑了，那是因为表面有了氧化银。当锡纸和变黑的银手镯碰到一起，它们会发生反应，变成氧化锡和银，这样银手镯就又变“白”啦！

科学与生活

现在讲讲银饰品保养的小秘密！

首先，保养银饰最好的办法就是每天都戴着它。因为我们人体分泌的油脂能够让银饰产生自然又温润的光泽呢。

另外还有几点：

一、要躲开化学“小怪兽”

像香水、化妆品、洗洁精这些东西，它们就像“小怪兽”会伤害我们的银饰品，让银饰品变得不漂亮，所以要记得在喷香水、涂化妆品、用洗洁精洗东西之后再戴银饰品。

二、别让银饰品受伤

银饰品很容易受伤的，它们软软的，要是和硬邦邦的东西撞在一起，或者被刮到，就会变形或者有划痕。所以我们要小心地戴它们，别和其他硬东西放在一块。

三、经常给它洗洗澡

我们要经常用温和的肥皂水或者专门的银饰清洁剂给银饰品洗洗澡，把它们身上的脏东西洗掉，洗完后用软软的布擦干。

四、出汗的时候别戴着

我们出汗的时候，汗水对银饰品也不太好，所以运动或者出很多汗的时候，要把银饰品摘下来。

五、给它一个温暖的家

不戴银饰品的时候，要把它们放在密封袋或者首饰盒里，这样它们就不会被氧化，也不会受潮。

六、让它重新变闪亮

要是银饰品变黄变黑了，别着急，我们可以用擦银布擦一擦，或者在上面涂一点牙膏，用小刷子轻轻刷一刷，再用水冲干净并擦干，它们就又会亮晶晶的！

记住这些小常识，就能让我们的银饰品一直美美的！

银手镯

“趣”阅科学

《米吴科学漫画——奇妙万象篇》这本书讲的是科学少年米吴和从太空意外来到地球的神秘生物——科学小象之间的有趣故事。这些小象可厉害了，有超能力，还特别调皮，弄出了好多奇怪的事和危机。像把乒乓球里的空气吸走，让充气人偶跳起舞，还把下水道井盖偷走了。不过米吴和他的小伙伴们非常聪明，他们靠着科学知识，一点点分析谜团，找到线索，解决了一个又一个的危机，最后还和小象们变成了好朋友！

《米吴科学漫画——奇妙万象篇》

第06课
攻城利器

假如我们处在古时的战乱年代，你作为统帅率军攻到城下，你们要尽快攻入城中，但是高高的城墙阻挡了你们前进的步伐。观察一下四周，地面上有许多圆滚滚的巨石，除此之外没有其他东西可以利用，作为主帅你要如何指挥部下利用这些石块攻城？我们需要什么器械来使用这些石块呢？我们可以用投石器来解决这个难题。

科学实验室

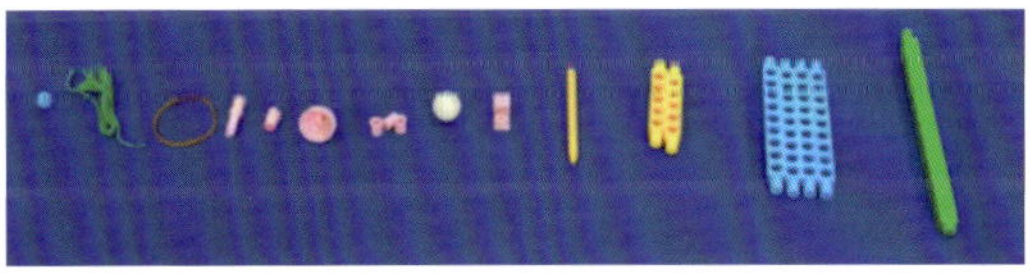

实验器材

15孔棒	十字轴	十字轴套 × 3	长插销
9孔棒 × 4	L形插孔	投掷碗	皮筋　线绳
5孔棒 × 2	木球	短插销	带盖插销

实验步骤

1 组装底座。

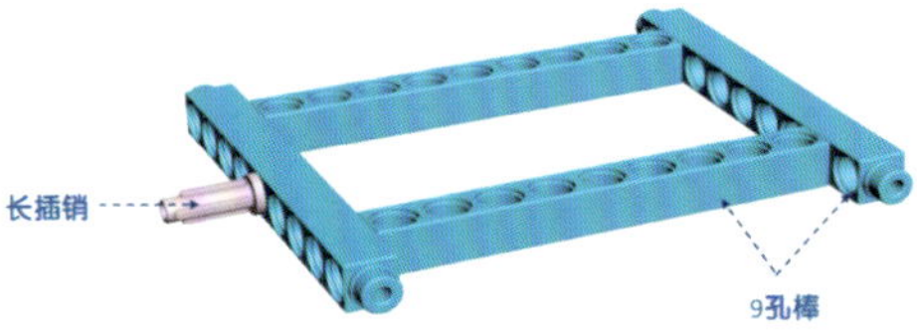

2 组装旋转臂和支架。

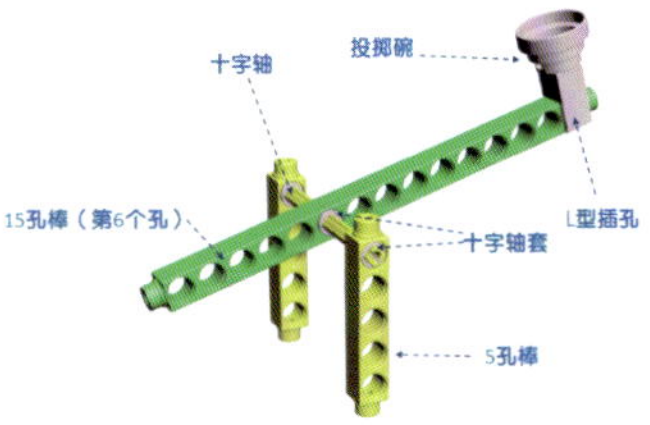

3 固定皮筋。

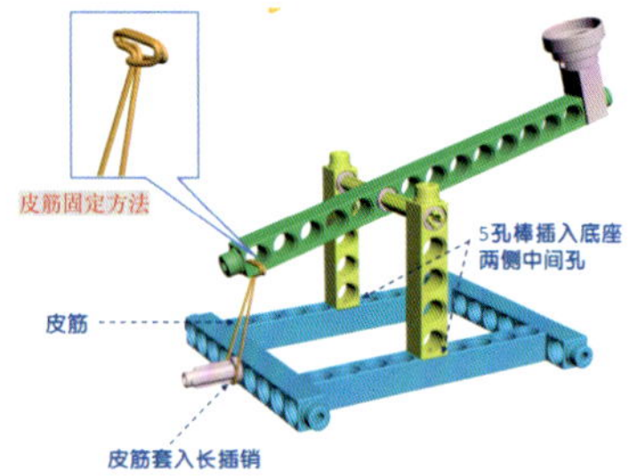

4 安装木球和线绳。

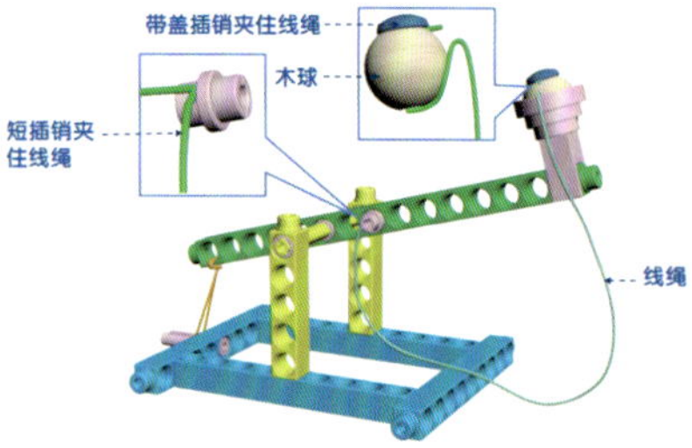

实验现象

按压投掷碗，橡皮筋拉伸，木球能飞出去。橡皮筋拉伸越长，木球飞得越远。投掷碗距离转轴越远，木球飞得越远。

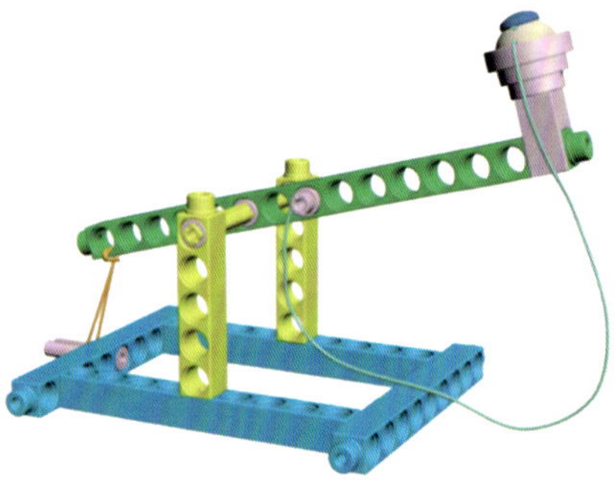

科学小知识

投石机是古代攻城的重要机械。利用投石机能将石块投射出去，打击到城墙上的敌人。石块弹射的高度和距离与橡皮筋拉伸的长短和投掷碗距离转轴的远近有关。

物体受外力作用时，就会产生变形，如果将外力去除后，物体能够完全恢复它原来的形状和尺寸，这种变形称为弹性形变。发生弹性变形的物体的各部分之间，由于有弹力的相互作用，具有能量，这种能量叫作弹性势能，又称“弹性变形能”。例如，被压缩的气体、拉弯了的弓、卷紧了的发条、拉长或压缩了的弹簧都具有弹性弹性势能。

同一弹性物体在一定范围内形变越大，具有的弹性势能就越大，反之则越小。

物体的弹性有一定的限度，超过这个限度就不能恢复到原来的形状，例如，在使用弹簧时不能超过它的弹性限度，否则就会损坏弹簧导致它失效。

科学与生活

撑杆跳是一项极具挑战性和观赏性的运动项目，它融合了力量、速度、协调性和技巧性，展现出人类身体的极限能力。其基本原理是运动员利用杆的弹性来产生弹起的力量，并通过巧妙的技巧和动作将自己投射到更高的高度。运动员需要在瞬间找到正确的节奏和力度，将杆弯曲到最大程度，并在达到顶点的瞬间将自己弹起。当运动员离开地面时，他们的身体将迅速螺旋向外，并且利用杆的弹力将自己投射向空中。在这个过程中，运动员需要保持身体的平衡和稳定，以便能够成功跨越横杆。

撑杆跳

科学“趣”拓展

假如没有弹力，你觉得我们的生活会变成什么样？难道只是生活中没有了橡皮筋，没有了弹弓吗？快来阅读科学基础素养系列丛书中的《了解弹性：是弹力，抓住它》，它会让你知道，没有弹力，我们的生活会变得多么糟糕。

《了解弹性：是弹力，抓住它》

第07课

地震报警仪

2008年的5·12大地震，让当地群众损失惨重，很多人还因地震失去了生命。如果早一点知道地震的来临，我们会减少很多损失。

所以今天，我们就来做一个地震报警仪。

科学实验室

实验器材

底座	三通	横臂×2	铁圈	蜂鸣器
方圆插件×2	立柱	羊眼螺丝	电池盒	铜丝
橡胶块×2	扎带	双面胶片	电池盒夹	螺母

实验步骤

1 组装底座、支架。

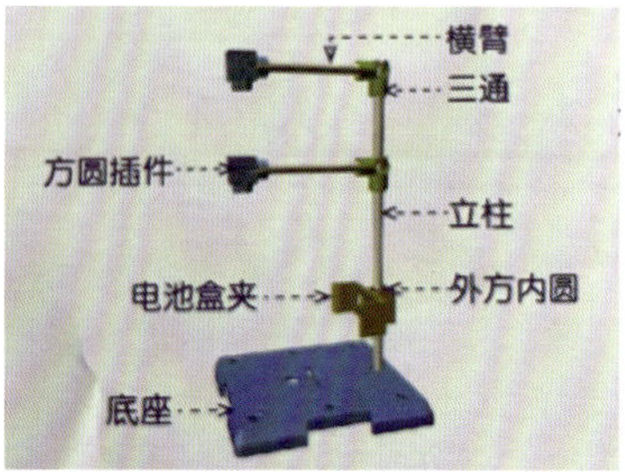

2 组装蜂鸣器与重力摆。

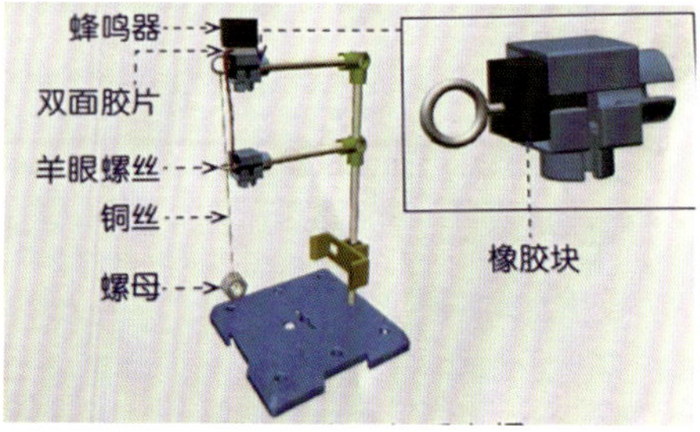

3 固定电池盒，连接导线。

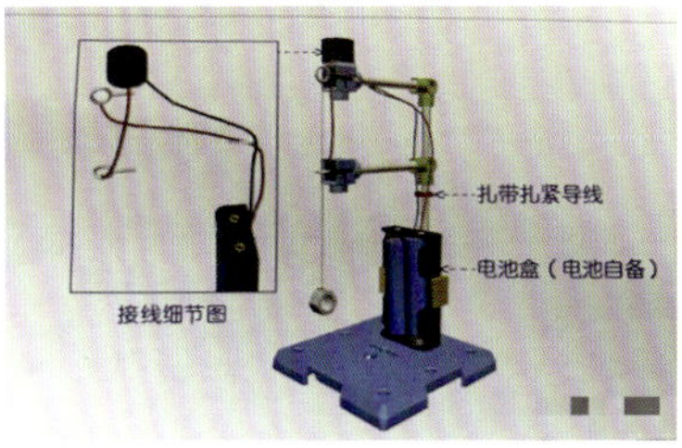

实验现象

当螺母晃动后，引起蜂鸣报警。

科学小知识

地震的成因是地下几千米至数百千米的岩体发生突然破裂和错动。这些破裂和错动释放的能量以地震波的形式向四周辐射出去，就像向平静的水面投一块石头，石头运动的能量会以水波的形式向四周辐射。地震波是一种机械波，具有一定的传播速度，也就是说，当地震发生后，大家不会立刻感觉到地面的震动，而是要等相应的地震波传播到人所在的位置才会发觉。

海底地震仪是一种放置于海底的地震数据采集系统，广泛应用于地球深部构造研究、海洋油气资源勘探等领域。海底地震仪放置在海底进行地震信号观测，在多个方面具有优势：

1. 海底地震仪能同时接收海底的纵波和横波信号；
2. 海底环境噪音低，易实现高信噪比采集；
3. 海底地震仪布放位置灵活，可实现不同观测系统下的数据采集；
4. 海底地震仪可以开展海底天然地震观测。

中国地质调查局广州海洋地质调查局“海洋地质十二号”船在西太平洋海域圆满完成首次海底地震采集作业任务，海底地震仪（OBS）最大投放水深5826米，创下中国地质调查局海底地震作业全新水深纪录。

本次投放海底地震仪是广州海洋地质调查局自主研发超深水OBS的首次应用，投放OBS共28台站，成功回收27台站，采集站位27个，测线长度达411千米，获得了大规模、大范围、大深度的高质量数据，为西太平洋地球多圈层相互作用研究提供了技术支撑。

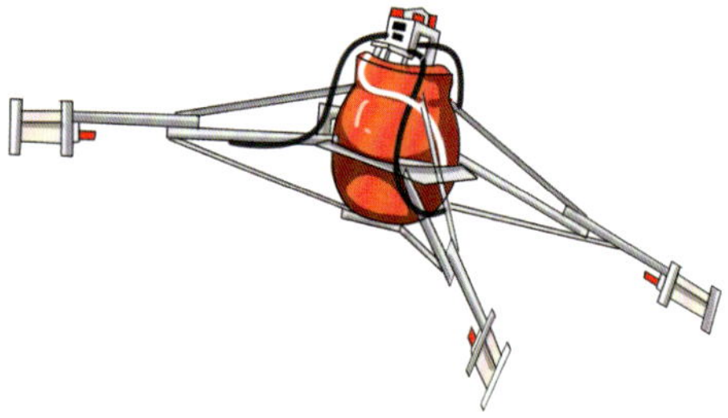

超深水OBS

科学与生活

收到地震预警信息后，我们该做些什么？

一、保持冷静莫慌张

收到地震预警信息切莫惊慌失措，保持冷静与清醒才能在第一时间采取科学有效的防震避险措施保护自身安全。自乱阵脚是逃生避险的大忌，切记不能慌不择路而选择跳楼、乘坐电梯等错误方式。

二、依据信息速决策

收到地震预警信息后，我们要第一时间看清地震预警等级、本地预估烈度和预警时间，再结合所处环境，采取有针对性的避险措施。

情形一：如果预警等级较低、本地预估烈度较小，则不必过于慌张，注意远离阳台、电梯间、窗户附近等危险地区，同时远离可能会发生高处坠物的地方。

情形二：如果预警等级较高、本地预估烈度较大，那么就要引起注意，“时间就是生命”，我们要快速判断自己所处的位置和实际环境，结合预警时间长短，果断采取避震措施，切莫犹豫徘徊。

三、因地制宜巧躲避

如时间允许，可顺手关闭电源、煤气，以免发生火灾和煤气泄漏。

如果时间不足以撤离建筑物，要牢记以下基本准则——震时就地避险、震后迅速撤离。就近避险时，优先选择卫生间、储藏室等开间小、有承重墙或支撑物的地方，采取“伏地、遮挡、手抓牢”的避震姿势，第一时间拿起靠垫或枕头保护头颈部，屈身降低重心，紧紧抓住身边牢固物体，防止摔倒或身体位移，等到震感结束后，再迅速逃往室外。

如果身处户外，要仔细观察周围的环境，避开楼房、立交桥、广告牌等，同时也要注意避开变压器、高压线、电线杆，就近选择空旷地带避险。

“趣”阅科学

这可不是一本普通的科普书！它用一种超级有趣又独特的方式，带你们走进神秘的自然世界。

在这本书里，你们会遇到各种各样让人惊叹不已的自然现象和神秘生物。比如，你们会了解到火山为什么会喷发，威力有多大；龙卷风是怎么形成的，它的破坏力有多强；还有那些隐藏在深海中的奇妙生物，它们有着怎样独特的生存方式。读了《可怕的科学：勇敢者大冒险》，你必将对我们生活的这个自然世界有更深入的了解和认识。

《可怕的科学：勇敢者大冒险》

第08课

疯狂的轮子——电动机

个头虽然小，力气却很大！
带动了工具，工作顶呱呱！
小小电动机，是怎么工作的？

科学实验室

实验器材

金属叉	塑料插件	电池盒
磁铁	圆棒	
底座	铜线	

实验步骤

1 组装底座支架。

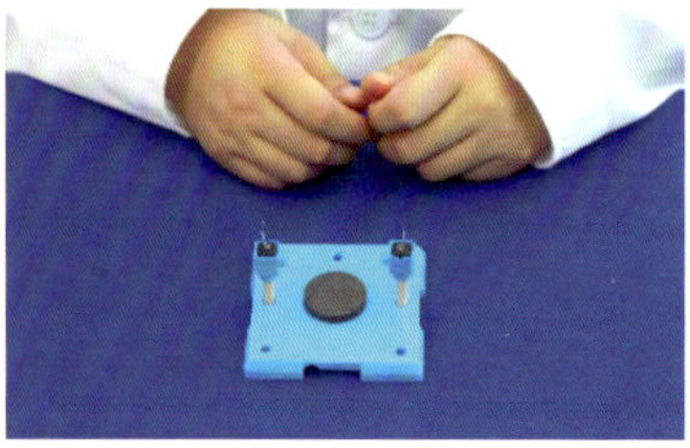

2 打磨绝缘漆。（注意，要把铜线上的漆皮全部打磨掉）

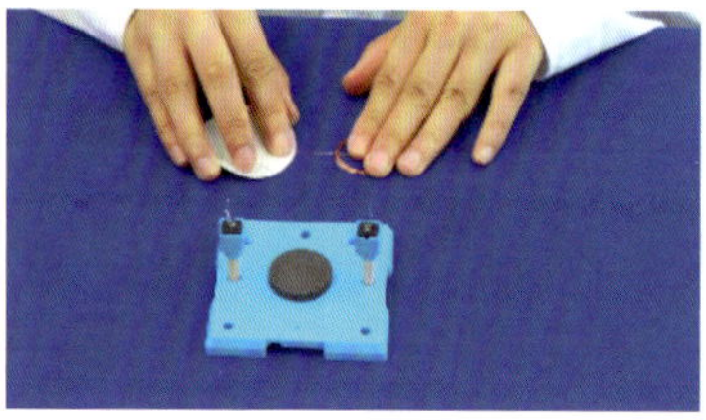

3 规整组装线圈。（注意要调整一下线圈，圆圈要圆，直线要直）

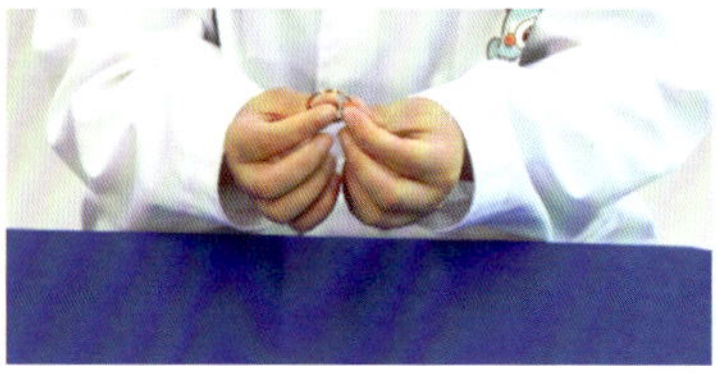

4 组装鳄鱼夹，并用双面胶片粘贴电池盒。

实验现象

装上电池，电路接通后，用手拨动一下线圈，线圈会持续旋转。电动机通电工作时，电路会发热。当接通电路时，线圈中有电流流过，电流在磁场中受到力的作用，这使线圈旋转起来。

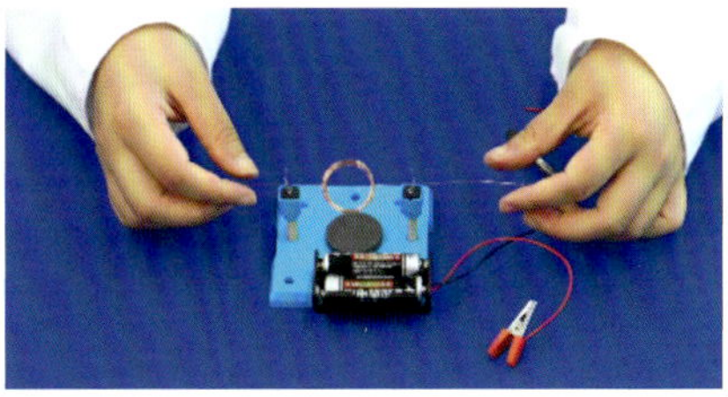

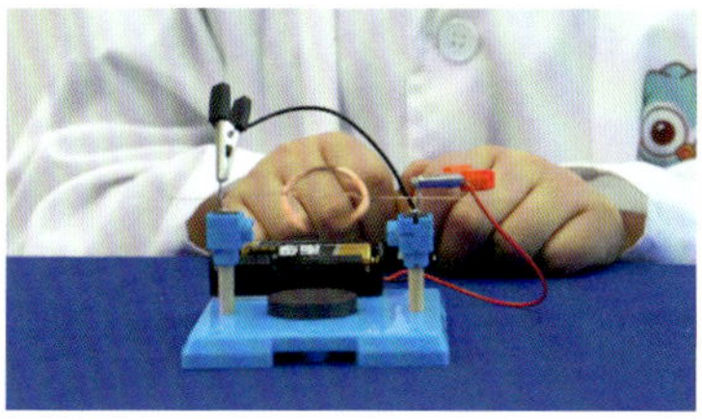

科学小知识

当电路成功接通后，只需轻轻一拨，线圈便会启动，并持续进行旋转的动作。在电动机投入工作、电流穿梭于电路中时，会不可避免地产生一定的热量。这是因为，当电路接通，电流开始在磁场中穿梭时，会受到磁场力的作用，这种力推动线圈进行旋转。在电动机的运作过程中，电能主要被高效地转化为驱动机械运转的动能，然而，也不可避免地有部分电能转化为热能。若电动机的散热系统表现不佳，未能及时排除这些热量，就有可能造成局部高温，从而引发火灾等。

科学与生活

电动机在生活中的广泛应用

1. 交通运输领域的卓越表现

在现代化的交通工具体系中，电动机的运用已经成为不可或缺的一部分。在高级汽车中，为追求卓越的燃油控制、提升乘车舒适感，以及精准展示各类装置状态，电动机的运用数量达到了惊人的40～50台。而在豪华轿车中，这一数字更是跃升至80余台。这些汽车电气设备配套的主要电机类型，包括永磁直流电动机、永磁步进电动机、无刷直流电动机等，它们共同构筑了现代汽车电气系统的基石。

2. 家用电器领域的广泛应用

家庭中电动机的身影几乎无处不在。一般家庭中，特种电机的使用数量约为50～100台，主要类型涵盖了永磁直流电动机、单相感应电动机、串励电动机、步进电动机、无刷直流电动机、伺服电动机等。这些电机不仅满足了家庭日常生活的需求，更随着用户对节能、环保、智能化要求的提高，不断推动着家用电器产品的革新与发展。

3. 消费电子领域的创新动力

在消费电子领域，电动机同样发挥着举足轻重的作用。从电唱机、录音机到VCD和DVD播放器等影音设备，再到高级智能玩具和娱乐健身设备，都离不开电动机。这些设备中，永磁直流电动机、印制绕组电动机、线绕盘式电动机、无刷直流电动机等是主要配套电机类型。尤其是随着数字化时代的到来，对录像机、摄像机、数码照相机等电子消费品的需求不断增长，产品更新换代速度加快，对电机的精度、性能要求也越来越高。

4. 国防领域的核心支撑

在国防领域，电动机及其组件产品更是扮演着举足轻重的角色。这些特种电机及组件产品种类繁多、规格各异，有近万个品种。它们的基本功能涵盖了机械位置传感与指示、信号变换与计算、运动速度检测与反馈、运动装置驱动与定位以及速度、加速位置精确伺服控制等多个方面。此外，它们还承担着计时标准及小功率电源等关键任务，为国防现代化提供了坚实的物质基础。

“趣”阅科学

这本书通过绘本的形式，带领你们进入一个有趣的电的世界。电有惊人的大能量，同学们快来阅读，了解电的知识，感受电的力量。

《电有大能量》

第09课
美丽的银河系

在晴朗的夜晚，要是抬头往天上看，能看到好多好多的星星。有些地方的星星可密集啦，它们连在一起就好像一条白白的带子，这就是银河系。你知道吗？这里可是有1500亿到4000亿颗恒星，还有好多好多的星团和星云。这么多的恒星、星团和星云，组成了大大的银河系，是不是超级神奇呀？

科学实验室

实验器材

纸盒	电池盒	隔板
贴纸	灯泡	接线底座
开关	电池	星座贴片

实验步骤

1 组装星座盒。

2 组装灯泡，长脚接红线，短脚接黑线。隔板中间用剪刀开一个十字孔，把灯泡穿过小孔。

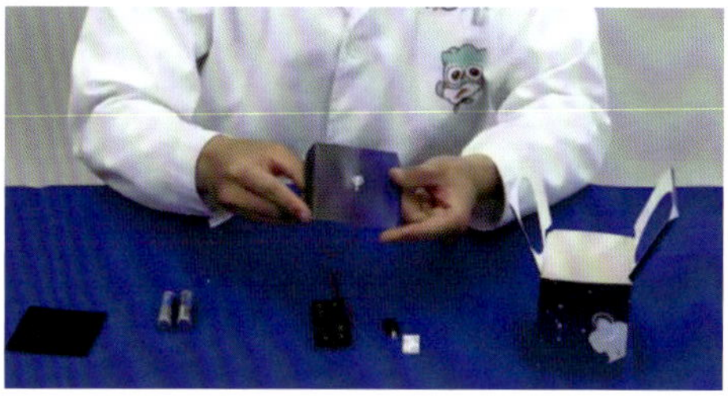

3 将电池与灯泡黑线相接，把电池盒放到星座盒里面，红线从星座盒正面的两孔穿出。

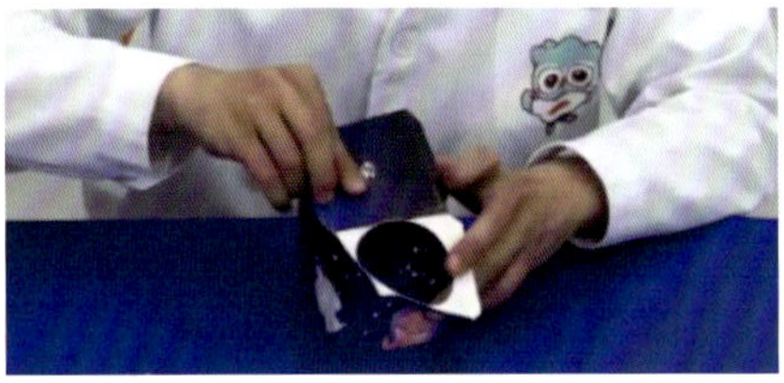

4 将电池放入星座盒的电池盒里，测试灯泡是否能正常开关，并整理好星座仪的隔板。

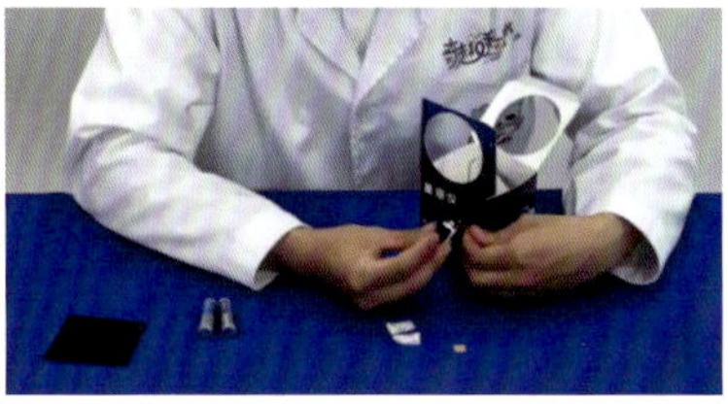

5 组装开关。小双面胶粘贴开关。

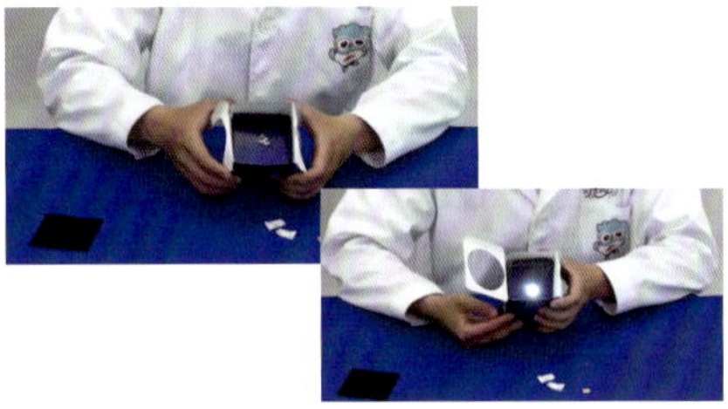

6 将星座盒盖上，插入星座卡片，再把顶部盖上。

实验现象

晚上打开星座仪，打到天花板上，形成一幅星光璀璨的画面。

科学小知识

在地球上看，银河系就像是一条布满星星的带子。这是因为我们的太阳系是银河系的一员，我们在里面，所以看到的只是银河系的一部分。要是我们在宇宙里，处在银河系的上方或者下方，那银河系就像一个不停旋转的大铁饼。要是站在它侧面看，它又像一只织布的梭子。银河系从核球那里伸出来 4 条旋臂。旋涡的结构可是银河系很重要的特点，是由银河系里的天体绕着银心旋转形成的。穿过银心并且垂直银道面的线叫银轴，银河系一直在绕着银轴自转，同时还朝着麒麟座的方向整体移动，整个样子就像一个巨大的车轮平躺着向前滚。

银河系的直径有 10 万到 18 万光年那么长。人类现在可没办法飞出银河系，以太阳为中心，就算人类用光速飞，也得至少 40000 年才能到银河系的边缘。而且，银河系现在还在变大呢。在银河系大概 4000 亿颗恒星里面，太阳只能算是中小型的恒星。

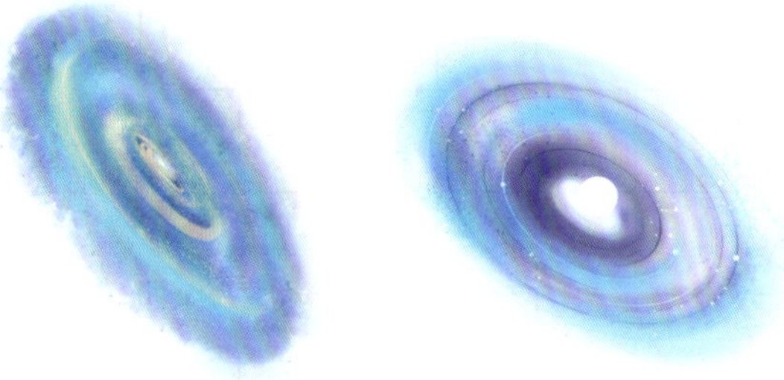

美丽的银河系

科学与生活

我们看到的银河

银河，其实就是银河系中自转的那个平面部分，也叫银盘。我们一年四季都能看到。因为不同的季节地球在夜间对着银盘的不同地方，所以，有的季节，我们看到的银河比较窄，星星也比较稀疏；有的季节看到的银河就比较宽，星星也更密集。在每年夏秋交替的时候，大概是八九月份，地球夜间正好对着银河系中心的方向。这时候，我们能看到银盘中心附近，这里的银河是最宽的，星星也是最密集的。要是天空很晴朗，就能看到一条亮亮的带子横跨在天空中，非常漂亮！

银盘

"趣"阅科学

《我们在太空中的位置：太阳系》介绍了关于银河系与宇宙的内容。当然，如果你还想了解在太阳旁边看日珥是什么感觉，在海卫一上看充满氮气的间歇泉有多震撼，也可以在这本书中找到。

《我们在太空中的位置：太阳系》

第10课

眼睛的工作原理

眼睛是心灵的窗户，人得到的80%的信息是通过眼睛获取的。光线进入眼睛转化成电信号，传到大脑，我们就看到了。眼睛是我们认识世界的窗口，我们为什么能够看到世界，眼睛的关键结构是什么？它们是如何工作的？今天我们来探究眼睛的工作原理。

科学实验室

实验器材

焦距不同的凸透镜 × 2	蜡烛（或能发光的F光源）
凹透镜 × 1	光具座
光屏	火柴

实验步骤

1 将蜡烛、一个凸透镜、光屏（或纸屏）依次安放在光具座上，要求将各器具的中心调整在同一高度，凸透镜放在光具座的0刻度处。

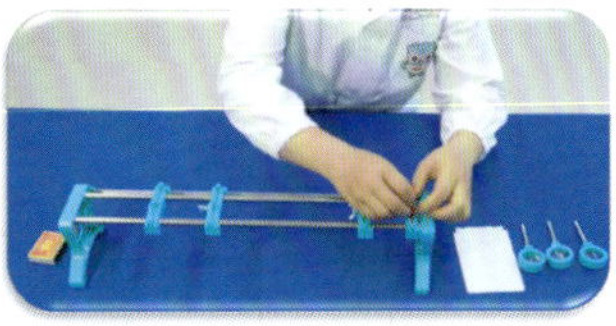

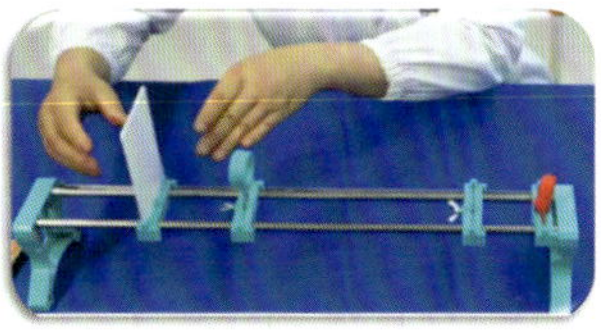

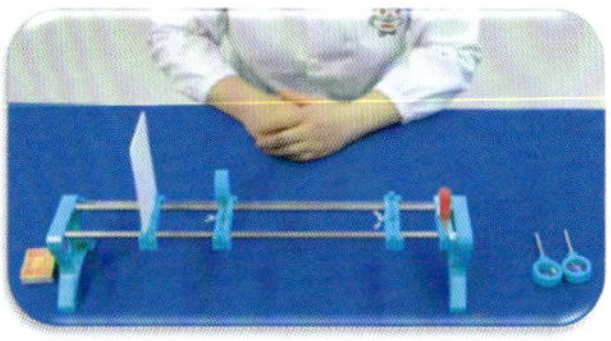

2 点燃蜡烛，观察光屏上的像是否清晰。

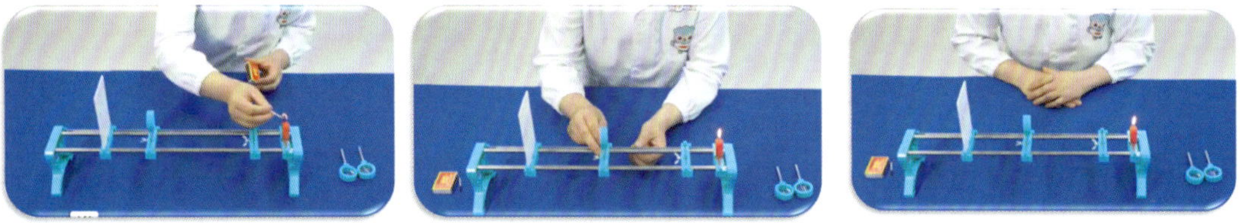

3 改变光屏的位置，使像落在光屏的后面，模拟远视眼。若像不清晰，选用凸透镜矫正，使纸屏上出现清晰的像。

4 移动光屏，让蜡烛的像落在光屏的前面，模拟近视眼。若像不清晰，选用凹透镜进行矫正，使光屏上出现清晰的像。

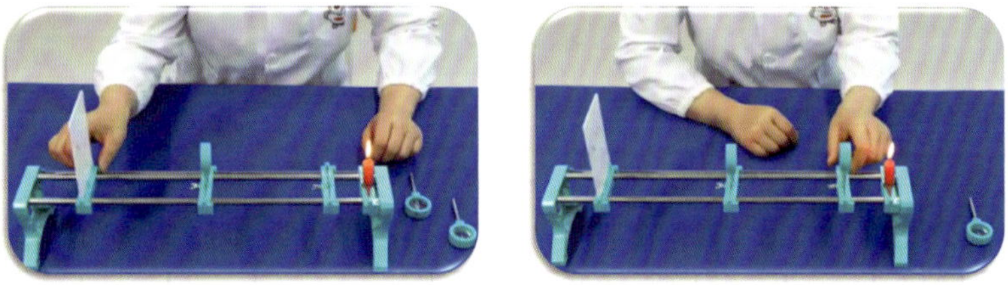

⚠ 注意事项：

1. 做此实验时，室内光线不能过亮。

2. 蜡烛、凸透镜、纸屏幕须摆放在一条直线上。而且蜡烛的焰心、凸透镜的光心、纸屏的中心高度大体相同。

实验现象

远视眼像成在视网膜后，用凸透镜矫正；近视眼像成在视网膜前，用凹透镜矫正。

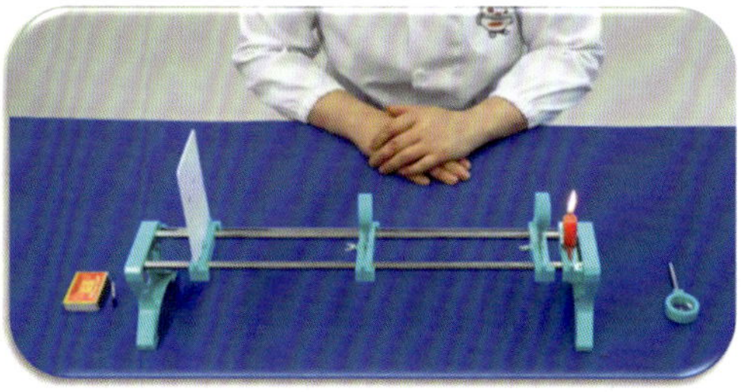

科学小知识

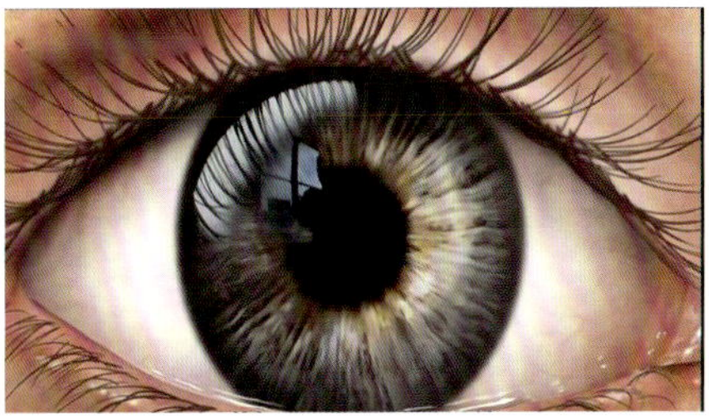

眼睛

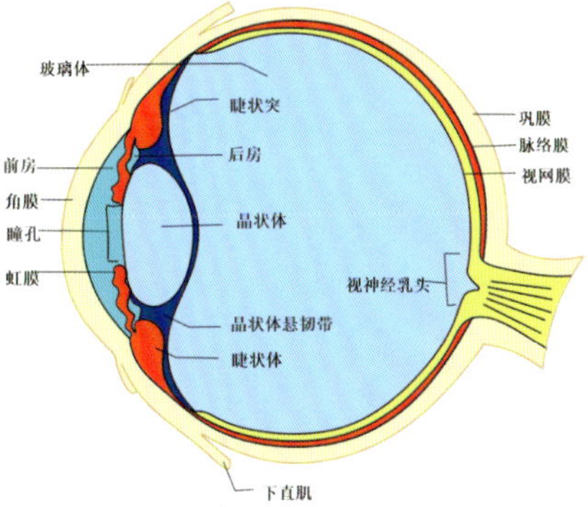

眼睛的结构

眼睛由眼球和眼副器（包括眼睑、眼眶、结膜、泪器和眼肌等）组成。眼球是视觉器官的主要部分，眼球内部的视网膜有感光作用。视网膜上有1.5亿个感光细胞。感光细胞可分为两种：一种细胞主要感受白天的景象，另一种细胞感受夜间的景象。

人的视觉由光作用于人眼产生。实际上，眼睛就是一个光学系统，外界的信息作为影像投射到视网膜上，经处理后传到大脑。这就是说，人看见物体，是由人的眼睛和大脑通过辨认图形来完成的。

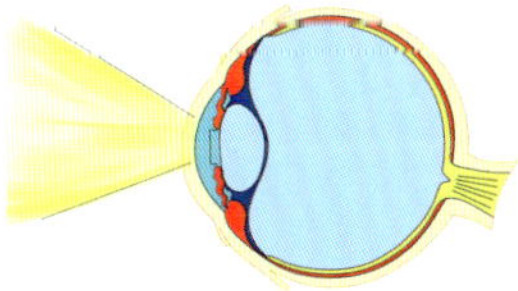

（1）光线通过眼睛的角膜

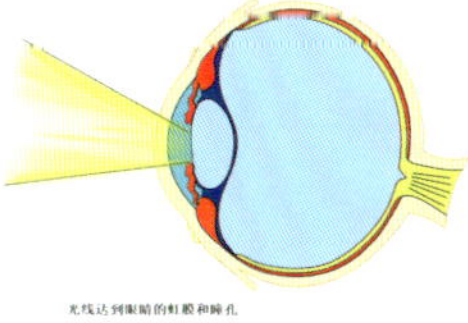

（2）光线通过眼睛的虹膜和瞳孔

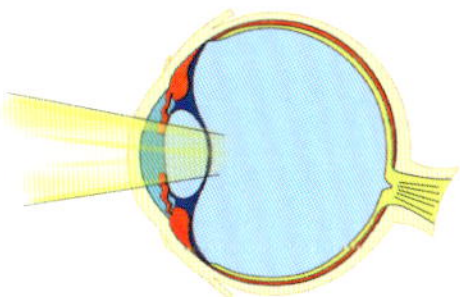

（3）光线通过透镜状的晶状体

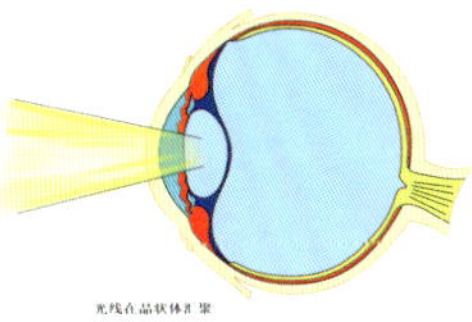

（4）光线在晶状体汇聚

实验结论：人的眼睛是靠自动调节晶状体的凸度看清远近不同物体的，晶状体的凸度是靠牵引晶状体的肌肉调节的。肌肉收缩，晶状体凸度变大，眼睛可以看清近处的物体；肌肉舒张，晶状体凸度变小，眼睛可以看清远处的物体。

科学与生活

如何保护我们的眼睛？

预防近视：随着电子产品的普及和学习压力的增加，近视已成为全球性的健康问题。科学研究表明，减少近距离用眼时间、增加户外活动、保持正确的用眼姿势和营造适宜的光线环境等措施有助于预防近视。

保护眼睛免受伤害：科学还告诉我们如何避免眼睛受到物理或化学伤害，如佩戴防护眼镜进行体育活动或接触有害化学物质，以及避免直视强光等。

营养与眼睛健康：科学研究还发现，某些营养素对眼睛健康至关重要，如维生素A、C、E、Omega-3脂肪酸和锌等。均衡的饮食有助于维持眼睛的正常功能和预防眼部疾病。

眼部疾病的早期发现与治疗：随着医学技术的进步，科学为我们提供了更多早期发现和治疗眼部疾病的方法，如定期进行眼科检查、使用先进的诊断设备和治疗手段等。

“趣”阅科学

眼睛，是我们最重要的感觉器官之一。透过眼睛，我们才能读书、游戏、创作，以及欣赏美丽的风景和图画。《眼睛的故事》这本书，通过具体而生动的图画，详尽地表现了眼睛各部分的构造和它之所以可以视物的科学原理。还向我们介绍了一些与眼睛相关的其他知识，比如眉毛、睫毛在保护眼睛方面的重要作用。这些介绍会使我们对眼睛的认识立体、饱满起来。

《眼睛的故事》

第11课

机械小鸟

你是否羡慕在天空中自由自在飞翔的小鸟，它们时而直冲云霄，时而自由翻飞，你想不想自制一只机械小鸟呢？

工程与技术

科学实验室

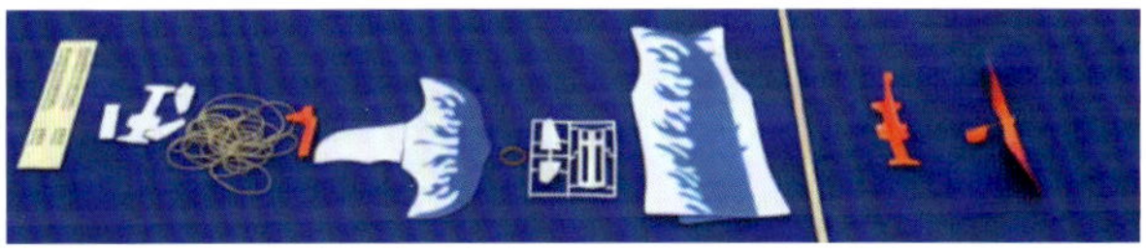

实验器材

橙色螺旋桨	长方形木条	皮筋	尾钩
机翼支架	机翼	水平尾翼	橡皮绳
尾翼支架	白色塑料片	垂直尾翼	双面胶

实验步骤

1 将橙色螺旋桨、机翼支架、尾翼支架依次安装在长方形木条上。

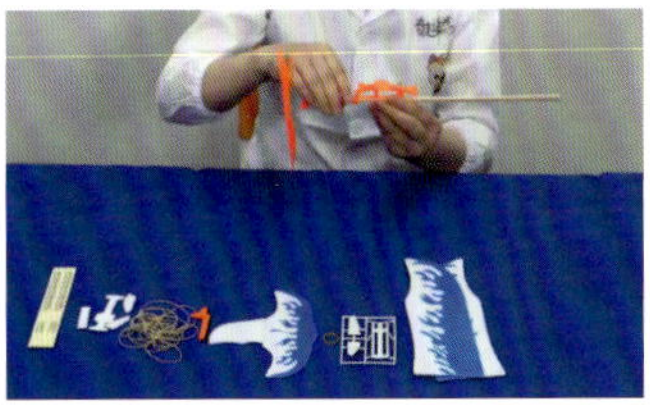

2 将机翼用双面胶安装在机翼支架上。

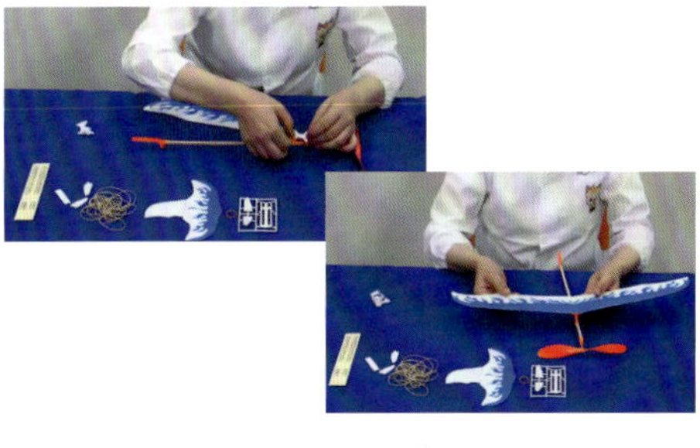

3 将两个白色塑料片粘贴在机翼上，并用皮筋固定好。

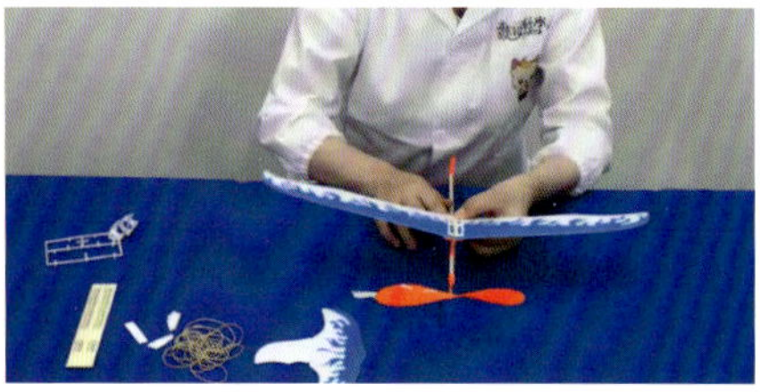

4 将水平尾翼和垂直尾翼依次安装到尾翼支架上。

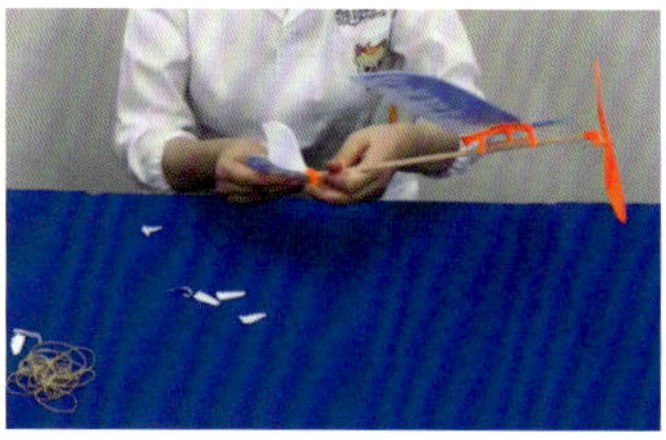

5 将两个白色塑料片粘贴在机翼上，并用皮筋固定好。

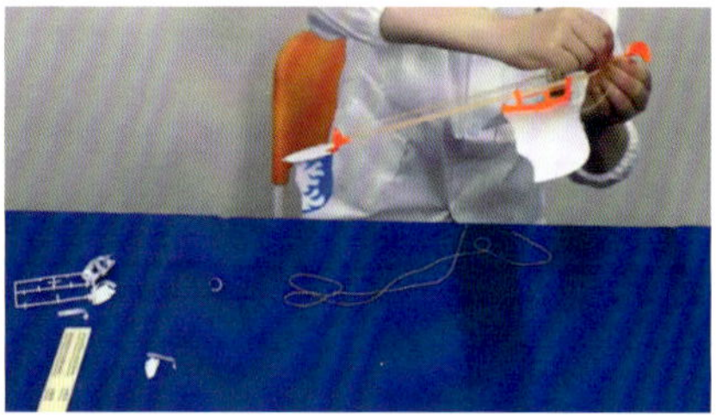

实验现象

松开手，向前掷出机械小鸟时，螺旋桨旋转起来，机械小鸟飞了起来。

科学小知识

机械小鸟的动力来源于橡皮筋。当橡皮筋被绕紧时，橡皮筋就有了一种能量，当它放松时，这种能量就被释放出来，机械小鸟就飞起来了。

科学与生活

飞行器的发展史是一段充满创新与突破的历史，从最初的简单尝试到如今的复杂技术体系，每一步都凝聚了人类的智慧与勇气。以下是飞行器发展的主要历程。

早期探索

古代文明：人类对于飞行的梦想可以追溯到古代。例如，中国古代的风筝就是一种早期的悬挂式飞行器，虽然它不能载人，但已经展现了人类对飞行的向往。

热气球与飞艇：18世纪末至19世纪初，随着蒸汽机等动力技术的出现，飞行技术开始有了实质性的进展。1783年，蒙哥利夫兄弟在法国成功地用热气球进行了人类历史上的第一次有人驾驶飞行，标志着飞行技术的起步。随后，飞艇的发明和应用进一步推动了飞行技术的发展。

飞机的诞生

莱特兄弟的贡献：20世纪初，莱特兄弟进行了大量的实验和研究，最终于1903年成功地设计和制造了世界上第一架受控飞行的动力飞机。这一成就不仅实现了人类的飞行梦想，也开创了现代航空技术的新纪元。

军事应用：第一次世界大战期间，飞机作为军事工具被广泛应用，执行了侦察、轰炸和空中战斗等任务。这一时期，飞机技术得到了快速发展，飞行员们积累了丰富的战斗经验，对飞机的改进也在不断进行。

喷气式飞机与超音速飞行

喷气技术的出现：第二次世界大战期间，喷气式飞机的概念和技术开始出现。德国的Me-262战斗机成为世界上第一种喷气式飞机。随着喷气技术的逐渐成熟，飞机的速度和飞行高度都有了显著提升，飞行变得更加高效和经济。

超音速飞行：20世纪50年代，超音速飞行技术的突破使飞机的飞行速度达到了数倍音速。这一技术的应用不仅推动了商业航空和军事航空的发展，也开启了人类探索高速飞行的新篇章。

太空飞行

人造卫星与载人航天：1957年，苏联成功发射了世界上第一颗人造地球卫星——斯普特尼克一号，标志着航空航天时代的开启。随后，苏联的尤里·加加林成为第一个进入太空的人类。1969年，美国阿波罗11号飞船成功实现了人类登月，标志着人类太空探索的重要进展。

电动飞行器与未来趋势

电动航空的兴起：近年来，随着电池等技术的不断创新和突破，电动飞行器得到快速发展。电动飞行器作为面向未来立体交通的新型运载工具，具有高便利性、低噪音、低成本和绿色低碳等特点，未来发展潜力巨大。

未来展望：未来，飞行技术将继续发展，包括对电动飞行器、太空旅游和深空探测等领域的探索。同时，随着环境保护意识的增强，绿色飞行将成为未来的发展方向。

“趣”阅科学

你知道飞机是谁发明的吗？发明过程中又经历了哪些挫折？《莱特兄弟》这本书为你揭示其中的奥秘。奥维尔·莱特和威尔伯·莱特是美国著名的航空先驱。他们从小对机械和飞行充满了兴趣，并且通过不断的试验和努力，最终实现了人类首次成功的动力飞行。

莱特兄弟的成功不仅仅是因为他们的聪明才智，更因为他们坚持不懈和勇于创新的精神。他们通过不断的试验和改进，解决了飞行中的许多技术难题，如飞行控制和动力系统。

《莱特兄弟》

第12课

胡克滚轮

小娃："漫画《航海王》中，路飞的橡胶手臂能在拉伸后获得巨大能量，在回弹瞬间捶飞对手。"为什么橡胶手臂在拉伸后能获得巨大的能量呢？当拉长的手臂锤击敌人时能量是怎样转换的呢？

科学实验室

实验器材

短圆棒 × 2	螺母 × 1	插销 × 6
长圆棒 × 3	扎带 × 1	
橡皮筋 × 1	塑料轮 × 2	

实验步骤

1 两个轮子插入插销。

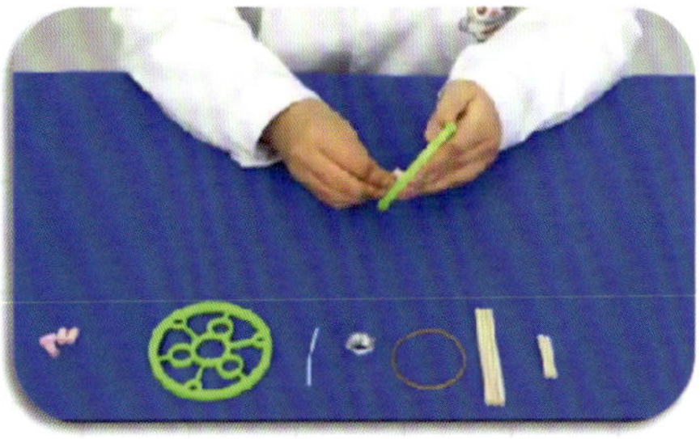

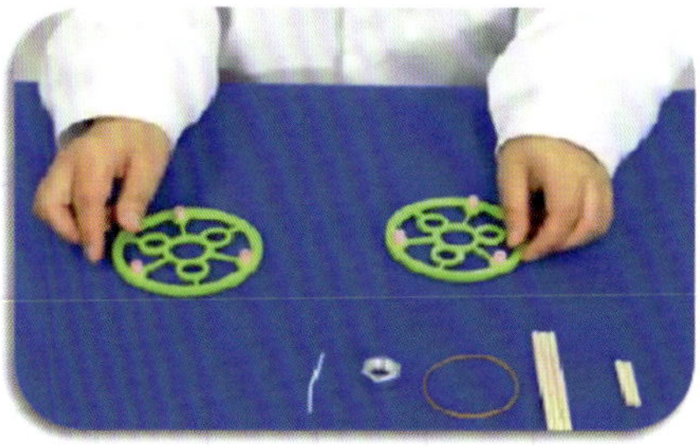

2 连接两个轮子。

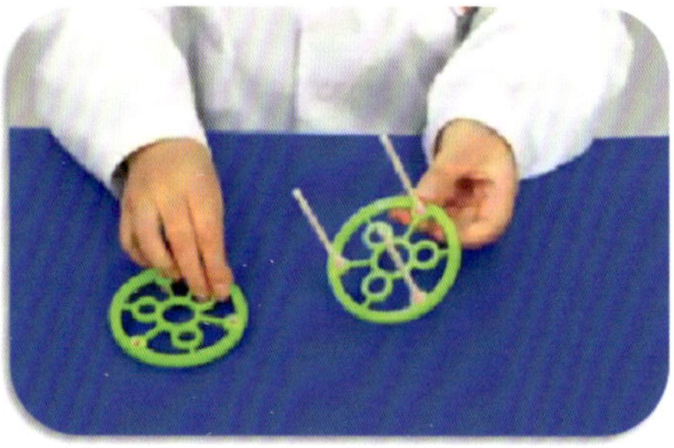

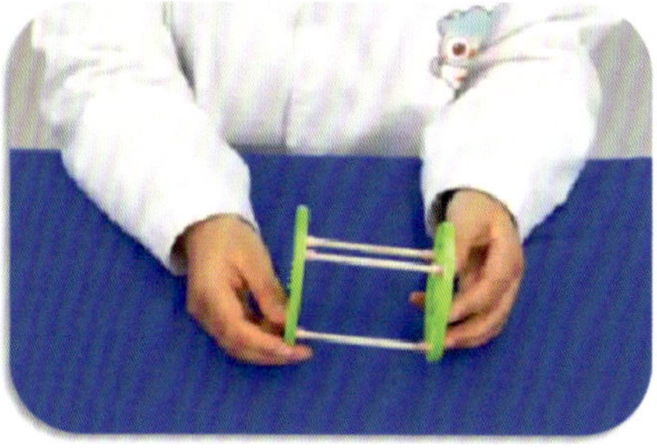

3 固定皮筋。

4 捆扎螺母。

实验现象

用手推动滚轮向前滚动时，金属螺母带动皮筋自动扭曲缠绕数圈；向前滚动一定距离后，皮筋回弹并驱动滚轮又向后滚动。皮筋缠绕圈数越多，滚轮滚动的距离越远。

科学小知识

滚轮为什么会滚动起来呢？当橡皮筋被绕紧时会储存能量，当它放松时，橡皮筋的能量释放出来，这种能量促使滚轮向前运动，橡皮筋内储存的能量转换为滚轮运动的机械能。

能量是看不见、摸不着的，但我们可以观察到它产生的效果。橡皮筋与橡胶类似，都可以被拉伸。胡克滚轮就是利用橡皮筋的弹性产生动力。橡皮筋被拉伸绕紧时，它的内部微观结构被拉长，使结构之间的相互作用力增强，从而储存了能量。当橡皮筋被放松释放时，这些储存的能量就会转化为运动能量推动小车前进，这种形式的能量是一种机械能。

科学与生活

人体主要的能量来源是进食，食物中的营养主要包括淀粉、脂肪、蛋白质和无机盐等，食物中储藏着化学能。

蛋白质和无机盐与能量的关系不大。淀粉大多会被消化系统分解为葡萄糖，一部分葡萄糖被细胞吸收利用，多余的葡萄糖会被合成肝糖原和肌糖原储存在体内。脂肪是人体主要的储能物质。人体摄入的脂肪被消化系统分解为甘油和脂肪酸等物质后才进行吸收。当人体长期饥饿时，人体内的脂肪酸就会被分解并提供能量。

人类进食后，食物中的化学能会被转化为人体内的化学能。这部分化学能最终会因人体参与各种生命活动被释放。比如跑步时，肌肉收缩，化学能转换为机械能等，还有相当大的一部分能量，以热量的形式散失了。这部分热能主要用于维持我们的体温，使我们的身体能够在适宜的温度下进行新陈代谢。

“趣”阅科学

我们身边发生的一切，小到吃饭、睡觉，大到日月星辰的运动，都与能量息息相关。《能量无处不在：万物运转的物理学》一书内容全面，涵盖能量的形式、来源、用途、储存方式，能量守恒定律，能量与能源等内容，带我们全面了解能量的相关知识。本书文字浅显易懂，插图直观形象，将严谨的专业知识生动、有趣地呈现出来。让我们一起走进能量的殿堂，领略人类惊人的智慧，体验异彩纷呈的科学世界吧！

《能量无处不在：万物运转的物理学》

奇趣小小
科学家
科学探究
上册
谷华 张芳 陈剑 著
奇趣
中国原子能出版社

图书在版编目（CIP）数据

奇趣小小科学家. 科学探究. 上册 / 谷华, 张芳, 陈剑著. -- 北京 : 中国原子能出版社, 2024. 10.
ISBN 978-7-5221-3722-3

Ⅰ. Z228.1

中国国家版本馆 CIP 数据核字第 2024UH5175 号

奇趣小小科学家——科学探究（上册）

出版发行	中国原子能出版社（北京市海淀区阜成路 43 号　100048）
责任编辑	杨晓宇
责任印制	赵　明
印　　刷	炫彩（天津）印刷有限责任公司
经　　销	全国新华书店
开　　本	787 mm×1092 mm　1/16
印　　张	3
字　　数	42 千字
版　　次	2024 年 10 月第 1 版　2024 年 10 月第 1 次印刷
书　　号	ISBN 978-7-5221-3722-3　　　**定　价**　**330.00** 元（全 **12** 册）

本书创作组

作　　者：谷　华　张　芳　陈　剑

参与创作：辛　红　史静娴　冯欢蕊　李　玲　刘　杨

马　宁　李　波　陈秀芸

序言

PREFACE

生活在这个知识爆炸、科技日新月异的新时代，我们每一个人都仿佛置身于一场波澜壮阔的历史洪流之中，经历着前所未有的变革与挑战。在这场变革中，新时代的教育强国建设无疑给我们教育工作者提出了更为崇高且紧迫的使命与要求。在“双减”背景下，做好科学教育的加法为我们重新审视和定义教育内涵提供了宝贵契机。在这场教育生态的重塑之中，科学教育以其独特的魅力与重要性，成为了我们不容忽视的焦点。它不仅关乎孩子们对自然世界的认知与探索，更是培养他们创新思维、实践能力和科学素养的关键途径。正是在这样的背景下，我们汇聚了一群怀揣教育梦想、热爱科学教育的教师同仁，携手众多深耕科学教育领域的专家，共同撰写了这套以科学实验为核心内容的科学丛书。这不仅仅是一系列书籍的创作，更是一场关于科学精神、教育情怀与未来想象的深刻对话与实践。

科学之光，点亮童心

每一个孩子都是天生的探索者，他们对世界充满了好奇与渴望。本套丛书精心策划了一系列科学实验，旨在点燃孩子们对科学的热爱，引导他们从日常点滴中发现科学之美。本套丛书语言活泼、情境精彩、图画生动、实验有趣，从简单的物理现象到复杂的化学反应，从微观的细胞世界到浩瀚的宇宙星辰，孩子们通过观察现象、动手实验、阅读思考、总结规律，轻松掌握科学知识、提高探究能力、滋养想象思维、激发创新精神，每一个实验都是一扇窗，让孩子们得以窥见科学的无限可能，启迪智慧的炫彩火花，点亮未来的梦想之路。

团队协作，智慧结晶

本套丛书的诞生，是集体智慧的结晶。我们集合了河北省各地的优秀科学教师，他们都是科学教育的行家里手，有着丰富的实践经验与教学智慧，对孩子们的学习特点与兴趣点有着敏锐的洞察。在专家的精心指导下，我们反复打磨每一个实验方案，力求做到既科学严谨又生动有趣，既注重知识的传授又强调能力的培养。我们相信，这样的科学教育才能真正触及孩子们的心灵，让他们在轻松愉快的氛围中成长为未来的科学之星。

家校共育，携手成长

这套丛书还特别适用于学校的课后服务以及家庭亲子游戏。我们希望通过这样的形式，搭建起家校共育的桥梁，让家长也能参与到孩子的科学学习中来，共同见证孩子的成长与进步。亲子共做实验的过程，不仅能够增进亲子关系，还能让科学成为连接两代人情感的纽带，让科学教育成为家庭生活中不可或缺的一部分。

展望未来，无限可能

展望未来，我们满怀期待。我们相信，随着这套丛书的广泛传播与应用，将有更多的孩子因此而爱上科学、投身科学、成就科学梦想。让我们携手并进，在科学的道路上不断探索、勇毅前行，共同为孩子们撑起一片更加广阔的天空，让科学的种子在他们心中生根发芽、茁壮成长！

最后，衷心感谢所有参与本套丛书创作的教育同仁、专家学者的辛勤付出与无私奉献。愿这套科学丛书能够成为孩子们成长道路上的良师益友，陪伴他们开启一段段精彩纷呈的科学探索之旅！

河北省石家庄市融创中心第一小学校长
谷华

目录

物质科学

生命科学

地球与宇宙科学

工程与技术

第01课

能不能小点声

小米：“小娃，我好烦啊，我们家楼上在装修，发出了各种噪声，我都没法静下心来做我的科学小实验了。怎么办啊？”

小娃：“真是个难题，该怎么办呢？”

科学实验室

实验器材

卡纸盒子	开关	脱脂棉
电池盒	蜂鸣器	双面胶条

实验步骤

1 按照折痕折叠盒子，用双面胶条粘贴好。

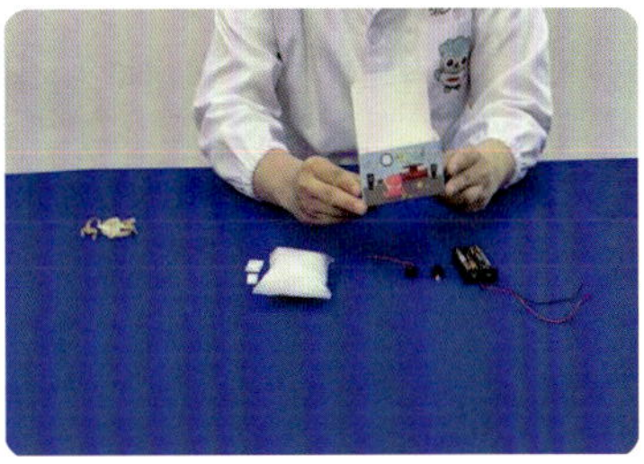

2 将电池盒的黑导线和蜂鸣器的黑导线相连，然后放到盒子里面，并将开关粘贴在盒子外面。

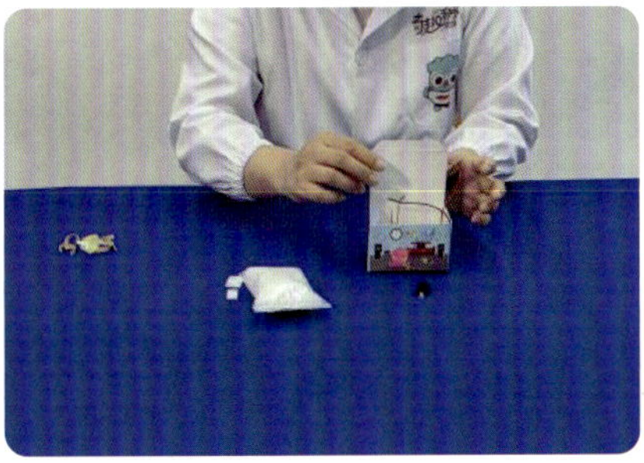

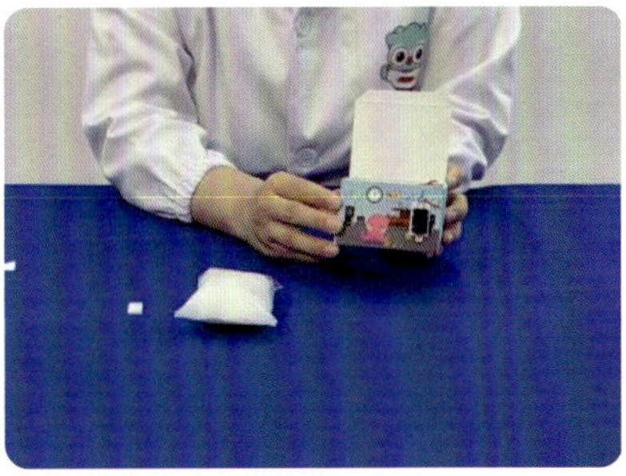

3 电池盒和蜂鸣器的红导线由内向外穿过盒子侧面的小孔连接在开关上。闭合开关，感受声音的大小。

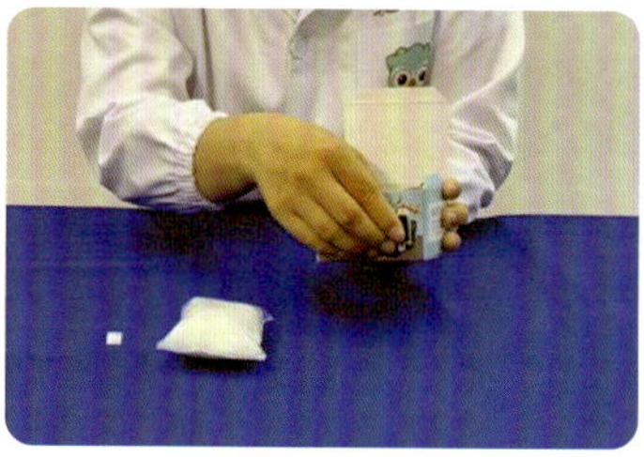

4 用脱脂棉包裹住蜂鸣器，盖好盒子顶盖。闭合开关，感受声音的大小。

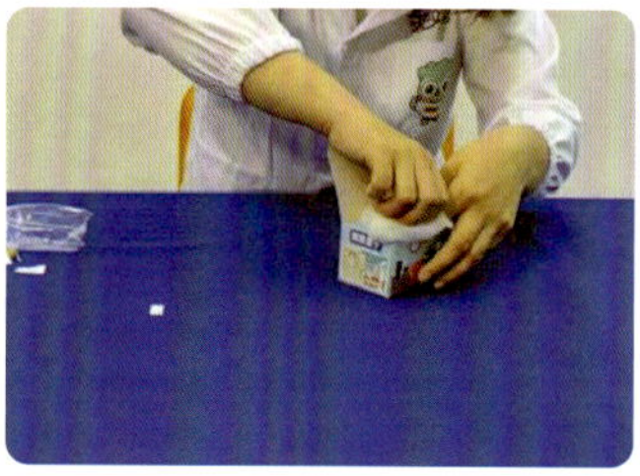

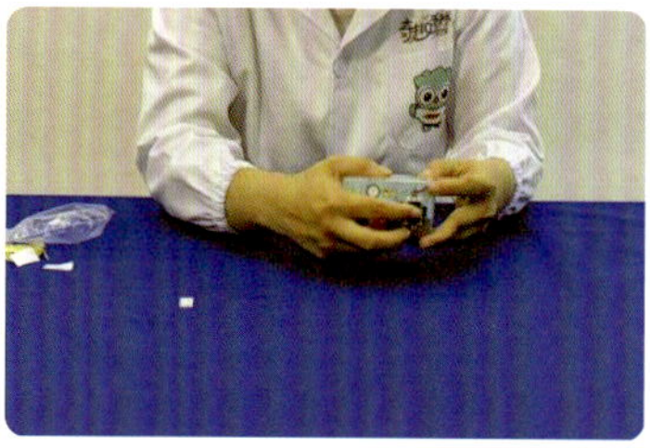

实验现象

当蜂鸣器裸露在外时，蜂鸣器的音量大而刺耳；用脱脂棉、纸盒把蜂鸣器包起来后，蜂鸣器的声音明显减小。

科学小知识

我们可以从三个环节控制噪声：防止噪声产生、阻断噪声传播和防止噪声进入耳朵。

蜂鸣器相当于噪声的声源，将蜂鸣器包裹起来，阻止了噪声的传播，达到控制噪声的效果。

小米：那我可以戴上耳机，防止噪声进入耳朵，这样就能安心做我的科学小实验啦！

声音的强弱：通常以分贝为单位来表示声音强弱，符号是dB。

0 dB：是人们能听到的最微弱的声音。

20 dB：很安静，比如时钟走动的滴滴声、呼吸声等。

40 dB：比较安静，比如空调的吹风声、悄悄话的声音等。

60 dB：日常生活音，比如闹钟的声音、关门声、流水声。

80 dB：比较吵闹，比如吵闹声、冲水声。

100 dB：非常吵闹，比如卡拉 OK 唱歌的声音、工厂生产的声音。

120 dB：会感到痛苦，比如打鼓声、鸣笛声。

小提示：

保护听力，不超过90 dB;学习和工作，不超过70 dB;休息和睡眠，不超过50 dB。

科学与生活

噪声污染环境也打扰邻居。我们平时在家中活动尽量声音不要过大，以免影响他人。家庭聚会或者看电视、听音乐、唱歌时音量不要太大。挪动桌椅等家具时，注意时间和力度。不要让孩子的跑跳打扰到楼下的住户。装修要选好施工的时间，同时提前跟左邻右舍打好招呼，以求得邻里的谅解。

生活中噪声的分类：

1. 交通噪声（汽车鸣笛或者车辆发动机的轰鸣声）；

2. 工业噪声（工厂进行生产时的噪声）；

3. 建筑施工噪声（建筑工地噪声、修路时的噪声）。

“趣”阅科学

《可怕的科学：声音的魔力》告诉你关于声音的各种知识，为你揭示声音魔境中匪夷所思的真相。在这本书里，你会发现：

· 声音是如何通过空气传播的；

· 为什么不同的乐器会发出不同的声音；

· 我们的耳朵是如何听到声音的；

· 声音在水中和空气中传播的速度有什么不同；

· 如何利用声音进行有趣的实验。

让我们一起遨游在《可怕的科学：声音的魔力》里。

《可怕的科学：声音的魔力》

第02课

是谁闪到了我的眼睛

小娃："你们知道光有几种颜色吗？今天小娃带你们一起探究一下吧。"

我们先将清水倒入碗中，然后将一面镜子放入水中，接着将镜子对着太阳，将光线反射到白纸上。快看，漂亮的彩虹就出来啦。

阳光看起来是一种颜色，为什么会形成七种颜色的彩虹呢？

科学实验室

实验器材

电池	电池盒	固定电池盒的木板	马达	马达支架	导线×2	红、绿、蓝三色卡片

实验步骤

1 将电池放入电池盒内，并将电池盒按图中所示固定。

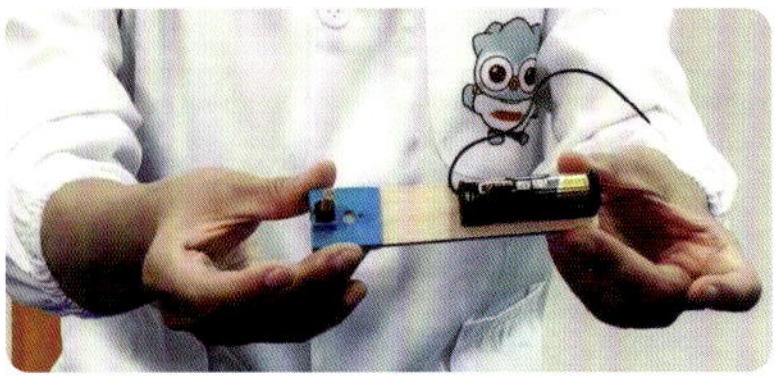

2 将电池一端连接到马达一侧。

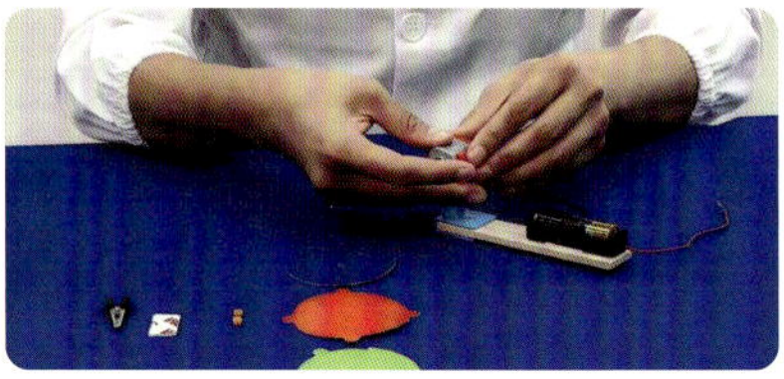

3 将红色、蓝色、绿色三种颜色卡片进行拼接。

4 将拼好的三色盘和轴套装在马达上，闭合电路观察现象。

实验现象

闭合电路后，我们会看到三种颜色混合成了白色。

科学小知识

光的色散指的是复色光分解为单色光的色散现象。刚刚的小实验就是一种光的色散现象。那什么是复色光和单色光呢？由几种单色光合成的光叫作复色光，又称复合光，能产生色散。而单色光是单一频率（或波长）的光，不能产生色散。把红、蓝、绿三色的卡片制成圆盘，并令它迅速绕轴转动，由于人眼的视觉暂留效应，视网膜上将产生三种颜色混合而成的白色。

太阳光就是一种由赤、橙、黄、绿、蓝、靛、紫七种肉眼能看到的可见光和红外线、紫外线等肉眼不可见的不可见光组成的复合光。阳光射入到空中接近球形的小水滴造成色散，就产生了彩虹。这也就是为什么我们总是在雨后见到彩虹。

科学与生活

紫外线位于太阳光谱中紫色光之外，为不可见光。紫外线具有灭菌作用，短波紫外线对微生物的破坏力极强，我们经常用紫外线为空气和食物灭菌。紫外线能引起皮肤光化学反应，促进维生素D合成，从而起到健康保健的作用。但是紫外线同样对于人体皮肤有晒伤、晒黑甚至致癌的潜在危害。所以晒太阳要注意时间。

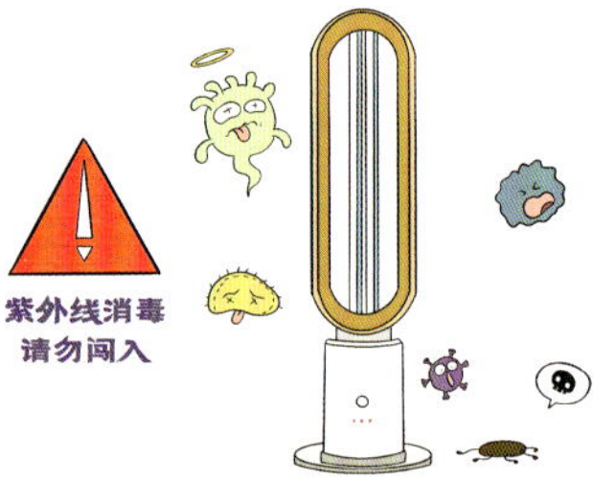

紫外线灯

红外线位于太阳光谱中红色光之外，为不可见光。红外线会产生热效应，我们被太阳晒会感到热就是因为红外线。红外线在通信、探测、医疗、军事等方面有广泛的用途。

红外摄像头

“趣”阅科学

太阳光色散区域包括可见光和不可见光。《从猎手到卫士：狗》这本书中讲到了很多光谱的秘密，快找来书看看！

《从猎手到卫士：狗》

第03课

气球串

上古时代，燧[suì]人氏偶然发现啄木鸟用又长又尖的嘴，在树木上的小窟窿里找虫子吃。由于虫子钻得深，啄木鸟够不着，只好用坚硬的嘴去啄，不料却啄出火星儿。燧人氏受到这个启发，就用坚硬而尖锐的木头在另一块硬木头上使劲地钻，并钻出火星来。从此，人类就掌握了一种取火的方法——钻木取火。你知道其中的科学道理吗？

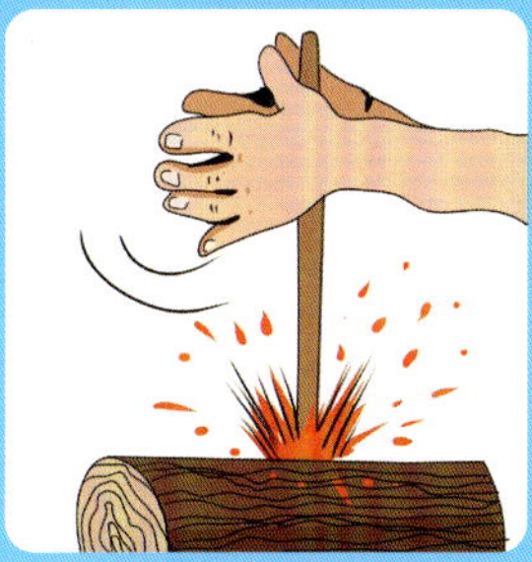

科学实验室

实验器材

气球	打气筒	细铁丝

实验步骤

1 给彩色气球打气。

2 把铁丝从气球底部最厚的地方慢慢穿进去。

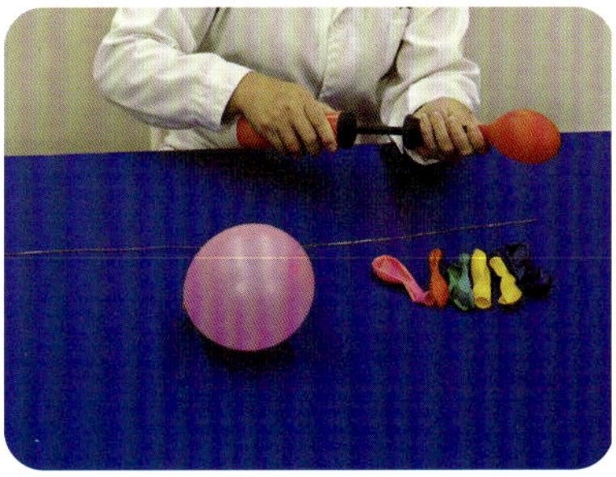

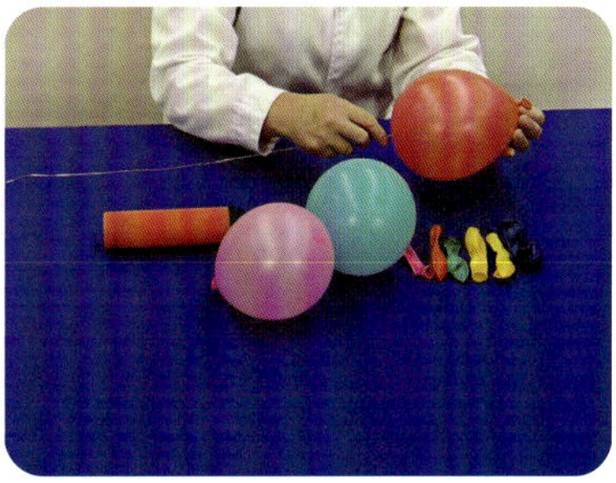

3 把铁丝从气球吹气口旁边的位置穿出来，气球竟然没有破，一个气球就穿好了。

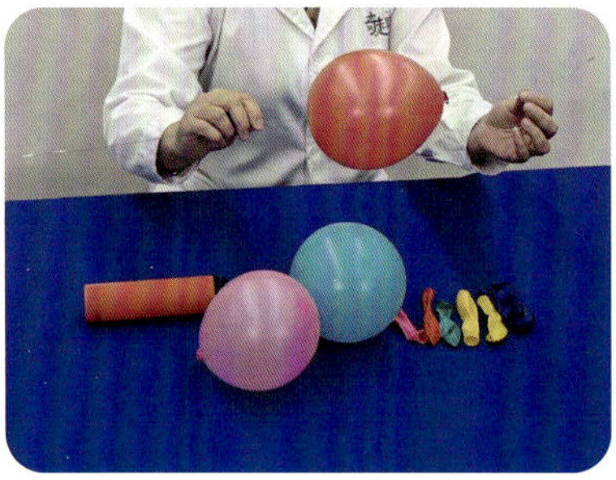

4 多穿几个气球，这也许并不容易，但不要灰心，多试几次总会成功。

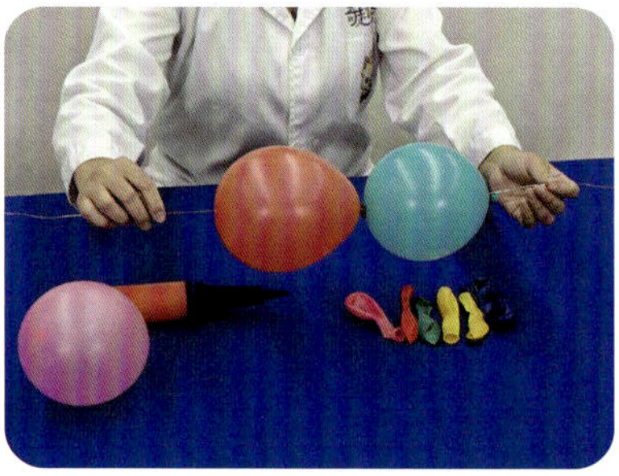

实验现象

铁丝穿过了一个个彩色气球，像串糖葫芦一样把气球串了起来。

科学小知识

气球膨胀时，顶端和底部的颜色会比其他地方深很多，为什么会出现这样的情况呢？因为，在这些区域聚集了大量没有延伸开的橡胶材料，这会使这个区域非常有弹性。如果外力产生在这些区域，这些区域橡胶承受的力可以分散给周围其他的橡胶，有很大的缓冲空间，从而不会引爆气球。

摩擦生热是一种物理现象，它是指当两个物体相互摩擦时，机械能转换成热能，从而产生热量。钻木取火就是利用了这个科学原理。

科学与生活

摩擦生热现象在我们的日常生活中随处可见。

1.手摩擦生热：当我们用手搓揉时，手掌会因为摩擦而产生热量，这种现象在冬天时尤为明显。

2.摩擦点火：在野外生存时，我们可以利用摩擦点火的方法生火。例如，用木棒在木板上搓揉，使木板表面产生热量，最终点燃火种。

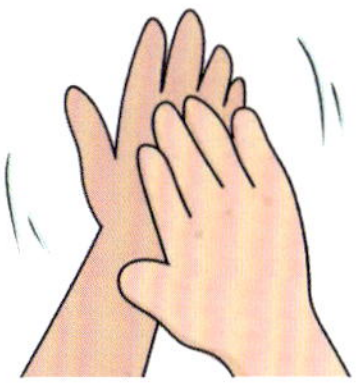

双手搓揉

摩擦点火

摩擦生热现象有时会给我们的生活带来不利影响：

1.高速行驶的汽车容易爆胎。

2.手钻工作时，钻头会很热，一旦碰到会导致手指烫伤。

3.刹车生热：汽车行驶过程中，连续或频繁刹车会使刹车片与刹车盘剧烈摩擦产生高温，从而减弱刹车片和刹车盘间的摩擦性能，导致制动距离延长。

汽车因摩擦生热而爆胎

手钻木板

刹车生热

“趣”阅科学

你知道摩擦力是谁最早发现的吗？太空中的飞船里有没有摩擦力？没有摩擦力，我们的生活会怎样？你可以在《我的第一本奇妙科学书：摩擦力》中找到你需要的答案。

《我的第一本奇妙科学书：摩擦力》

第04课

吸水蜡烛

小米："小娃，你相信手掌可以吸住玻璃瓶，不会掉下来吗？"

小娃："怎么可能，手上又没有磁铁！"（疑惑的表情）

小米："不信你来看。"

实验器材：玻璃瓶（果酱瓶或牛奶瓶等）、热水。

1.向玻璃瓶中倒入少量热水，摇一摇，然后把水倒出来。

2.伸开手掌，严严地盖紧瓶口。

3.等瓶子冷却后，慢慢地抬起手掌，瓶子被手掌吸了起来，就算手掌左右摇晃，瓶子都不会掉下来。

小娃："啊！手掌吸住了瓶子，这是怎么回事呢？"

小米："这是因为热水倒入瓶子里，瓶内充满了水蒸气，空气被排出，随着瓶子冷却，瓶子内气压变小，而瓶外的气压较大。所以，瓶子就被轻易地压在手掌上了。"

小娃："气压可真神奇呀！"

小米："我们还可以再做一个实验，感受气压的神奇。"

科学实验室

实验器材

盘子	色素	蜡烛	杯子	清水

实验步骤

1 向盘子内倒水，大约150 mL。

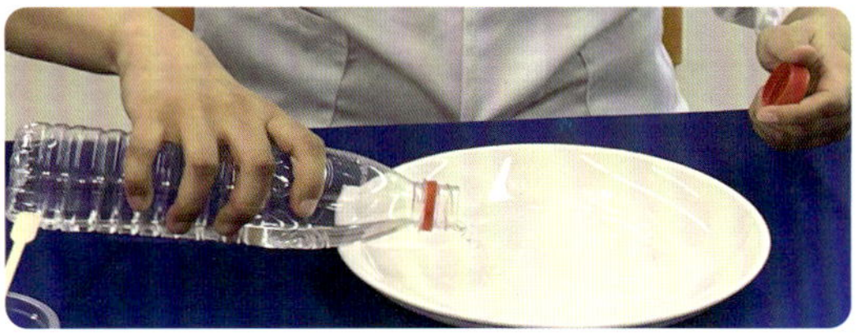

2 倒入色素，搅拌均匀。

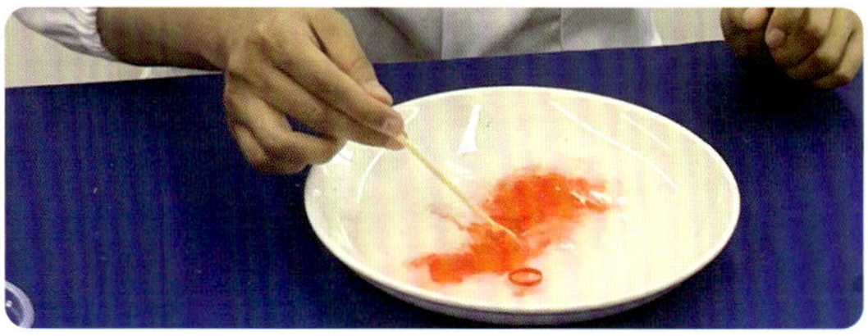

3 把蜡烛放在浅盘中，点燃蜡烛。

4 用杯子罩住蜡烛，认真观察。

实验现象

在蜡烛熄灭的瞬间，盘子里的水就会被吸进杯子里去。

科学小知识

我们周围的大气对其中物体在各个方向上存在压强，称为大气压。杯子中的蜡烛燃烧，消耗掉杯子里面的氧气，同时燃烧所产生的二氧化碳也会溶于水，此时杯子中的气压下降。于是，杯外的气压高于杯里的气压，就把水压进杯子里去了。

科学与生活

你见过拔火罐吗？

拔火罐是一种治病方法，起源于我国。过去火罐多用牛角或竹筒制成，现在多用玻璃或陶瓷。拔火罐时，先把酒精棉在罐内烧一下，火焰会消耗罐内的氧气并加热罐内的空气。此时迅速把罐扣在皮肤上，等到罐内的空气冷却后压强降低，小于外面的大气压，外面的大气压就将罐紧紧地压在皮肤上达到治疗效果。

拔火罐

这个原理在我们的生活中有很多有趣的应用：

1.真空包装：你有没有见过那些包装得很紧的食品？比如火腿肠，它们包装袋里面的空气被抽走了，这样食物可以保存得更久。

2.罐头食品：罐头里的食物在密封前会被加热，驱走罐头里的空气。密封后，罐头里的空气冷却，形成一个低压区，这样外面的空气和细菌就进不去了，食物就能保存很久。

3.吸盘挂钩：你家里可能有那种可以吸在墙上的挂钩。当你按压吸盘时，吸盘里的空气被挤出来，形成一个低压区。外面的空气会把吸盘紧紧压在墙上，这样挂钩就能挂住东西了。

4.真空保温瓶：你有没有用过保温瓶？保温瓶的瓶壁之间有一个真空层，这个真空层可以防止热量传递出去，这样瓶子里的水就能长时间保温。

“趣”阅科学

空气的热胀冷缩居然会造成大暴雪，《疯狂的天气：气象与气候》中有详尽的描述，你难道不想看看？

《疯狂的天气：气象与气候》

第05课

“铁”树开花

小米：“春天到了，花园里到处有盛开的鲜花。你见过‘铁’树开花吗？”

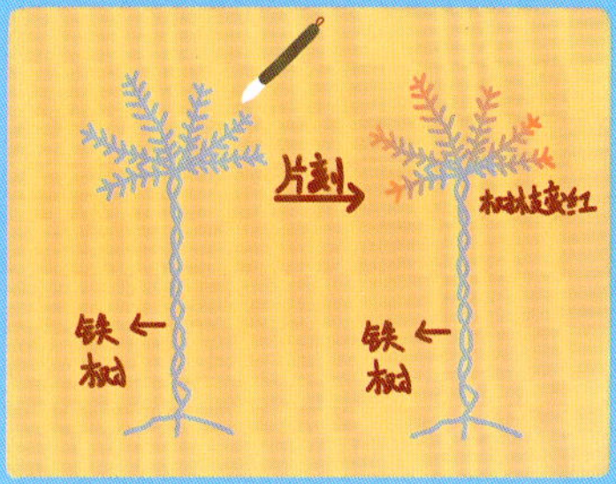

小娃：“啊？铁树怎么会开花呢？”

小米：”我们可以通过化学反应使铁片变成一棵‘树’，‘树’的枝条上会开出‘花朵’。

小娃：“哇，太神奇啦！”

小米：“有些金属，如锌片，也会产生‘铁’树开花的现象。下面我们就一起做实验吧！”

科学实验室

实验器材

锌片 × 3 硫酸铜晶体	塑料杯 滴管	培养皿、标本膜 滤纸（与培养皿大小一样即可）

实验步骤

1 将少许硫酸铜颗粒倒入塑料杯并加入水，充分搅拌成硫酸铜溶液。

温馨提示：不要让液体接触到皮肤，更不要误入眼中、口中，注意安全。

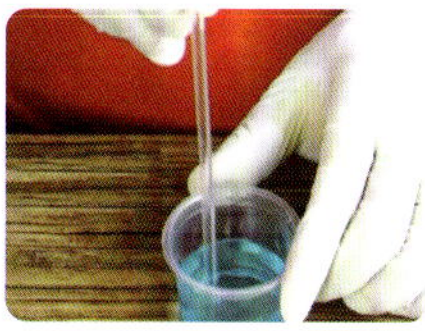

2 把滤纸平铺在培养皿中，并将锌片放在滤纸中央。

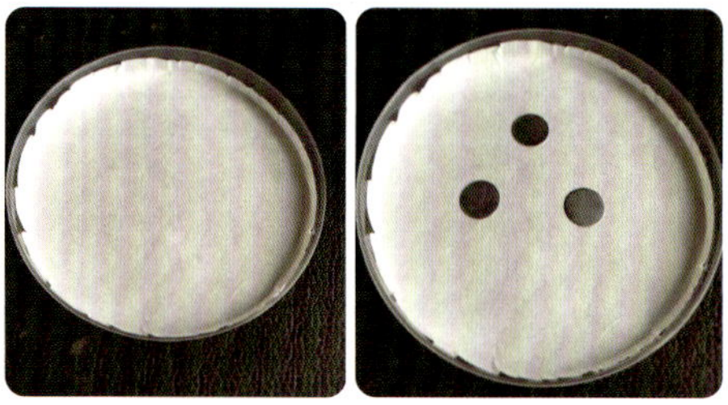

3 用滴管吸取硫酸铜溶液，慢慢滴到滤纸上，使硫酸铜溶液缓慢在滤纸上散开，直到滤纸潮湿为止。温馨提示：滴溶液时切勿将溶液直接滴到锌片上，否则会在锌片上形成黑斑影响作品美观。

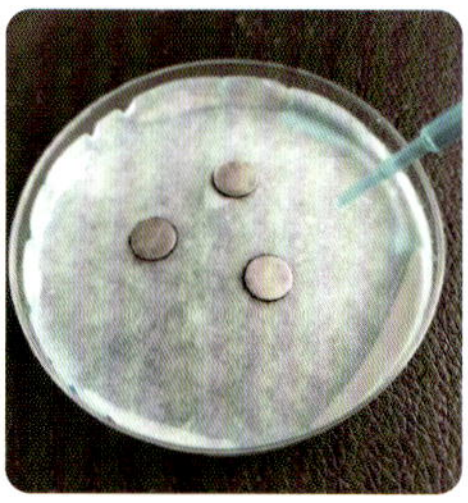

4 将培养皿盖上盖子，并观察锌片周围有什么变化。（尽量放置一天以上，直至不再"开花"。试着翻到背面看看，是不是更漂亮？）

5 待培养皿中"开花"效果达到最佳时将标本膜打开，把滤纸及"开花"的锌片一起小心地放在标本膜中，尽量使锌片置于中间，合上标本膜，铁树开花就做好了！

实验现象

通过实验，我们发现锌片在遇到硫酸铜溶液时，锌片上会有固体生成，变成树状。

科学小知识

在实验过程中，锌片与硫酸铜溶液发生了置换反应，铜元素被锌缓缓替换出来。置换反应是一种单质和一种化合物生成另一种单质和另一种化合物的反应。锌的金属活性比铜强，所以能将硫酸铜溶液中的铜离子置换出来成为单质铜，单质铜被氧化成氧化铜就产生了"开花"的现象。

科学与生活

置换反应就像是化学物质之间的“交换游戏”，它在我们的生活中有很多应用，比如食品保存、清洁剂等。通过这些例子，我们可以看到化学反应在生活中的重要性和有趣之处。

1.氢气还原氧化铜：氢气中的氢原子置换了氧化铜中的铜。

2.钠和水反应：金属钠会在水中不断游动并且冒出小气泡，这是因为生成了氢气。

金属钠放入水中发生剧烈反应

“趣”阅科学

你知道吗？金属是人类最早使用的材料之一，没有金属，就没有现代文明。但是，你真的了解金属吗？《了不起的金属》会带你走进金属的奇妙世界。

《了不起的金属》

第06课

油水大作战

小米：“太脏啦！太脏啦！厨房里这么多沾满油渍的碗筷，为什么用水不能把油洗掉呢？这么多油污，怎样才能清洗干净呢？有没有一个好的办法来去除这些油渍呀？”

小娃：“别急，别急！我这里有一种清洁神器——洗洁精，它能去除油污，让我们的厨具和餐具焕然一新，快来用一用！”

科学实验室

实验器材

塑料杯	折叠卡	泡腾片	热缩管 × 2	导线
水、油	色素	双面胶带	灯珠	电池盒

实验步骤

1 向塑料杯中倒入1/4的水，并滴入色素混合均匀。

2 将油倒入色素水中。

3 将灯珠长脚插入红导线孔，短脚插入黑导线孔，接线处套上热缩管连接灯珠、插座和电池盒。

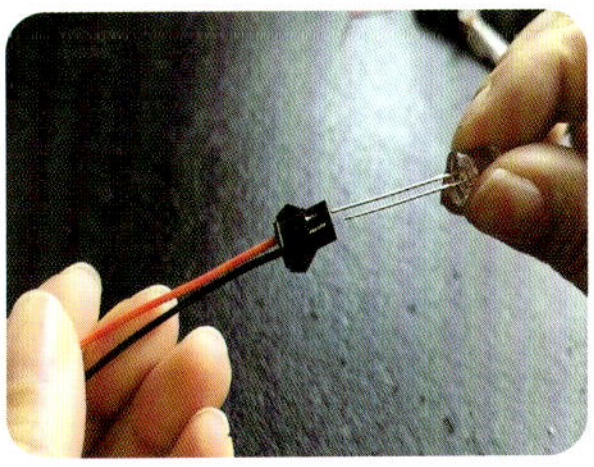
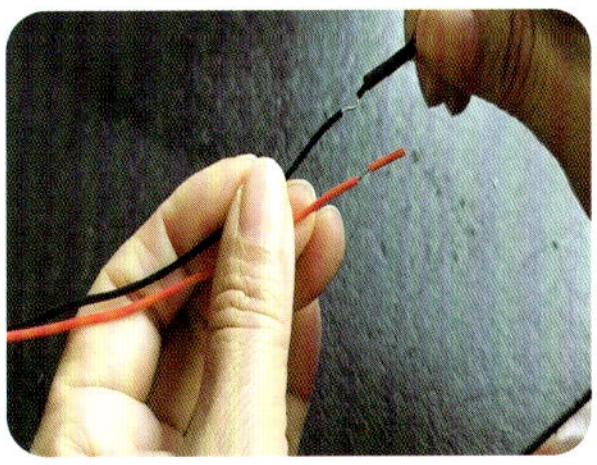
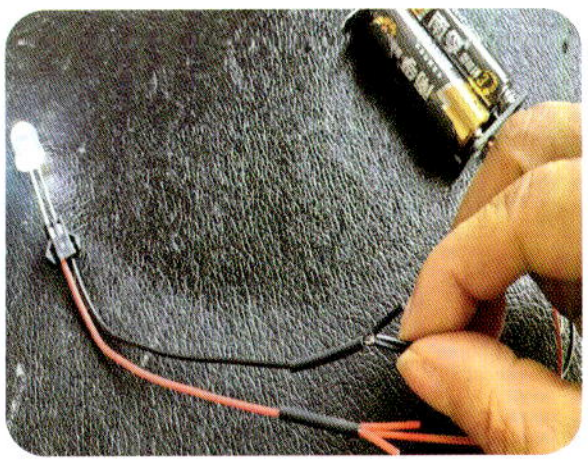

4 折叠卡纸，用双面胶粘贴成盒并将盒子罩在二极管上方，电池盒装入2节电池（电池自备），闭合刀闸开关，二极管点亮。

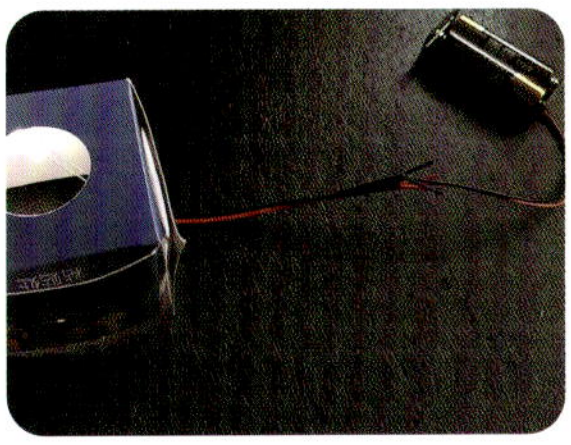
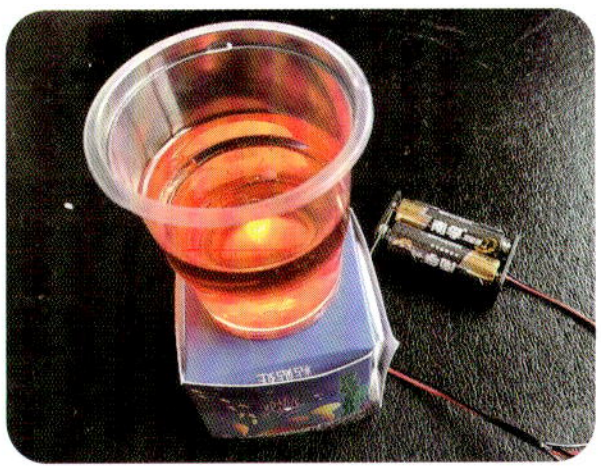

5 将塑料杯置于卡纸上方，泡腾片放入塑料杯中观察实验现象。

实验现象

泡腾片放入以后，由于油和水不相溶，所以色素水翻腾像岩浆喷射。

科学小知识

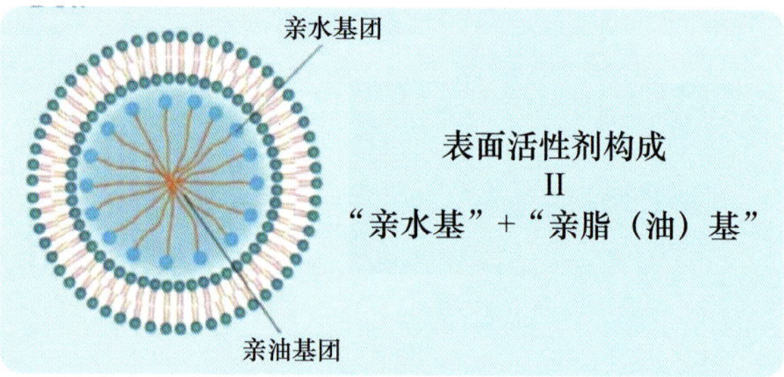

我们发现：将油倒入色素水，油会浮在水面上。当把泡腾片投入杯中时，泡腾片产生大量气泡，色素水在油中翻腾，产生了类似于岩浆喷射的现象。油不溶于水，会浮在水面上。泡腾片在水中产生大量二氧化碳，色素水包裹着气体上浮进入油层；气泡破裂后色素水又回到水层，出现翻滚的现象。

不同物质在水中的溶解能力不同。我们生活中常用的洗洁精，它的主要成分是表面活性剂，被誉为“工业味精”，它具有双亲性，即亲水性和亲油性。在洗沾满油污的碗筷时，洗洁精分子的亲水端和亲油端就像两只手，一手拉住水，一手拉住油污，使互不相溶的油和水发生融合，将油污从餐具上“拽”下来。这样，满是油污的餐具就被洗干净了。

科学与生活

洗衣服，在生活中是再平常不过的事情。你肯定见过用于洗涤衣物的洗衣液，它的有效成分主要就是表面活性剂，它的去污能力强，并且能够深入衣物纤维内部发挥洗涤作用，去污更彻底。

洗衣液洗衣服

表面活性剂在化妆品中具有多种广泛用途，例如：

（1）清洁作用：表面活性剂能够降低水的表面张力，使之更容易渗透和润湿皮肤，从而有效去除污垢、油脂和化妆品残留，常用于洁面乳、洗发水等产品中。

（2）泡沫稳定：在泡沫型产品如洗面奶和沐浴露中，表面活性剂有助于产生和稳定泡沫，提升使用体验。

“趣”阅科学

《小小科学家：神奇的清洁魔法》这本书中介绍了清洁的科学原理。故事中的主角是一位名叫“小奇”的小朋友，他对日常生活中的清洁现象充满了好奇。在探索的过程中，小奇遇到了各种挑战和疑问，但他总是充满热情地寻找答案，让我们一起在这本书里寻找答案！

《小小科学家：神奇的清洁魔法》

第07课

吹气悬浮球

炎炎夏日，大家一定会来一杯清凉的饮料解暑。喝完饮料剩下的吸管，当垃圾直接丢掉，很不环保，也很可惜。那你知道，这些吸管还可以发挥怎样神奇的作用呢？你来看，一根吸管和一个与吸管毫无关联的泡沫球，它们能擦出怎样漂亮的火花呢？哇，吹动吸管可以使泡沫球悬浮起来！多么有趣呀！

科学实验室

实验器材

塑料底座	吹管	泡沫球
圆棒	球框	消毒棉片

实验步骤

1 将圆木棒支柱插入底座边孔，注意别插错位置。

2 将圆环架插在支柱顶端。

3 将吸管一端从底座下方的圆孔中插入，露出一截。

4 将底座平放在桌面上，将泡沫球放置在圆环上，调整圆环中心位置使之与吸管上端出气口对准。

5 用嘴含住吸管另一端，稍用力吹气，泡沫球就会悬浮起来。

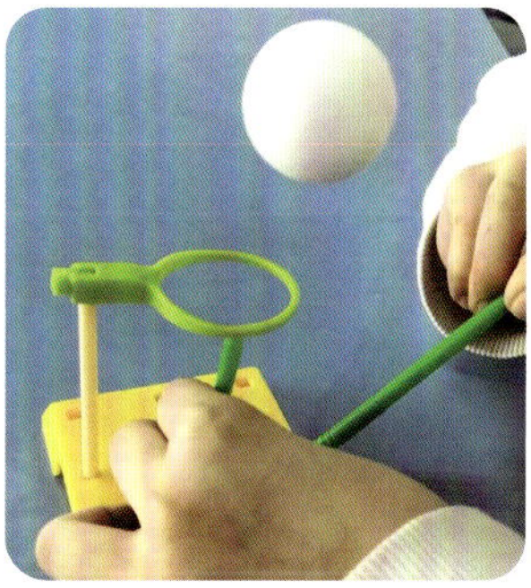

实验现象

通过吸管吹气，泡沫球没有被吹跑，而是悬浮在圆环架上方。

科学小知识

会转圈的物品有很多，比如陀螺、风车、呼啦圈等，这些都司空见惯了。但泡沫球是如何悬浮在空中的呢？当你对着吸管吹气时，吸管上方的空气流动速度增加，导致周围的压力降低。当你将气流吹向泡沫球时，球体周围的空气流速增加，压力降低。球体在气流中被低压区域包围，形成一个稳定的区域，使球体悬浮在气流中。如果球体稍微偏离中心，气流会在偏离的一侧流速更快，压力更低，从而产生一个恢复力，将球体推回到中心位置。这种自我调整的机制使球体能够稳定地悬浮在气流中。这运用了伯努利原理。

科学与生活

飞机为什么能够飞上天？是因为机翼受到向上的升力。飞机飞行时，机翼上方流速大，压强小；机翼下方流速小，压强大。上下表面的压强差，产生了一个向上的升力，使飞机飞起来。

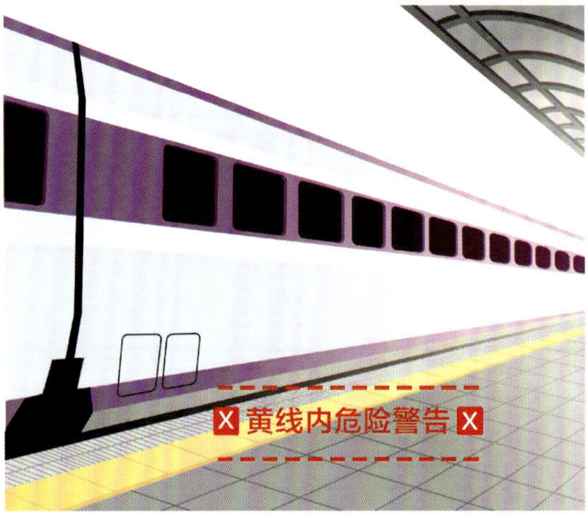

生活中很多安全隐患都与压强差有关。列车站台上的安全线就是为了防止列车在进站时，产生较大的压力将人推向列车而受到伤害。火车飞快地开进站台，带动周围的空气很快地流动。站台边的空气流动变快，压强变小，人就会被推向站台边，不小心就会掉下站台。因此，当火车进站时，一定要站到安全线外。

“趣”阅科学

猛禽在高空展翅飞翔，宛如鸟中的王者，让我们一起在《鸟中王者：猛禽》中探索猛禽是怎么飞起来的！

《鸟中王者：猛禽》

第08课

谁在阻止我

小米："小娃，我们踢一下足球，足球会往前滚动，可是为什么足球最后会停下来呢？"

小娃："那是因为有一股神奇的力量让足球停了下来，它就是'摩擦力'！"

科学实验室

实验器材

木质弹簧啄木鸟×2	木质长串珠	木质圆形底座
木质圆串珠	20 cm金属杆	

实验步骤

1 将木质圆球安装到金属杆的顶端。

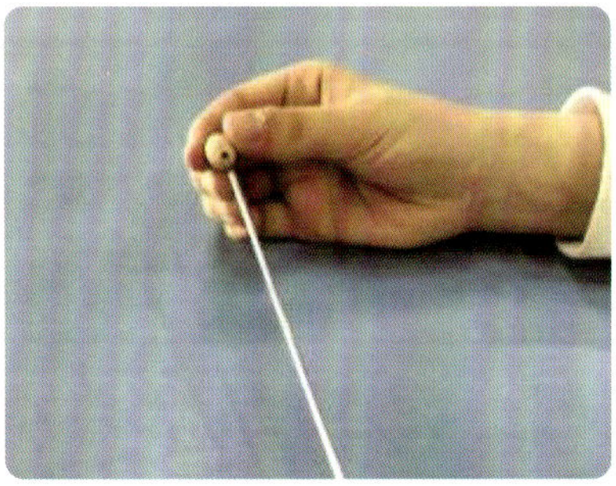

2 用金属杆将两只啄木鸟串联起来。

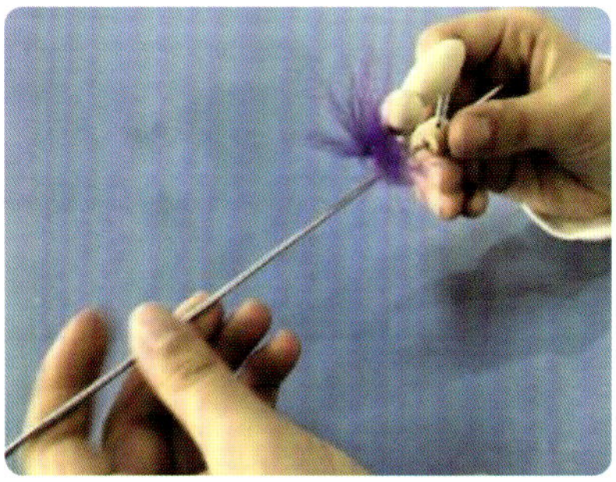

3 将串珠穿过金属杆。

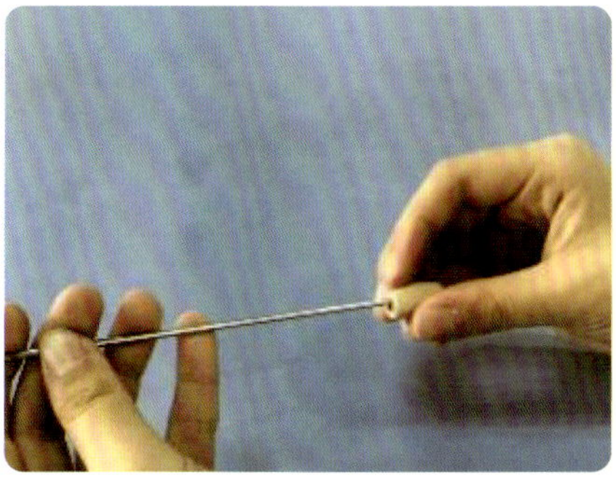

4 将串联好的金属杆垂直插入底座中，将小鸟和串珠推到顶端，握住底座，左右摇晃试试！

实验现象

左右摇晃底座时，啄木鸟沿着金属杆开始下滑，并且用嘴敲击金属杆。

科学小知识

立杆啄木鸟实验巧妙地利用了摩擦力。实验中，木块受到重力的作用，开始向下运动。木块和杆子之间会产生摩擦力，摩擦力使木块在每次下落时都会与杆子接触并产生振动，这种振动通过弹簧传递，导致啄木鸟模型开始敲击动作。

两个相互接触的物体，当它们发生相对运动或者相对运动趋势时，在接触面会产生一种阻碍相对运动（相对运动趋势）的力，这种力就是摩擦力。

下面介绍三种常见的摩擦：

静摩擦：两个相互接触的物体，它们之间存在相对运动的趋势时产生的摩擦，称为静摩擦。

滑动摩擦：一个物体在另一个物体上滑动时产生的摩擦叫滑动摩擦。

滚动摩擦：一个物体在另一个物体上滚动时产生的摩擦叫滚动摩擦。

推箱子没推动——静摩擦

滑雪——滑动摩擦

滚动的车轮——滚动摩擦

科学与生活

人能在地面上行走；手可以拿住东西不掉下来；车把手上有凹凸不平的花纹可以使人更好地握住等都和摩擦力有关系。

冰壶比赛时，运动员需要考虑冰壶与冰面摩擦力的大小，调整自己的投掷力度，以及在投掷之后，根据需要改变地面摩擦力，从而改变冰壶的滑行距离和走向，使冰壶到达理想的位置。

冰壶比赛

“趣”阅科学

一辆小小的自行车，却藏着大大的学问。《自行车的物理学》把自行车的各个部件分解开来，讲解其工作原理。骑自行车时的物理现象也是奥秘无穷的，在这个过程中，我们会遇到各种摩擦力，让我们一起来了解神奇的自行车！

《自行车的物理学》

第09课

死海不死原理

相传公元七十年，罗马军队围攻圣城耶路撒冷，统帅狄杜把俘虏几次投入死海想要淹死他们，但无一人沉入水中。当时的罗马人以为是神灵保佑，只好将他们都放了。那么，这究竟是为什么呢？

科学实验室

实验器材

塑料方块 × 2	方木块	橡皮泥	小包盐
螺母 × 2	木质小勺	塑料防风杯	清水

实验步骤

1 用防风杯接一杯清水，依次放入塑料方块、螺母、方木块，观察哪一些浮在水面上，哪一些沉在水底。

2 捞出防风杯内的物品，揪出一块橡皮泥放在水中，观察橡皮泥是沉在水底还是浮在水面上。

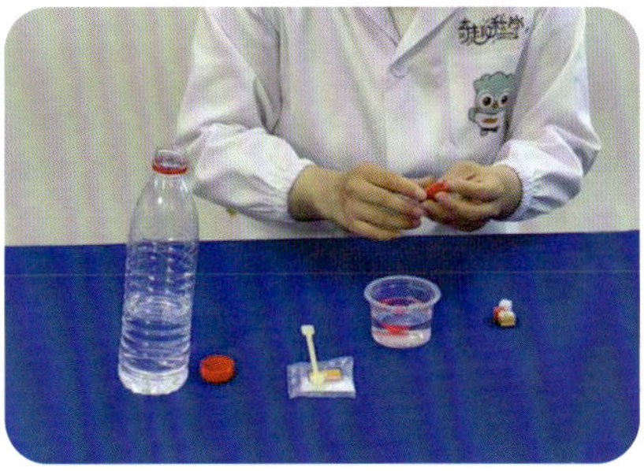

3 将橡皮泥快速捞出来，再取一些橡皮泥捏成一只平底小船，放入水中，观察小船是不是浮起来了。

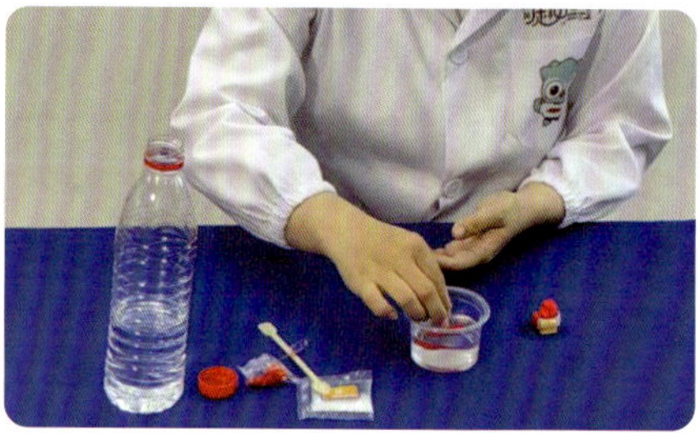

4 换一杯清水，只放入塑料方块，发现塑料方块沉在水底，这时我们把食盐倒入防风杯中搅拌至食盐溶化，观察塑料方块在水中发生了什么变化。

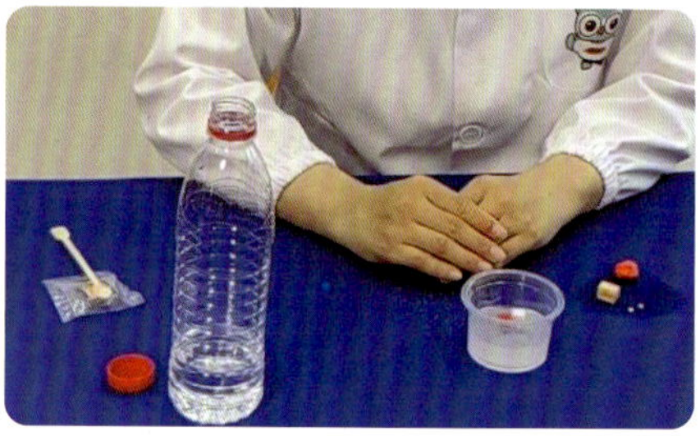

实验现象

清水中木块浮在水面，塑料块、螺母沉到水底；团成团的橡皮泥沉到水底，捏成船的橡皮泥能浮在水面；在水中加足够的盐后，塑料块浮了起来。

科学小知识

物体在液体（水）中受到浮力，浮力的大小与排开液体的体积以及液体的种类有关。

物体漂浮在水面

当两个相同的物体完全浸没在不同的液体中时，液体的密度（单位体积的质量）越大，物体所受浮力越大。实验中在清水中加足够的盐后，液体的密度变大，塑料块受到的浮力变大，所以会浮起来。捏成船的橡皮泥在水中排开的液体体积变大，所受浮力变大，所以橡皮泥能浮在水面。

死海的含盐量高，海水密度大，人在死海中所受的浮力就大。因此，不会游泳的人也可以尽情地仰卧在水面，随波飘荡。

科学与生活

1.轮船能漂浮在水面是因为钢铁制造的轮船的船体是空心的，受到的浮力等于自身的重力。

轮船

2.煮汤圆时，汤圆刚放入水中，汤圆受到的浮力小于重力，所以汤圆沉在水底；汤圆煮熟时，它的体积增大，浮力也随之增大，汤圆受到的浮力大于重力，所以会从水底上浮到水面。

煮汤圆

“趣”阅科学

不会游泳的人可以在死海里漂浮，在普通的海水里会怎么样呢？让阿呆用亲身经历来告诉你吧！

《阿呆去度假》

第10课

你真的懂呼吸吗？

小米：“小娃，我最近在学游泳，需要练习在水下憋气，我只能憋一小会儿，可是有的小朋友却能憋很长时间，这是为什么啊？”

小娃：“要想知道这个问题的答案，就得先了解我们是怎么呼吸的？”

科学实验室

实验器材

Y形管	无底塑料瓶	小气球 × 2	贴纸
海绵圆片	大气球	剪刀	

实验步骤

1 用手按住胸部，先深深地吸气，再深深地呼气，感受吸气和呼气时胸部的变化。

2 将两个小气球分别套在Y形管的两个管口上。

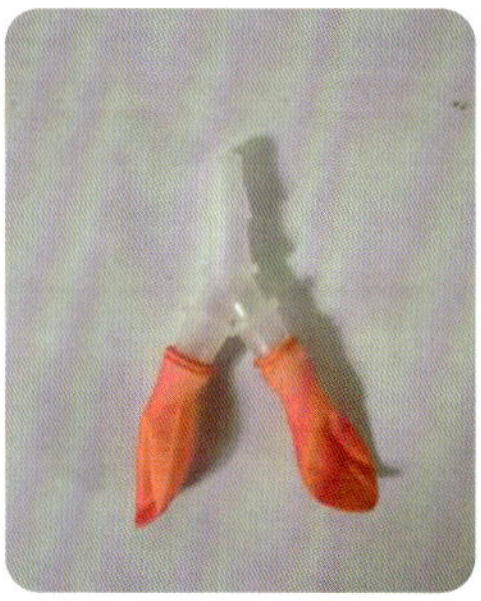

3 把海绵圆片套在Y形管上。

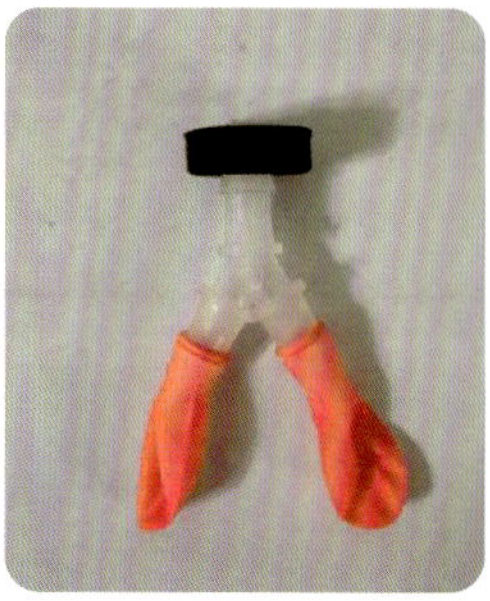

4 从塑料瓶底部将Y形管塞入瓶口使海绵圆片紧堵住瓶口。

5 将大气球从中间剪断，把气球下端套在塑料瓶底部，并将贴纸贴到塑料瓶瓶身。

实验现象

向外拉伸气球皮，瓶内的两只气球会鼓起来；向内挤压气球皮，瓶内的两只气球会瘪下去。

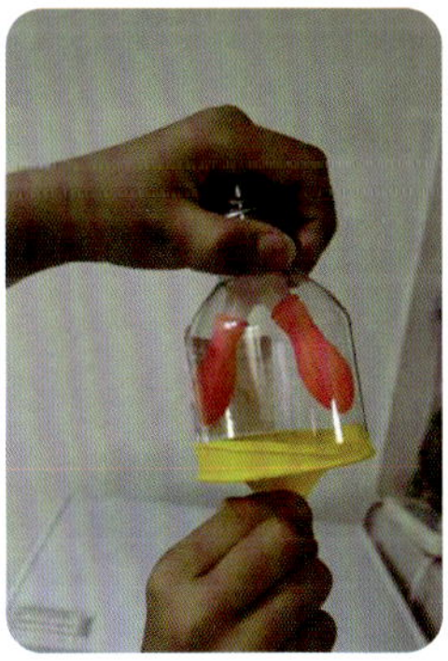

科学小知识

不拉伸或挤压气球皮时，瓶内气压等于外界大气压。当我们拉伸气球皮时，瓶内体积增大，气压减小，小于外界大气压，于是外界空气被挤压进两只气球里；当我们向内挤压气球皮时，瓶内体积缩小，气压增大，大于外界大气压，于是两只气球里的空气就会被排出去。人肺部的工作机理和上述模型类似：吸气时，胸腔体积增大，肺内气压小于体外大气压，空气被压入肺内；而呼气时胸腔体积减小，肺内气压大于体外大气压，肺内空气被排出到体外。

很多人尝试过水下憋气，有的人憋气时间长，有的人憋气时间短，这和我们每个人的肺活量有关。当我们用力吸气一直到不能再吸为止，然后用力呼气一直呼到不能再呼为止，这时呼出的气体量称为肺活量。肺活量的大小因人而异，受年龄、性别、身材以及呼吸肌强弱、肺和胸廓弹性等因素的影响。肺活量大意味着呼吸系统功能好，能为身体提供足够多的氧气，能够适应比较大的体能消耗，也可以在水下憋气更久。

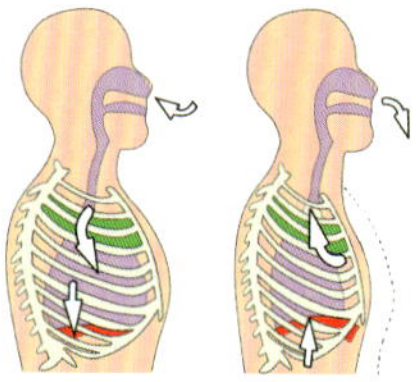

肺部吸气和呼气

科学与生活

生活中我们发现人在运动后呼吸会变快，睡着之后呼吸会变慢。我们用呼吸频率来描述呼吸的快慢，把每分钟的呼吸次数定义为呼吸频率。呼吸频率随着人们年龄的增加而降低，也因男女性别和身体状态而不同。刚出生的宝宝呼吸频率是最高的，可达每分钟44次，儿童的呼吸频率降到了每分钟20次，感到成人平静时的呼吸频率约为每分钟12～20次。人们在运动和感到恐惧时，呼吸会加快。

“趣”阅科学

我们每个人每时每刻都在呼吸，那我们呼吸的氧气是从哪里来的呢？不同生物的呼吸方式一样吗？我们的氧气会被用完吗？让我们一起走进《神奇的呼吸：各式各样的呼吸》来寻找答案！

《神奇的呼吸：各式各样的呼吸》

生命科学

第11课

探索地球的奥秘

小米：“小娃，有个事情，我一直搞不明白，我们生活的地球为什么会有四季交替呢？难道地球离太阳近的时候是夏季，离太阳远的时候就是冬季吗？”

小娃：“这个我知道！让我们通过一个实验来了解一下！”

科学实验室

实验器材

卡纸	长圆棒	铝丝	圆三通 × 3
双面胶	短圆棒	软管	三爪底座

实验步骤

1 沿压痕线折叠卡纸。

2 用双面胶将正反面相同数字的卡纸粘在一起。依次粘贴完成可得到一个地球模型，将长圆棒穿过上下孔。

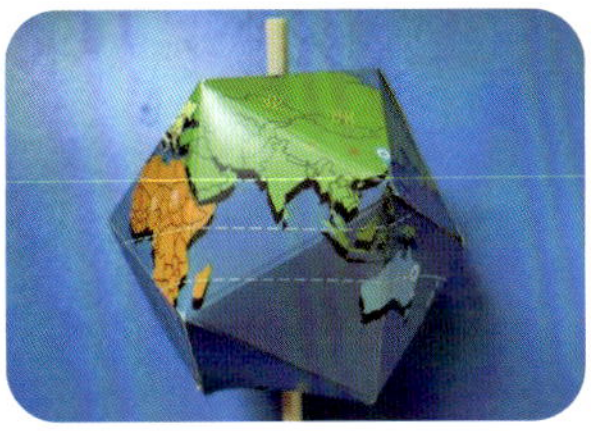

3 将铝丝穿在软管中弯折成半圆形状，再将软管两端分别塞入圆三通中。

4 将长圆棒插入圆三通，夹紧铝丝。短圆棒一端插入圆三通，另一端插入三爪底座。

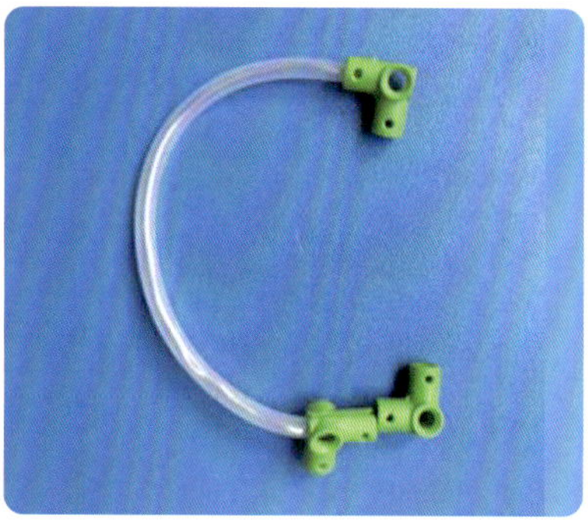

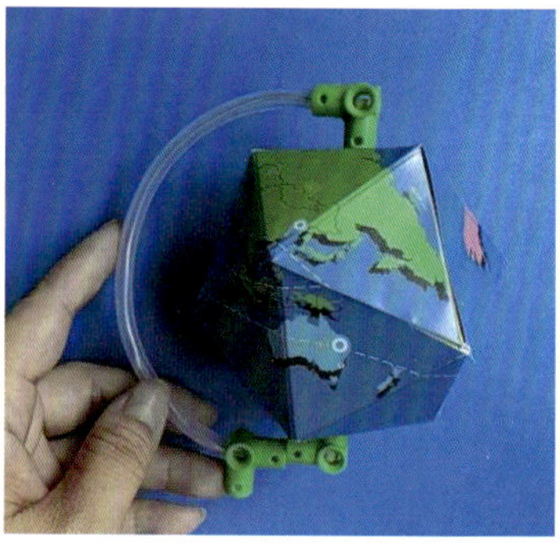

科学小知识

地球以一定角度围绕太阳公转，所以太阳照射的区域会有直射光线和斜射光线。直射时，照射面积小，能量比较集中，温度比较高；斜射时，照射面积大，能量比较分散，温度比较低。所以季节的形成和太阳光是否直射有关系。并且地球不停地围绕太阳公转，所以会出现季节不停交替的现象。

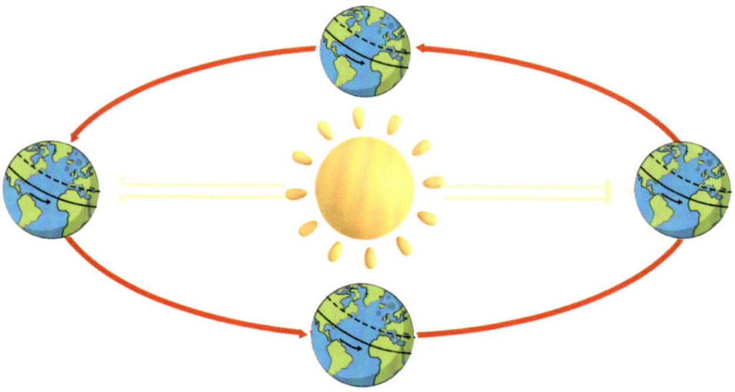

地球围绕太阳转

不同国家的四季划分主要受到地理位置的影响。亚洲、北美洲和欧洲通常将1月视为冬季，7月视为夏季。非洲和南美洲则相反，将1月视为夏季，7月视为冬季。这种季节划分与亚洲、北美洲和欧洲形成了鲜明的对比。

科学与生活

夏至

夏至是二十四节气中的第十个，通常出现在每年公历的6月21日或22日。在这一天，太阳直射地面的位置到达一年的最北端，几乎直射北回归线，使北半球各地的白昼时间达到全年最长。夏至过后，太阳直射点开始向南移动，北半球的白天逐渐变短，夜晚则逐渐变长。

冬至

冬至，在每年的12月21日至23日之间，是太阳直射点南行的极致，此时太阳直射南回归线，对北半球而言，太阳高度角最小，导致白昼时间最短，黑夜时间最长。冬至之后，随着地球在绕日轨道上的运行，阳光直射地带逐渐北移，使北半球的白天开始逐渐增长，夜晚则相应缩短。

“趣”阅科学

《四季的奥秘》

你了解四季的不同吗？你知道哪些和四季有关的知识呢？为什么我们在春天感到舒适？为什么鸟儿在夏天结束时迁徙？答案就在《四季的奥秘》！

第12课

制作简单机械——杠杆

山区长时间下雨，导致山体滑坡，石头滑到马路上堵住了人们的唯一去路，石头很重无法移动，救援队现在没有大型的机械工具，但是他们用一根棍子就把石头移走了，这是什么原理呢？

科学实验室

实验器材

秤盘	挂夹 × 2	外方内圆固定件 × 2	吊链 × 3	秤杆
刻度贴	螺母 × 3	大小葫芦钩 × 4	玻珠链 × 2	

实验步骤

1 将外方内圆固定件套入秤杆上，再固定挂夹；另一个固定件固定到秤杆最左侧，再固定挂夹。

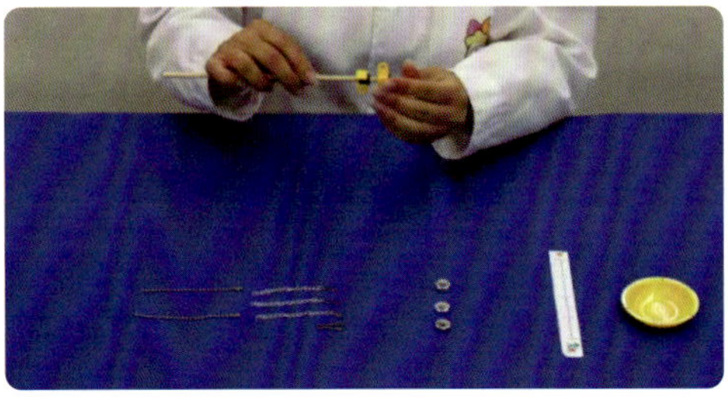

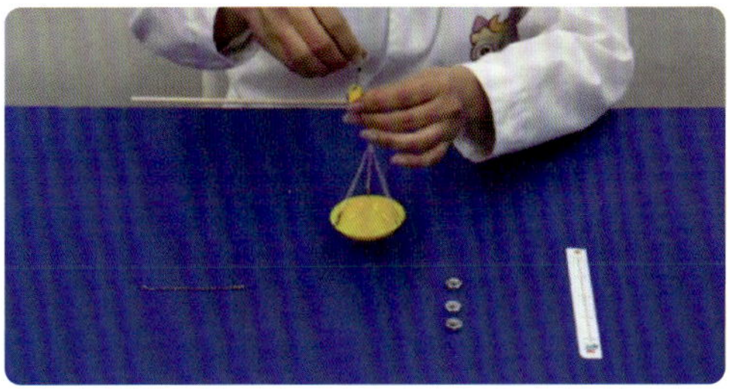

2 将吊链用小葫芦钩固定于秤盘上，上端用大葫芦钩固定于最左侧挂夹上。

3 把玻珠链固定于另一个挂夹上，螺母上挂一条玻珠链贴住挂夹右侧并向右慢慢移动，直至杆秤平衡，在玻珠链位置做一个标记。

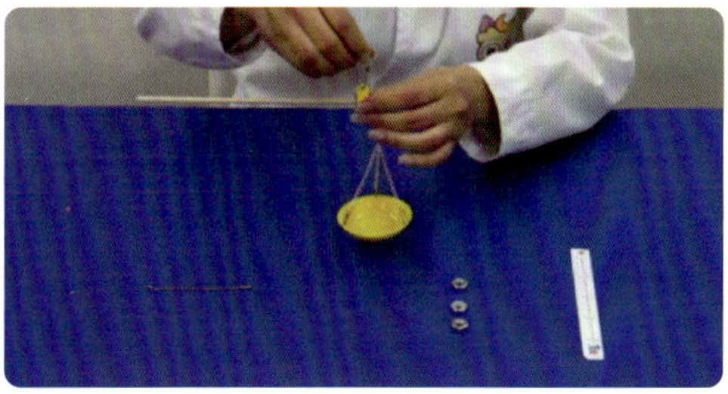

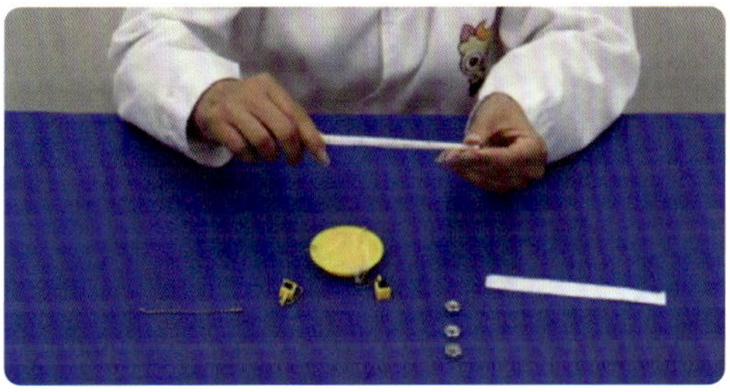

4 摘下两个挂夹，将刻度贴贴到秤杆上，贴纸的0刻度线与刚做的标记对齐，贴上贴纸，安装两个挂夹至原位。

5 提起右侧挂夹上的玻珠链，把剩余螺母放于秤盘上，调整挂螺母的玻珠链。

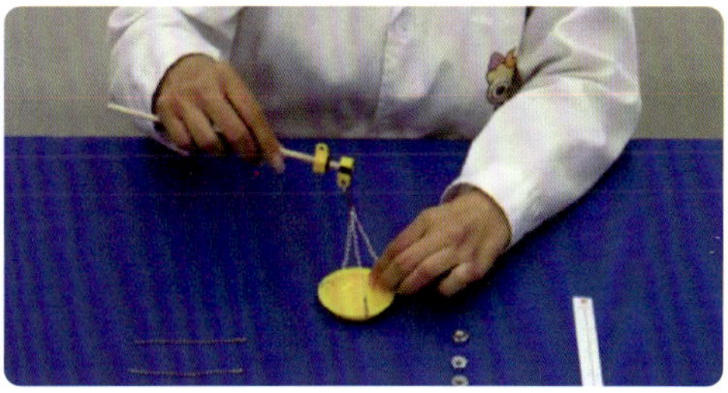

实验现象

直至秤杆平衡，读出示数，即为秤盘中螺母的质量。

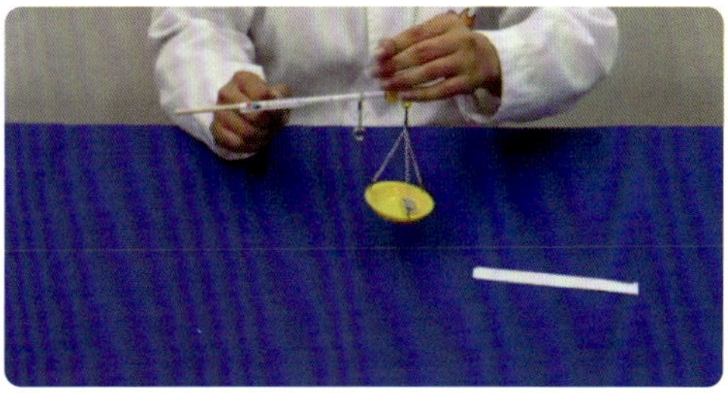

科学小知识

在生活中我们会见到这些场景，在一根棍子下面放一个支撑的物体，就可以用它撬起重物了，人们把这样的棍子叫撬杠。像撬杠这样，在力的作用下绕着支点转动的硬棒叫作杠杆。当支点到动力的作用线的距离大于支点到阻力的作用线的距离就省力，救援队用一根棍子把石头撬走就是利用了杠杆省力的原理。

杆秤就是利用了杠杆原理，属于省力杠杆。根据生活需要，杠杆既有省力的也有费力的，也有不省力也不费力的。

科学与生活

羊角锤、钳子、扳手、开瓶器等，这些都是我们生活中常见的省力杠杆。

羊角锤

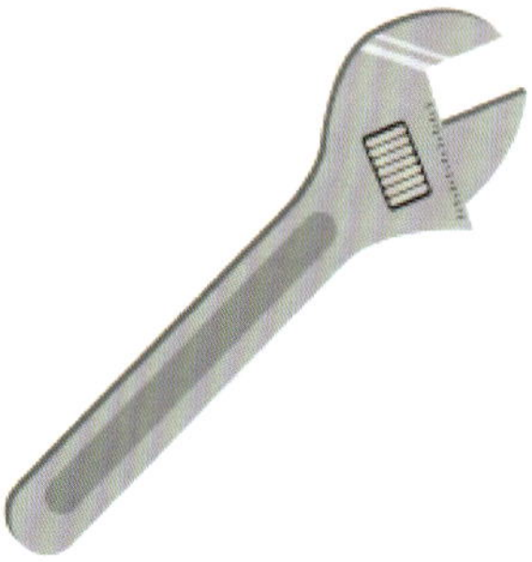

扳手

鱼竿、镊子、筷子等，这些都属于费力杠杆。

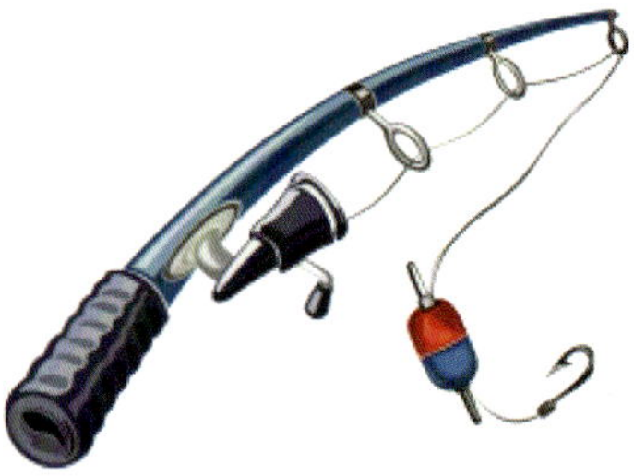

鱼竿

筷子

天平、跷跷板属于既不省力也不费力杠杆。

天平

跷跷板

“趣”阅科学

《穿越时空的工程师之简单机械》通过有趣的故事，引导大家完成设计、制作水井辘轳、起重机和投石器三个工程任务。在每个任务中，都将经历“分析问题—探索未知—解决问题”的学习过程，很锻炼发散性思维，让我们一起来了解一下！

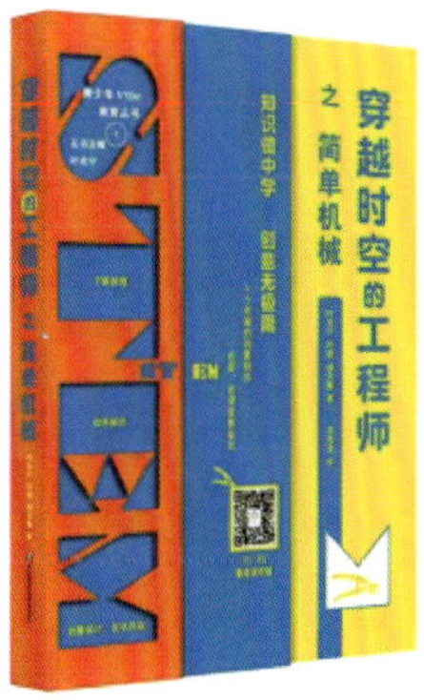

《穿越时空的工程师之简单机械》

奇趣小小
科学家
科学
探究
下册
谷华 张芳 陈剑 著
奇趣
中国原子能出版社

图书在版编目（CIP）数据

奇趣小小科学家. 科学探究. 下册 / 谷华, 张芳, 陈剑著. -- 北京 : 中国原子能出版社, 2024. 10.
ISBN 978-7-5221-3722-3

Ⅰ. Z228.1

中国国家版本馆 CIP 数据核字第 2024UH5175 号

奇趣小小科学家——科学探究（下册）

出版发行	中国原子能出版社（北京市海淀区阜成路 43 号　100048）
责任编辑	杨晓宇
责任印制	赵　明
印　　刷	炫彩（天津）印刷有限责任公司
经　　销	全国新华书店
开　　本	787 mm×1092 mm　1/16
印　　张	3.25
字　　数	44 千字
版　　次	2024 年 10 月第 1 版　2024 年 10 月第 1 次印刷
书　　号	ISBN 978-7-5221-3722-3　　定　价　**330.00 元（全 12 册）**

本书创作组

作　　者：谷　华　张　芳　陈　剑

参与创作：辛　红　史静娴　冯欢蕊　李　玲　刘　杨

马　宁　李　波　陈秀芸

序言

PREFACE

生活在这个知识爆炸、科技日新月异的新时代，我们每一个人都仿佛置身于一场波澜壮阔的历史洪流之中，经历着前所未有的变革与挑战。在这场变革中，新时代的教育强国建设无疑给我们教育工作者提出了更为崇高且紧迫的使命与要求。在“双减”背景下，做好科学教育的加法为我们重新审视和定义教育内涵提供了宝贵契机。在这场教育生态的重塑之中，科学教育以其独特的魅力与重要性，成为了我们不容忽视的焦点。它不仅关乎孩子们对自然世界的认知与探索，更是培养他们创新思维、实践能力和科学素养的关键途径。正是在这样的背景下，我们汇聚了一群怀揣教育梦想、热爱科学教育的教师同仁，携手众多深耕科学教育领域的专家，共同撰写了这套以科学实验为核心内容的科学丛书。这不仅仅是一系列书籍的创作，更是一场关于科学精神、教育情怀与未来想象的深刻对话与实践。

科学之光，点亮童心

每一个孩子都是天生的探索者，他们对世界充满了好奇与渴望。本套丛书精心策划了一系列科学实验，旨在点燃孩子们对科学的热爱，引导他们从日常点滴中发现科学之美。本套丛书语言活泼、情境精彩、图画生动、实验有趣，从简单的物理现象到复杂的化学反应，从微观的细胞世界到浩瀚的宇宙星辰，孩子们通过观察现象、动手实验、阅读思考、总结规律，轻松掌握科学知识、提高探究能力、滋养想象思维、激发创新精神，每一个实验都是一扇窗，让孩子们得以窥见科学的无限可能，启迪智慧的炫彩火花，点亮未来的梦想之路。

团队协作，智慧结晶

本套丛书的诞生，是集体智慧的结晶。我们集合了河北省各地的优秀科学教师，他们都是科学教育的行家里手，有着丰富的实践经验与教学智慧，对孩子们的学习特点与兴趣点有着敏锐的洞察。在专家的精心指导下，我们反复打磨每一个实验方案，力求做到既科学严谨又生动有趣，既注重知识的传授又强调能力的培养。我们相信，这样的科学教育才能真正触及孩子们的心灵，让他们在轻松愉快的氛围中成长为未来的科学之星。

家校共育，携手成长

这套丛书还特别适用于学校的课后服务以及家庭亲子游戏。我们希望通过这样的形式，搭建起家校共育的桥梁，让家长也能参与到孩子的科学学习中来，共同见证孩子的成长与进步。亲子共做实验的过程，不仅能够增进亲子关系，还能让科学成为连接两代人情感的纽带，让科学教育成为家庭生活中不可或缺的一部分。

展望未来，无限可能

展望未来，我们满怀期待。我们相信，随着这套丛书的广泛传播与应用，将有更多的孩子因此而爱上科学、投身科学、成就科学梦想。让我们携手并进，在科学的道路上不断探索、勇毅前行，共同为孩子们撑起一片更加广阔的天空，让科学的种子在他们心中生根发芽、茁壮成长！

最后，衷心感谢所有参与本套丛书创作的教育同仁、专家学者的辛勤付出与无私奉献。愿这套科学丛书能够成为孩子们成长道路上的良师益友，陪伴他们开启一段段精彩纷呈的科学探索之旅！

河北省石家庄市融创中心第一小学校长

谷华

目录

物质科学

生命科学

地球与宇宙科学

工程与技术

第01课

上升下沉任我行

塑料挂钩的吸盘贴在光滑的墙上，可以挂上很重的东西，这里面有什么科学奥秘吗？

科学实验室

实验器材

塑料瓶 | 瓶盖 | 回形针 | 吸管

实验步骤

1 在吸管中心位置对折吸管。

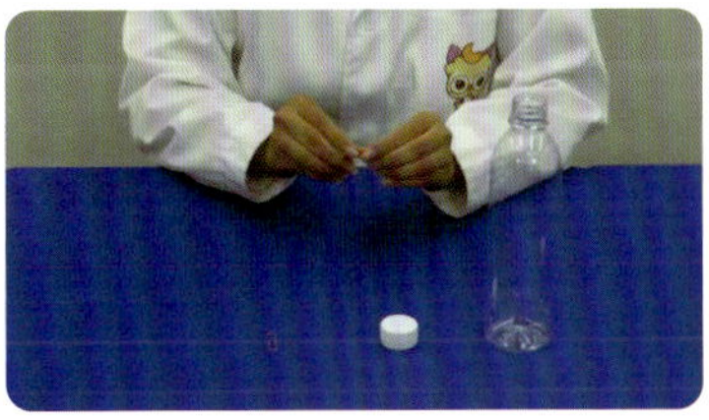

2 将回形针穿插在吸管内，制作浮沉子。

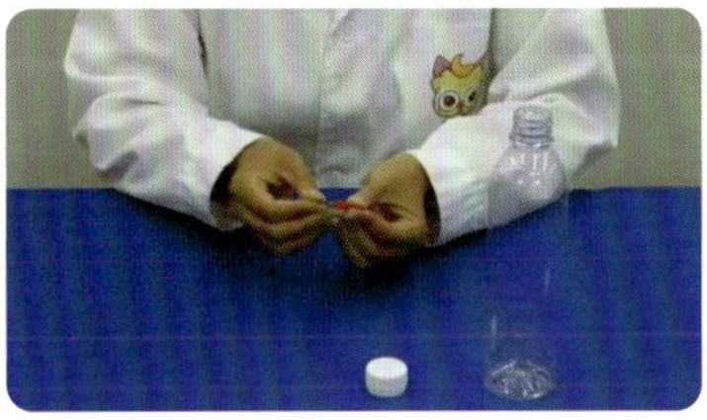

3 塑料瓶内加入清水，清水加到距离瓶口下沿1.5cm，将浮沉子放入塑料瓶内，盖上瓶盖。

4 用手挤压瓶身，观察浮沉子朝哪个方向运动？松开手后，观察浮沉子又朝哪个方向运动呢？

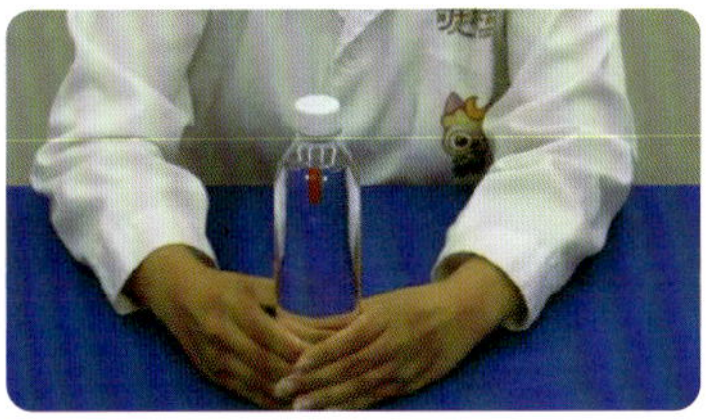

实验现象

当你按压瓶子时，瓶内的压力增加，这会压缩吸管内的空气，使其体积减小。由于空气体积减小，吸管内的水量增加，导致吸管的重量增加，从而导致吸管下沉。当你松开瓶子，压力恢复，空气体积增大，吸管的重量减少，吸管又会上浮。

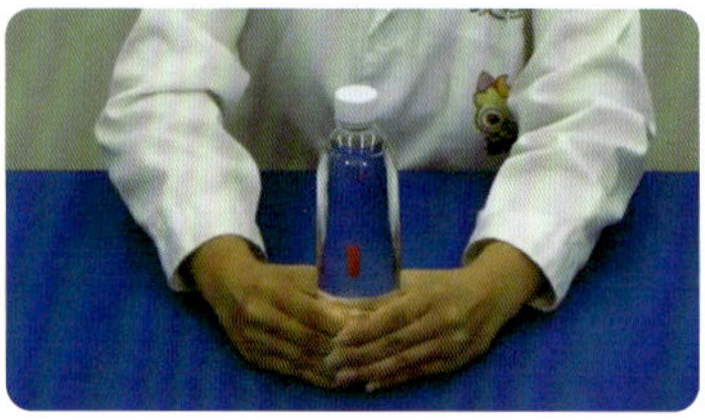

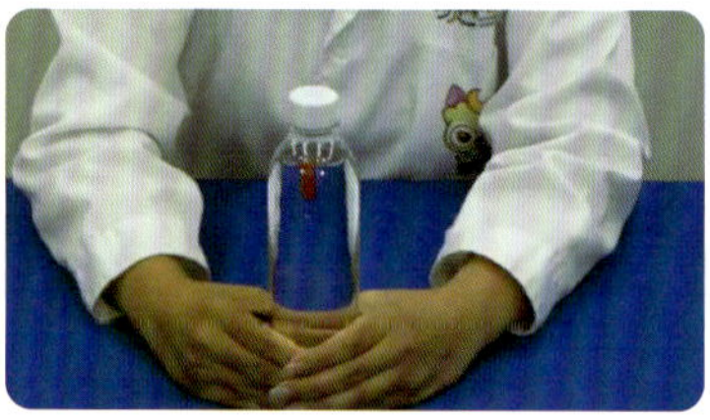

科学小知识

把吸盘内部的空气挤出吸盘，导致内部气压比外部气压低，所以大气压给吸盘一个力，使它粘在墙上。

地球表面覆盖有一层厚厚的由空气组成的大气层，在大气层中的物体，都要受到空气分子撞击产生的压力。

大气层

科学与生活

我们在用吸管喝水时，嘴里轻轻地吸一口气，使吸管里面的空气进入口中，吸管内形成了一个低气压区域。由于外部空气的压力比吸管内的大，水就会被自然地推入吸管内，进入我们的嘴里。

用吸管喝水

我们日常生活中用到的茶壶，观察可知：它的壶身与壶嘴一样高，而且盖子上还有一个小孔，这样设计的原理是什么呢？壶身与壶嘴构成一个连通器，装水时两容器中液面相平，做得一样高，既可以装满水，倒水时又不会从壶盖处流出。壶盖处留一小孔的作用是与大气相通，使壶内外气压相同，在外界大气压作用下，水容易倒出。茶壶盖上如果没有孔，随着茶水的外流，茶壶内部气体压强减小，很难将水倒出。

茶壶

“趣”阅科学

好奇心每个人都有，对自然奥秘的好奇促使人类不断地进行科学探索，大气压强的发现是一个逐步深入的过程，涉及多位科学家的观察和实验。大气压强到底是怎么被发现的呢？推荐你畅读《科学探索故事：大气压强是怎样发现的》。

《科学探索故事：大气压强是怎样发现的》

第02课

放大与颠倒

周口市博物馆有一件白色陶瓷杯子文物，其杯心有一块凸起的玻璃，它叫民国美人杯，为什么叫“美人杯”呢？向“美人杯”内注入水，杯心就会出现一个美女画像；倒掉杯中水，里面的美女画像就不见了。难道里面藏着一个喜欢喝水的迷你小人？

科学实验室

实验器材

塑料杯×2	凸透镜	双面胶	水
刻度尺	小图案	剪刀	热熔胶

实验步骤

1 将美人图案用胶水贴于塑料杯1的底部。

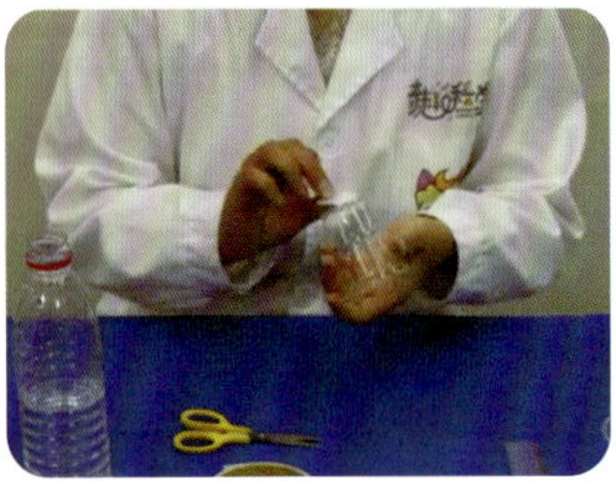

2 在塑料杯2的杯底用剪刀挖出一个跟凸透镜相差不大的圆孔。

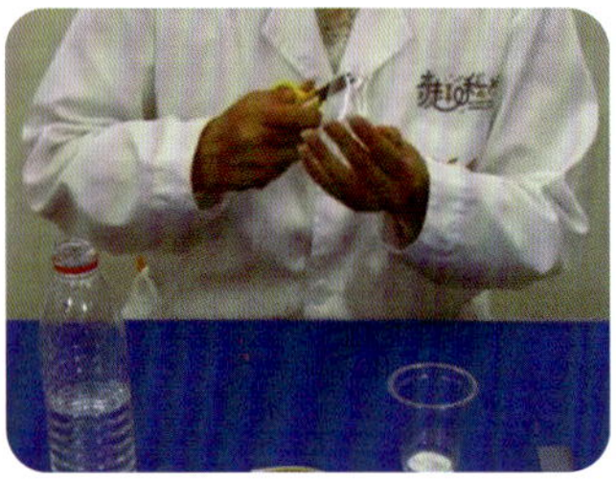

3 用热熔胶将凸透镜固定在塑料杯2杯底的圆孔处。

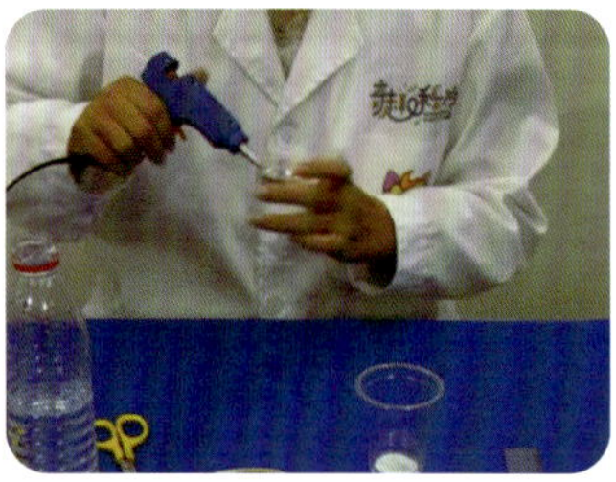

4 将塑料杯2放于塑料杯1中叠起，用刻度尺量出杯底之间高度差，高度差应为凸透镜的焦距距离，并用热熔胶固定，在塑料杯2中加入水，观察现象。

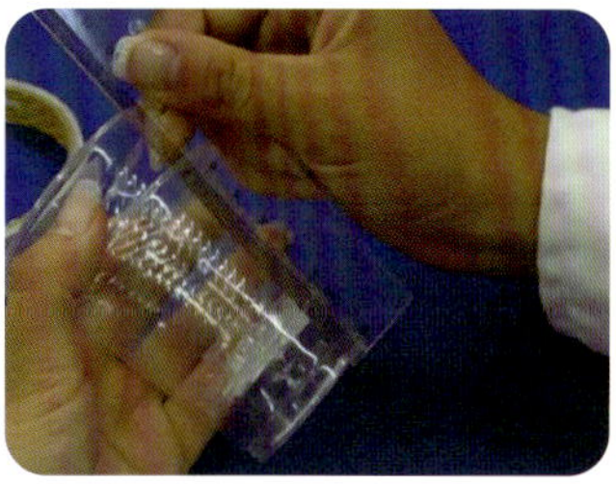

实验现象

没有水时没有图像，倒水后看到了图像。

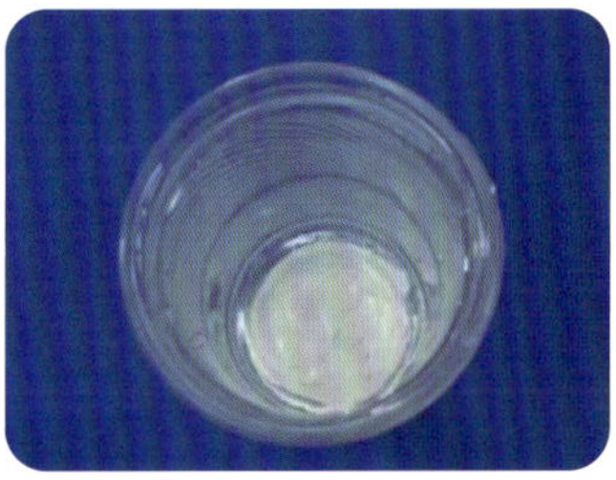

科学小知识

瓷器的“美人杯”在我国最先出现，相传产生于明代，后来逐渐消失了。1981年，四川省东方瓷厂根据四川省大邑县一只完好的瓷器“美人杯”进行了仿制。经过多次试验，现已成功仿制出失传已久的“美人杯”。

“美人杯”利用了凸透镜成像原理。没有倒水时，美人在凸透镜的焦点处，不成像；倒水后，凸透镜的焦距改变长，使物距小于一倍焦距，成正立放大的虚像，因此就可以看到放大的美人像了。

科学与生活

物体在人的视网膜上成的是倒立缩小的实像，而视觉是正立的，这是人的视觉特点。注意，不是正立等大。视觉成像是物体的反射光通过晶状体折射成像于视网膜上，再由视觉神经感知传给大脑，这样人就看到了物体。视网膜成像的原理与照相机照相的原理基本相同，我们的眼睛就相当于一部照相机，其中角膜和晶状体相当于照相机的镜头，视网膜相当于照相机的底片，瞳孔相当于照相机的光圈，角膜和晶状体把外界物体的光线聚在视网膜上，从而形成物象，视神经会把光刺激传输给大脑皮层，大脑就会反映出看到的物体。如果我们想要看清楚近处的物体，睫状肌就会收缩，使晶状体变厚，使近处的光线能够汇聚在视网膜上，从而看清楚近处的物体；如果我们想要看清楚远处的物体，睫状肌就会放松，晶状体相应地变薄，使远处的物体能够汇聚在视网膜上，从而看清楚远处的物像。

眼睛看到物体在视网膜上呈现了倒立的像，再经过大脑的处理，最终在脑海中呈现正立的像。

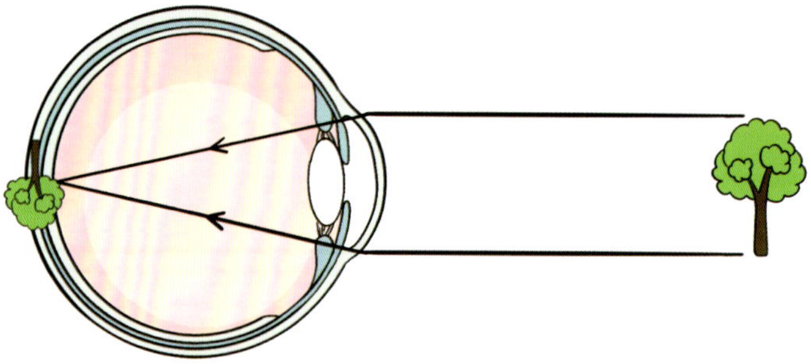

视网膜成像原理

“趣”阅科学

美人杯只是凸透镜成像的一种表现，凸透镜成像的妙用还有很多，不信，就可以翻看《神奇的成像术》，绝对让你震撼。《神奇的成像术》是一本专注于介绍成像术的书籍。这本书通过直观的方式展示成像的原理和应用，帮助你理解凸镜成像的基本概念。

《神奇的成像术》

第03课

电的自由

小娃偷偷地为小米准备了整蛊玩具——带电口香糖。小米用下面哪种方式才能取出带电的口香糖呢？

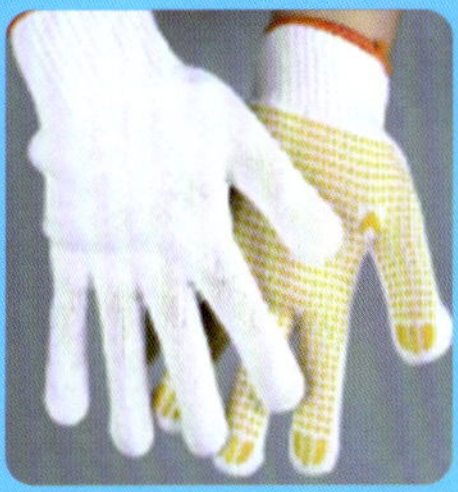

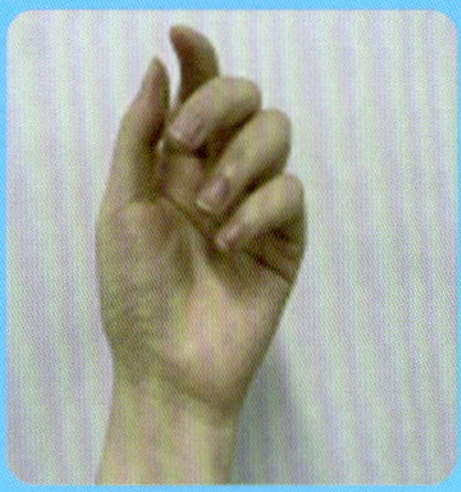

科学实验室

实验器材

发光二极管	电池盒	回形针 × 3
带盖的杯子	电池 × 2	木棒

实验步骤

1 把发光二极管和电池盒的正极连接起来。

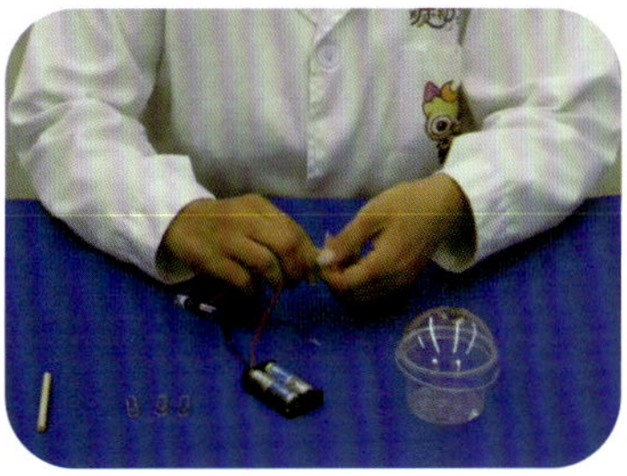

2 把电池盒放入杯子中，两侧导线从杯子的两个孔分别穿出去，把二极管固定到盖子顶端。

3 在导线两侧分别装上加上回形针。

4 把两侧回形针分别和回形钉、木棒接触，观察二极管发光情况。

实验现象

导体检测器利用了串联电路原理，当放上回形针金属时，灯泡亮起来。放上橡胶、塑料、木棒时灯泡不会亮。

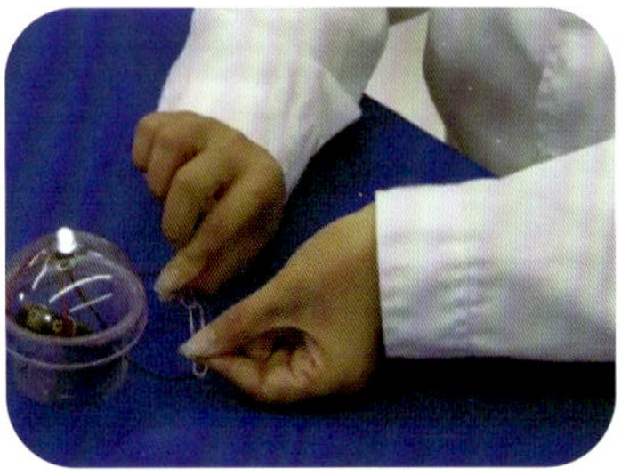

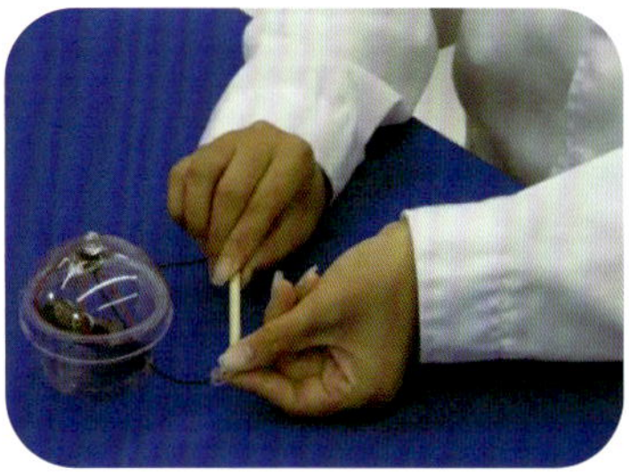

科学小知识

我们拿带电物体时需要佩戴绝缘的手套防止人体导电。

容易导电的物体叫导体，也就是可以让电流通过的材料，如金属。这是因为导体内部有很多自由移动的电子，这些电子可以很容易地移动，从而让电流通过。

不容易导电的物体叫绝缘体，也就是不容易让电流通过的材料，如橡胶和塑料。这是因为绝缘体内部的电子不容易移动，所以电流很难通过。

科学与生活

导体的应用

1.电线和电缆

材料：电线和电缆通常由铜或铝制成，因为这些金属是很好的导体。

用途：它们用于将电力从发电站传输到家庭和办公室。

2.电子设备

材料：电子设备内部的电路板和连接线也使用导体材料，如铜。

用途：这些导体帮助电流在设备内部流动，使设备正常工作。

3.厨房用具

材料：锅、平底锅等烹饪用具通常由金属制成。

用途：金属导热快，可以均匀加热食物。

金属导体

绝缘体的应用

1.电线外皮

材料：电线外皮通常由塑料或橡胶制成。

用途：这些绝缘材料包裹在导体外面，防止电流泄漏，保护人们的安全。

2.家用电器外壳

材料：许多家用电器的外壳由塑料制成。

用途：绝缘材料防止电流从设备内部泄漏，确保使用安全。

3.手柄和工具

锤子、螺丝刀等工具的手柄通常由木头或塑料制成。

用途：这些绝缘材料防止电流通过工具传导到使用者手中，保护使用者的安全。

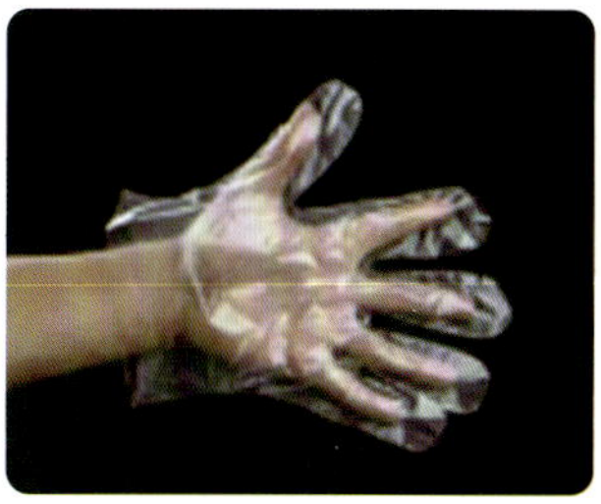

塑料绝缘体

4.建筑材料

材料：玻璃、木头等材料常用于建筑。

用途：这些绝缘材料可以防止电流通过墙壁或地板，确保建筑物的安全。

“趣”阅科学

你知道“小电侠”吗？这本书独创了“小电侠”这个漫画人物，带领同学们走进电的世界，认识电、了解电、会用电、用好电。生动的漫画、趣味的立体折纸、丰富的课外实验，一定会让你爱不释手，同时爱上科学、学会安全用电。欢迎走进《走进电的世界：小学生电力科普读本》！

《走进电的世界：小学生电力科普读本》

第04课

电风扇的工作原理

在炎热无比的夏天，有什么比给我一个小风扇更好呢？你想不想拥有自己的一台电风扇？

科学实验室

实验器材

底座	电机夹	电池盒	双面胶
立柱	电机	扇叶	电池

实验步骤

1 把立柱插入底座，把电机夹固定于立柱顶端。

2 把扇叶安装到电机上，把电机安装到电机夹上。

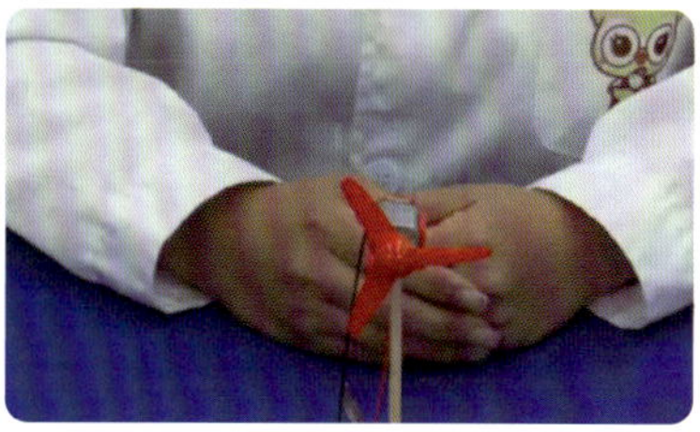

3 把电池盒红线和黑线分别连接到电机上，把电池安装到电池盒里，把电池盒用双面胶固定到底座上。

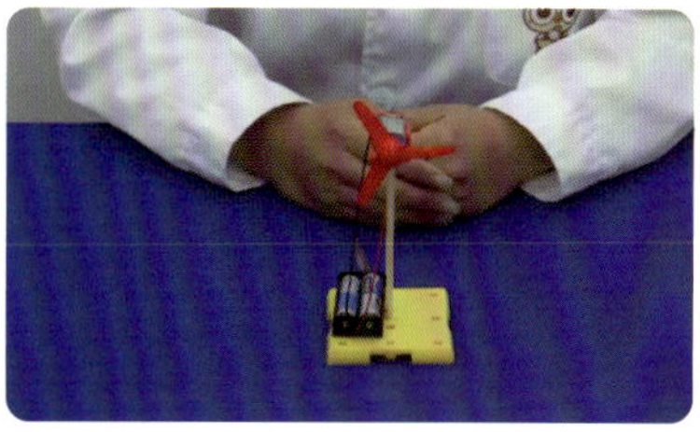

实验现象

合上开关，电风扇开始转动。如风力不明显，请更换红线、黑线连接在电机的位置。

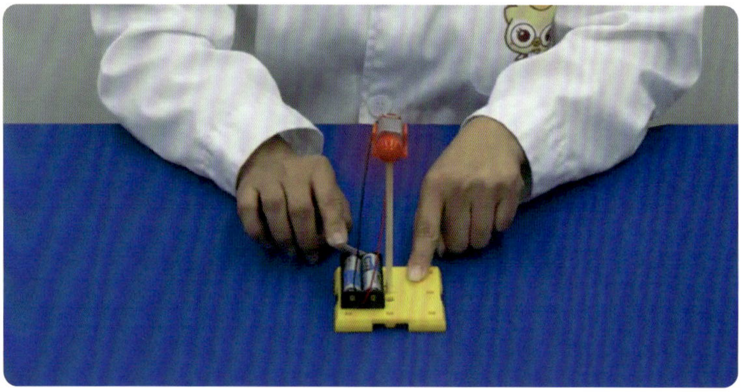

科学小知识

电风扇的电机中有一个电线圈，在磁场当中，只要受到了力就能够随机转动，在通电后就能将电能转化为机械能，电动机驱动扇叶进行旋转，从而使空气加速流通。

科学与生活

电磁是丹麦科学家奥斯特发现的。电磁是一种十分重要的自然现象，它在我们日常生活中发挥着重要作用。从家用电器到通信医疗设备，电磁技术无处不在，给我们的生活带来了极大的便利和效益。从电视机、洗衣机到微波炉、吸尘器，这些家电产品都是依靠电磁原理来工作的。电磁铁、电磁感应、电磁波等技术被广泛应用于这些设备中，使它们更加高效、智能。

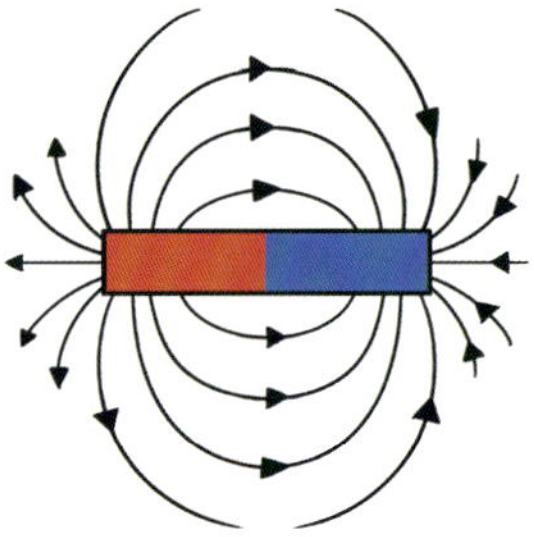

磁铁

电磁炉炒菜

“趣”阅科学

《神奇的电与磁》融技术性、知识性和趣味性于一体，对科学知识进行详细介绍的同时，激发读者的学习兴趣和探索精神。这本书精选了大量的精美图片作为文字的补充，给读者一个更愉快的阅读体验。

《神奇的电与磁》

第05课

勺子变磁铁

同学们，大家都知道磁铁有磁性。那像回形针、铁钉这类非磁铁物体，能否通过某种方法也拥有磁性呢？这是个有趣的问题。让我们一起来探索，寻找答案。

科学实验室

实验一

实验器材

一些回形针　两块磁铁

实验步骤

1 将一块磁铁平稳地放置在水平桌面上。

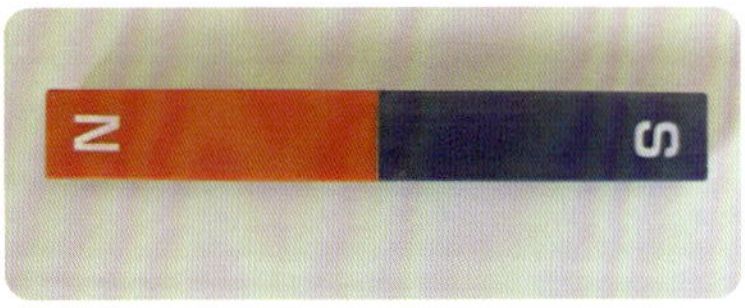

2 把回形针逐个地吸附在这块磁铁上，形成一条长长的回形针链。

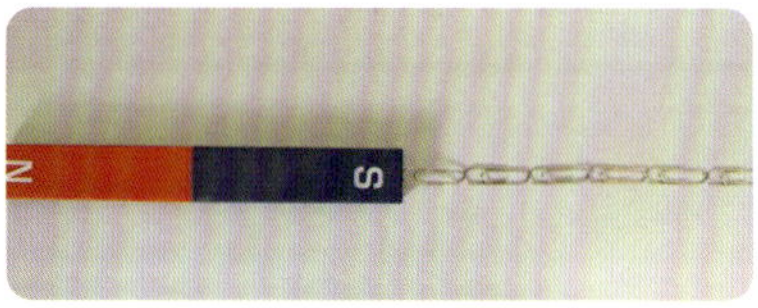

3 手持另一块磁铁，缓慢地靠近吸附在第一块磁铁上的回形针链的一端。

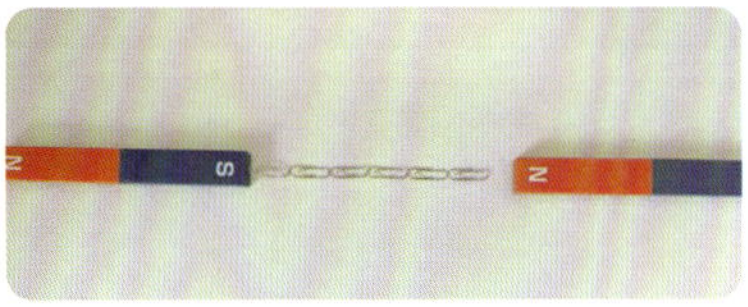

4 轻轻地拉起两块磁铁，仔细观察回形针链的变化情况。

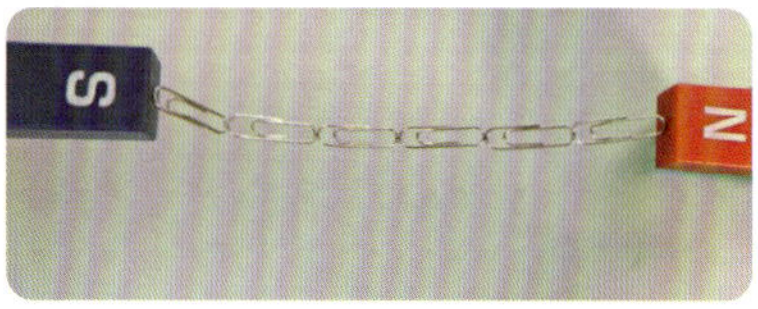

实验现象

当第二块磁铁靠近回形针链的一端时，回形针链会向第二块磁铁的方向延伸。当拉起两块磁铁时，回形针链可能会保持连接在两块磁铁之间，或者部分回形针从第一块磁铁上脱离，吸附到第二块磁铁上。

实验二

实验器材

十字四通	外方内圆	长木棒	塑料盘	塑料勺、双面胶片
方扁插件	扁木板	中木棒 × 2	小皮圈 × 2	红蓝条形磁铁
圆两通	横轴	短木棒	轮子 × 2	泡沫圆片

实验步骤

1 组装纵梁、横梁。横轴两侧用小皮圈固定。

2 组装扶手。

3 组装车轮。双手各持一个轮子同时在轴的两端用力拧入。

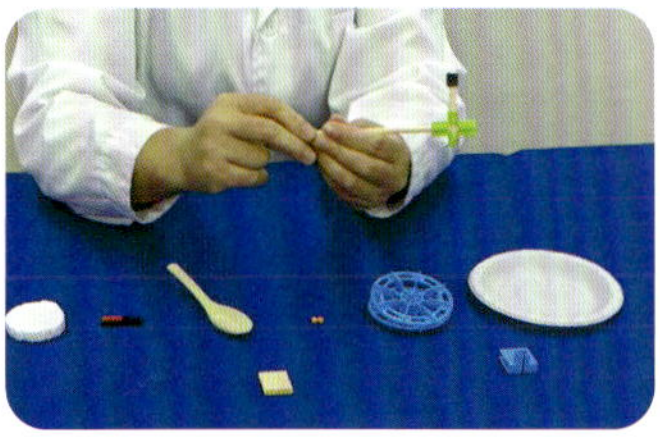

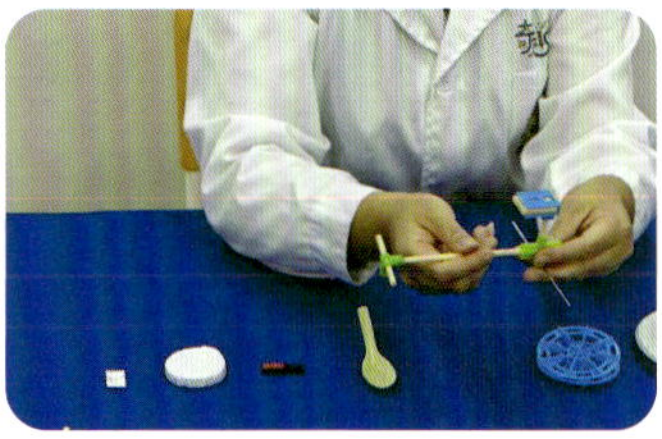

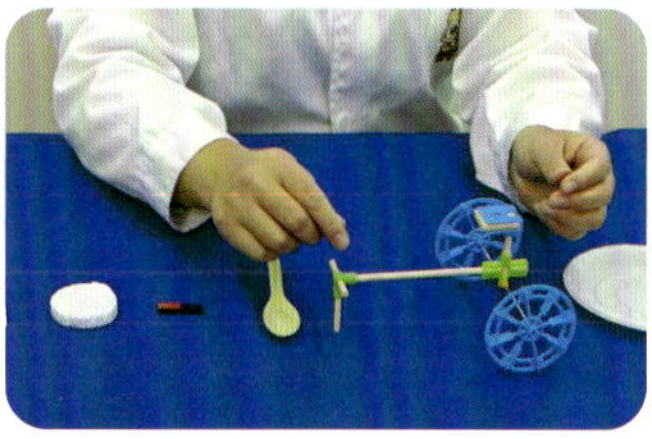

4 盘内注入一半清水。放入泡沫圆片，勺内放一块小条形磁铁，蓝色S级与勺柄方向一致。泡沫圆片上放置小勺时，要小心调整小勺位置，使勺子保持平稳而不倾斜。

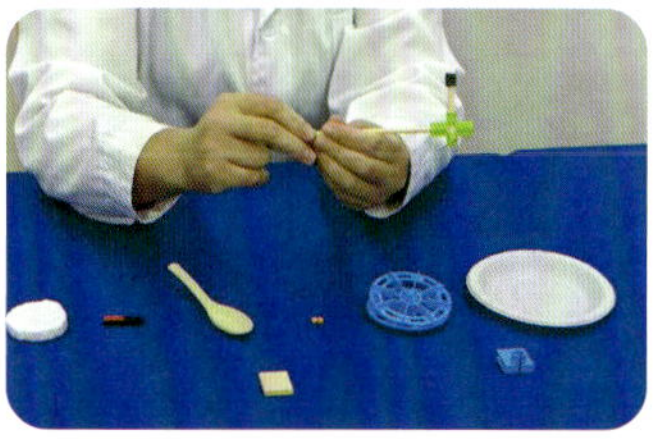

5 用手轻轻拨动勺柄，观察勺柄停止转动时会指向哪个方向。

6 捏住两通扶手处，缓缓转动指南车，观察勺柄的指向有变化吗？

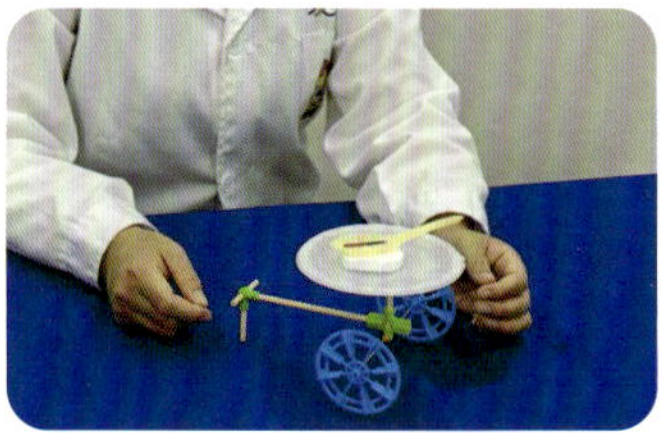

实验现象

无论怎么转动，当静止时，勺柄都将指向南方。

科学小知识

同学们，你们见过磁铁吗？它是什么样子的？下面我们认识一下各种磁铁。

根据形状给磁铁命名

条形磁铁

环形磁铁

马蹄形磁铁

球形磁铁

圆形磁铁

凹形磁铁

梯形磁铁

圆柱形磁铁

长方形磁铁

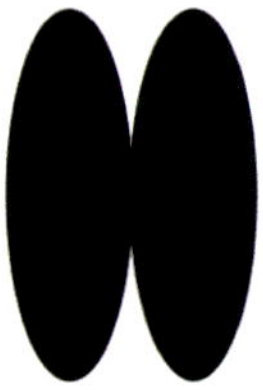

橄榄形磁铁

磁铁有两极，S极和N极。标有S字母的一端碰在一起，两块磁铁会相互排斥；标有N字母的一端碰到一起，磁铁也会相互排斥。只有标有S和N的一端碰在一起，两块磁铁才会相互吸引。这就是同极相斥，异极相吸。

科学与生活

在我们的日常生活中，磁的身影无处不在，它以一种悄无声息却又至关重要的方式影响着我们的生活。

磁为我们的出行提供了便利。汽车中的电动机依靠磁力来运转，使车辆能够平稳行驶。而现代交通中的磁悬浮列车，更是利用磁力实现了高速、低噪的运行。

在家居环境中，磁也发挥着重要作用。冰箱门上的磁条确保了门的紧密闭合，防止冷空气外泄。我们常用的音响设备，其扬声器中的磁铁能够产生声音，给我们带来美妙的音乐享受。

磁在医疗领域更是有着突出的贡献。磁共振成像（MRI）技术利用磁场和无线电波来生成人体内部的详细图像，帮助医生准确诊断疾病，为患者的治疗提供了准确的依据。此外，银行卡、身份证等各种卡片中的磁条存储着重要的信息，方便了我们的支付和身份认证。

磁在生活中的应用广泛而多样，它不断地推动着科技的发展，为我们创造更加便捷、舒适的生活。

“趣”阅科学

生活中，我们常常把磁铁叫“吸铁石”，是因为磁铁只能吸铁吗？磁力线、磁场又是什么？还有一种磁铁叫电磁铁，难道铁还能通电？《我是科学漫画迷：磁铁》将带你揭晓答案！

《我是科学漫画迷：磁铁》

第06课

电的旅途

在我们的生活中，电无处不在。电灯为我们照亮房间，电视给我们带来欢乐，冰箱让食物保持新鲜。那大家有没有想过，电是怎么来到我们身边的呢？今天，我们就一起来探索这个神奇的问题！

科学实验室

实验器材

电池	红鳄鱼夹×3	红导线×3	灯座×2	底座	双面胶
电池盒	黑鳄鱼夹×3	黑导线×3	灯泡×2	贴纸	

实验步骤

1 组装鳄鱼夹，电池盒红黑导线分别连接红黑鳄鱼夹，红黑导线两端分别连接红黑鳄鱼夹。

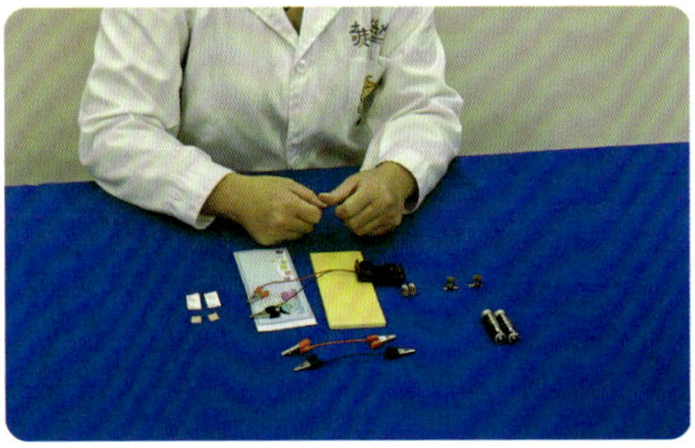

2 组装底座，粘贴电池盒和灯座，把贴纸粘贴在底座上，电池盒装上电池，用大双面胶粘贴，灯座用小双面胶粘贴。

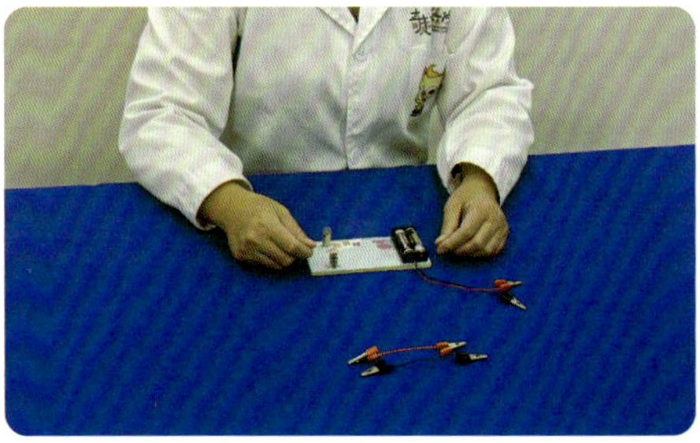

3 任意一组鳄鱼夹一端连接灯座1，一端连接灯座2，电池盒黑色鳄鱼夹连接灯座1另一端，红色鳄鱼夹连接灯座2另一端，我们看到，串联电路组装好后，两个灯泡同时亮了起来。

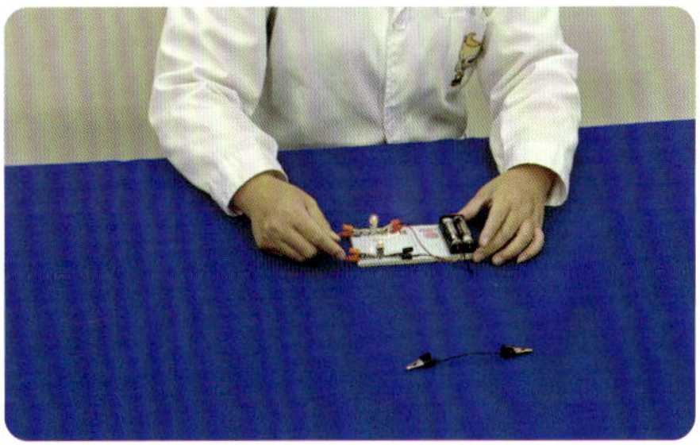

4 这时，我们拧松一个灯泡，观察现象。

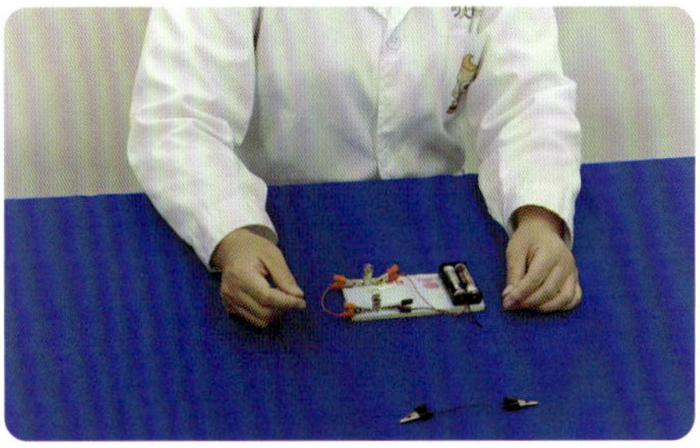

5 两个鳄鱼夹分别将两个灯座的一端与一端连接，另一端与另一端连接。电池盒黑色鳄鱼夹连接灯座1红色鳄鱼夹一侧，红色鳄鱼夹连接灯座2黑鳄鱼夹一侧。我们看到，并联电路组装好后，两个灯泡同时亮起来了。

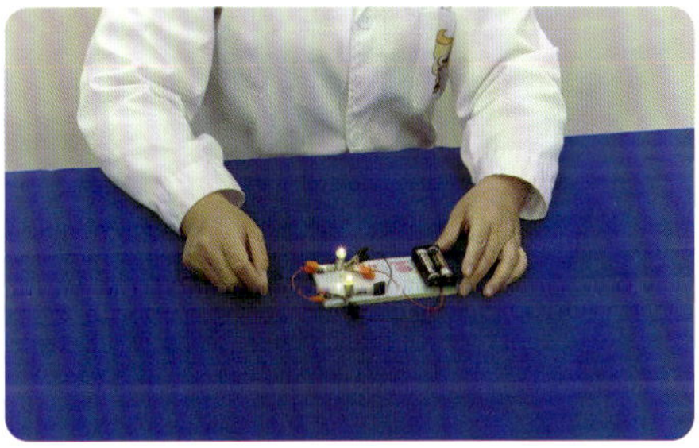

6 这时，我们再拧松一个灯泡，观察现象。

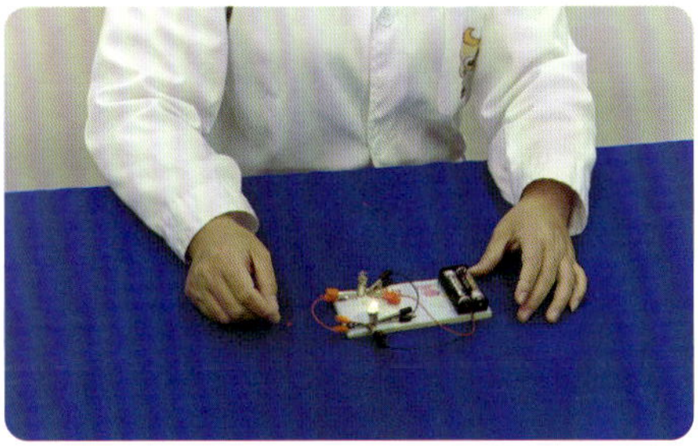

实验现象

当两个灯泡串联时，拧松一个灯泡，另一个灯泡也不亮了；当两个灯泡并联时，拧松一个灯泡，另一个灯泡还亮着。

科学小知识

串联：在串联电路中，所有的电器（如灯泡、电池等）一个接一个地连接在一起，形成一个单一的路径。

特点：电流只有一条路径可以流动。如果其中一个电器坏了（比如一个灯泡烧坏了），整个电路就会断开，所有的电器都会停止工作。例如:圣诞树灯串通常是串联的，如果其中一个灯泡坏了，整个灯串都会熄灭。

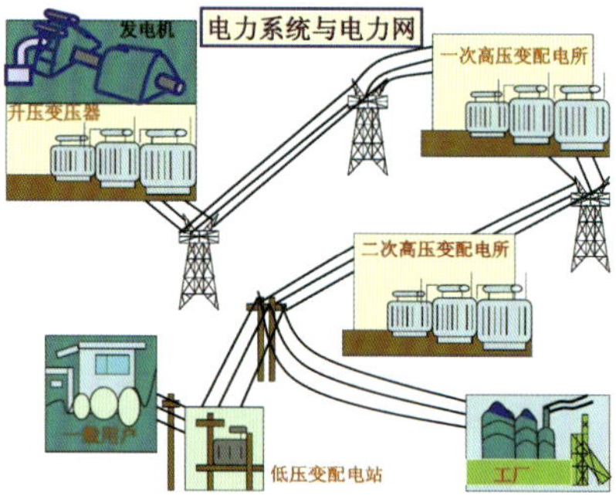

电力系统与电力网

并联：在并联电路中，所有的电器都并排连接，每个电器都有自己的独立路径。

特点:电流有多条路径可以流动。如果其中一个电器坏了，其他电器仍然可以正常工作。例如：家里的电路通常是并联的，这样即使一个电器坏了，其他电器仍然可以正常使用。

电来到我们身边需要经历一系列复杂的过程：发电厂发出的电，经过高压运输、变电站变压和长途运输，才最终到达用电场所。

科学与生活

电路在我们的生活中应用广泛，为我们提供了很多便利。

1.家庭照明系统通过电路和控制装置对照明设备进行控制和优化，使我们的生活更方便、舒适。

2.生活中随处可见的红绿灯，保障了我们的交通安全。红绿灯装置用一个开关控制三个并联电路，实现一盏灯亮、其他灯不亮的红绿灯切换效果，通过交叉控制的原理，间断性地使红灯变绿灯、绿灯变黄灯。

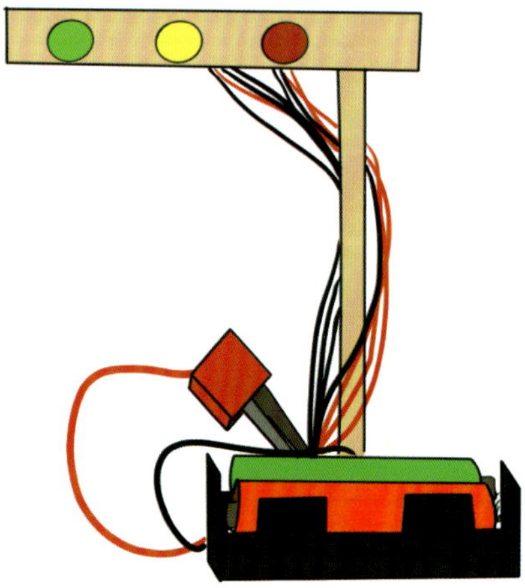
红绿灯

“趣”阅科学

电，改变了我们的生活，也改变了我们的世界。探寻千里的雷达、沟通快捷的手机、带有磁性的银行卡、能冷能热的空调、快速旋转的电机……在《爱上科学：神奇的电》一书中，你不仅能了解电形成的原理、与电有关的术语、电荷产生的物理现象，还将学习到电的各种神奇功用，让《爱上科学：神奇的电》带你一探究竟。

《爱上科学：神奇的电》

第07课

自制饮水机

小米："我们都听过《乌鸦喝水》的故事，你知道乌鸦是用什么办法喝到水的吗？

小娃："这个我知道。乌鸦是利用固体占据空间的原理，将石子扔到瓶中，使水位上涨，才喝到水的。"

你还有哪些办法可以让瓶子里的水面上升呢？

科学实验室

实验器材

纸杯 | 塑料瓶 | 吸管 | 橡胶管 | 注射器 | EVA瓶塞

实验步骤

1 首先，取出EVA瓶塞，在大孔中塞入吸管，在小孔中塞入橡胶管。

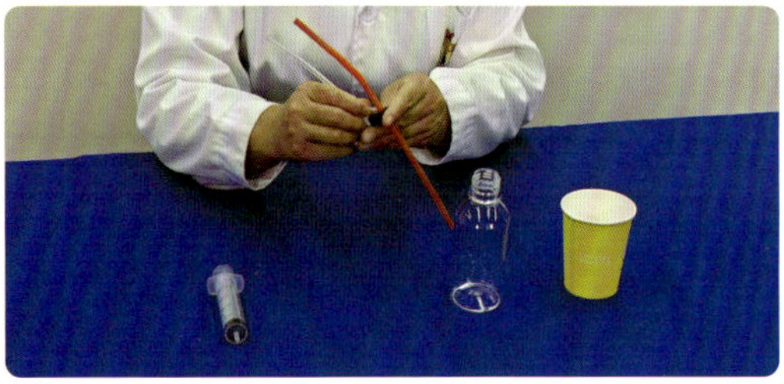

2 取出塑料瓶，在塑料瓶内注入清水，水面距瓶口5 cm的位置。将插好吸管和橡胶管的瓶塞塞入装好清水的塑料瓶口。

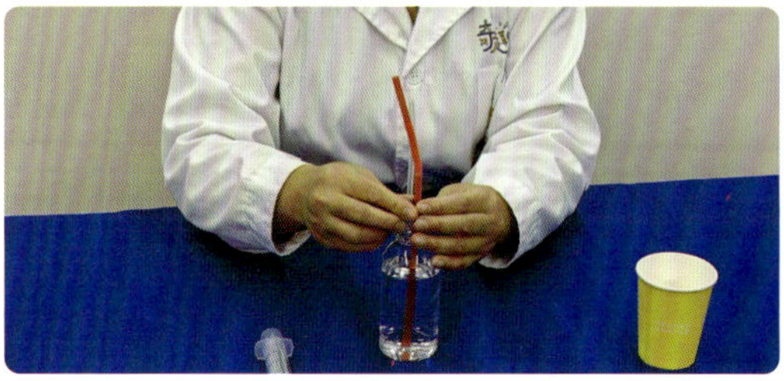

3 将注射器活塞拉至尽头，再将注射口插入橡胶管口。

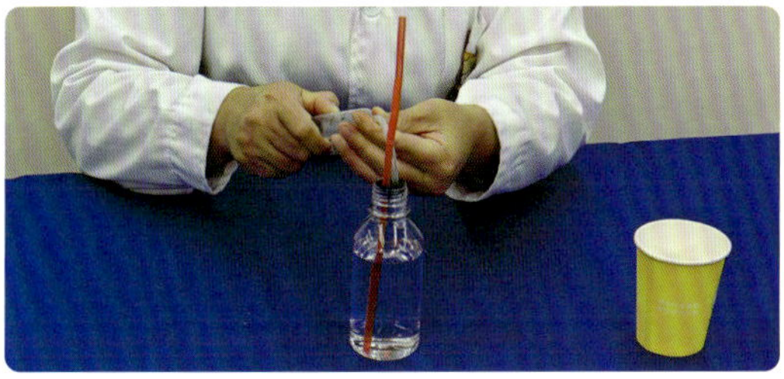

4 把纸杯放在吸管口下方，推入注射器活塞，观察吸管口有水流喷出吗？

实验现象

推入注射器的活塞，吸管中有水流出。

科学小知识

大气压

地球的周围被厚厚的空气包围着，就像给地球罩了个大罩子，这些空气被称为大气层。它上疏下密地分布在地球的周围，总厚度达1000千米，空气可以像水那样自由地流动，同时它也受重力作用。到处乱撞的空气，向各个方向都施加一个力量，叫压强，这个压强被称为大气压。空气也是有重量的，气压就是大气层中空气压在物体上产生的重力。

工具	空盒气压计	水银气压计
图示		
结构	空盒气压计上有两行刻度，一行以百帕（hPa）为单位，一行以毫米汞柱（mmHg）为单位，1 毫米汞柱约为 133 帕	水银气压计内有一支细玻璃管，管内水银柱的高度会随大气压的变化而变化。读出的水银柱高度为多少毫米，大气压即为多少毫米汞柱
优点	携带和使用比较方便	测量比较精确

大气压的测量工具

科学与生活

真空压缩袋：将要存放的物品放入真空压缩袋里，抽出袋内的空气，外界的大气压就会把物品压得扁扁的。

真空压缩袋

吸尘器：工作时，会将里面的空气排出，使里面形成一个低压区，外界的空气就会在大气压的作用下，带着尘垢从吸尘器的地刷进入。在内部经过过滤后，尘垢留在里面，空气再从吸尘器的排气口排出。

吸尘器

压力服是如何诞生的？压力服的外面还可以穿外套吗？

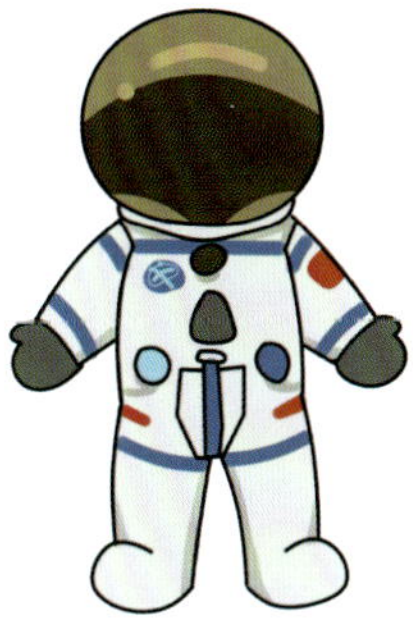

压力服

航天员们在火箭升空及飞船返回时，总会穿着一种很特别的衣服，它外表蓝白相间，全身还有一些管线。这种特别的衣服，就是航天员们的生命守护者——压力服。

压力服就是可以在服装内维持一定气压的衣服。虽然现在的飞机已经有了加压机舱，大部分飞行在1万米左右的飞机并不需要飞行员或者乘客穿这种复杂的衣服。但是在一些有时需要在超高空飞行的飞机上，比如在战斗机或者侦察机上，仍然需要穿戴好压力服。宇宙空间的环境几乎是真空，气压接近于零。航天员如果不穿航天服走出宇宙飞船，身体内外巨大的压强差会导致血管破裂，所以航天员在太空行走时必须穿上内部加压的压力服。

“趣”阅科学

《少儿科普百分百·科学探索故事：大气压强是怎样发现的》这本书将各种科学知识与故事串联在一起，揭开了人们生活中习以为常但又饱含科学原理的种种奥秘，集科学性、知识性于一体。书中有对大气压强的描述，让我们一起来看看其中的奥秘。

《少儿科普百分百·科学探索故事：大气压强是怎样发现的》

第08课
风的形成

同学们，生活中常见到一些空气流动现象。你们知道产生以下现象的科学原理是什么吗？

吹得漫天飞舞的树叶

飞舞的泡泡

转动的纸风车

被风吹动的书本

科学实验室

实验器材

彩色纸 | 笔 | 剪刀 | 线绳 | 蜡烛 | 打火机

实验步骤

1 在彩色纸上画出蛇的螺旋状轮廓，画三四圈即可。

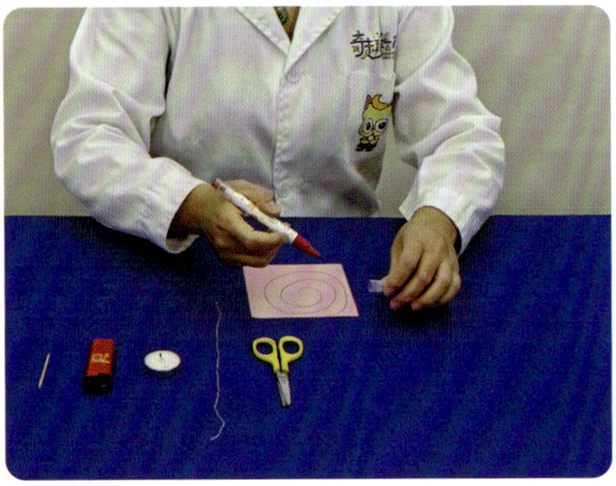

2 用剪刀剪出纸蛇，用牙签在中心部位扎个小孔，线绳穿过小孔并打结。

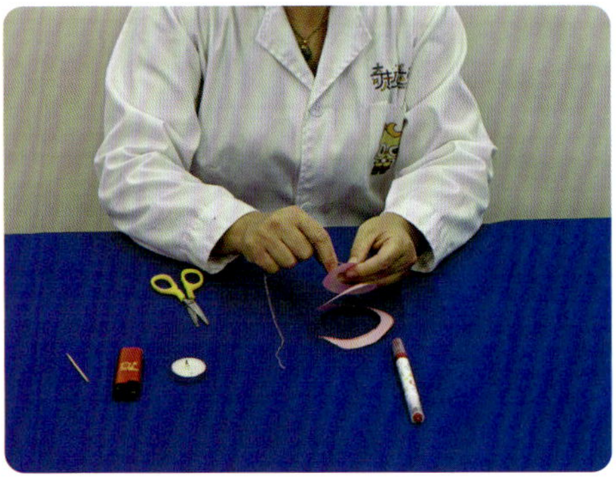

3 点燃蜡烛，将纸蛇悬在蜡烛火焰的上方，观察有什么现象？

4 离开蜡烛，观察纸蛇有什么变化。反复几次，对比实验现象。

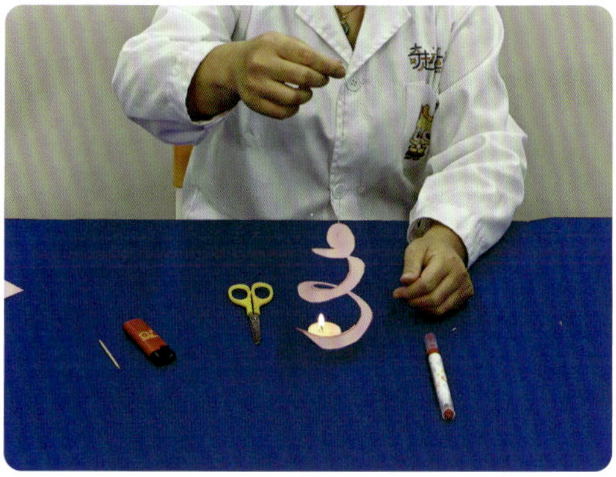

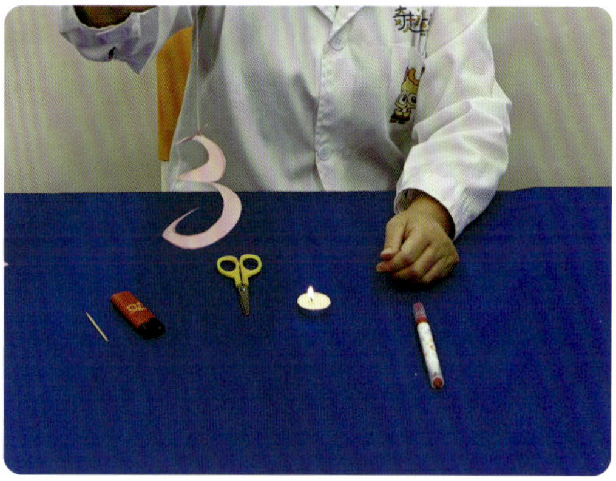

实验现象

螺旋形的纸蛇在火苗上方时，纸蛇转动；不在火苗上方时，停止转动。

科学小知识

气流：气流是空气在一定范围内流动的现象。它是由地球自转、地形和气候等多种因素共同作用而形成的。我们每天都在与气流打交道，不论是乘飞机、坐火车或是在家中享受空调，都是在利用气流或者受到气流的影响。

气流的形成：地球的自转是形成气流的基本原因。由于地球是不停旋转着的，因此，地球上的空气也会被带着一起运动。在高低纬度之间，会因为地球自转产生巨大的速度差，这种速度差导致了气流的产生。

科学与生活

1.航空：气流对航空有着巨大的影响。飞机依靠机翼上下的空气流动产生升力，从而在空中飞行。飞机需要找到一个持续的气流，以便能够持续飞行。因此，机场和飞机航线都会精心设计以最大化利用气流。

飞向天空的飞机

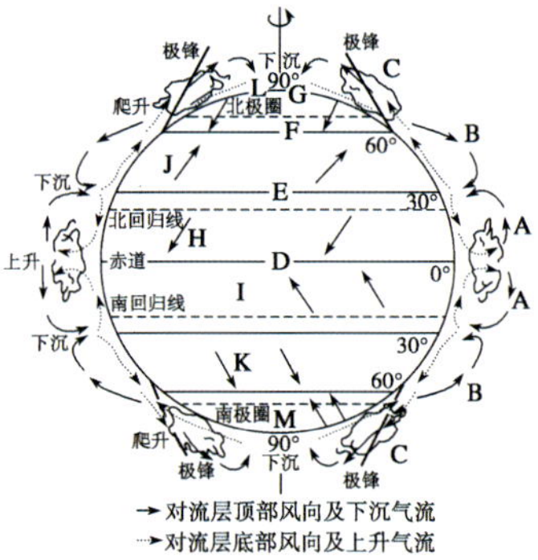

气流对气候的影响

2.气候：气流对气候的形成和变化有着决定性的作用。例如，暖湿气流带来温暖的天气，而冷空气则可能导致气温下降或者风雪天气。大气环流是全球气候形成的重要因素，而这种环流就是由各种大小和方向的气流构成的。

3.风能。气流也可以被用来产生能源。风力发电就是利用风能的一种方式。风力发电的原理是利用风能推动风力发电机旋转，从而产生电能。这是一种清洁、可再生的能源。

风力发电

气流是我们生活中不可或缺的一种自然现象。它影响着我们的出行方式以及能源使用等方面。对气流的理解和合理利用，将有助于我们更好地应对生活中的各种挑战和问题。

“趣”阅科学

地球上的气候千变万化，有狂风也有暴雨，但是你知道这些天气的变化都是因何而来吗？近日，纽约市迎来了几年不遇的大暴雪，节目组请来了气象学家“风暴诺曼”教授做客演播厅，与主持人一同为大家播报这次雪灾实况。这位主持人竟然连最基本的气象知识都不懂？

“风暴诺曼”决定给这位主持人上一课，讲讲“气候到底是怎么回事”。要知道，诺曼教授的科学课可不是随便能听到的！快找来《科学大爆炸：疯狂的天气·气象与气候》这本书看一看！

《科学大爆炸：疯狂的天气·气象与气候》

第09课 轮子的世界

同学们，大家都知道“愚公移山”的故事吗？愚公和他的子子孙孙坚持不懈的精神激励着同学们努力学习。那么请同学们思考，在移山的过程中，石头是怎么搬运的呢？请你们想办法帮助愚公运输得更省力。

没错！用车推，那么推车是怎么移动的呢？

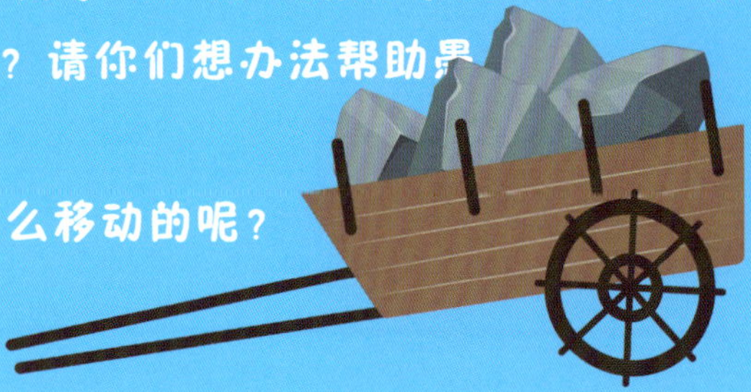

科学实验室

实验器材

短圆棒×3	长圆棒	轴承件×2	小滑轮
中圆棒×2	圆三通×3	中滑轮×2	

实验步骤

1 组装车架。

2 固定前、后轴承件。

3 组装前、后轮。

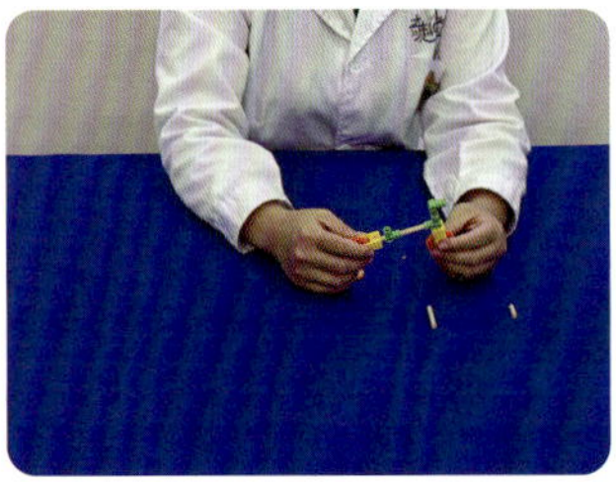

4 组装扶手、座椅。

5 推动自行车，观察当前轮和后轮摆成一条直线时，自行车行走路线是怎么样的？当前轮向左或向右扭成一定角度时，自行车行走路线会发生变化吗？

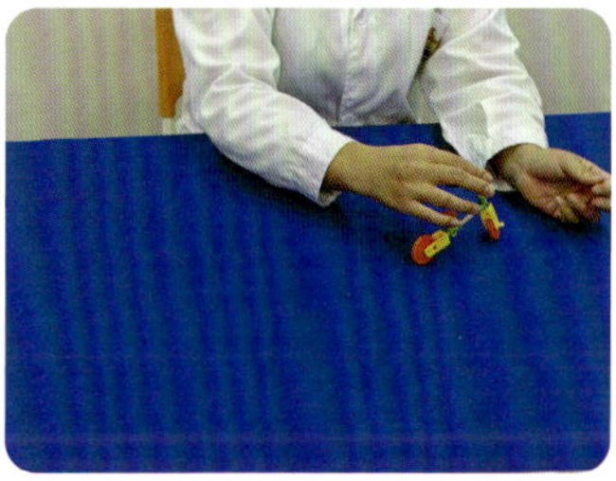

实验现象

当前轮和后轮摆成一条直线时，自行车会走直线。当前轮向左或向右扭成一定角度时，自行车会拐弯行驶。

科学小知识

1.轮子：是一种圆形结构，通常由圆形金属、塑料或橡胶等材料制成，用于支撑和引导车辆、机器、设备等的运动。轮子通常包括轮毂和轮缘，轮毂是轮子的中心部分，用于安装和固定在轴上，轮缘则是轮子的边缘部分，用于与地面接触和导向。

2.轮子的种类和构造：车轮是车辆中最常用的一种轮子，包括辐条式车轮和整体式车轮，辐条式车轮由轮毂和辐条组成，整体式车轮则是一个完整的圆形结构。充气轮胎通常用于自行车、摩托车、汽车等交通工具中，它由橡胶制成的外胎和充气的内胎组成，充气轮胎

自行车车轮

可以提供更好的地面接触和舒适性。无内胎轮胎是一种没有内胎的轮胎，它由橡胶制成的外胎和金属或其他材料的轮毂组成，无内胎轮胎具有更好的耐磨性和抗扎性能。

汽车车轮

3.轮子的作用、优势：

方便运输。轮子可以大大减少运输过程中的摩擦和阻力，提高运输效率，尤其适用于远程运输和重型货物的运输。

转动惯量。轮子具有转动惯量，可以用来改变物体的运动状态，如启动、停止和转向等，同时可以减少对人体力量的需求。

缓冲减震。轮子可以缓冲和减震，有助于保护物体和人员的安全，可应用在车辆、机器和体育器材等领域。

科学与生活

方便移动

在家具底部的脚轮可以让家具方便地在室内移动，不需要费力拖动或抬动。

脚轮

方便调节

健身器材的轮子和滑轮可以方便地调节位置和高度，以满足不同锻炼需求。

增加趣味性

轮子和滑轮可以使健身器材在运动时产生不同的轨迹和速度，增加锻炼的趣味性。

儿童推车

"趣"阅科学

《轱辘轱辘转》通过小猪一家的冒险旅程，介绍了四百余种车型。这些千奇百怪的车辆，一定会让小读者大开眼界。作为一本启蒙读物，《轱辘轱辘转》汇集了航空、航海、铁路、公路等各种交通工具和工程车辆。孩子在认知这些名称的同时，也熟悉了它们的用途。其中有一些并不是生活中真实存在的车辆，而是作者有趣的想象，比如牙刷车、南瓜车、香蕉车、面包圈车。紧张激动、滑稽有趣的故事情节会给孩子带来无限的快乐体验。让我们一起去看一看！

《轱辘轱辘转》

物质科学

第10课

神奇的血液循环系统

血液一直被视为活力与健康之源，对我们人体具有重要的生理意义，你对血液了解多少呢？

科学实验室

实验器材

红色墨水	雪糕棒	中软管×2	长软管×2	单向阀×2
塑料杯	橡皮筋	短软管×2	注射器×2	三通接头×2

实验步骤

1 如图所示组装软管。

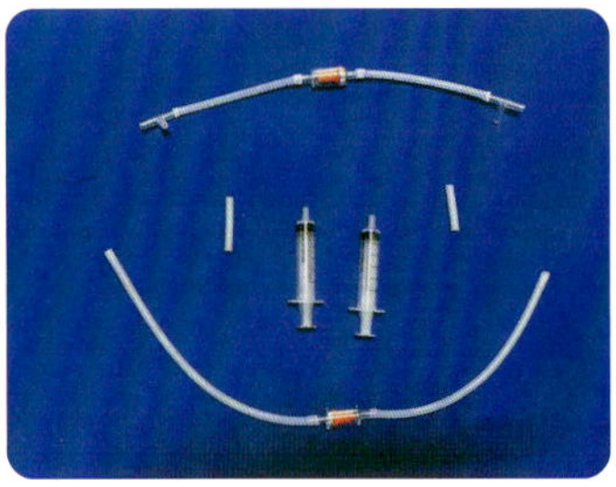

2 如图所示组装循环系统，注意两个单向阀朝向相反。

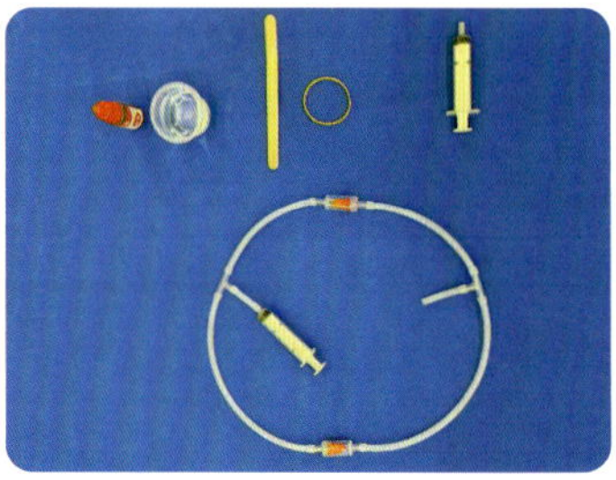

3 向塑料杯中加入清水，滴上几滴红色色素，并用雪糕棒搅拌均匀。再用2号注射器抽取“血液”。

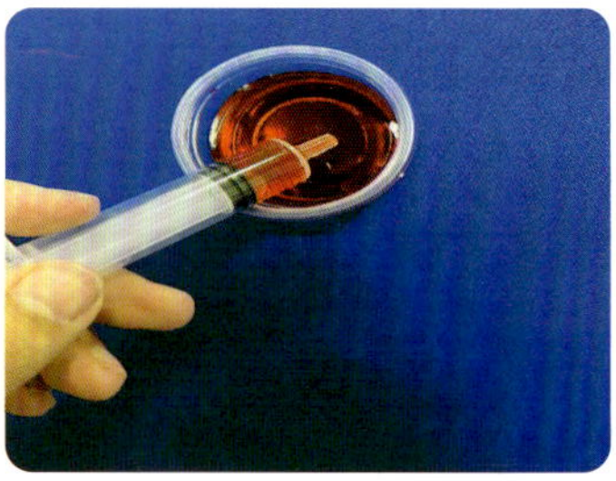

4 将1号注射器推到底后，再将2号注射器插入空着的软管上，并用橡皮筋绑住两根针管。

5 分别推动两个注射器，来模拟人体的血液循环。

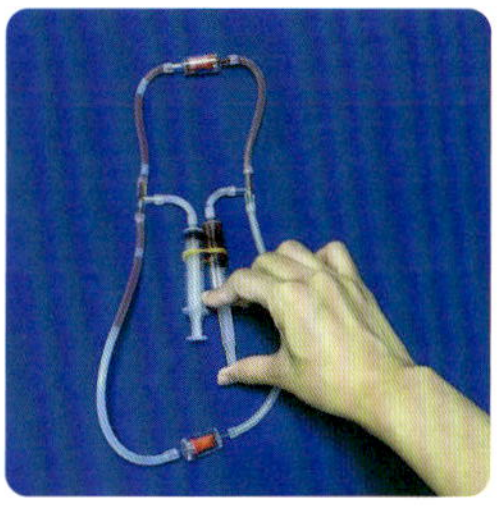

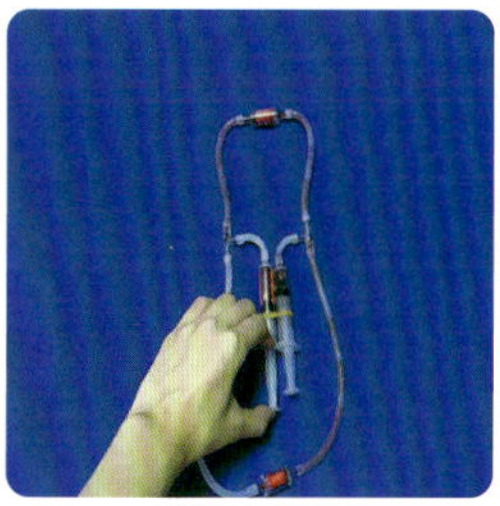

科学小知识

人体的血液循环有体循环和肺循环两个循环。体循环，又称大循环。血液自左心室输出，经主动脉及其各级分支，到达全身各部的毛细血管，再经各级静脉，最后汇入上、下腔静脉流回右心房。肺循环，又称为小循环。右心室将含氧少而含二氧化碳较多的静脉血，经由肺动脉，至肺泡周围的毛细血管网，在此与肺泡进行气体交换，经由各级肺静脉，最后注入左心房。

在模拟实验中，我们使用注射器、导管和单向阀门共同构建了一个封闭的环境。其中，注射器分别代表左右心室，中间的单向阀门则相当于心脏中的心脏瓣膜，作用是防止“血液”回流。

科学与生活

血液秘密知多少

去医院做身体检查必不可少的流程之一就是“抽血”，因为血液能准确反映身体的潜在病症。身体出现这些信号就是告诉我们血液有问题了：晚上清醒、起床头晕，下蹲困难、蹲着干活胸闷气短，可能是血液黏稠导致的；乏力、脸色苍白，可能是营养不良导致的缺铁性贫血。

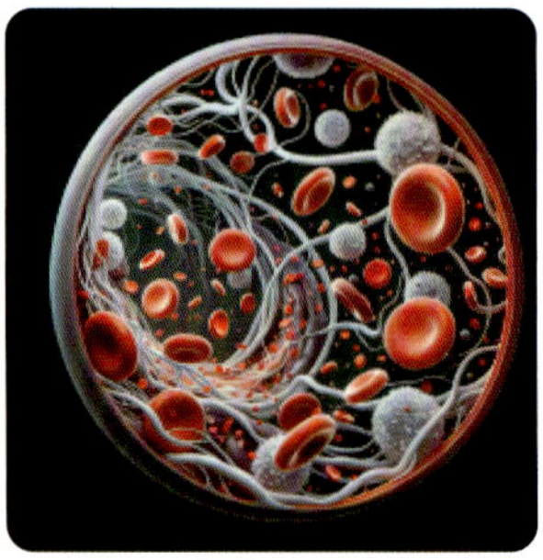

血管中的血液

在日常生活中，要多饮水、多吃具有稀释血液功能的食物如蔬菜、瓜果，有利于降低血黏稠浓度；坚持体育锻炼，如散步、慢跑、打太极拳、爬山、游泳等，以促进血液循环。

“趣”阅科学

我们身体中的血液从哪里来又到哪里去？它是如何流动的？它又默默地作出了哪些贡献？让我们通过《血液循环之旅》这本书，跟随一个红细胞，深入了解人体的各个部分，认识强壮的肌肉、有力的心脏和错综复杂的血管。

《血液循环之旅》

第11课 四季是如何交替的

小娃：“同学们，夏天总是很炎热，冬天又格外寒冷。那地球为什么会有四季呢？”

科学实验室

实验器材

圆环箭头纸片	剪刀	蓝色泡沫球（小）	中吸管
牙签	双面胶	红色泡沫球（大）	短吸管
彩笔	泡沫纸盘	长吸管	打孔器

实验步骤

1 在代表地球的蓝色泡沫小球上用彩笔画出赤道。

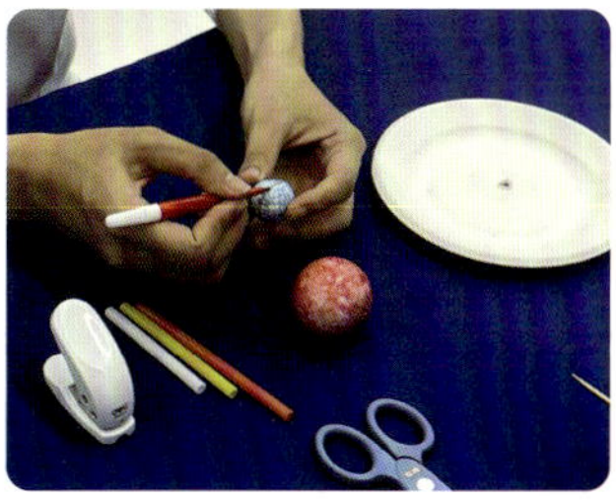

2 在纸盘中心戳一个洞。

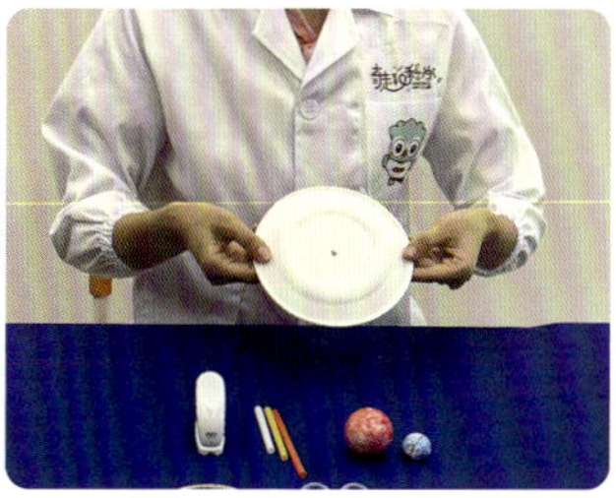

3 用彩笔把纸盘背面（凸起面）平均分成四份并标上春、夏、秋、冬。

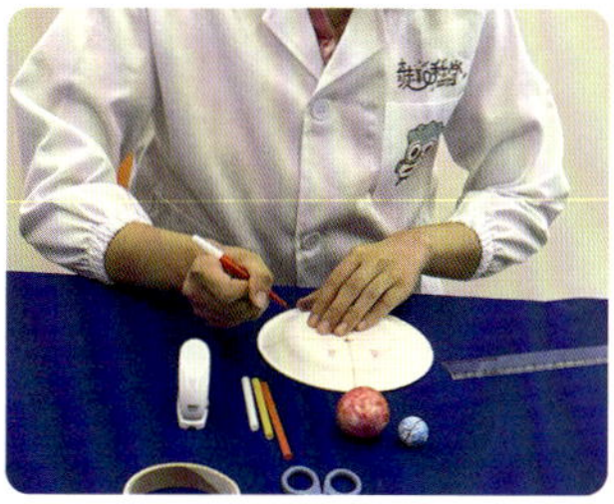

4 在长吸管一端处，用剪刀沿吸管竖向剪2～3下，将长吸管用剪刀修剪过的一端插入纸盘中心的洞中，并用胶带固定。

5 先将中吸管两端打孔，并把打过孔的吸管一端套进固定好的吸管上，再将短吸管穿入另一端的洞中。

6 将牙签插在地球上，代表地球的自转轴。

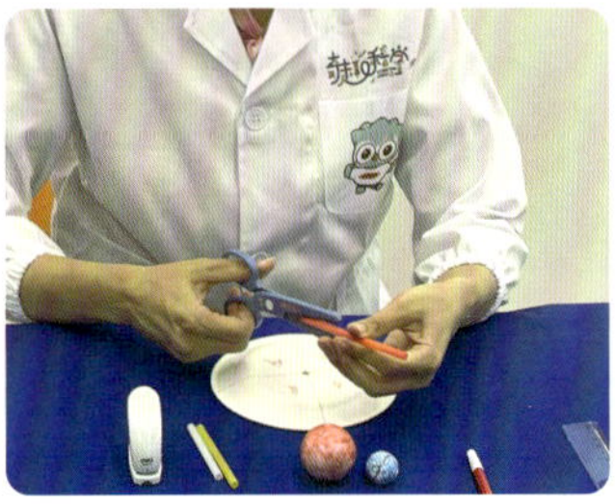

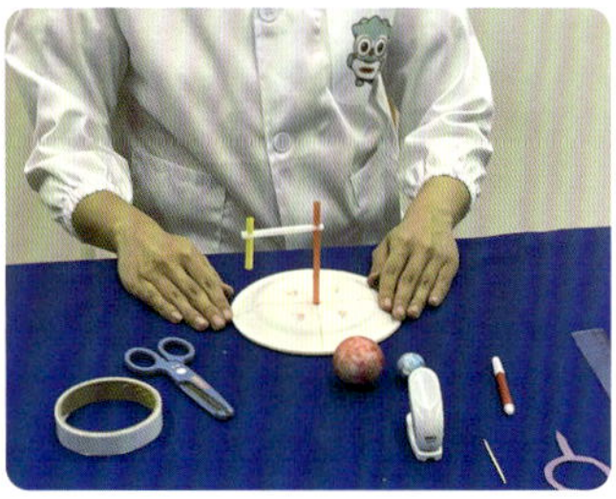

7 将地球用双面胶固定在外侧吸管上，将太阳固定在圆盘中心吸管上。

8 最后将圆圈套在太阳上，箭头指向地球。

9 先转动地球（注意需要保持地轴方向不变），再移动箭头，观察箭头指向的位置。

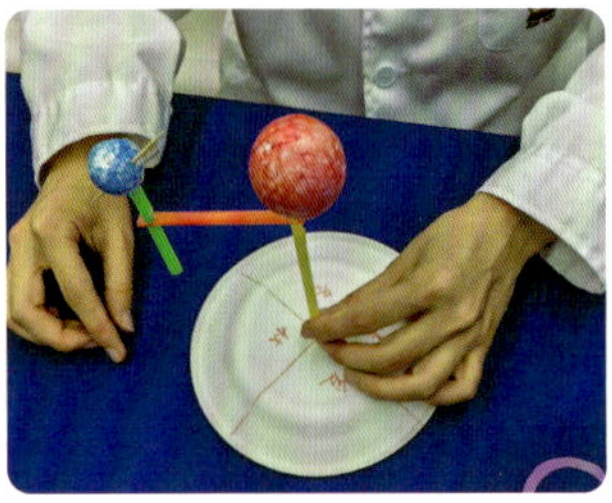

实验现象

在我们制作的模型中，箭头就表示了太阳的直射点。转动吸管使地球绕着太阳公转时，你就会发现，箭头指向的太阳直射点也在随之改变。

科学小知识

四季变化是地球倾斜地围绕太阳公转引起的。地球的公转轨道略呈椭圆形。因此，当地球公转时，它与太阳的距离也会产生变化。虽然四季的变化与地球公转有关，但决定性的条件是地球必须斜着绕太阳转。地球的自转轴与垂直于轨道的平面之间有一个23.5度的倾斜，这就是所谓的地轴倾斜。正因如此，一年之中太阳光线不会一直照射在地球的某一个点上，这样的角度的变化导致了太阳直射点的移动，从而引发了四季的变化。

科学与生活

气候对我们的生活有很多方面的影响，从衣着、食物到活动、健康、环境、农业和交通。了解这些影响可以帮助我们更好地适应不同的气候条件，保护自己和环境。

气候与健康

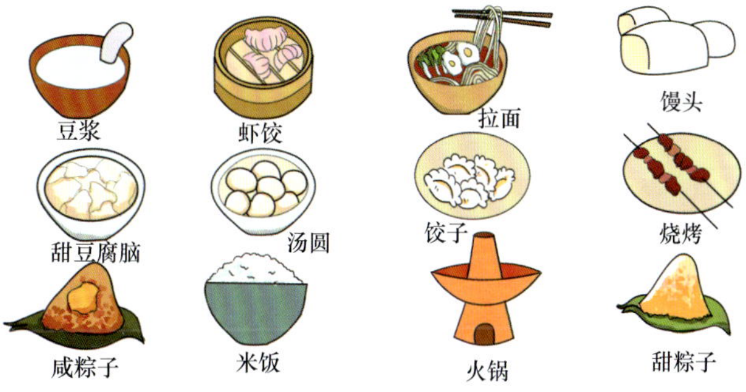

南方主食是米饭　北方主食是面食

气候与饮食

气候与服饰

气象与灾害

“趣”阅科学

地球上四季交替，气候也变化万千，有狂风也有暴雨，但是你知道这些天气的变化都是因何而来吗？今日气象学家“风暴诺曼”教授做客演播厅，直播讲解气候与气象的知识！要知道，诺曼教授的科学课可不是随便能听到的！快拿好你的笔记本，跟我们一起去了解《疯狂的天气：气象与气候》！

《疯狂的天气：气象与气候》

第12课

我是小木匠——榫卯结构

榫卯结构是我国工艺文化的传承，最早的榫卯工艺可以追溯到六七千年前的河姆渡文化，当时的人们将此工艺应用于住宅营建。一榫一卯，一转一连接，凝结了我国古代工匠的智慧。榫卯不仅可以用于建筑，还可以做一个很好玩的玩具，你想不想试一试？

科学实验室

实验器材

笔 | 木条×6

实验步骤

1. 将六根木条按照如图所示的顺序用笔标上序号。

2. 先将1号和2号按照图片中的位置摆放好。

3. 按照图示将3号垂直放置，1号嵌入3号的凹槽中。

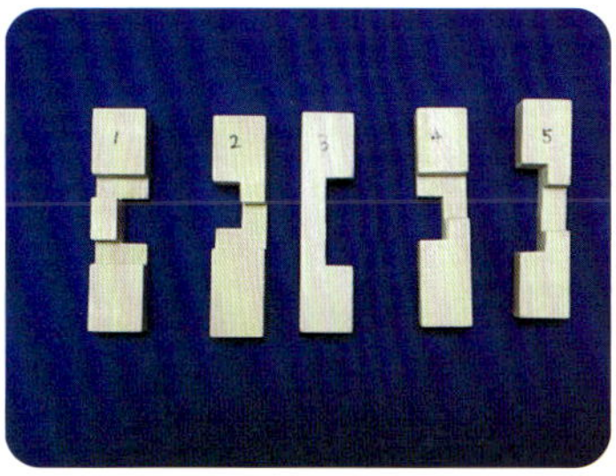

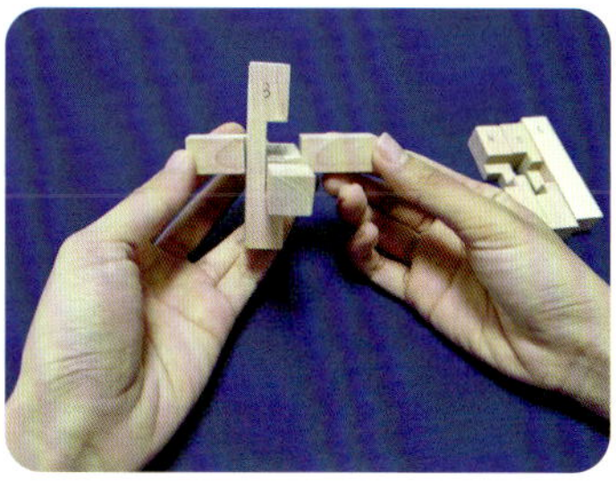

4 按照图示将4号垂直放在3号右侧，2号嵌入4号的凹槽中。

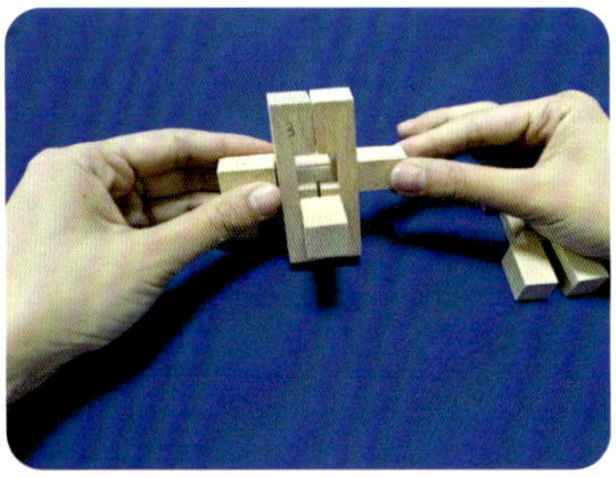

5 将5号嵌入1号剩余凹槽中。

6 按照图示将6号木条插入孔中，鲁班锁制作完成。

实验现象

随意活动鲁班锁，看看鲁班锁是否稳固、是否容易散架。

科学小知识

榫卯是古代中国建筑、家具及其他器械的主要结构方式，是一种传统木工中接合两个或多个构件的方式。其中构件中的凸出部分称为榫，凹入部分则称为卯。

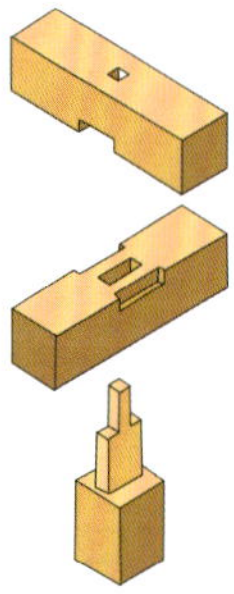

榫和卯

最基本的榫卯结构由两个构件组成，其中一个的榫头插入另一个的卯眼中，使两个构件连接并固定。历经数千年发展，到了明清，家具的制作几乎用到了所有的榫卯种类，展现了榫卯结构进化的最终样式。

科学与生活

榫卯结构随处可见。当无数榫卯相互组合时，会产生极其复杂而微妙的平衡状态，这种结构历经千年依然稳固不脱落。在现代家具制作中，榫卯结构仍然扮演着重要的角色，只是随着需求的变化，它经历了更多的适应性改进。

榫卯结构

“趣”阅科学

榫卯结构是古代科技与文化艺术的完美结合，它承载着中华民族在造物领域的深厚记忆，凝聚了中国人追求完美、精益求精的工匠精神。要想深入了解这项中国古老的传统工艺，《榫卯的魅力》是一个非常不错的选择。

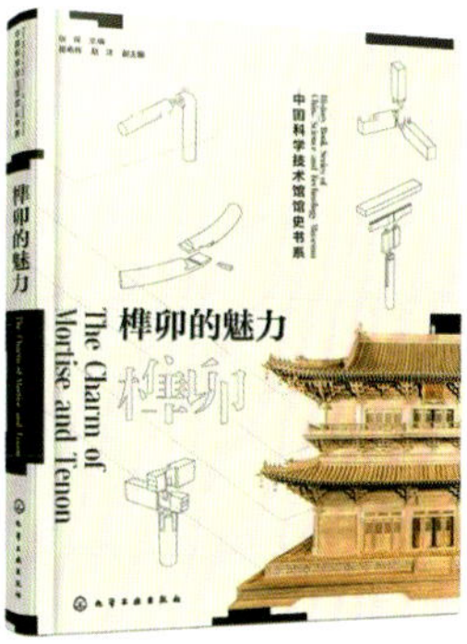

《榫卯的魅力》

奇趣小小科学家

发明创意

上册

谷华　张芳　赵郡　著

中国原子能出版社

图书在版编目（CIP）数据

奇趣小小科学家. 发明创意. 上册 / 谷华, 张芳, 赵郡著. -- 北京 : 中国原子能出版社, 2024. 10.
ISBN 978-7-5221-3722-3

Ⅰ. Z228.1

中国国家版本馆 CIP 数据核字第 20240SV120 号

奇趣小小科学家——发明创意（上册）

出版发行　中国原子能出版社（北京市海淀区阜成路 43 号　100048）
责任编辑　杨晓宇
责任印制　赵　明
印　　刷　炫彩（天津）印刷有限责任公司
经　　销　全国新华书店
开　　本　787 mm×1092 mm　1/16
印　　张　3.25
字　　数　44 千字
版　　次　2024 年 10 月第 1 版　2024 年 10 月第 1 次印刷
书　　号　ISBN 978-7-5221-3722-3　　定　价　**330.00** 元（全 **12** 册）

本书创作组

作　　者：谷　华　张　芳　赵　郡

参与创作：刘肖云　付静文　杜海燕　王一凡　刘晓君

张　慧　郝侣侣　温进红　娄天琪　罗文祥

序言

PREFACE

生活在这个知识爆炸、科技日新月异的新时代，我们每一个人都仿佛置身于一场波澜壮阔的历史洪流之中，经历着前所未有的变革与挑战。在这场变革中，新时代的教育强国建设无疑给我们教育工作者提出了更为崇高且紧迫的使命与要求。在“双减”背景下，做好科学教育的加法为我们重新审视和定义教育内涵提供了宝贵契机。在这场教育生态的重塑之中，科学教育以其独特的魅力与重要性，成为了我们不容忽视的焦点。它不仅关乎孩子们对自然世界的认知与探索，更是培养他们创新思维、实践能力和科学素养的关键途径。正是在这样的背景下，我们汇聚了一群怀揣教育梦想、热爱科学教育的教师同仁，携手众多深耕科学教育领域的专家，共同撰写了这套以科学实验为核心内容的科学丛书。这不仅仅是一系列书籍的创作，更是一场关于科学精神、教育情怀与未来想象的深刻对话与实践。

科学之光，点亮童心

每一个孩子都是天生的探索者，他们对世界充满了好奇与渴望。本套丛书精心策划了一系列科学实验，旨在点燃孩子们对科学的热爱，引导他们从日常点滴中发现科学之美。本套丛书语言活泼、情境精彩、图画生动、实验有趣，从简单的物理现象到复杂的化学反应，从微观的细胞世界到浩瀚的宇宙星辰，孩子们通过观察现象、动手实验、阅读思考、总结规律，轻松掌握科学知识、提高探究能力、滋养想象思维、激发创新精神，每一个实验都是一扇窗，让孩子们得以窥见科学的无限可能，启迪智慧的炫彩火花，点亮未来的梦想之路。

团队协作，智慧结晶

本套丛书的诞生，是集体智慧的结晶。我们集合了河北省各地的优秀科学教师，他们都是科学教育的行家里手，有着丰富的实践经验与教学智慧，对孩子们的学习特点与兴趣点有着敏锐的洞察。在专家的精心指导下，我们反复打磨每一个实验方案，力求做到既科学严谨又生动有趣，既注重知识的传授又强调能力的培养。我们相信，这样的科学教育才能真正触及孩子们的心灵，让他们在轻松愉快的氛围中成长为未来的科学之星。

家校共育，携手成长

这套丛书还特别适用于学校的课后服务以及家庭亲子游戏。我们希望通过这样的形式，搭建起家校共育的桥梁，让家长也能参与到孩子的科学学习中来，共同见证孩子的成长与进步。亲子共做实验的过程，不仅能够增进亲子关系，还能让科学成为连接两代人情感的纽带，让科学教育成为家庭生活中不可或缺的一部分。

展望未来，无限可能

展望未来，我们满怀期待。我们相信，随着这套丛书的广泛传播与应用，将有更多的孩子因此而爱上科学、投身科学、成就科学梦想。让我们携手并进，在科学的道路上不断探索、勇毅前行，共同为孩子们撑起一片更加广阔的天空，让科学的种子在他们心中生根发芽、茁壮成长！

最后，衷心感谢所有参与本套丛书创作的教育同仁、专家学者的辛勤付出与无私奉献。愿这套科学丛书能够成为孩子们成长道路上的良师益友，陪伴他们开启一段段精彩纷呈的科学探索之旅！

河北省石家庄市融创中心第一小学校长
谷华

目录

物质科学

生命科学

物质科学

工程与技术

物质科学

第01课

美丽的“海底世界”

历经漫长岁月中无数次的海陆沧桑演变，海洋占据了地球约71%的广阔地表。它深邃且浩渺，被一致认定为“人类存续和进步的关键空间”。广袤的海洋，魅力无尽。海底隐藏的无数“珍宝”正期盼着人们去追寻，去发掘……结队游弋的鱼群、缤纷多彩的珊瑚、摇曳生姿的海草，令人惊叹。

让我们通过小实验来模拟制造一幅海底美景吧！

物质科学

科学实验室

实验器材

瓶子	油
食盐	色素×2（红色、蓝色）

实验步骤

1 准备多半杯清水，在水中倒入一些食用油，此时可以看到两种液体分层清晰。

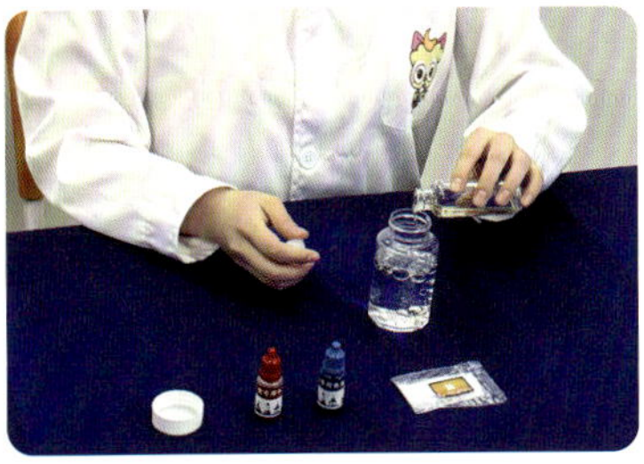

2 在瓶中滴入几滴色素，此时色素悬浮在油和水之间。

3 在瓶中撒入少许盐，仔细观察，我们可以看到色素开始往下沉，好像神秘的海底世界。

实验现象

通过瓶子仿佛可以看见海底的景象，再多放一些盐，“海底世界”好像沸腾起来了。

科学小知识

液体分层现象

实验现象与密度有关，密度可以理解为物质的一种特性。每种物质都有一定的密度，不同物质的密度一般是不同的。想象一下，一堆棉花和一堆铁块，体积差不多大，但铁块明显要重得多。这是因为铁这种物质比棉花更“密实”。水、色素、油这三种物质中，水的密度最大，油的密度最小。加入色素后，色素最初会悬浮在油和水之间，因为色素的密度介于油和水之间。加入盐后，盐溶于水增加其密度，当盐水密度超过色素时，色素被“拉”入水中并向下扩散。最后，随着加盐量不断增加，盐溶解扩散带动色素运动，形成类似“海底洋流”的翻涌效果，就形成了美丽的“海底世界”。

科学与生活

密度在日常生活中有着诸多重要的用途。

铝合金因其密度较小，被广泛用于制造门窗，既轻巧又坚固。

消防员所佩戴的安全帽，通常采用密度较小的材料制作，以减轻头部负担。

在鉴别珠宝时，密度也是关键的判断依据，真宝石和假宝石的密度常常存在差异。

当我们游泳时，能够浮在水面上，正是由于人体的密度略小于水的密度。

盐水选种

在农业生产中，盐水选种法利用种子密度的差异，挑选出优质的种子。

给农田浇水时，通过检测土壤的密度，可以确定是否需要增加浇水量。

此外，在工业生产中，根据不同材料的密度，可以选择合适的材料用于制造各种产品。

“趣”阅科学

《不可思议的科学现象》里有好多好多让你们瞪大双眼、惊叹不已的科学现象。人类如何认识和解释科学现象？这本科学宝典将带你遨游科学世界，用简单易懂的文字和好看的图片，给你们讲清楚这些现象背后的科学道理。读了这本书，你们会发现科学就在我们身边，到处都有好玩的秘密等着你们去探索

《不可思议的科学现象》

第02课

热与冷的较量——自制温度计

“好热啊，好热啊！你别挨着我！”真奇妙！小小水分子在受热时四处散开，仿佛相互之间逃离得越远越好，甚至变成了水蒸气；而受冷后，水分子又喜欢“抱”在一起，相互聚集，直到变成了冰。这就是液体的热胀冷缩。

科学实验室

实验器材

玻璃瓶 | 瓶塞 | 吸管 | 色素 | 塑料杯 × 2 | 滴管

实验步骤

1 将红色色素滴入玻璃瓶内，并用滴管滴入水至玻璃瓶半满。

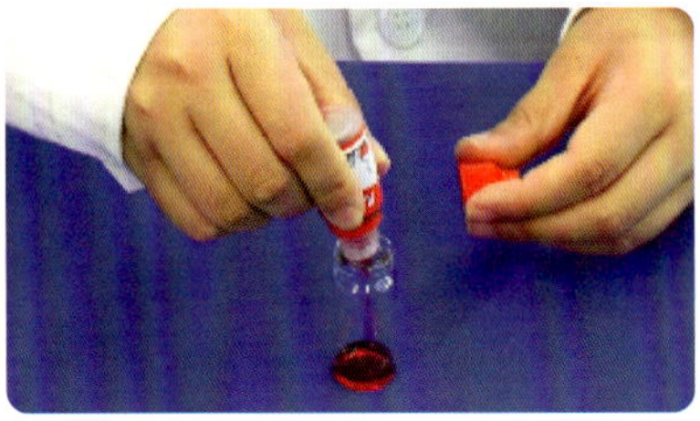

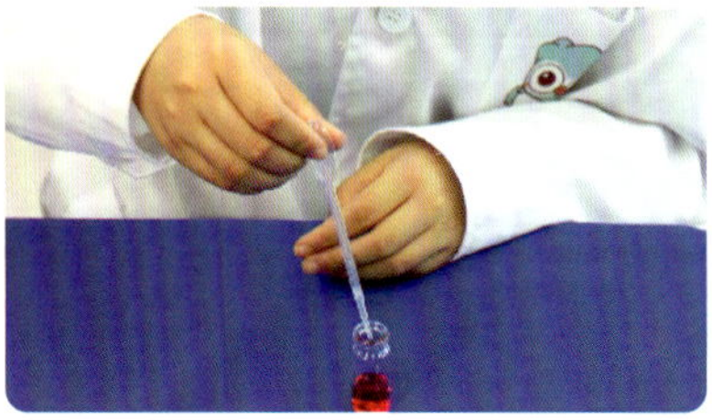

2 吸管塞入瓶塞小孔中，吸管底部没入色素水。

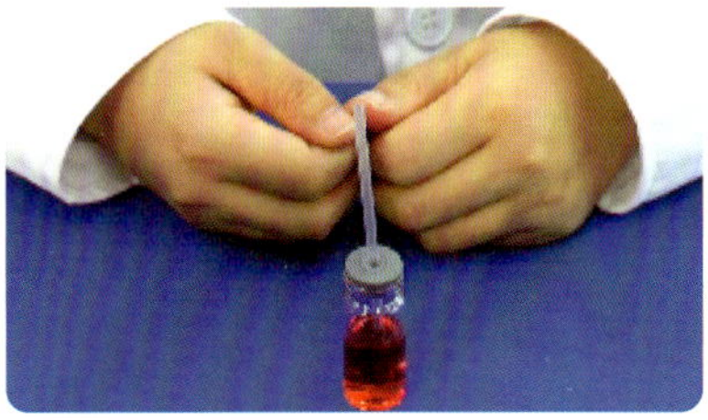

3 将自制温度计分别放入冷水、热水中，观察吸管中水柱变化。（注意，热水温度不要太高）

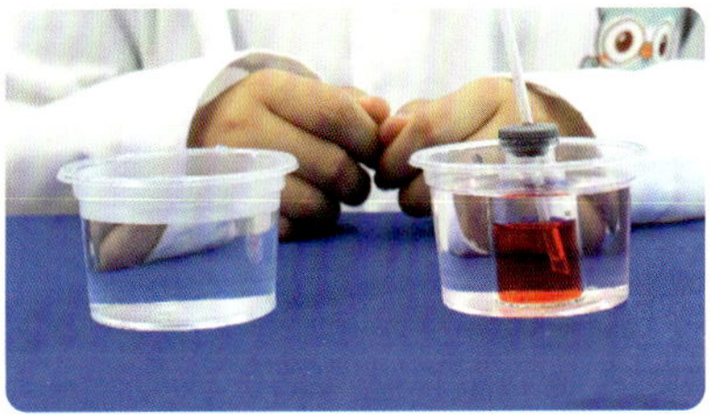

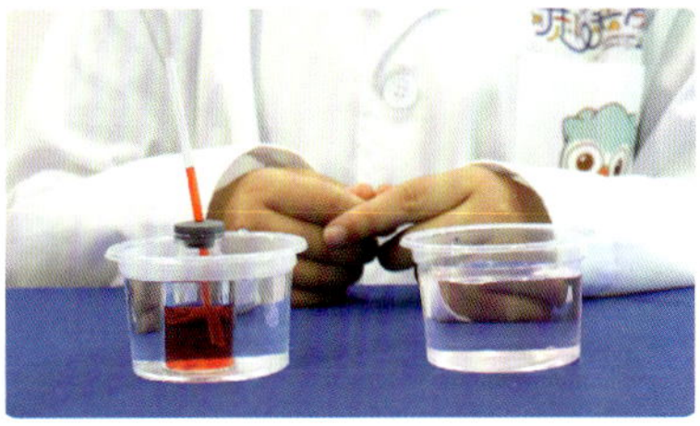

4 将温度计放入冷热水中，观察水柱的变化并将温度计示数读出来。

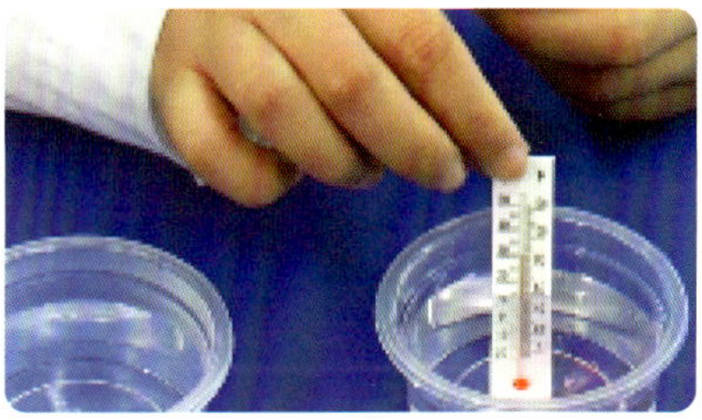

实验现象

自制温度计放入热水中，吸管中的液面上升；自制温度计放入冷水中时，吸管中液面下降。将温度计放入冷水中，水柱下降，温度低；将温度计放入热水中，水柱上升，温度高。

科学小知识

自然界中，我们观察到大部分的气体、液体以及固体都呈现出一个共同的特性，那就是它们会随着温度的变化而发生体积的改变，具体表现为热胀冷缩。

正是这一特性，让温度计得以成为我们测量温度的重要工具。温度计巧妙地利用了液体的热胀冷缩性质。当温度逐渐上

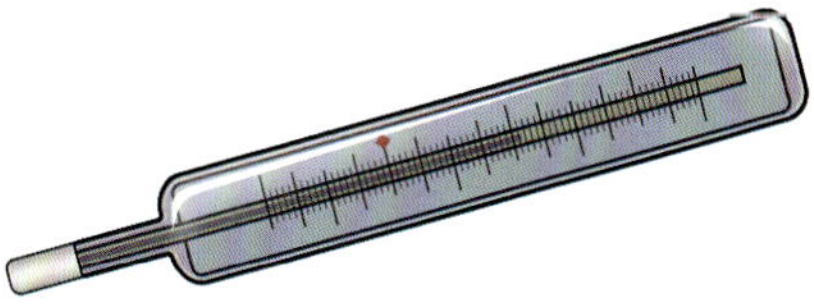

温度计

升时，温度计中的液体因受热而膨胀，进而推动液柱上升，以此指示温度的升高；反之，当温度逐渐下降时，液体收缩，液柱随之下降，反映了温度的降低。这一过程既简单又直观，却蕴含着物理学中温度与体积之间的密切联系。

科学与生活

掌握了热胀冷缩的科学原理后，我们在日常生活中便能更加细致地处理一些常见的情况。比如，在酷热的夏日，给自行车打气时，我们应当适度，避免过度充气。因为随着温度的升高，气体膨胀，若充气过足，则容易因气体压力过高而导致爆胎。

给轮胎打气

再比如，罐头在生产过程中通常处于高温状态，罐内气体因此膨胀。待罐头冷却后，气体收缩，导致瓶内气压低于外部气压，使罐头难以开启。

打不开的罐头

生活中，热胀冷缩的现象不胜枚举。例如，将刚煮熟的鸡蛋放入冷水中浸泡片刻，蛋壳便能轻易剥离。这是因为蛋壳和蛋白在冷却过程中的收缩程度不同，使两者之间的贴合度降低，从而方便剥离。又比如，当遇到难以拧开的金属瓶盖时，我们可以将它放入热水中浸泡片刻。瓶盖受热后，与瓶口间的缝隙会增大，从而使瓶盖更易拧开。这些生活小技巧，都是热胀冷缩原理的巧妙应用。

“趣”阅科学

《趣味物理学》这本书以其引人入胜的故事情节和充满趣味的问题，带领我们走进了一个充满奇思妙想和令人惊叹的物理世界。书中巧妙地通过一系列生动有趣的例子，如“铁路在寒冷的冬季与温暖的夏季，哪个时候的长度更长？”“埃菲尔铁塔的高度是如何随着温度变化而变化的？”以及“从茶杯到玻璃管液位计”等问题和故事，将我们引入了关于热胀冷缩现象的深入探讨。让我们快翻开书进行阅读吧！

《趣味物理学》

第03课

纸也可以是大力士

同学们，一张纸能否承载起一个苹果呢？我们将苹果放到下面左图的纸桥上，纸桥很快被苹果压塌了，但是只要我们反复折叠纸张稍作调整，如下面右图所示，纸桥就能轻松地承载起这个苹果啦。纸张的承载能力到底有多强呢？增强纸的承载能力的方法还有很多，我们一起来探究吧！

科学实验室

实验器材

长度不一样的卡纸	螺母 × 2 双面胶	桥墩卡 × 2 纸板	剪刀

实验步骤

1 将桥墩卡根据折痕折叠成桥墩的样子，并在折痕处粘上双面胶。

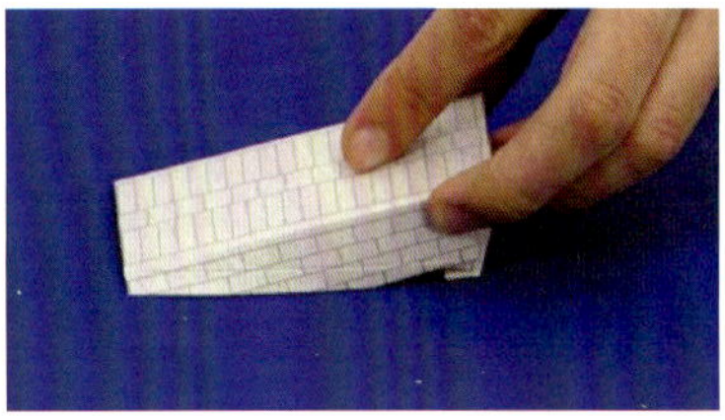

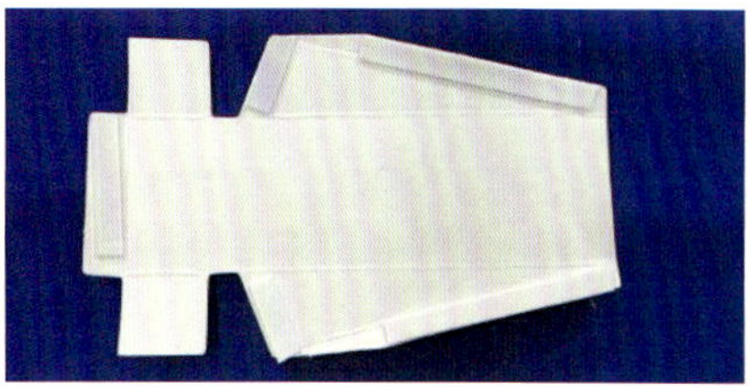

2 两个折叠好的桥墩用双面胶固定在纸板的两端。

3 取出15 cm长的卡纸，放在两个桥墩之间，在桥板上放一个螺母。

4 取14 cm长卡纸做成单拱形中间桥架并支撑在左右桥墩之间，取15 cm的卡纸平放在单拱桥架上，就搭成一座单拱桥。再将一个螺母放在桥板上，看看有什么变化吗？

5 取16 cm长卡纸中间对折折成“m”形双拱形桥架并支撑在左右桥墩之间，将“m”形双拱桥架中间点用双面胶固定。再将15 cm长卡纸平铺在双拱桥架上。将两个螺母放到两个拱起的最高点上看看有什么变化。

实验现象

“m”形双拱形桥相比于其他两种结构的桥，更能承受比较重的物体。

科学小知识

改变物体承载能力的因素有很多，如材料、结构、形状等。通常把薄的材料用不同的方式折叠或弯曲，可以提高材料的承载能力。折叠或弯曲的形状不同，其承载能力也是不同的。一般情况下，棱越多物体的承载能力越强，圆柱体的承载能力也较强。

三棱纸柱可以支撑起一本书

不同的柱体结构

科学与生活

通过改变物体的形状来增大其承载能力的原理，在生活中有很多应用。

圆柱承载能力强。例如，为了加大桥梁的承重，一般采用圆柱形的桥墩；古代房梁立柱也经常使用圆柱。

古代房屋圆柱

空心圆柱不易弯折。例如：在柱子横截面积相同的条件下，空心截面比实心截面的抗弯能力强，抗压能力也强。因此，在建造楼房时，屋顶、楼板、外墙常采用空心板。

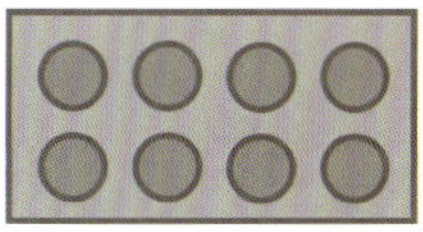

空心砖块

空心板

建筑的“形”与“力”

优秀的建筑往往是形与力的完美统一，其建筑形态与技术间往往存在着某种不可分割的重要关系。建筑形态与结构的统一，可以构成力学逻辑清晰的建筑形式，同时，高效合理的结构也能兼具对于建设成本的平衡。在我国就有许多设计实践将建筑形态与结构并重，最终创造出成功的建筑作品。

例如，国家体育场——鸟巢是被誉为“第四代体育馆”的建筑作品。主体建筑空间呈马鞍椭圆形，各个结构元素之间相互支撑，汇聚成网格状，就像编织一样，将建筑物的立面、楼梯、碗状看台和屋顶融合为一个整体。

国家体育场——鸟巢

福建土楼，产生于宋元时期，是客家人在辗转迁徙中，发扬古老建筑技术创造的“世界建筑奇迹”。土楼或方或圆，以圆为主，建筑风格古朴粗犷，形式优美奇特，功能齐全实用。

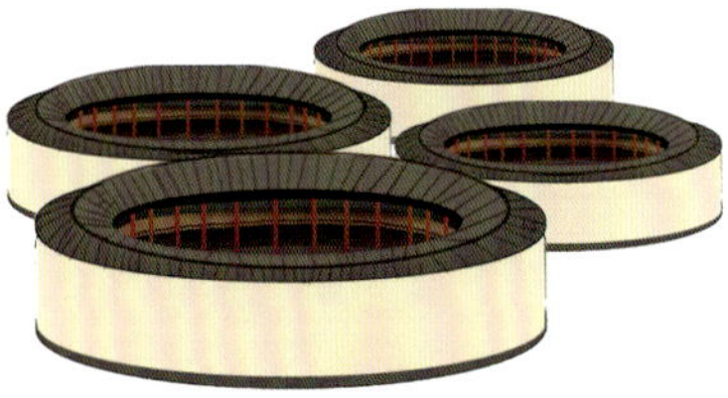

福建土楼

“趣”阅科学

《摩天大楼》以“垂直马拉松大赛”为故事线，主人公小棋和父亲一起参加“垂直马拉松大赛”。他们从楼底攀登到楼顶，在过程中不仅感受了比赛中的互帮互助，更获得了很多关于这座高楼的建筑学知识。同学，你知道吗？超级建筑，不仅是钢筋混凝土的相遇，更是语数外、物化生、政史地的结合！快去书中看看如何建起高楼大厦吧！

《摩天大楼》

第04课

它怎么不动了

冰壶又称掷冰壶、冰上溜石，是冬季奥运会的比赛项目之一，被大家喻为冰上的“国际象棋”。毛刷是冰壶运动中的重要装备。冰壶毛刷可以帮助冰壶改变路径，在不碰到冰壶的前提下，最大化地让冰壶接近计划位置，延长冰壶的滑行距离。毛刷是如何控制冰壶运动的？为什么冰壶最终都会停下来？今天就让我们一起探究一下其中的奥妙。

科学实验室

实验器材

动物卡纸 × 2	塑料杯 × 2	双面胶条 × 2
跑道卡纸	橡皮泥 × 2	

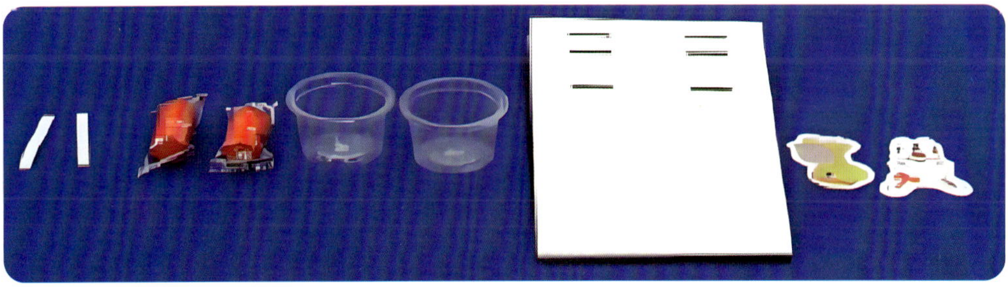

实验步骤

1 取一块橡皮泥分为两份，分别做成球体和正方体。塑成后晾晒一段时间，使它们硬化。

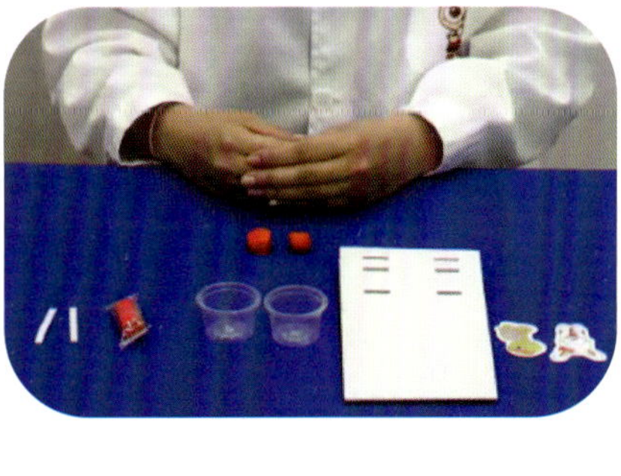

2 用双面胶条粘贴兔子卡纸和乌龟卡纸。将塑料杯倒扣，分别粘贴到动物卡纸背面。

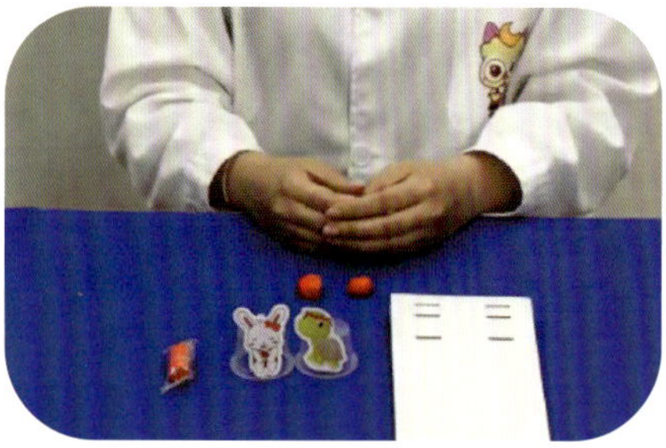

3 折叠坡形跑道。将之前做好的球体和正方体放到塑料杯内，将塑料杯置于跑道卡纸高处同一位置，松手后观察哪个动物跑得更快。

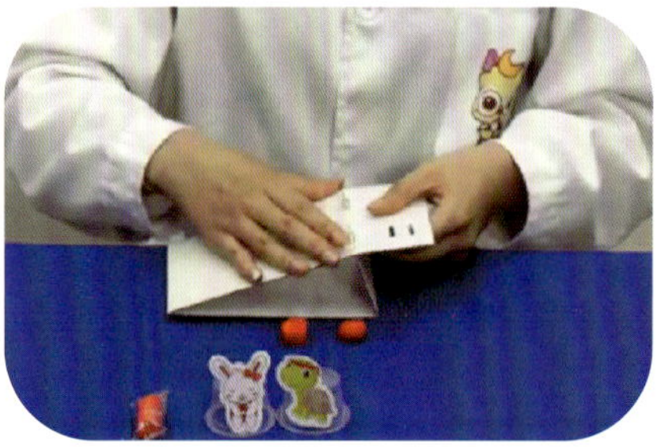

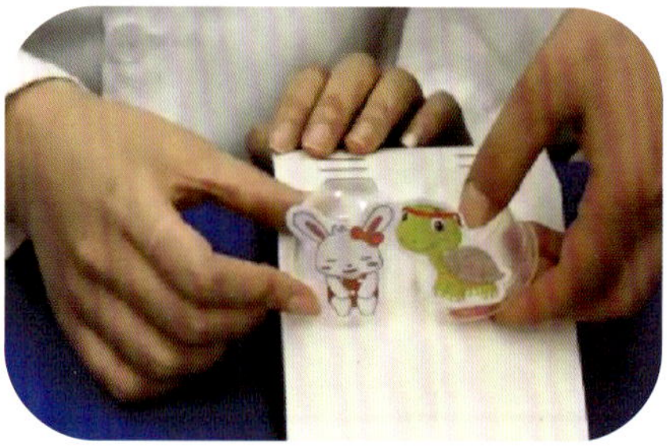

实验现象

球体橡皮泥比方体橡皮泥下落的速度更快。

科学小知识

通过实验对比可以得知，在其他条件相同的情况下，物体接触面越小时，摩擦力就越小，物体运动的距离越远。物体在粗糙接触面上运动时，物体运动的距离会减小。这实际上就是摩擦力在阻碍物体运动。接触面变得粗糙时会增大摩擦力，阻碍物体运动。冰壶毛刷可以通过对冰面的刷擦使冰面更光滑，延长冰壶的滑行距离。

有的时候摩擦力很讨厌，例如，机器运行时摩擦力大会浪费能量，增大机器的磨损。为了减小磨损，减少功耗，我们往往需要给机器添加润滑油，从而减小摩擦力。自行车中安装的滚珠轴承，将滑动变成滚动，也能够减小摩擦力。磁悬浮列车利用电磁技术将行驶中的列车抬起来，也可以减少列车和轨道之间的摩擦力。

摩擦力很小的磁悬浮列车和滚动轴承

有的时候我们又希望增大摩擦力，借助摩擦力“借力打力”。例如，我们的鞋底都有各种不同形状的防滑设计，这就是为了增大摩擦力，使我们在走路的过程中不容易滑倒。饮料瓶的瓶盖四周都是竖纹，也是为了增大摩擦力，易于拧开。冬天，雨雪冰冻天气中路面变滑，使车辆的行驶困难。安装防滑链可以使轮胎和地面的接触面变得粗糙，增大摩擦力，便于汽车行驶。

“趣”阅科学

你们有没有想过，当我们推一辆小车，它为什么有时候很容易动，有时候却推不动呢？今天我们就可以从一本书中寻求答案，它就是《摩擦力和阻力》。其实摩擦力之间有很多不同之处。摩擦力可以阻止物体运动，也可以促进物体运动；而阻力是物体在运动过程中受到的阻碍其运动的力，它的大小会随物体的速度而变化。了解更多关于摩擦力和阻力的内容，一定要读一读此书。

《摩擦力和阻力》

第05课

胡椒粉与泡泡水——水的表面张力

小米：“我做了一个小实验，盘子盛水后，在水面上小心地撒上胡椒粉。手指尖上蘸上洗洁精，用蘸了洗洁精的手指触摸盘子底部。会看到手指周围的胡椒粉统统都‘跑开’了。胡椒粉在水中自己会跑，为什么会这样呢？”

散开的胡椒粉

小娃：“我看书了解到，物质是由肉眼看不到微小粒子构成的。微小粒子之间有吸引力，使水表面的微小粒子像一层‘薄膜’附在水的表面，胡椒粉就漂浮在这层‘薄膜’上，手指沾洗洁精放到水中，破坏了水表面微小粒子间的吸引力，表面的‘薄膜’被刺破了，刺破点附近水的微小粒子在周边水的微小粒子吸引下，被拉向四周，胡椒粉就向四周跑开了。”

小米：”那泡泡水中构成水的微小粒子之间也具有吸引力，可是为什么还可以吹出大大的泡泡呢？”

小娃：“我们一起探究一下吧！”

科学实验室

实验器材

500 mL烧杯1个	塑料盒	吸管1根	浓缩泡泡水
搅拌棒1支	电池	泡泡机组件	剪刀

实验步骤

1 取塑料盒倒入约200 mL水，加入一袋泡泡液，用搅拌棒搅拌均匀，用吸管蘸取塑料盒中的泡泡水，吹一吹，调整水和泡泡水的比例配制，吹的泡泡大又不易破。

2 组装底座与支架。

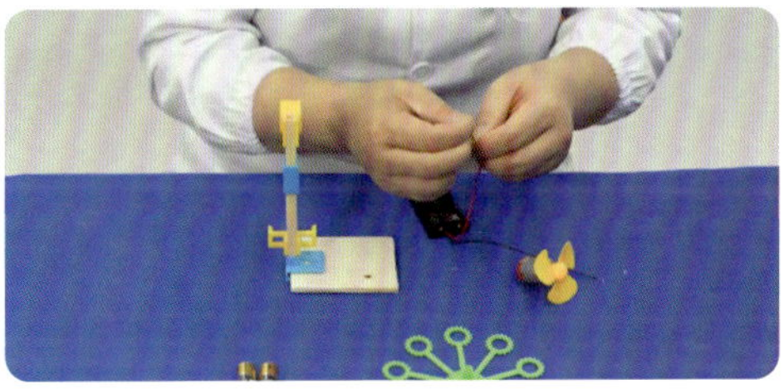

3 组装吹风装置，注意发动机接线柱上边接红线，下边接黑线。

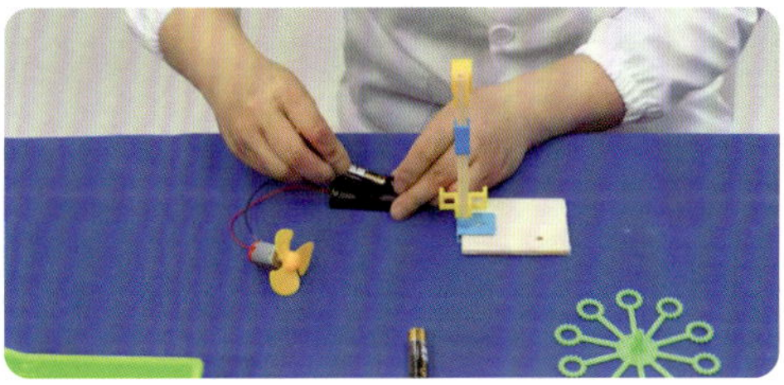

4 组装摇柄、泡泡轮、水槽。

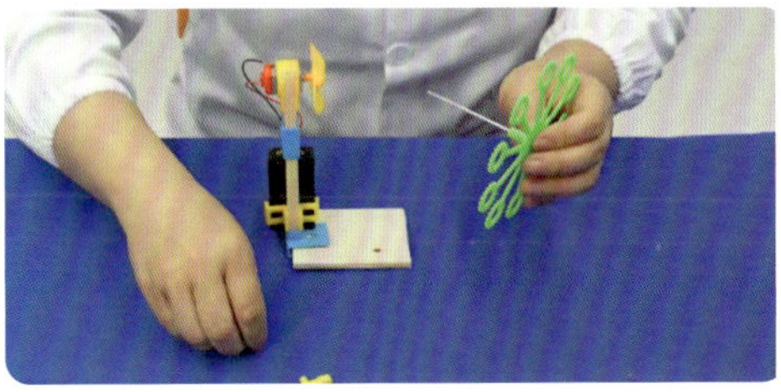

5 闭合电池盒开关，摇动摇柄观察泡泡轮。

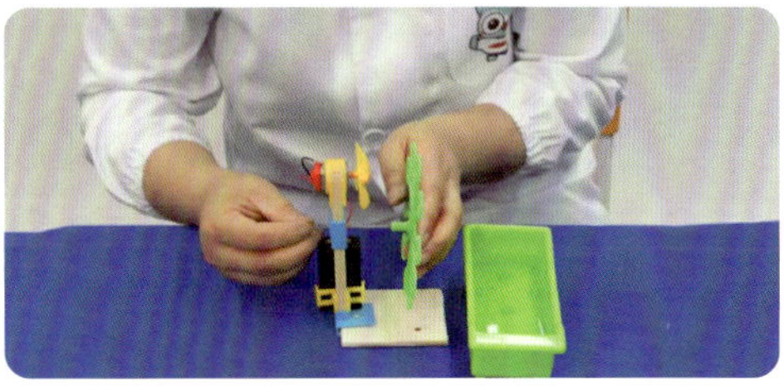

实验现象

泡泡轮吹出又多又大的泡泡。

科学小知识

肥皂泡的形成和水的表面张力有关。水的表面张力是使水表面积缩小的力。水由微小水分子构成，水表面的分子会受到一个指向内部的力，使水的表面紧缩。在这个力的作用下，自然界中的水会倾向于以表面积最小的形式存在。水的表面张力使水的分子像被粘在一起一样，水分子间相互吸引，不易吹出泡泡，要想吹出泡泡，就要破坏水的表面张力。给水中加入适量的“泡泡液”，“打破”水的表面张力，使水的表面张力降低到吹泡泡所需的最佳张力，就可以吹出美丽的泡泡。加入黏性物质，如白糖等，就可以使吹出的泡泡不易破。

科学与生活

相信同学们对水黾这种昆虫不陌生吧！它的身影遍布池塘、小溪、沼泽。它是水上名副其实的“轻功大师”。一秒可以运动超过身长一百倍的距离，速度超级快。水黾能在水上稳稳地站立和滑动，是其腿部的特殊结构和水的表面张力共同作用的结果。有兴趣的同学可以在显微镜下看看水黾的腿部的结构。

叶子上的露珠

在生活中还有很多现象可以体现水的表面张力。如：下雨后我们发现水滴在树枝和树叶上挂着，不落下来；我们给水杯装水略高于水杯口时，水不溢出，都是水的表面张力作用的结果。

“趣”阅科学

亲爱的同学们，水对于我们人类非常重要，好奇心是科学进步和发明发现的动力。水除了具有表面张力，还有许多未解之谜，你想知道水的哪些相关知识，请阅读《大英儿童漫画百科：水》。

《大英儿童漫画百科：水》

第06课

DIY手工肥皂

哇！好漂亮的肥皂！这些五颜六色的肥皂是怎么制成的？

科学实验室

实验器材

玉米淀粉1袋	香精1瓶	滴管
肥皂粉1袋	色素1瓶	水
甘油1瓶	木棒1根	杯子

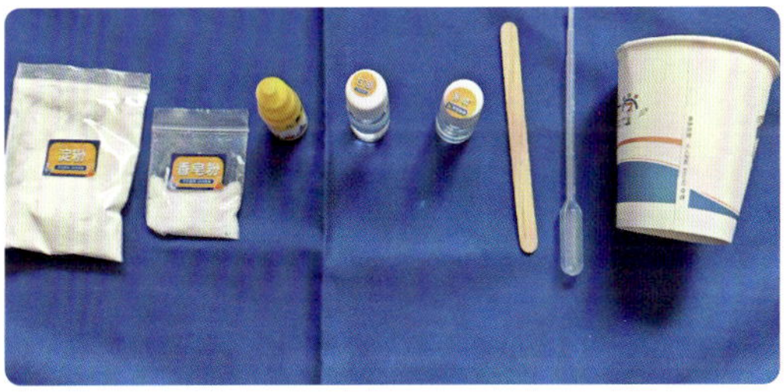

实验步骤

1 将肥皂粉、玉米粉和甘油全部倒入纸杯中。

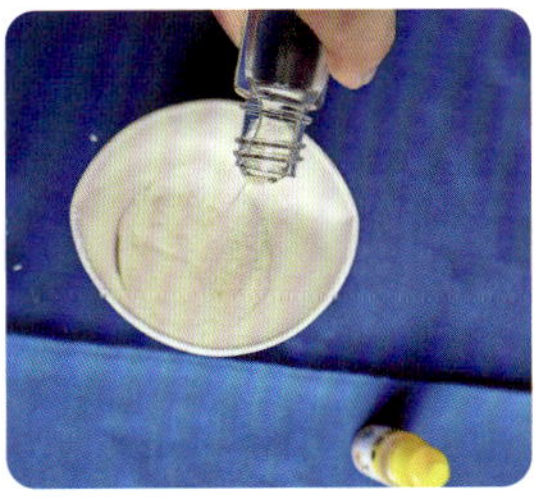

2 加入2～3滴香精到纸杯中，然后再加入2滴色素并搅拌均匀。

3 用滴管向纸杯中加入1～2滴水。

4 用搅拌棒搅拌均匀，将肥皂取出并捏成自己喜欢的形状吧！

实验现象

半小时后，肥皂液凝固，自制香皂做好了。

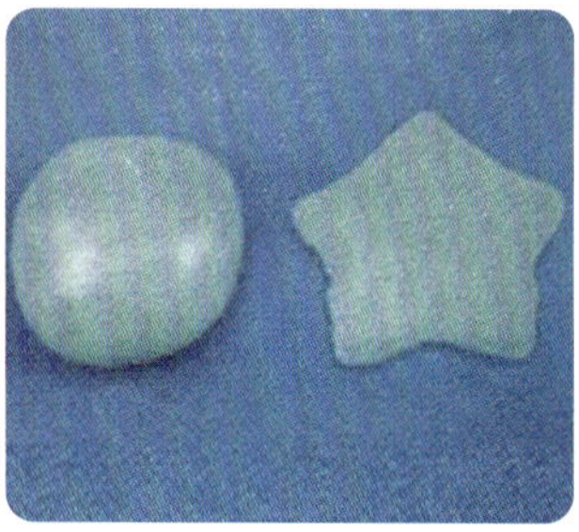

科学小知识

自然界中常见的物质一般为固态、液态和气态三种形态。物质由固态变成液态的过程叫作熔化；物质由液态变为固态的过程叫作凝固。自制肥皂时皂基受热由固态变为液态，这个过程就是熔化。

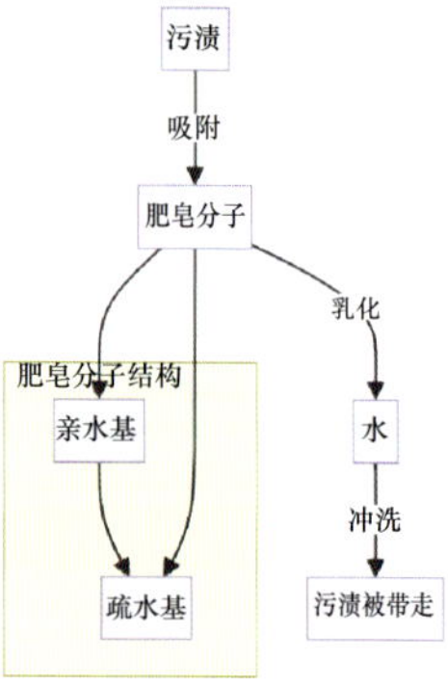

肥皂去污示意图

肥皂为什么能去污呢？因为拥有表面活性剂成分的肥皂分子结构具有两亲性：一端为亲油基（疏水基）团，另一端为亲水基团。亲油基团拥有与油一样的性质所以叫亲油基团，亲水基团易溶于水或容易与水亲和，所以叫亲水基团。亲油基团与油污融合，亲水基团溶于水，这样油污就被包裹在肥皂分子中，形成微小的油滴。这个过程叫作乳化，它使不溶于水的油污能够被水冲洗掉。

科学与生活

能驱蚊的驱蚊皂

杀菌的硼酸皂

肥皂是一种传统的洗涤用品，去污能力强、泡沫适中、使用方便。肥皂当中加入硫黄可制成杀霉菌和寄生虫的硫黄皂，加入硼酸可制成消毒杀菌的硼酸皂，加入中药可制成含有驱蚊成分的驱蚊皂。

香皂的发展史是一段悠久且充满创新的历史，其起源可以追溯到古代，并随着科技的进步和人们生活习惯的改变而不断演变。

早在宋代，中国就已经出现了人工合成的洗涤剂，即“肥皂团”。这种洗涤剂是将天然皂荚（又名皂角、悬刀、肥皂荚）捣碎细研，加上香料等物，制成橘子大小的球状，专供洗面浴身之用。宋人周密在《武林旧事》中记载了南宋京都临安已经有了专门经营“肥皂团”的生意人，而明人李时珍在《本草纲目》中也详细记录了“肥皂团”的制造方法。

“趣”阅科学

你知道肥皂是唯一一种纯天然、能完全生物降解的物品吗？《肥皂的妙用》一书介绍了一百多种巧用肥皂的方法，涵盖家居清洁、美容美肤等多个方面。同时，还介绍了肥皂的悠久历史。该书内容丰富、科学实用，能使读者充分认识到肥皂的多样用途和价值。同学们，快去读一读吧！

《肥皂的妙用》

第07课
电磁铁实验

小米：“快看，这个灯泡好奇怪呀！它能自己漂浮在空中。真神奇！为什么大灯泡能够悬浮在空中而不掉下来呢？”

小娃：“这其实是用了电磁悬浮的技术！”

科学实验室

实验器材

电池 × 2	导线	圆形砂纸
电池盒	铜线	电池盒棒
电池盒夹	曲别针	铁芯

实验步骤

1 用圆形砂纸摩擦铁芯，把铜线均匀地缠绕在铁芯上，在铁芯的两端留出一定长度的铜线。

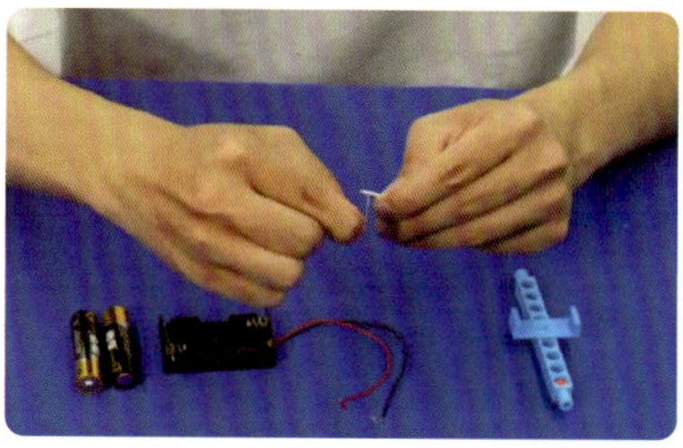

2 将铁芯与电池盒夹组装。

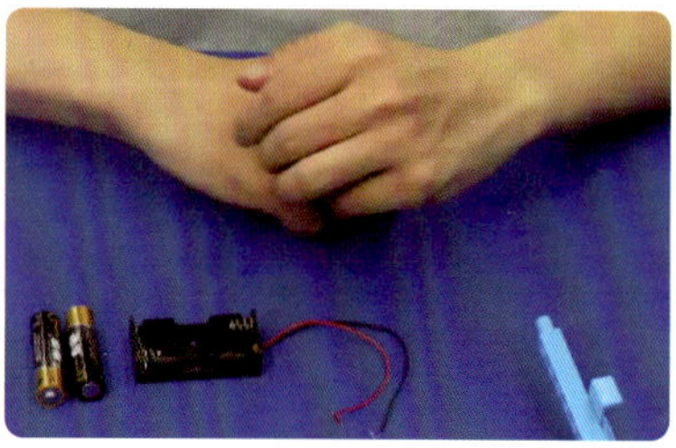

3 组装电池盒，将电池盒的导线与铁芯棒上两端的铜线连接在一起。

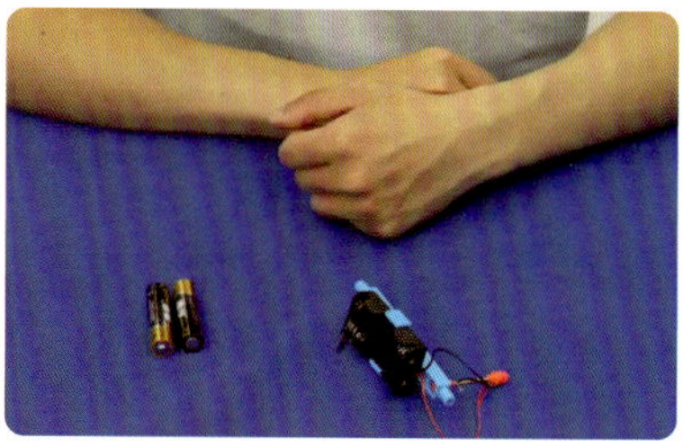

4 组装电池。

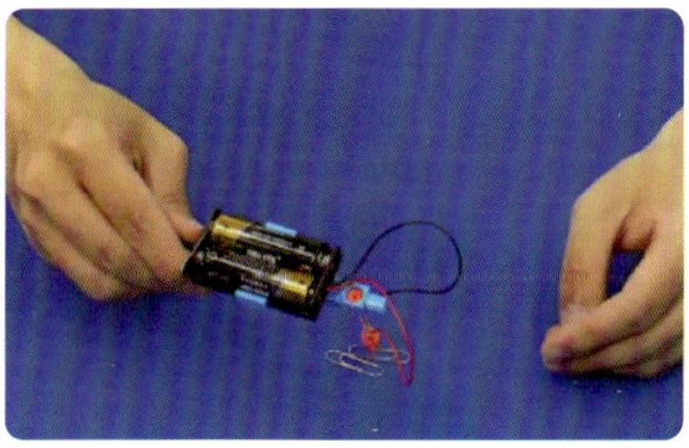

实验现象

通电后，铁芯的一端会把回形针吸附起来。

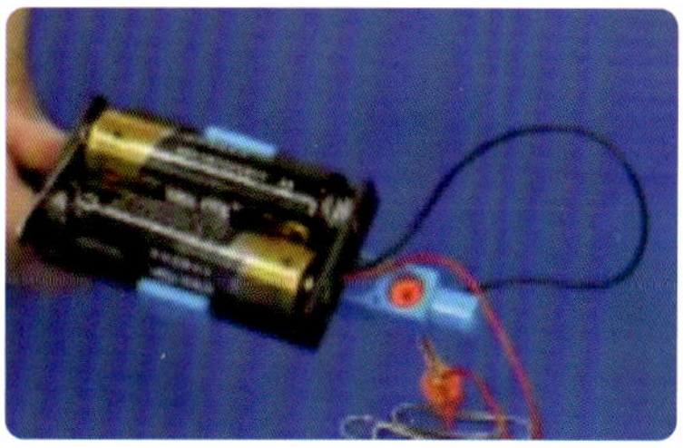

科学小知识

磁悬浮技术是指利用磁力克服重力使物体处于一个无摩擦、无接触的平衡状态的一种技术。磁悬浮列车是磁悬浮技术的一大应用，通过电磁力实现列车与轨道之间的无接触悬浮和导向，再利用电磁力牵引列车运行。由于轨道的磁力使列车悬浮在空中，行驶时不需要接触地面，仅受来自空气的阻力，因此速度很快。

磁悬浮列车

电磁铁通电后具有磁性，断电后磁性消失。它也有南北极，像永久磁铁一样具有同极相斥、异极相吸的性质。电磁力应用了电磁铁的原理，在铁芯的外部按照固定的方向缠绕一定匝数的线圈，当电流通过时，线圈就产生了跟磁铁一样的磁性。

电磁铁

科学与生活

磁悬浮技术也应用于航天领域。2021年10月14日18时51分，中国在太原卫星发射中心采用长征二号丁运载火箭，成功发射首颗太阳探测科学技术试验卫星“羲和号”，实现中国太阳探测零的突破。“羲和号”高性能技术卫星平台在轨试验成功，是世界上首次将磁悬浮技术应用在航天器上，将大幅提升中国空间观测技术水平。

“羲和号”卫星

“趣”阅科学

想要知道磁悬浮列车更多的知识，快去阅读一下《为什么磁悬浮列车能浮起来》这本书，书中不仅涵盖了磁悬浮技术的基础知识，还延伸到实际应用和未来发展，激发我们对科学的探索兴趣。

《为什么磁悬浮列车能够浮起来》

第08课

和电成为好朋友

相信你听说过在水中生活着许多可以放电的动物吧，例如电鳗、电鳐等。其中电鳗常被称为“水中的高压线”，它放出的电可以高达300～800 V！说到电，有的物体可以导电，有的物体不能导电，这一切都要归功于导体和绝缘体的神奇力量！

电鳐

电鳗

科学实验室

实验器材

底座	双面胶	木夹	木轮
电池盒	锡箔纸	蜂鸣器	5号电池×2（自备）

实验步骤

1 用双面胶把电池盒固定在底座上。

2 组装木夹开关。

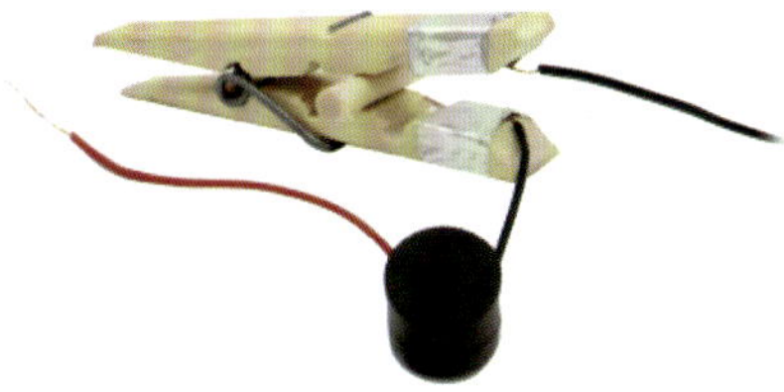

3 连接电路，固定木夹和蜂鸣器。

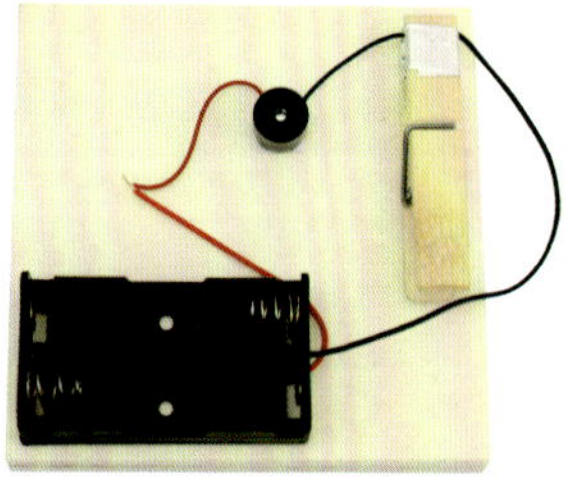

4 组装圆片。

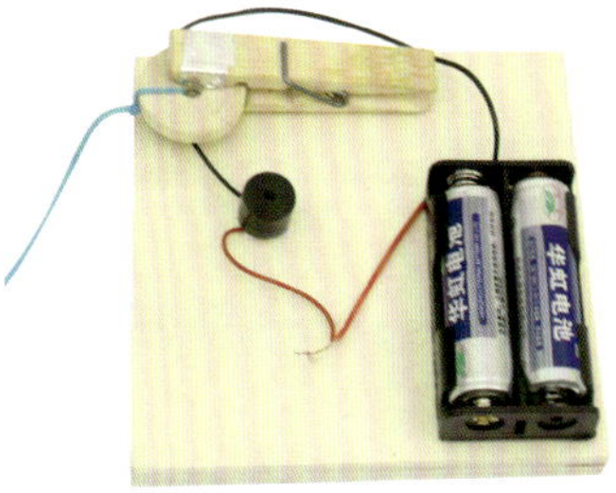

实验现象

夹子中间有木轮时，蜂鸣器不会发出报警的声音，将木轮抽走后，架子上的锡箔纸接触，蜂鸣器发出报警的声音。

科学小知识

善于传导电流的物质被称作导体，而传导电流能力较弱的物质则被定义为绝缘体。不过，导体和绝缘体并非一成不变，在特定状况下，某些物质能够在绝缘体与导体之间发生转变。例如，干燥的塑料属于绝缘体，而潮湿的塑料就会成为导体；常态下的陶瓷是绝缘体，高温烧制使之熔化时，就能够导电。

当我们用检测器检测人体，灯泡不会亮起。这是由于普通干电池通常仅有 1.5 V，人体在电路中就如同一个极大的电阻。然而，插座中的电路电压高达 220 V，人体与之接触属于导体。一旦所接触的电压超过 36 V，就可能对人体产生危害，电压超过 100 V，更会有生命危险。

因此，千万不能用手或者可导电的物体去触碰插座，以防发生触电危险。

注意用电安全！

科学与生活

电线杆（高压铁架）之上装配有绝缘子，电线被固定在绝缘子上，而非直接系于电线杆。绝缘子一方面起着支撑电线的作用，另一方面能够有效避免漏电现象的发生。绝缘子的下表面呈向上凹陷的形态，不会被雨水浸润，这一干燥的区域能够阻断电流的下行传导，从而达到防止漏电的目的。通常在电力系统中，电线杆被视作接地，而绝缘子大多具备憎水特性，即水滴难以附着其上，如此一来，下雨反而有助于冲刷掉绝缘子上附着的灰尘，进一步提升其绝缘性能。

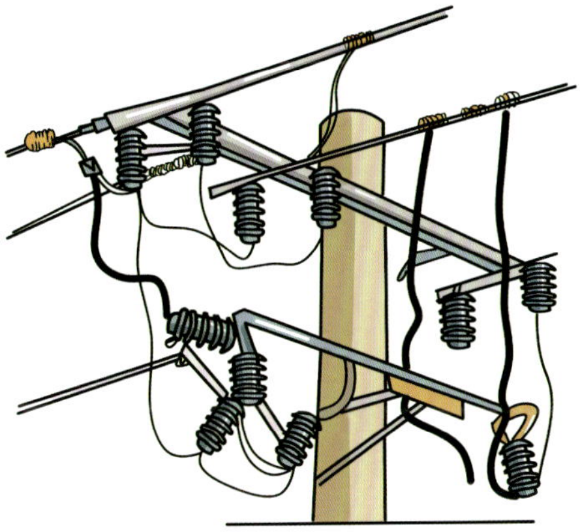
高压电线杆

万一不小心触电了该如何处理？

人在遭受电击后会呈现出不同的状况。其一，神志清晰，但感到疲惫无力、头晕目眩、胸部憋闷、心慌心悸，出冷汗，甚至有恶心呕吐的症状；其二，神志昏迷，不过呼吸和心跳仍在；其三，神志昏迷，处于全身性电休克导致的假死状态，伴有肌肉痉挛、窒息、心室颤动或者心跳停止，这是最为危急凶险的一种情形。

遭遇电击后的施救办法如下：

1.电源情况不明时，切勿用手直接触碰伤员。马上拨打120急救电话，寻求专业的救治。即刻在附近切断电源，拔掉插头。若找不到开关或插头，可用干燥的木棍、竹竿等不导电的物体将电线挑开，让触电者脱离电源。

2.倘若遇到高压触电事故，应当立刻通知相关部门停电。

"趣"阅科学

《身边的科学真好玩：摸不得的电》这本书里会讲一些和电有关的特别好玩的事情。还会讲到电是怎么产生的、怎么传输的、有什么作用，以及怎么安全用电。用很简单的方式，让你们更好地了解和认识这种摸不得的"神秘力量"。要是你们想知道更多，就可以去查查资料，或者直接读这本书哟！

《身边的科学真好玩：摸不得的电》

第09课
植物的生长

绿色植物的叶片："哇！今天的阳光真好啊！"

绿色植物的茎："这么好的阳光，你赶紧开始工作吧！"

绿色植物的叶片："嘿嘿！我来啦！我要开始进行光合作用啦！"

什么是光合作用？它的作用是什么呢？

今天就让我们来一起探究一下吧。

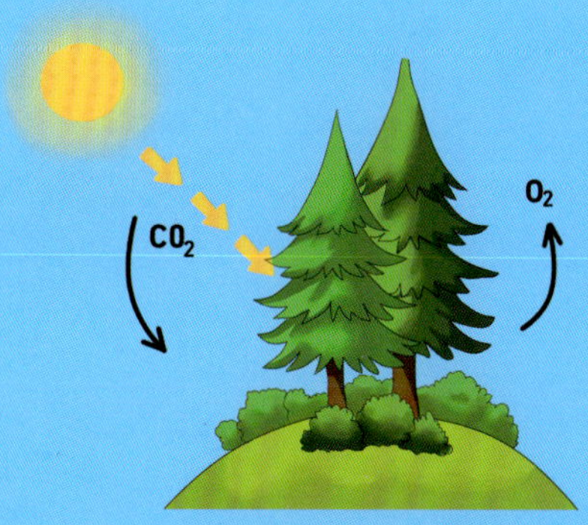

光合作用

科学实验室

实验器材

种植基地模型 | 土壤 | 小麦种子若干

实验步骤

1 组装种植基地主体。

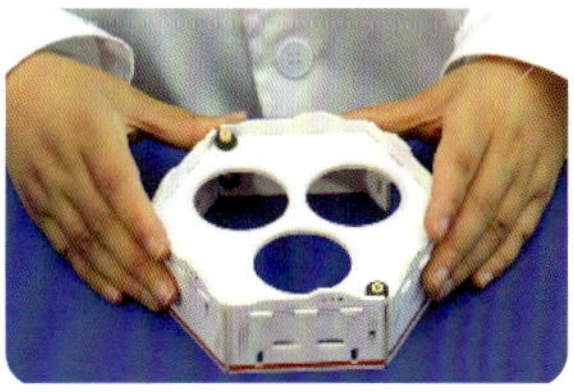

2 将基地其他舱室建造完毕，并插接到主体上。

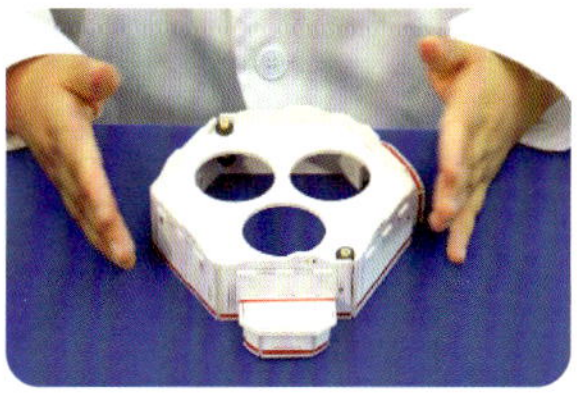

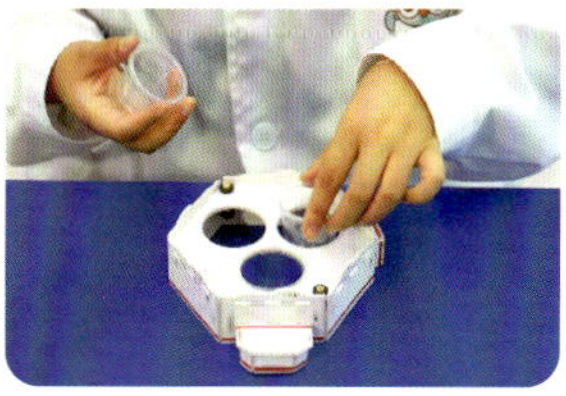

3 分别在花盆中倒入20 g土壤和2粒小麦种子，将种子埋入土中，倒入适量的水。

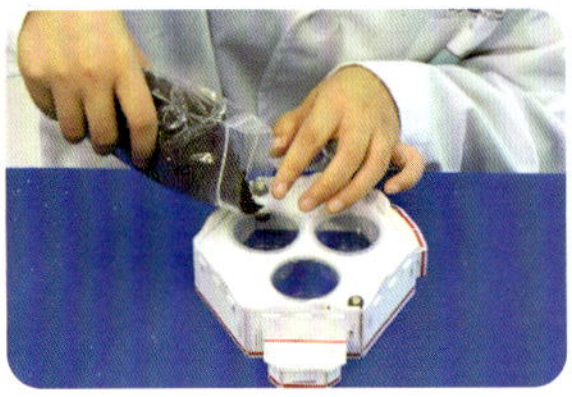
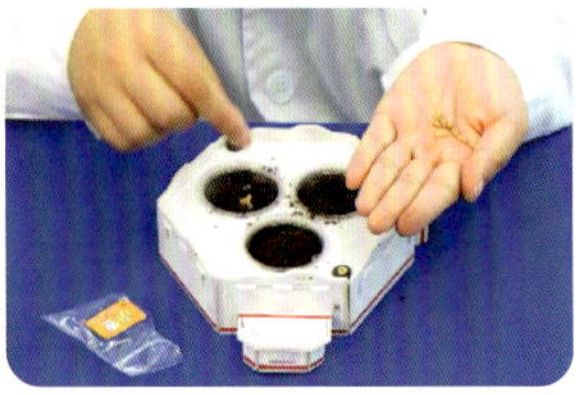
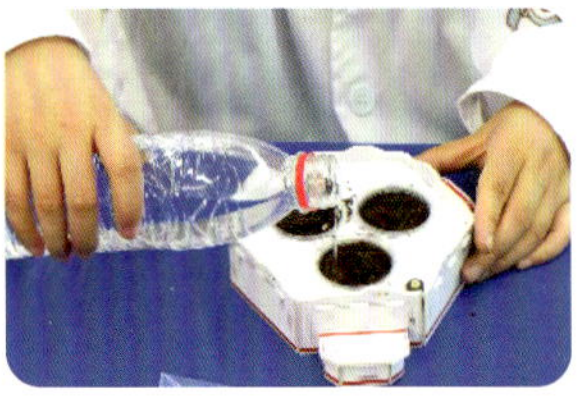

4 盖上透明穹顶，将穹顶边缘均匀粘贴4片双面胶，使它与顶板粘接，等待植物发芽。

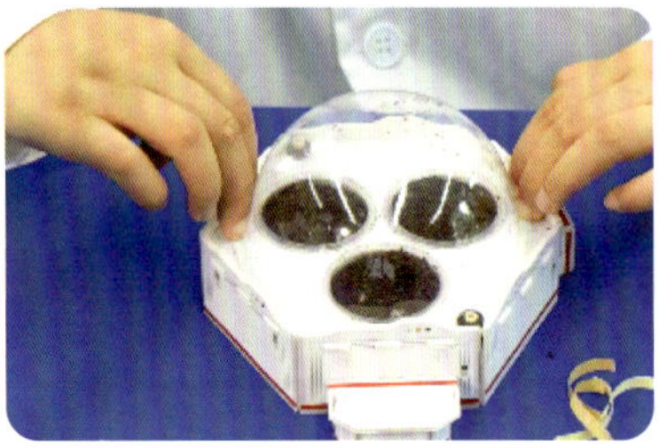

实验现象

过段时间之后，我们可以看到，植物发出了小嫩芽！

科学小知识

植物的生长是一个极为复杂的过程，它涉及多种生物化学反应和物理变化。从种子发芽到成熟植物，这一过程包含了植物对环境的适应、营养的吸收、细胞分裂与伸长、开花结果等一系列的生长阶段。

在阳光下茁壮成长的小叶苗

在植物生长的初期，种子在适宜的温度、湿度和光照条件下开始发芽。此时，种子内部的生化反应被激活，储藏的营养物质被转化为可以供植物生长的能量和物质。随着种子的吸水膨胀，胚根首先突破种皮，向下生长形成主根，而胚轴则向上延伸，发育成连接茎与根的部分。

植物的生长不仅仅是一个生物学过程，它还与土壤、水分、气候等多种环境因素密切相关。例如，光照的强度和时长会影响植物的光合作用效率，土壤的肥力和结构会影响植物对营养的吸收，而气候条件如温度和湿度则会直接影响植物的生理活动。

光合作用，真是自然界的魔法秀！绿色植物（当然还有各种藻类）简直就是高手，它们轻轻一挥“魔法棒”，就能把阳光中的能量变成自身的食物——那些能量满满的有机物。在这个魔法过程中，它们不仅为自己准备了足够的营养，还慷慨地给地球送上了新鲜的氧气。这些有机物里的能量，不仅让植物们茁壮成长，还成为我们人类日常活动的重要能量来源。光合作用，就像是大自然的能量加油站，源源不断地为我们提供生命活力！

科学与生活

人类生活的各个方面，不论是吃的粮食、油料，还是穿的纤维、用的木材，甚至是甜甜的糖和各种水果，这些都离不开植物世界的丰富资源。而这些植物的生长，都离不开一个神奇的过程，那就是光合作用。简单来说，如果没有光合作用，人类的生存和发展就会面临大挑战。

更重要的一点是，光合作用不仅滋养了无数生命，还对维持地球大气平衡起着关键作用。植物的光合作用产生的氧气是空气的重要组成部分，约占整个空气体积的21%；植物的光合作用不仅为呼吸提供了必要条件，还为生态系统提供能量，促进生物圈的物质循环。这个天然的屏障能保护地球免受宇宙射线的伤害，为生命提供了安全的生存环境。

“趣”阅科学

《聪明绝顶的植物》这本书从植物的起源讲到植物的多样性，再到植物的成长过程，用简单易懂的语言串联起植物相关的各种知识。我们了解到植物的生存智慧后，自然会意识到保护植物的重要性。绘本深入浅出，里面还藏着很多冷知识，让我们在感受大自然奇妙的同时，更加深入地理解保护植物的意义，快去读一读吧！

《聪明绝顶的植物》

第10课
海市蜃楼的秘密

2021年6月28日7点左右，北京理工大学珠海学院南部天空出现了奇幻海市蜃楼景象，在山顶的云层之上，最右侧出现了两座斗拱飞檐建筑，中间还隐约可见一个尖尖的塔形建筑，美轮美奂，蔚为壮观。

在平静的海面、沙漠或戈壁等地域，偶尔会在空中或“地下”出现高大楼台、城廓等幻景，被称为海市蜃楼。同学，你知道这样的景象是怎样形成的吗？一起来探索海市蜃楼的秘密吧！

海市蜃楼的景象

科学实验室

实验器材

铝壳小蜡烛	蓝色色素	长形透明盒
塑料薄膜（大于水槽表面）	火柴	清水1200 mL
食盐50 g	筷子	100 mL量杯

实验步骤

1 在透明盒中加入600 mL清水，将蜡烛点燃，放在透明盒6 cm后观察蜡烛的像。

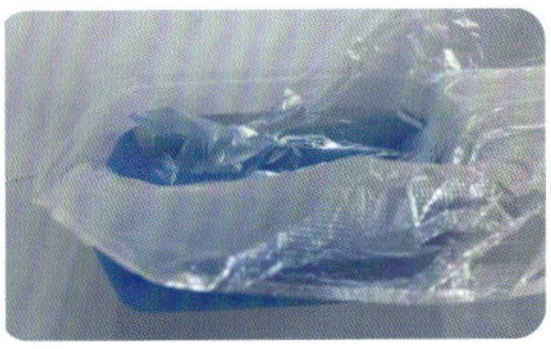

2 将清水倒掉，在透明盒中加入食盐和适量色素，加300 mL水搅拌均匀。

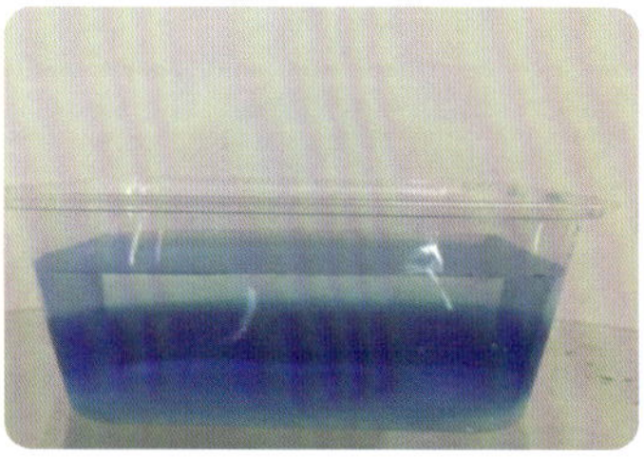

3 将塑料薄膜铺在水面上，然后加300 mL清水。

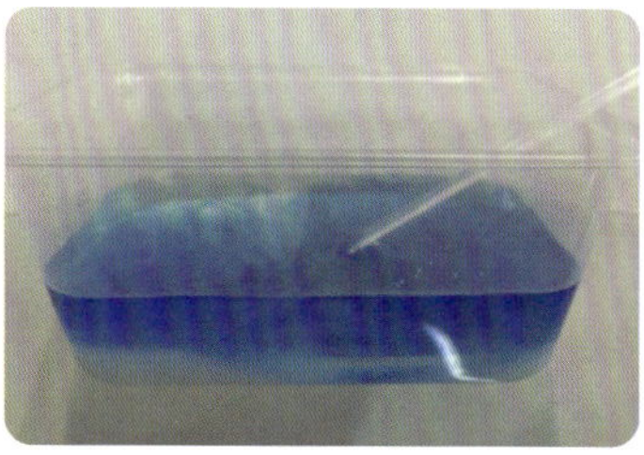

4 轻轻拉开塑料布，静置，观察分层现象。

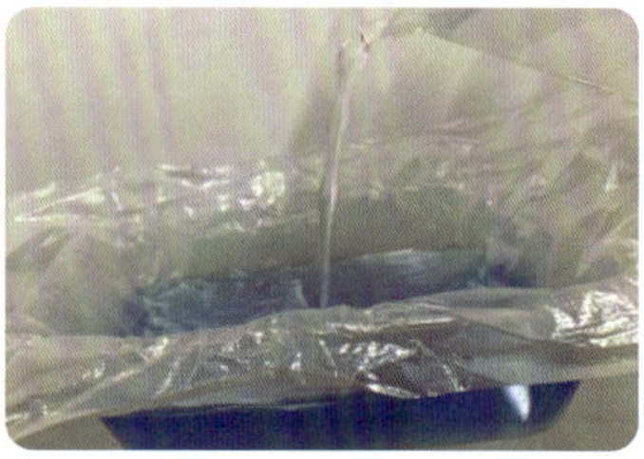

5 将蜡烛再次点燃，放在透明盒6 cm后观察蜡烛的像。

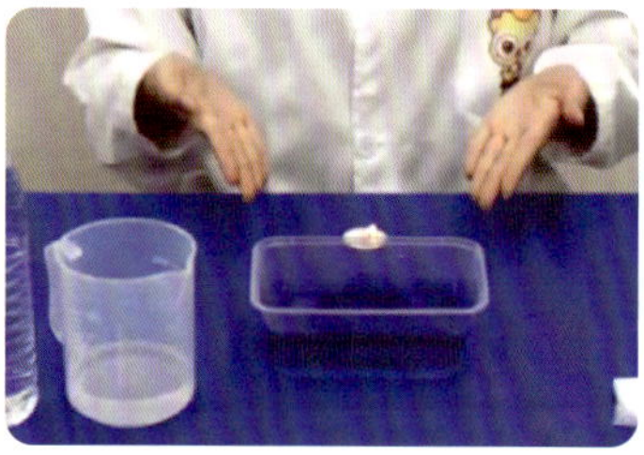

实验现象

透过清水观察到一个蜡烛的像，透过密度不同的水观察到2个蜡烛的像，上方的成像就是蜃景。

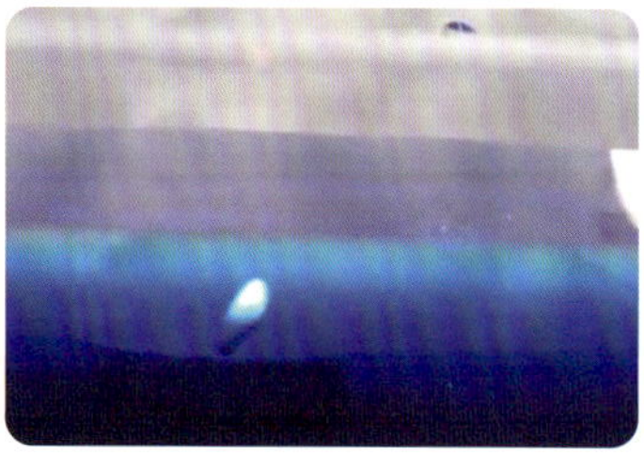

科学小知识

奇幻的海市蜃楼，其实是光的折射和全反射引起的自然现象，是地球上物体反射的光，经大气层折射而形成的虚像，其本质是一种光学现象。它的形成与气象条件、地理位置等有密切联系。海市蜃楼的种类很多，根据它出现的位置相对于原物的方位，可以分为上蜃、下蜃和侧蜃。

下蜃景常出现在沙漠地区，夏季沙漠烈日当头，沙土被晒得灼热，下层空气温度高，上层空气的温度低。由于气体热胀冷缩，下层空气密度低，上层空气密度高。当太阳光穿过密度不同的气层时，光的传播路径会发生偏折进入观测者眼帘，但人的大脑认为光线总是沿直线传播的，因此，人们感觉看到的像在“地下”，而真实物体在上方，这就是下蜃景。

上蜃景常发生在海面上，在阳光的照耀下，海面上的空气层出现了上暖下冷的现象，导致下层空气密度大，上层空气密度小，光的传播路径会发生偏折。使人们感觉看到的像在“天上”，而真实物体其实在下方，这就是上蜃景。

下蜃景

上蜃景

科学与生活

生活中的蜃景

汽车在沙漠上奔跑，白花花的太阳光炙烤着地面，眼前是一片沙漠，思维似乎停止了。突然，前方不远处浮现一座山，随着汽车的行驶，那座山始终在前方，最后慢慢地消失。这是在沙漠上经常可以看到的蜃景。

沙漠上的海市蜃楼

“趣”阅科学

《海市蜃楼》讲述了一个奇妙的自然现象。这个现象的形成与光的折射和全反射有关，常常出现在海洋和沙漠中。由于光线在不同密度的空气中发生折射，我们的眼睛会看到远处的景象在空中或者地面上浮现。这个奇异的景象让人们觉得仿佛看到了虚幻的城市或风景。这个现象不仅让人惊叹，也造就了许多美丽的故事和传说。

《海市蜃楼》

第11课
搭建虹桥

小娃：“你们知道吗？在古代，人们搭建木桥或者房子都不用钉子哦！著名的《清明上河图》中所画的汴水虹桥完美展现了古代的桥梁技术。它是用什么材料建造的？又利用了什么样的技术？”

汴水虹桥是一座木拱桥，构造特别，它没有一根支柱，全部以木条互相支撑架空构筑而成，结构轻巧美观，承重力强，是中国古老的建筑技艺与智慧的结晶。

科学实验室

实验器材

一次性筷子50根以上 | 橡皮筋50根以上

实验步骤

1 首先，将两根筷子用橡皮筋绑在一起，注意两根筷子成九十度。

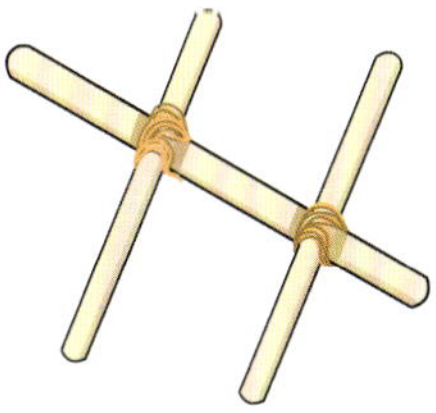

2 以此类推，做成两排筷子架，穿插在一起，构成桥面。

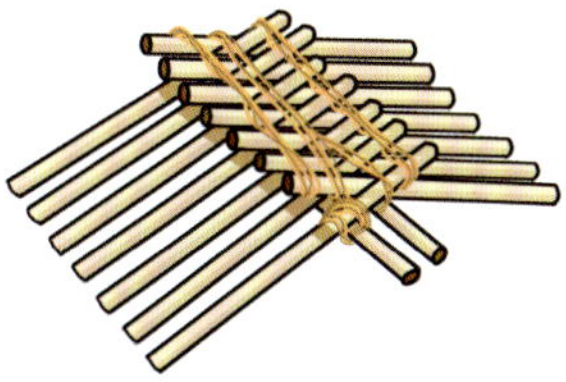

3 将桥面两边用三角形固定，做2个三棱锥的桥墩。

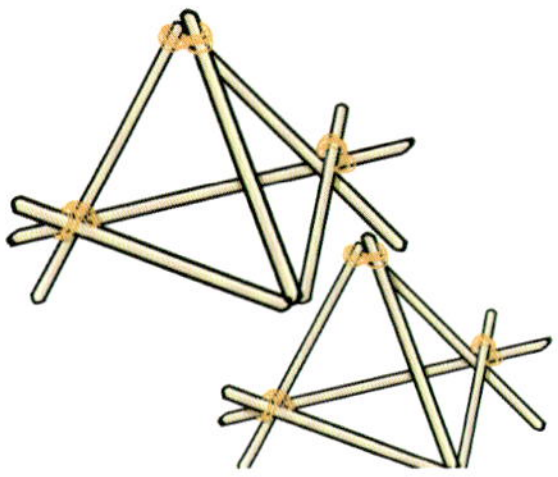

4 然后，将桥面架在2个“桥墩”上。用橡皮筋固定桥墩与桥面。

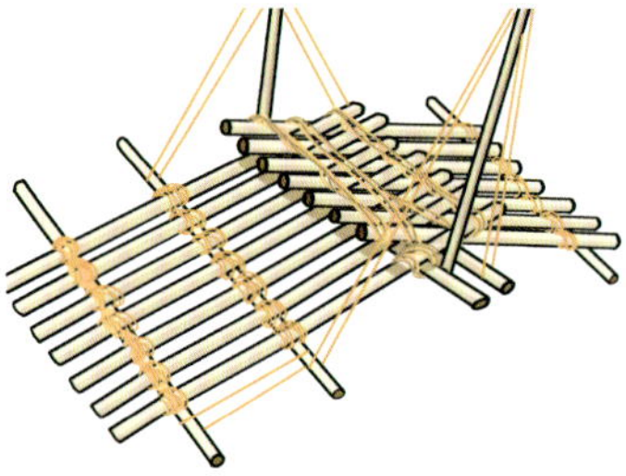

5 最后，用4根橡皮筋拉住顶端和桥面的两端，构成斜拉的桥面。一座《清明上河图》中美观而不失承重功能的虹桥就建成了。

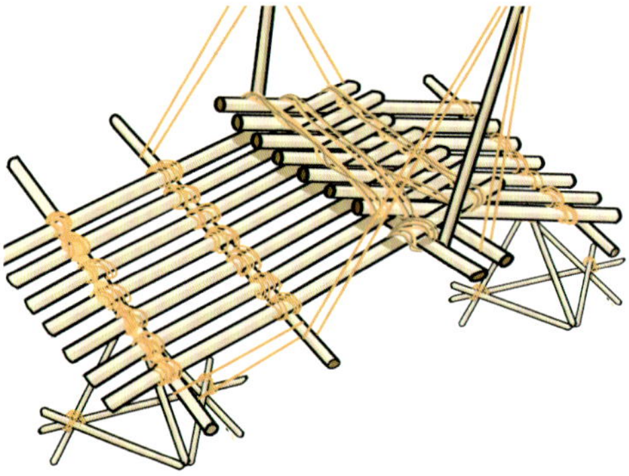

科学小知识

虹桥主拱结构由两个木杆件拱骨架组成，纵骨靠横骨支承，横骨又靠纵骨依托，相互支撑组成整体结构稳定的木拱桥，在《中国科学史·桥梁卷》中将它定名为贯木拱桥。屏南的木拱廊桥的木拱结构基本一致，都是用61根圆杉木作为纵梁，与10根横串梁木（俗称牛头）以榫卯结构构架成八字形桥拱，再用八根梁木形成四个“X”字形剪刀叉来避免桥拱左右摇摆，并在桥拱上穿插杆件形成拱架，上方横铺木板作为桥面，然后在桥面上盖以4柱9檩（檩是指横木）穿斗式构架的桥屋，上覆双坡顶或悬山顶。整座桥不费寸钉片铁，只凭木条，衔接严密，结构稳固，桥底拱而桥面平。

木拱桥结构

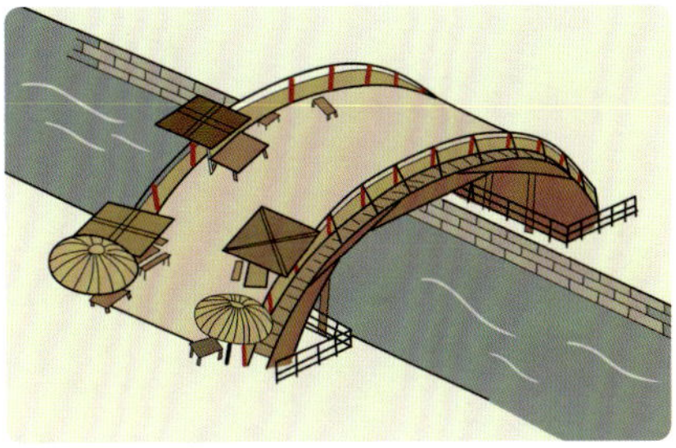

虹桥

虹桥搭建简单但异常坚固，在一定范围内，属于受压越大越稳固的典型结构。虹桥结构没有桥墩，这并不是仅仅为了美观，而是不得已。古代青州地处山区，经常遭遇山洪暴发，此前多次修建的桥梁都因为桥墩被山洪冲垮而倒塌，屡修屡毁，当地民众苦不堪言。这迫使当时当地的官府集思广益，最终从一个非专业造桥者那里征集到了一个不需要桥墩的建桥方案。一试，果然管用，青州虹桥建成之后五十余年都没有坏。

"趣"阅科学

《了不起的中国工程》是东北师范大学出版社出版的图书，由中国工程院新闻办公室编写，内容涵盖了中国高铁、中国公路、中国建筑、中国桥、中国网五大工程领域。其中《中国桥》一册通过活泼而富有童趣的语言，解答了读者心中对中国桥梁工程奇迹产生的诸多疑问。本套图书涉及历史、地理、语文、数学、生物、物理等学科知识，能让我们学以致用，在阅读中将这些知识点潜移默化地牢记在心。

《了不起的中国工程》

第12课

会流动的万花筒

小娃："小米，你看这些图！"

小米："哇！太美了，这些图是怎样画出来的？"

小娃："小米！这是在万花筒中拍摄的。"

小米："那我们做个万花筒吧。"

科学实验室

实验器材

圆纸筒	圆形镜片 × 2	彩色碎花	不干胶
长条镜子 × 3	透明圆盒 × 2	彩纸	剪刀 × 1

实验步骤

1 将彩纸沿圆筒边缘对齐卷好，用不干胶将它粘好。

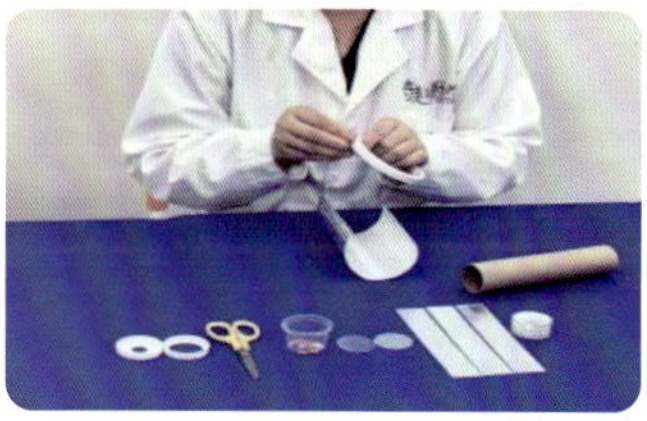

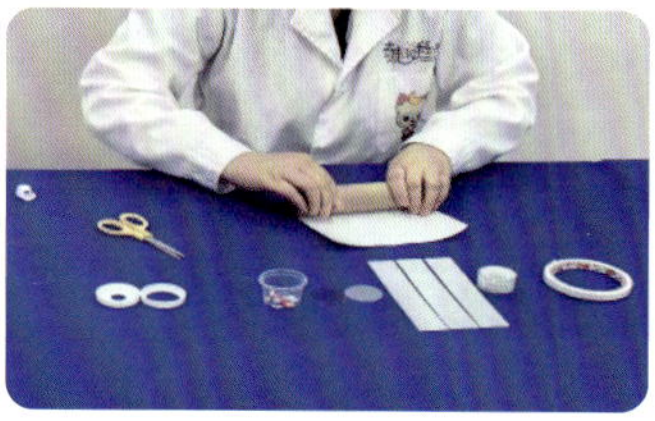

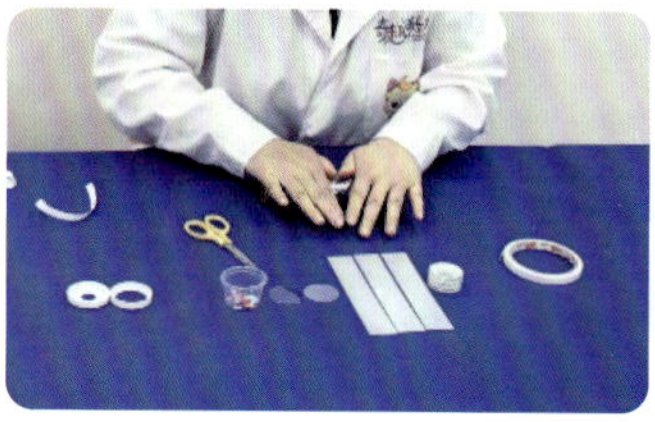

2 将长形镜片上的保护膜撕去。

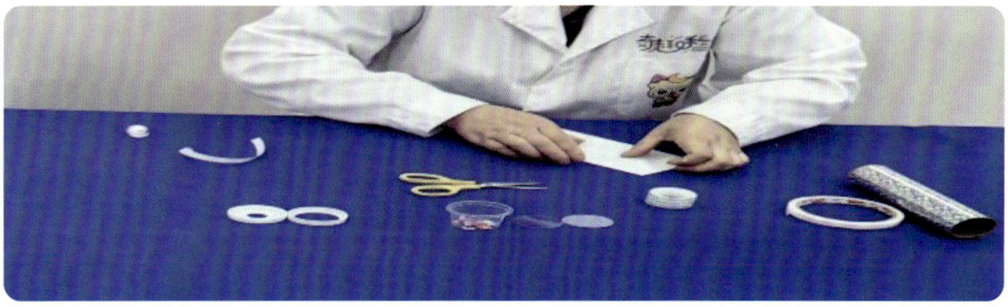

3 将三个长方形镜片镜面朝内按照三角形插入筒身内，形成一个三棱镜。

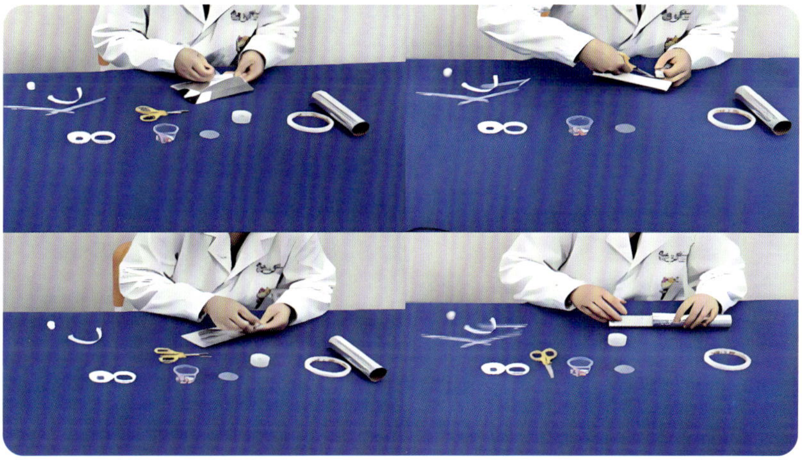

4 将白色遮光片放入有孔的透明圆。

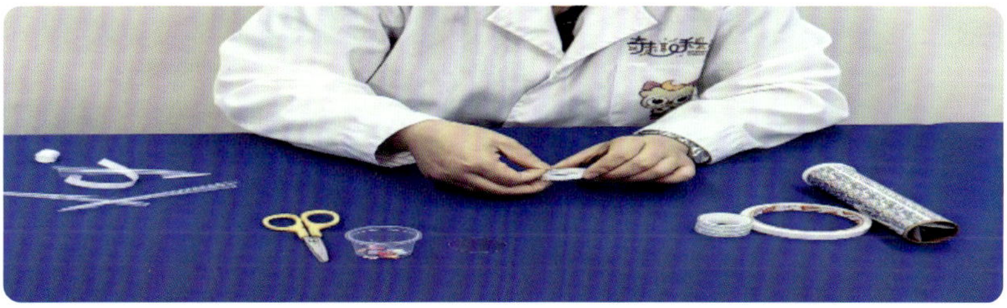

5 将彩色碎花放入透明圆盒中再盖上透明圆片，不要让碎花掉出。

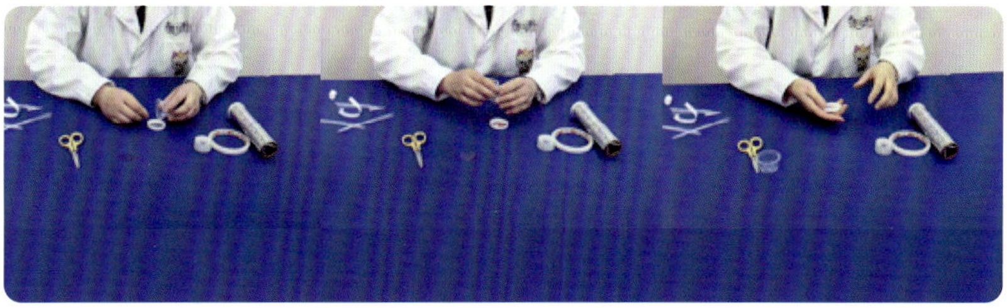

将透明圆盒插接到纸筒另一端。

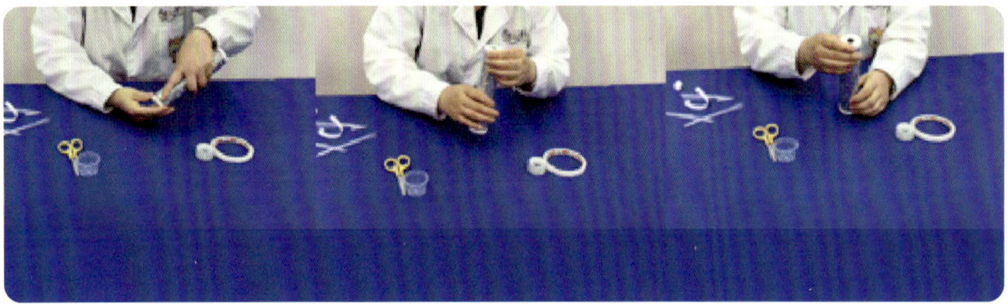

漂亮的会流动的万花筒就完成了。

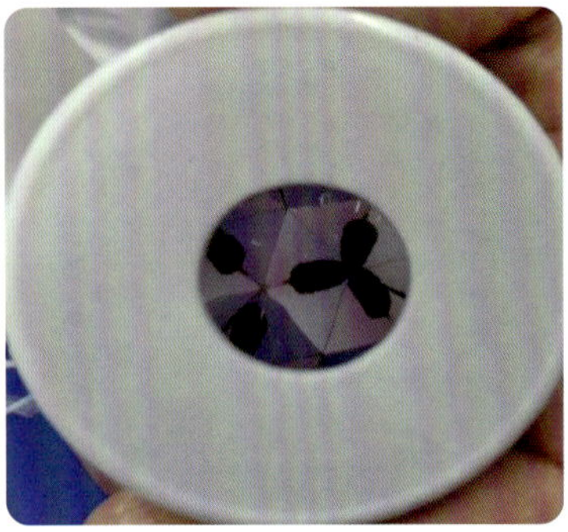

实验现象

彩色碎片的光线被透明塑料板做成的三棱柱反射，形成对称的图案。当万花筒被转动时，碎片位置发生变化，导致光的反射路径改变，不断通过镜子的反射产生图案变化，创造出无限多的图案组合。

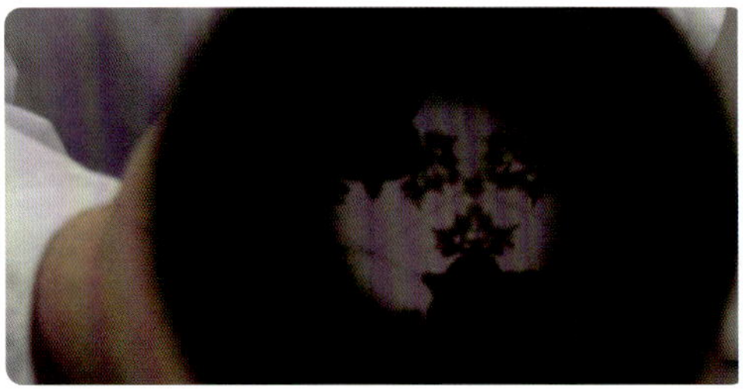

科学小知识

镜面反射是一种光学现象。一束平行光照射到光滑的平面镜上后，会被平行地反射，这种反射就是镜面反射。

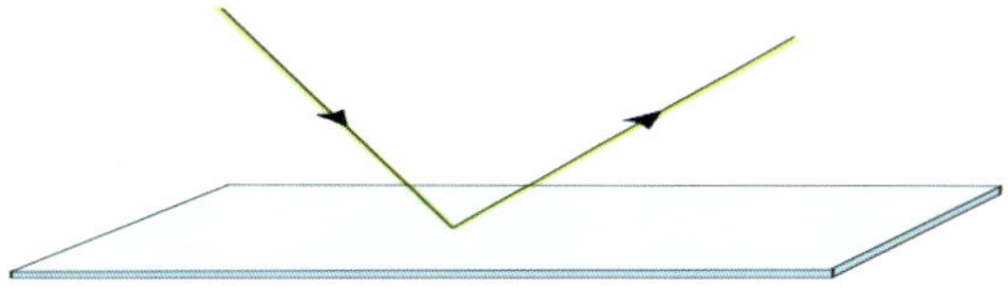

平面镜反射

万花筒是一种光学玩具，将有鲜艳颜色的实物放于圆筒的一端，圆筒中间放置镜子或透明的塑料板做成三棱柱，另一端用开孔的不透明的纸片密封，由孔中看去即可观测到对称的美丽图像。万花筒的成像原理在于光的反射。通过转动圆筒，也就是改变镜子的角度，反射光线发生变化，形成了千变万化的影像。

1816年，苏格兰物理学家大卫·布鲁斯特爵士发明了万花筒。一次，他在用多面镜子研究光的性质时，看到了几面相对放置的镜子里经过多次反射呈现出来的景象，便放了一些花纸在镜子组成的空腔里，结果，他看到了一些对称的图案，而且每变动一下花纸的位置，图案就会变换一次。

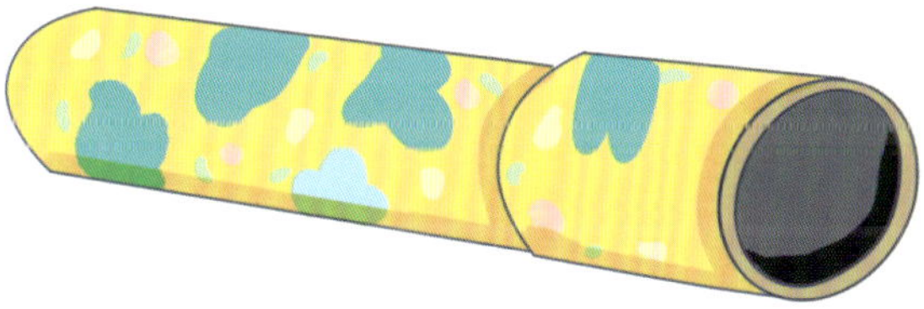

万花筒

为了能使图案不断地变换，他将三面成角度的镜子放在一个圆筒里，再将花纸放在筒端的两层玻璃间。随着三角镜中镜子的角度变化，影像的数目也随之变化。影像重叠后形成各种图案，不停地转动万花筒就可以看到不断变换的图案。就这样，他制成了只要轻轻转动就能看到不同图案的万花筒。

科学与生活

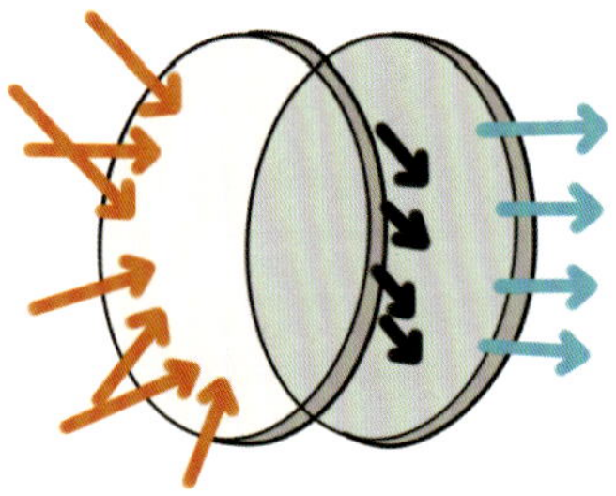
太阳镜镜片

光的反射是光波在遇到不同介质的界面时，部分或全部返回到原来介质的现象。反射在生活中有许多应用和例子，以下是一些常见的例子。

镜子是日常生活中最常见的反射例子。当光线照射到镜子上时，大部分光线会被反射回来，形成清晰的倒影。平静的水面可以反射天空和周围环境的光线，形成倒影。

现代建筑中使用的玻璃幕墙可以反射阳光，减小室内的光照强度，同时也具有一定的美观效果。汽车的后视镜利用反射原理，帮助驾驶员观察后方的情况。

摄影师在拍摄时会利用反射原理，比如使用反光板来反射光线，以改善拍摄对象的光线条件。

这些例子展示了光的反射原理在日常生活中的广泛应用，从简单的日常用品到复杂的技术设备，都离不开光的反射原理。

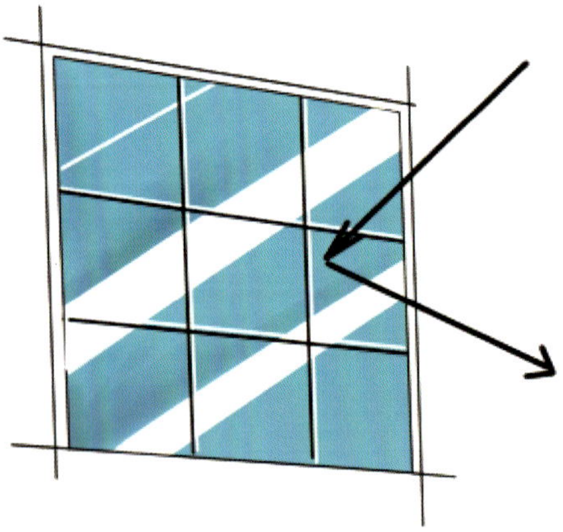
大楼镜面反射阳光

镜像蝴蝶

光的折射

汽车后视镜

“趣”阅科学

在《李永乐老师给孩子讲物理：光学》这本书里，李永乐老师带领我们认识了一个叫小光的小朋友。小光有一个神奇的望远镜，他每天晚上都会用这个望远镜观察星星。有一天，小光发现了一颗特别明亮的星星，他决定要去探索这颗神秘的星星。于是，小光开始了一段奇妙的光学冒险之旅。

《李永乐老师给孩子讲物理：光学》

奇趣小小科学家

发明创意

下册

谷华　张芳　赵郡　著

中国原子能出版社

图书在版编目（CIP）数据

奇趣小小科学家. 发明创意. 下册 / 谷华, 张芳, 赵郡著. -- 北京 : 中国原子能出版社, 2024. 10.

ISBN 978-7-5221-3722-3

Ⅰ. Z228.1

中国国家版本馆 CIP 数据核字第 20240SV120 号

奇趣小小科学家——发明创意（下册）

出版发行 中国原子能出版社（北京市海淀区阜成路 43 号 100048）
责任编辑 杨晓宇
责任印制 赵 明
印 刷 炫彩（天津）印刷有限责任公司
经 销 全国新华书店
开 本 787 mm×1092 mm 1/16
印 张 3.25
字 数 44 千字
版 次 2024 年 10 月第 1 版 2024 年 10 月第 1 次印刷
书 号 ISBN 978-7-5221-3722-3 定 价 **330.00 元（全 12 册）**

本书创作组

作　　者：谷　华　张　芳　赵　郡

参与创作：刘肖云　付静文　杜海燕　王一凡　刘晓君

张　慧　郝侣侣　温进红　娄天琪　罗文祥

序言

PREFACE

生活在这个知识爆炸、科技日新月异的新时代，我们每一个人都仿佛置身于一场波澜壮阔的历史洪流之中，经历着前所未有的变革与挑战。在这场变革中，新时代的教育强国建设无疑给我们教育工作者提出了更为崇高且紧迫的使命与要求。在“双减”背景下，做好科学教育的加法为我们重新审视和定义教育内涵提供了宝贵契机。在这场教育生态的重塑之中，科学教育以其独特的魅力与重要性，成为了我们不容忽视的焦点。它不仅关乎孩子们对自然世界的认知与探索，更是培养他们创新思维、实践能力和科学素养的关键途径。正是在这样的背景下，我们汇聚了一群怀揣教育梦想、热爱科学教育的教师同仁，携手众多深耕科学教育领域的专家，共同撰写了这套以科学实验为核心内容的科学丛书。这不仅仅是一系列书籍的创作，更是一场关于科学精神、教育情怀与未来想象的深刻对话与实践。

科学之光，点亮童心

每一个孩子都是天生的探索者，他们对世界充满了好奇与渴望。本套丛书精心策划了一系列科学实验，旨在点燃孩子们对科学的热爱，引导他们从日常点滴中发现科学之美。本套丛书语言活泼、情境精彩、图画生动、实验有趣，从简单的物理现象到复杂的化学反应，从微观的细胞世界到浩瀚的宇宙星辰，孩子们通过观察现象、动手实验、阅读思考、总结规律，轻松掌握科学知识、提高探究能力、滋养想象思维、激发创新精神，每一个实验都是一扇窗，让孩子们得以窥见科学的无限可能，启迪智慧的炫彩火花，点亮未来的梦想之路。

团队协作，智慧结晶

本套丛书的诞生，是集体智慧的结晶。我们集合了河北省各地的优秀科学教师，他们都是科学教育的行家里手，有着丰富的实践经验与教学智慧，对孩子们的学习特点与兴趣点有着敏锐的洞察。在专家的精心指导下，我们反复打磨每一个实验方案，力求做到既科学严谨又生动有趣，既注重知识的传授又强调能力的培养。我们相信，这样的科学教育才能真正触及孩子们的心灵，让他们在轻松愉快的氛围中成长为未来的科学之星。

家校共育，携手成长

这套丛书还特别适用于学校的课后服务以及家庭亲子游戏。我们希望通过这样的形式，搭建起家校共育的桥梁，让家长也能参与到孩子的科学学习中来，共同见证孩子的成长与进步。亲子共做实验的过程，不仅能够增进亲子关系，还能让科学成为连接两代人情感的纽带，让科学教育成为家庭生活中不可或缺的一部分。

展望未来，无限可能

展望未来，我们满怀期待。我们相信，随着这套丛书的广泛传播与应用，将有更多的孩子因此而爱上科学、投身科学、成就科学梦想。让我们携手并进，在科学的道路上不断探索、勇毅前行，共同为孩子们撑起一片更加广阔的天空，让科学的种子在他们心中生根发芽、茁壮成长！

最后，衷心感谢所有参与本套丛书创作的教育同仁、专家学者的辛勤付出与无私奉献。愿这套科学丛书能够成为孩子们成长道路上的良师益友，陪伴他们开启一段段精彩纷呈的科学探索之旅！

河北省石家庄市融创中心第一小学校长

谷华

目录

物质科学

生命科学

物质科学

技术与工程

第01课

做个一分钟摆动60次的摆

在古代，人们只能利用日晷、水钟、沙漏等简易的时钟粗略记录时间，而钟摆的出现大大提高了时钟的准确度，摆钟能够在1分钟内摆动60次的秘密到底是什么呢？我们一起来探究吧！

科学实验室

实验器材

大螺母	红绳一根	钟摆框
小螺母	钟摆盘	钟摆配件

实验步骤

1 将钟摆配件包里的短钉安装在钟表盘上。

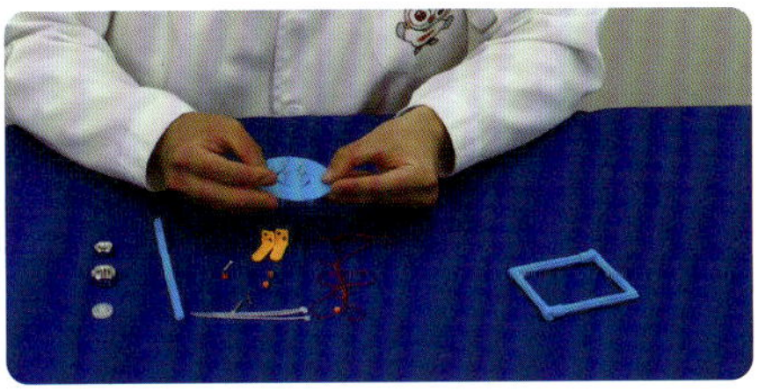

2 将红绳一端系在大螺母上，另一端系在钟表盘上。

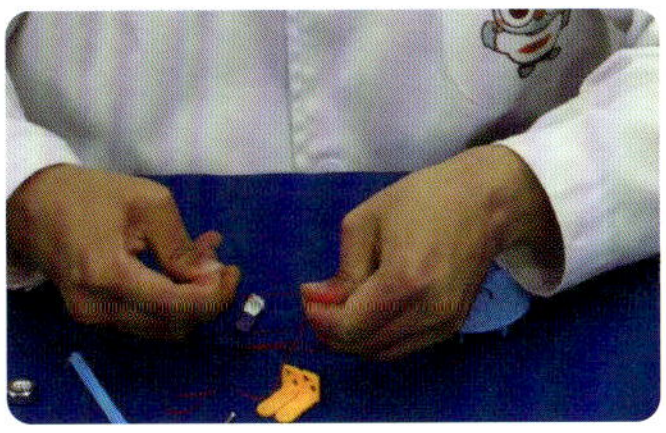

摆动60次的摆

3 安装钟摆，用加固带固定。

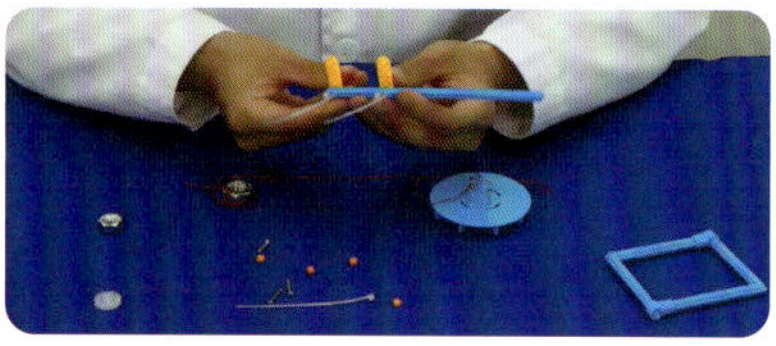

4 安装钟表框架。

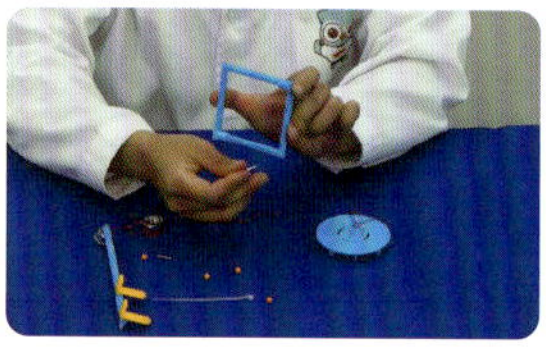

5 将钟摆、钟摆架和钟摆盘依次组装好。

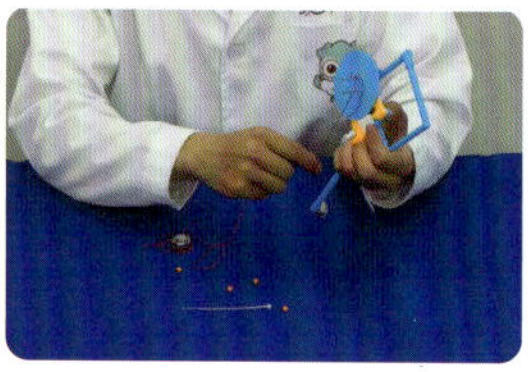

实验现象

通过多次调整，就获得了一分钟摆动60次的钟摆。

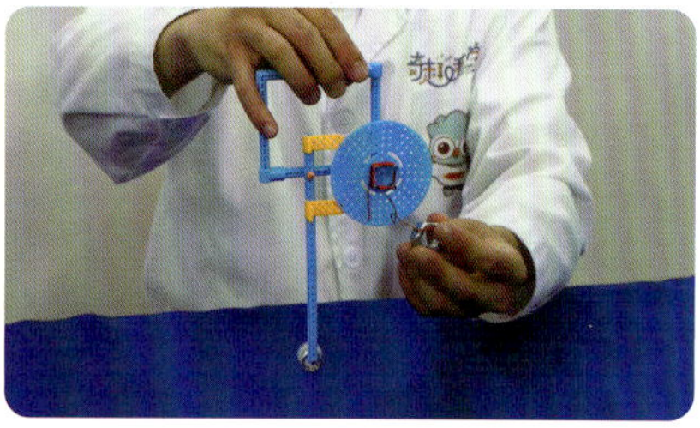

科学小知识

摆的等时性原理:不论摆动的幅度大些还是小些,完成一次摆动的时间是相等的。

摆的快慢影响因素：摆的快慢只与摆绳的长度有关，摆绳越短，摆动得越快；摆绳越长，摆动得越慢。

钟表盘

钟表框架

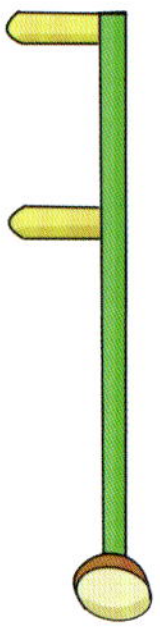

钟摆

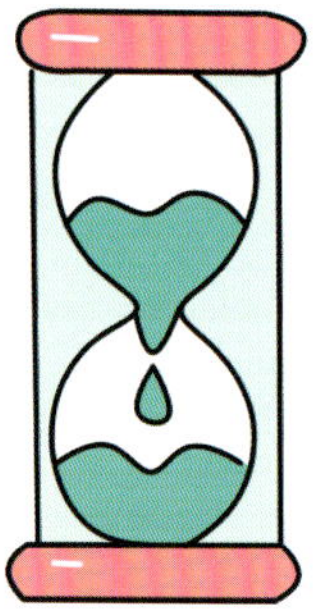

沙漏计时器

科学与生活

那么同学们来思考一下，除了钟表，摆还能做什么呢？

从力学的角度来看，摆的工作效率很高，可以提供平衡，所以有不少应用。

1.宝马汽车的摆式吸振器。这个吸振器可以将汽车行驶时产生的振动变为扭簧的振动，从而减少对引擎的影响。

2.我国台湾省台北市101大楼的摆式地震保护装置。在大楼的高层悬挂着一个几层楼高的大摆。当地震或强台风的时候，大楼摇晃的能量会被大摆所吸收。

科学“趣”拓展

伽利略发现钟摆的秘密

1582年的一天，一位修理工人不经意触动了教堂中的大吊灯，使它来回摆动。摆动着的大吊灯映入了伽利略的眼帘，引起了他的注意。伽利略聚精会神地观察着，脑海里突然闪出测量吊灯摆动时间的念头，凭着学医的经验，伽利略把右手指按到左腕的脉搏上计时，同时数着吊灯的摆动次数。起初，吊灯摆动速度较快，伽利略测算了来回摆动一次的时间。过了一阵子，吊灯摆动的幅度变小了，摆动速度也变慢了，此时，他又测量了来回摆动一次的时间。

让他大为吃惊的是，两次测量的时间是相同的，于是伽利略继续测量来回摆动一次的时间，直到吊灯几乎停止摆动时才结束，可是每次测量的结果都表明来回摆动一次需要相同的时间。通过这些测量伽利略发现，吊灯来回摆动一次需要的时间与摆动幅度的大小无关，无论摆幅大小如何，来回摆动一次所需时间都是相同的。即吊灯的摆动具有等时性，这就是伽利略最初的发现。

伽利略

“趣”阅科学

今天要给同学们推荐的书籍是《钟表的故事》，这本书讲述了人类测量时间和发明钟表的故事。你知道一根杖、一本书、一盏灯怎么计量时间吗？你想知道钟表有哪些样式吗？很大的钟是怎样改进而成为装饰在手腕上的表的？阅读这本书你就会知道答案，书里面还有生动的小故事，让你在轻松的阅读体验中获得有关时间、钟表的知识。

《钟表的故事》

第02课
荒岛求生
——制取少量蒸馏水

小娃：“知道荒岛求生吗？如果被困到荒岛上没有水喝，要想喝上干净的水，我们可以这样做。

1、按照图1找到潮湿的地面挖一个深坑，在坑的底部放一个接水的容器。

2、按照图2的样子铺好塑料薄膜，注意一定在接水容器上方的塑料薄膜上放一块石头，将塑料薄膜压住。接下来等待几个小时，就可以获得纯净水了。”

图1

图2

小米：“等待几个小时也太慢了，嗓子都冒烟了，要短时间获得大量纯净水该怎样做呢？”

同学们，我们一起来想一想，如何获得大量的纯净水进行“荒岛求生”！

科学实验室

实验器材

铁架台	陶土网	火柴	双孔橡胶塞	试管
升降台	温度计	玻璃导管×2	镊子	装冷水的大烧杯
烧瓶	酒精灯	橡胶管	3～5片鸡蛋壳水	装纯净水的小杯子

实验步骤

1 连接橡胶管和玻璃导管。注意：湿润导管连接处后再连接。

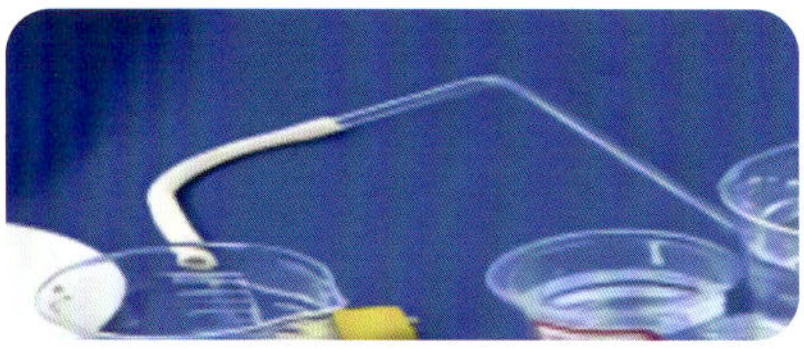

2 连接橡胶塞和玻璃导管。（玻璃导管刚露出胶塞即可）

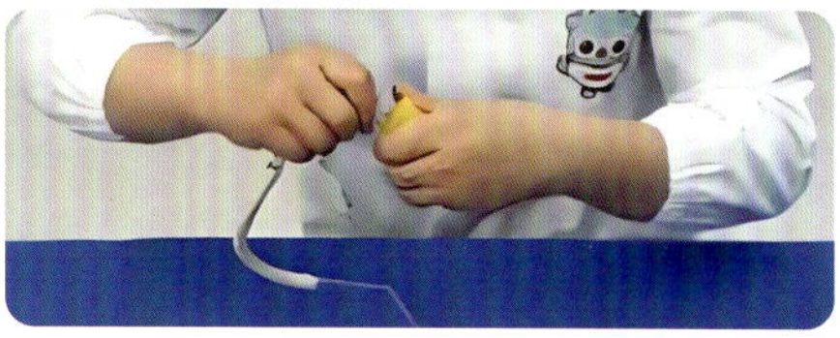

3 连接烧瓶和橡胶塞。

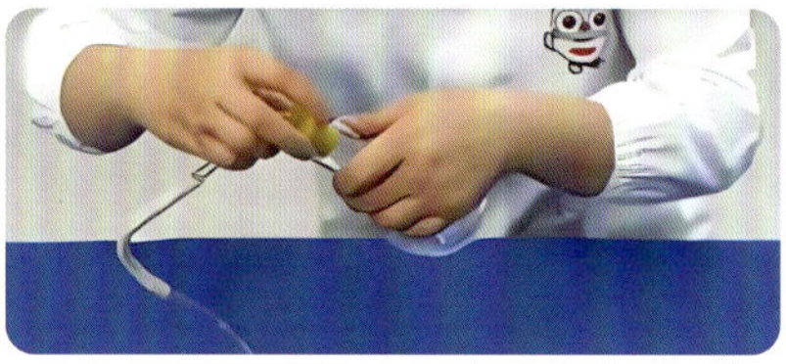

4 检查装置的气密性。（导管口有气泡冒出时，气密性良好）

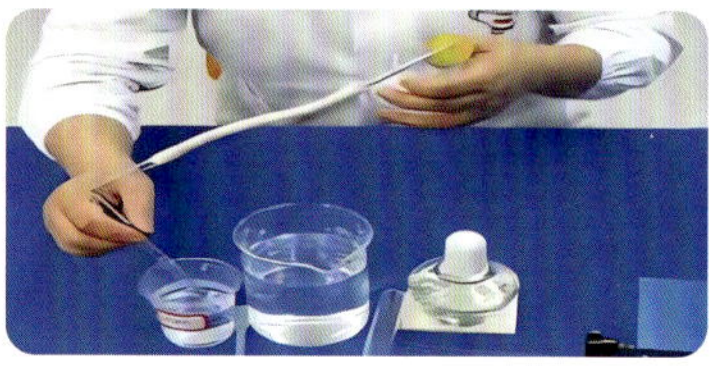

5 调整铁架台的铁圈的高度，在酒精灯帽稍上方即可，将陶土网放置在铁圈上。

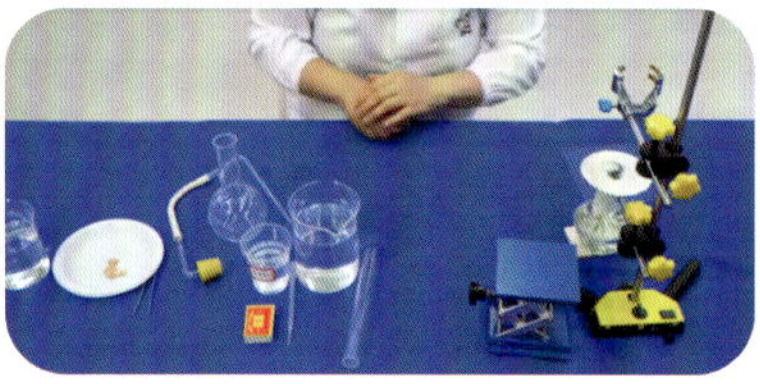

6 将自来水倒入烧瓶中。注意：液面要不超过烧瓶或锥形瓶体积的2/3，不少于1/3。放入几片鸡蛋壳，塞好橡胶塞。

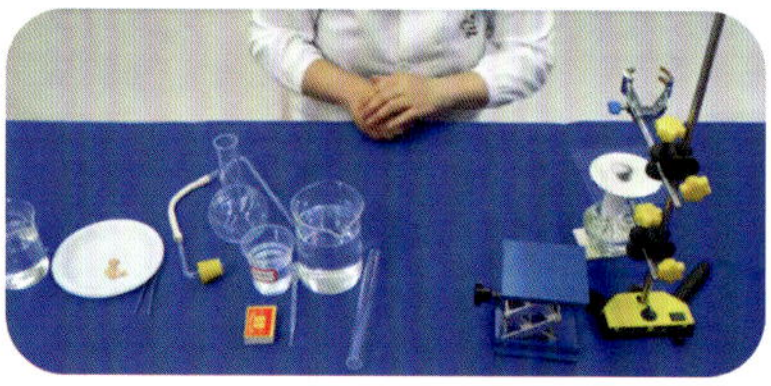

7 将烧瓶放置在铁架台上的陶土网上，装冷水的大烧杯放在升降台上，调整高度，大试管放在烧杯的冷水中，玻璃导管放入试管。（注意：导管应放置水平，避免倾斜导致水蒸气不易收集）点燃酒精灯，放在烧瓶下方，最外层的火焰接触陶土网。

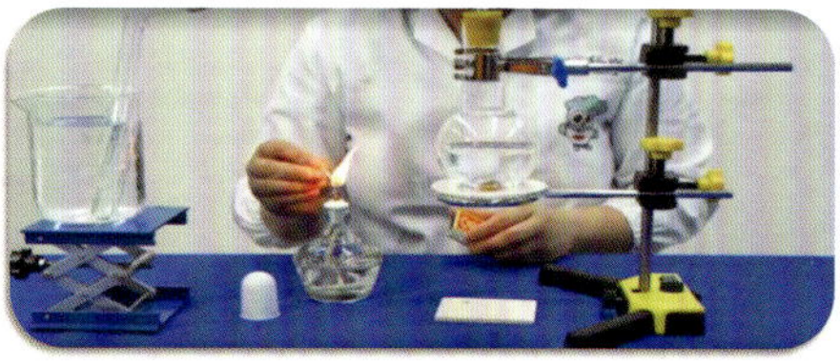

8 试管内有少量蒸馏水时，熄灭酒精灯，停止加热，直到试管内水温降至室温。

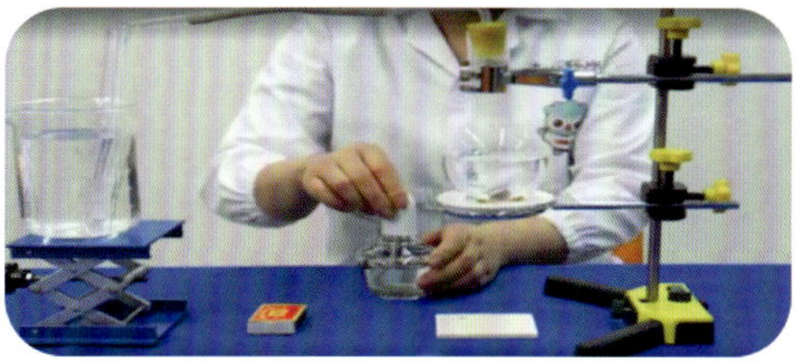

实验现象

蒸馏海水或自然界的水，可以清除绝大部分杂质并杀死微生物，从而得到纯净水即蒸馏水。

科学小知识

同学们，今天讲讲蒸馏哦！蒸馏是一种能把好多液体混在一起的混合溶液分开的好办法。

我们把这些混在一起的液体加热，有的液体呀，在温度不太高的时候就变成气体啦。然后呢，我们用一个特别的装置把这些气体收集起来，让它们冷却，又会变回液体哟。接着再继续加热，那些需要更高温度才能变成气体的液体也会变成气体。同样用装置收集，冷却变回液体。像这样重复操作，就能把混在一起的液体一一分开啦。而且呀，蒸馏还能把液体里大部分的脏东西去掉，还能把微生物杀死呢！

同学们，你们知道吗？蒸馏水的获得也很有趣。首先呀，人们会给普通的水加热，这一加热，水就会变成水蒸气飘起来，这叫水汽化。然后呢，再让这些水蒸气遇到凉凉的东西，水蒸气就又会变成水啦，这就是液化。这样，通过加热再冷却，我们就能得到蒸馏水啦！比如说，就像我们煮水的时候，水烧开了冒出来水蒸气。要是水蒸气遇到冷的玻璃，就能看到玻璃上有水珠出现，这水珠就是水蒸气又变成的水。经过这样有趣的过程，就能得到干净的蒸馏水啦。

科学与生活

同学们，你们知道蒸馏技术都用在哪里吗？

蒸馏技术在好多工业生产里都能派上用场呢！就像在制酒的时候，把原料发酵完，用蒸馏的办法就能得到酒精浓度更高的蒸馏酒啦。还有石油的炼制，石油里的各种成分变成气体的温度不一样，通过蒸馏石油就能炼出汽油、柴油、煤油、航空机油等等。自然界的水是不能直接喝的，这时候用蒸馏的方法，把水里其他的东西去掉，就能得到干干净净的纯净水了。

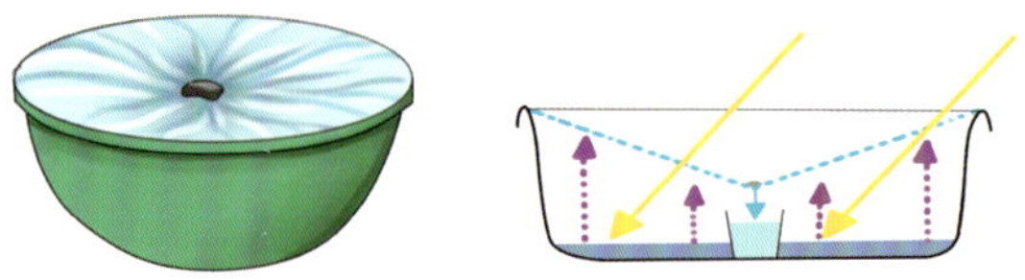

简易蒸馏示意图

古代蒸馏装置示意图

在生活里也有蒸馏的影子哦！比如我们烧开水、蒸馒头的时候，会看到壶盖和锅盖上有小小的水珠，这些水珠其实就是蒸馏水哟！

“趣”阅科学

同学们，你们知道吗？ 有一句话叫“万物生长靠太阳”，但还有一句话是“万物创造靠化学”哟！化学呀，它不只是一门学科，更是创造万物的神奇魔法！这本超有趣的《万物有化学》里面讲了好多好多关于生命、艺术、科技还有军事的化学知识，一定会让你们大开眼界！在生命科学领域，化学能帮助我们了解身体的奥秘；在艺术领域，化学能让颜料变得更加美丽；在科技领域，化学能创造出神奇的新发明；在军事领域，化学也有着大大的作用呢！快来一起读一读吧！

《万物有化学》

第03课 自制小喷泉

水是生命之源，美丽的风景因为有水而显得更加生动，图片中的趵突泉就是大自然的杰作，泉水从地下石灰岩溶洞中涌出，有三个出水口，每天涌出7万立方米泉水。趵突泉水一年四季温度恒定在18 ℃左右。我们都知道水往低处流，为什么喷泉是向上的呢？带着这个疑问我们动手制作“小喷泉”吧！

趵突泉

科学实验室

实验器材

塑料瓶 × 3（1号瓶为带瓶口的半截瓶、2号瓶为底部带有两个小孔的瓶子、3号瓶为完整瓶）	吸管 × 2 软管 海绵塞 × 3	双面胶片 × 2 色素1瓶 水

实验步骤

1 将水倒入完整的3号瓶中。

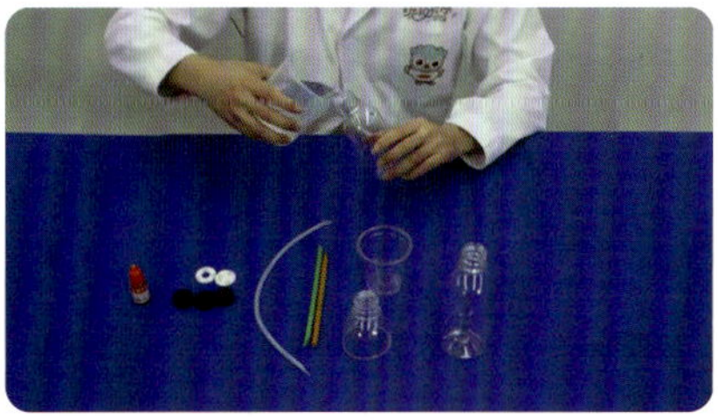

2 向瓶中滴入色素并轻轻摇晃。

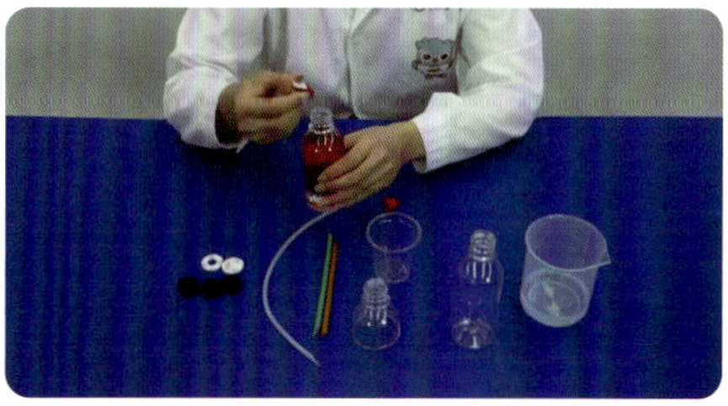

3 将吸管穿过海绵塞，随后将软管穿过塞子。

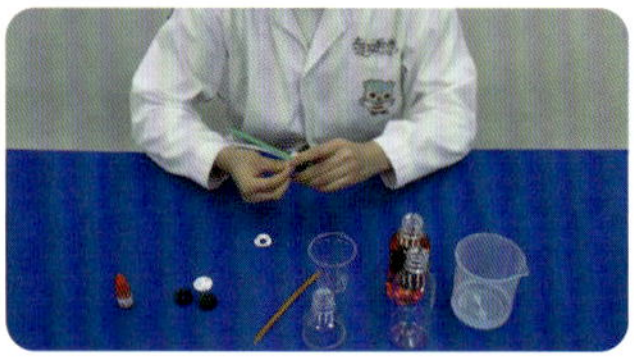

4 在塞子上粘上双面胶片。

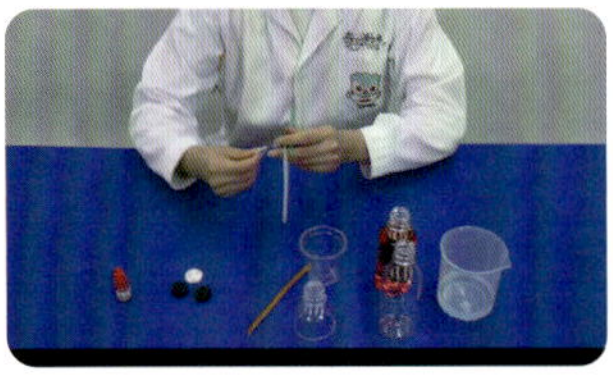

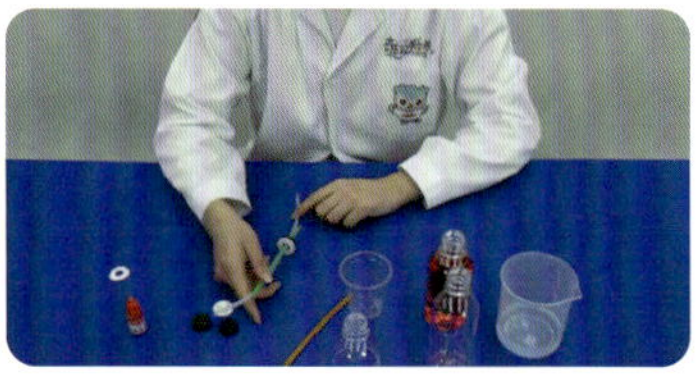

5 将吸管和塞子插入带有双孔的2号瓶中，并调整吸管位置。

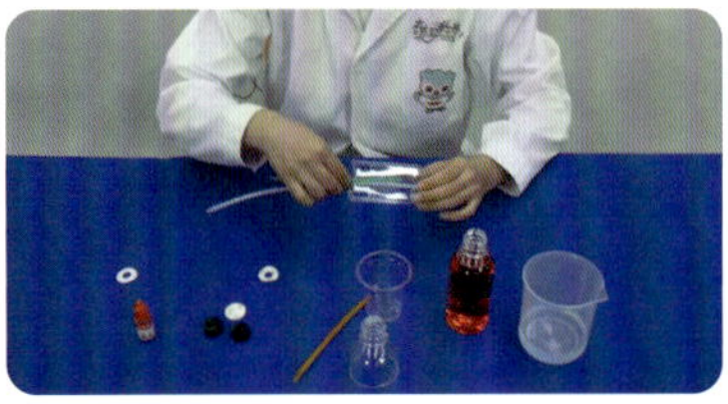

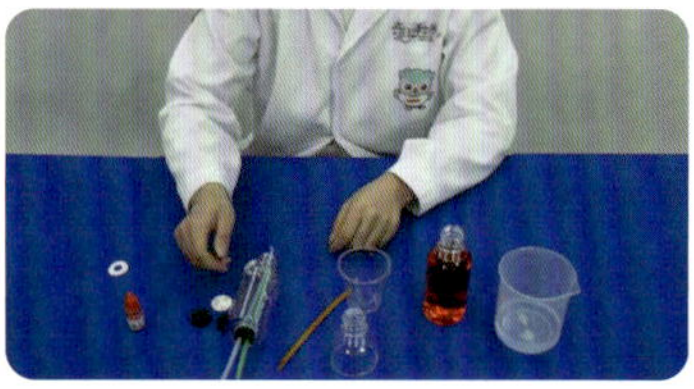

6 将另外一根吸管穿过塞子，把双面胶片粘贴在塞子上。

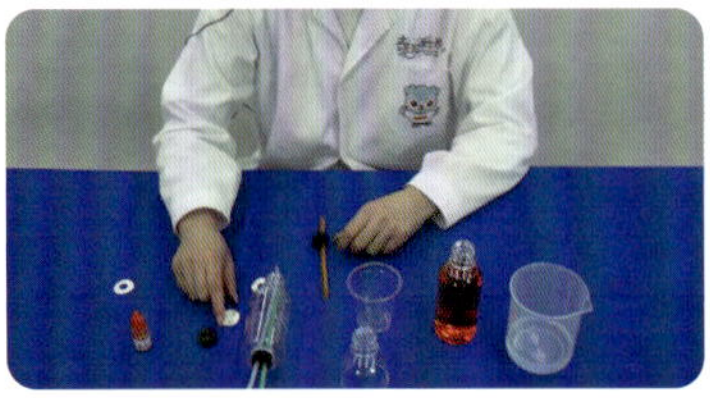

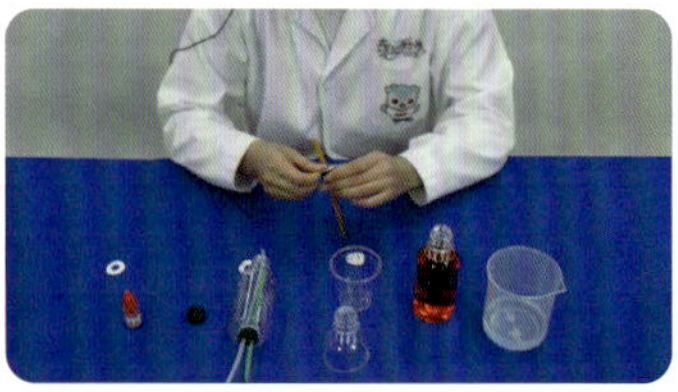

7 将塞子和已安装好的瓶子连接在一起并塞紧。

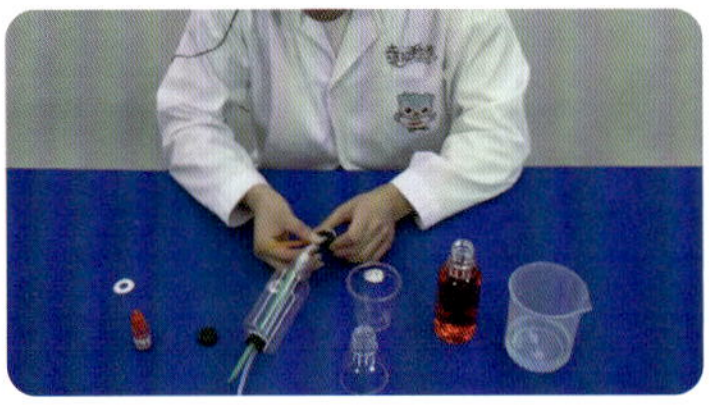

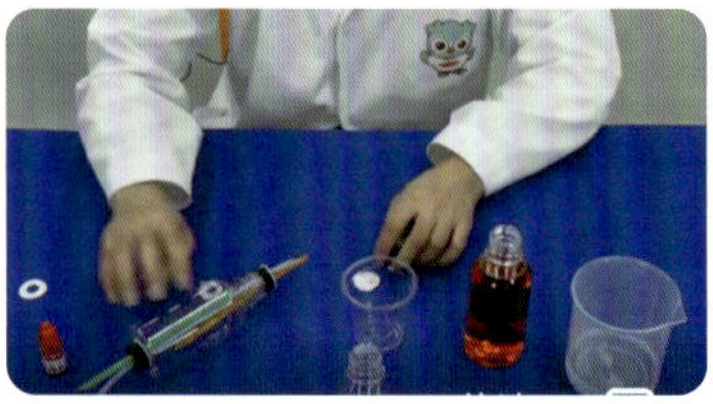

8 将半个瓶子和上述装置瓶口连接到一起，再和装有红色液体的瓶子连接。

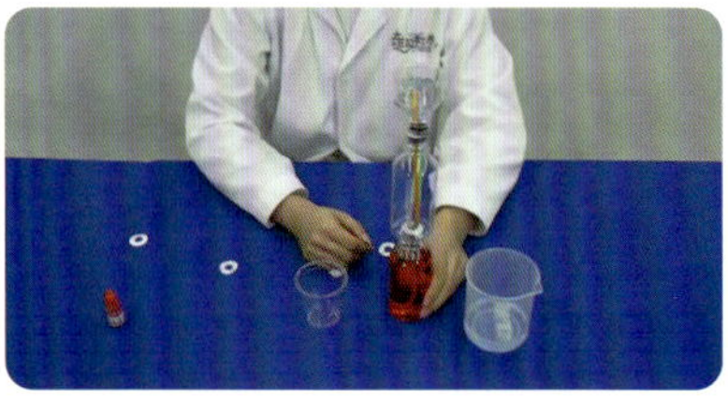

9 将组装好的瓶子倒置在桌子上，能看到红色的液体向下流。

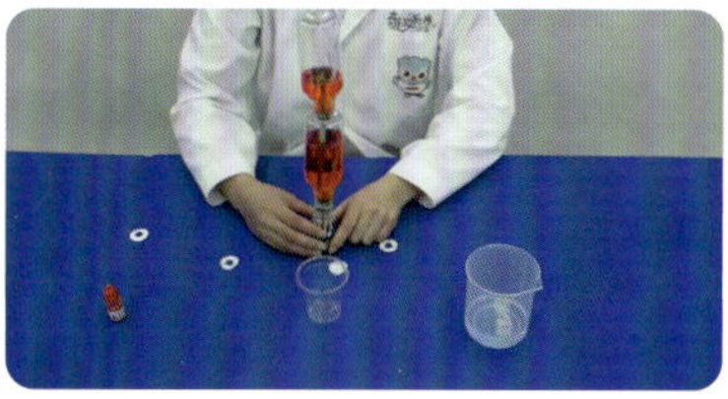

10 当液体停止向下流动，把装置再次倒置。并向半个瓶子中倒入清水，加水到吸管位置，我们就能看到红色液体喷涌而出。

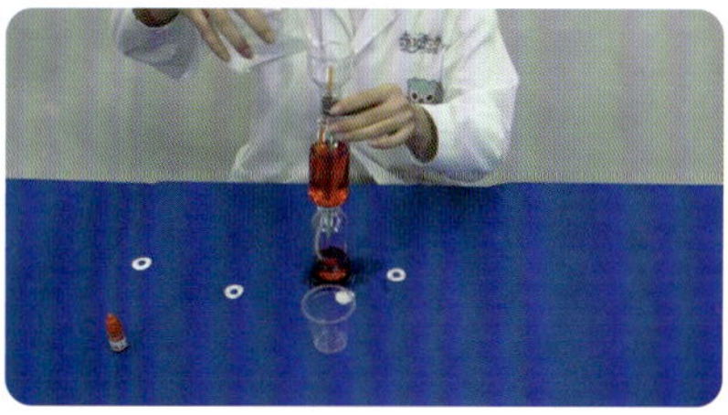

实验现象

颠倒位置后，由于重力作用，水从1号瓶流向3号瓶，3号瓶中水变多，将空气挤到了2号瓶，2号瓶中的气压增大，这样就使水从2号瓶中喷出，美丽的自制喷泉就做好了。

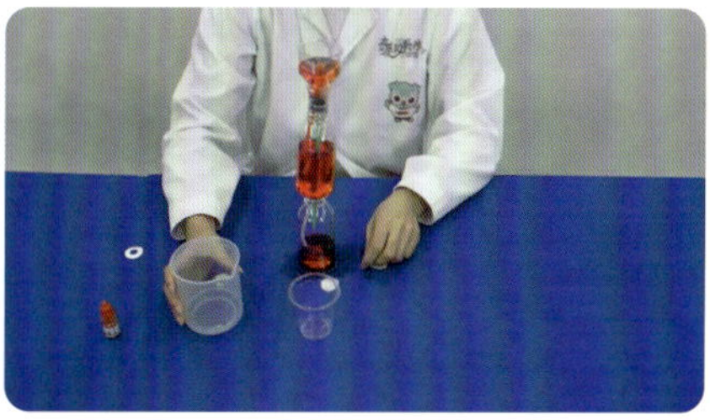

科学小知识

地热喷泉

地壳深处炙热的岩浆和地热水在特定的地质条件下相互作用产生巨大的压力，当这种压力超过地表的承受能力时就会形成一股强大的水流从地表喷出，形成了地热喷泉。

科学与生活

单元楼供水系统

一、供水系统的组成部分

单元楼的供水系统通常由以下几个主要部分组成：

水源：城市的供水管道是整个单元楼水的来源，就像一条大河为周围的农田提供灌溉用水一样。

水泵：如果水压不足，水泵会给水加压，以确保水能顺利到达各个楼层，像大力士帮助人们搬运重物一样。

水箱：用于储存一定量的水，以应对突发情况或高峰用水时段。水箱就像一个大水缸，在需要的时候能提供储备的水。

供水系统

二、水是如何到达每家每户的

水从水源进入管道，被水泵加压后，输送到水箱，再通过分支管道分别进入每个单元、每户人家。

在这个过程中，会有各种阀门和仪表来控制水流和监测水压等参数。

三、节约用水的重要性

因为水的供应需要消耗能源和资源，如果大家都节约用水，就能减少水资源的浪费，也能减轻供水系统的负担。比如，随手关好水龙头，洗澡时间不要过长，等等。

“趣”阅科学

《科学大爆炸》系列丛书中《疯狂的天气：气象与气候》一书通过生动的漫画，详细介绍了分子热胀冷缩现象。

《科学大爆炸：疯狂的天气》

第04课

制作污水净化器

以河水为饮用水源的地区，常常在雨季遇到水质浑浊发黄的问题。河水通常比较浑浊，水面漂浮脏东西、树叶、水藻等，尤其在暴雨季节，水中泥沙量增加，杂质多，浊度、色度、细菌含量等超标，如果不经过滤直接饮用，将会对我们的健康造成严重的威胁。因此，必须使用专业净水设备处理后才能饮用。

你知道净水器是怎样过滤杂质、泥沙的吗？

科学实验室

实验器材

集水器	过滤桶 ×4	石子一袋	活性炭一袋
集水器盖	过滤漏斗	细沙一袋	棉团

实验步骤

1 将滤纸铺在过滤筒的底部。

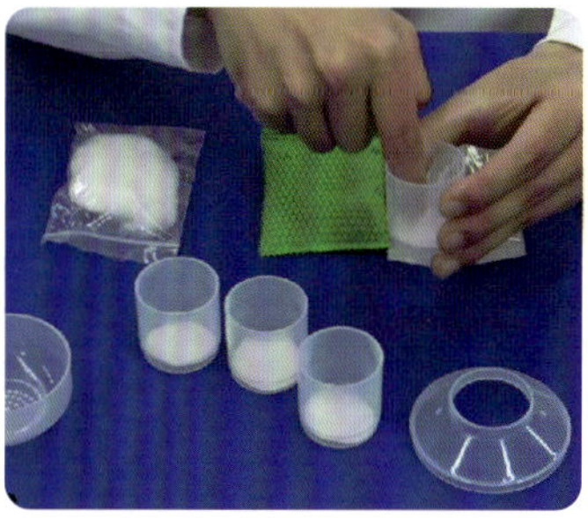

2 分别将石子、细沙、活性炭、棉团分别放进4个过滤桶中。

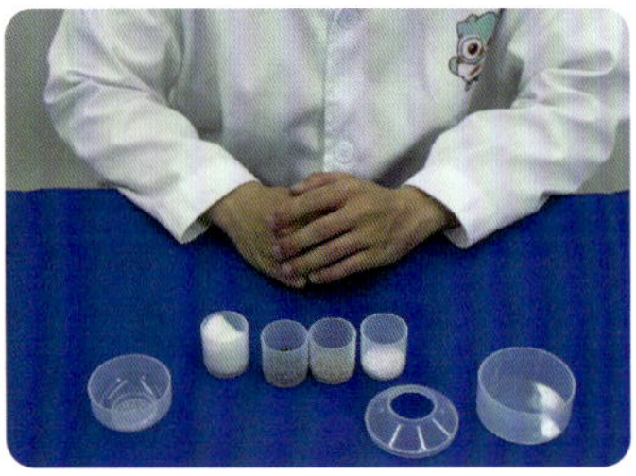

3 将吸管穿过海绵塞，随后将软管穿过塞子。

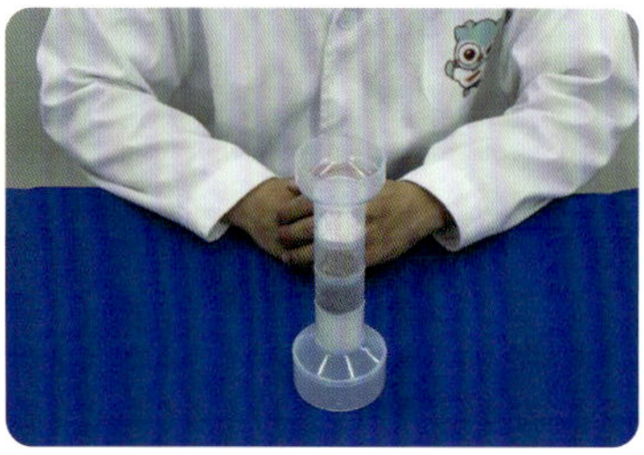

4 观察比较过滤前后的水样。思考一下，过滤后的“脏”水与过滤前有什么不同？自制净水器去除了“脏”水中的哪些杂质？

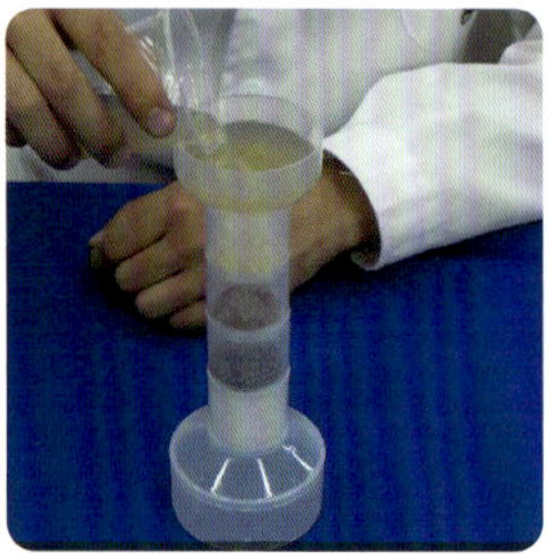

实验现象

在净水器的作用下，水变得清澈了。

科学小知识

自制净水器的每一层都有一个用途。砂砾或小石子用于过滤掉大沉积物，如树叶或昆虫；棉团用于去除细小的杂质；活性炭通过物理吸收去除污染物和杂质。

自制净水器可以帮助我们了解自然界中雨水的渗透过程。降雨使地面的水分渗透地下，形成地下水。自然绿地条件下，植被层、土壤层、砂层、砾石层等填充层共同作用，使渗漏的雨水得到净化。

净化后的雨水不仅可以补给地下水，也可以抽取出来作为城市景观用水、厕所用水等。

过滤装置与滤材

自制净水装置

科学与生活

净水器产品最重要的就是滤芯。市场上的家用净水器按照滤芯组成结构主要分为超滤和反渗透两种类型。超滤滤膜孔径大约为0.001～0.1微米，水中的胶体、铁锈、悬浮物、泥沙、大分子有机物等都能被超滤膜截留下来完成净化。反渗透净水机的输出水质更加干净和安全，能够去除水中各种有害杂质和金属离子，出水口感好，能降低水的硬度，煮水后容器不易产生水垢。

如果城市自来水水质较好，周边无大工业污水排放，超滤就可以满足生活需要了。相反，在农村或者是化工污染较为严重的地方，反渗透净水机就派上了用场。

污水　　净水

“趣”阅科学

今天给大家推荐一本环保书，主题是“节约用水，珍惜地球水资源”。书中生动展示了地球没有水后的多个生活场景，凸显了水的存在对于地球和人类的重要性，最后以日常节约用水的好方法作为结尾。本书还有着很丰富的人物形象，语言通俗、可读性强，科普游戏增加了阅读趣味性,还有小贴士帮助我们理解知识点哦。

《如果地球没有水》

第05课
变色游戏

在科学的世界里，充满着无数的想象与发现。牛顿因为一个苹果发现了万有引力，而英国化学家波义耳因为一朵花发现了酸碱指示剂。“酸”和“碱”是我们日常生活中常见的两种物质分类，经常应用于科学研究和农业发展。正确地认识生活中的“酸”和“碱”能够让我们更好地了解食物的加工成分，建立“酸碱平衡”的生活模式。那么，我们日常生活中到底有哪些“酸”和“碱”呢？今天我们就一起用酸碱指示剂测试生活中小材料的酸碱性。

牵牛花

科学实验室

实验器材

盐	VC	标签	pH试纸
白糖	小苏打	滴管	pH色别表
洗衣粉	白醋	杯子	

实验步骤

1 将盐、白糖、洗衣粉、VC、小苏打、白醋，分别放入对应的杯子中，并贴好标签。

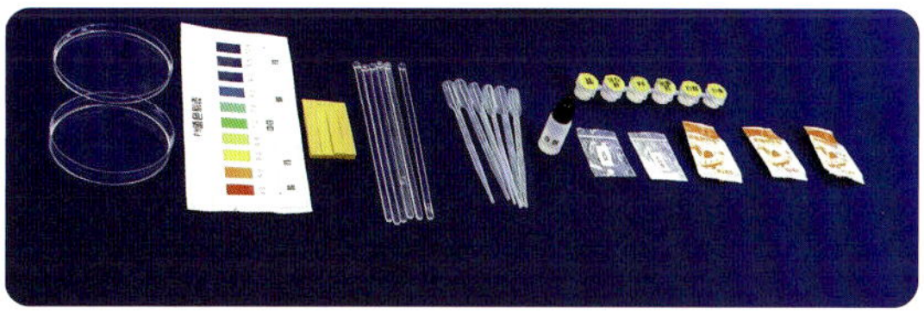

2 在杯子中倒入适量的水，并搅拌均匀。

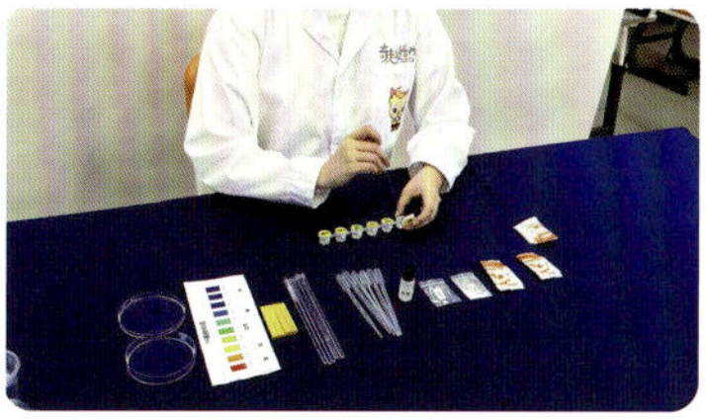

3 撕取6张pH试纸，用滴管分别吸取溶液，滴在6张不同试纸上，观察颜色变化。

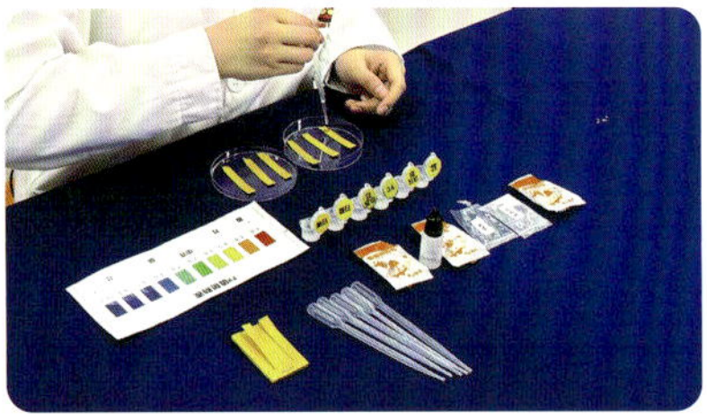

4 根据pH试纸的对照图谱，找出与之相近的颜色，确定物品酸碱度。

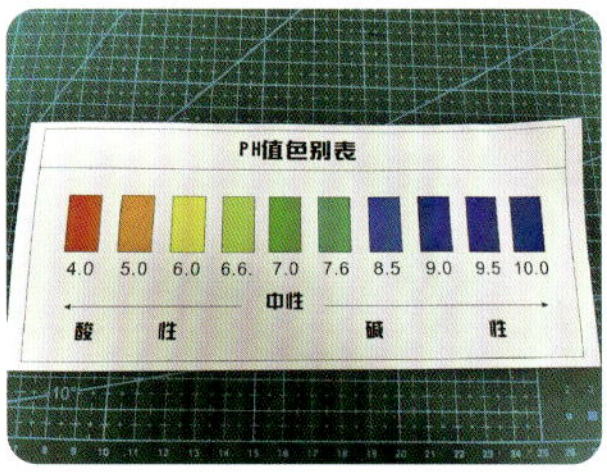

实验现象

六种溶液分别显现出了不同的颜色，根据试纸颜色我们可以判断出溶液的酸碱性。

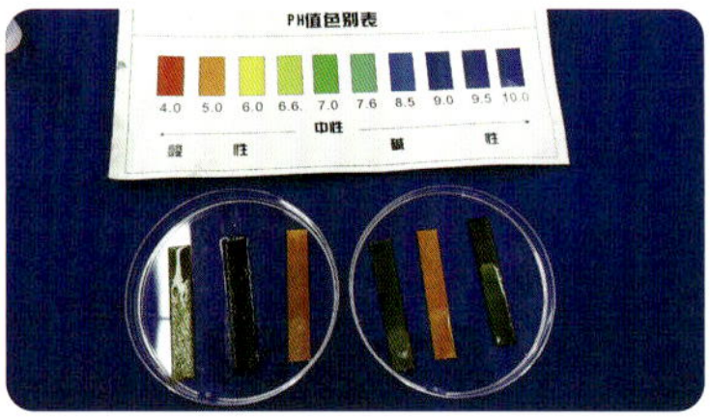

科学小知识

酸碱度描述的是水溶液的酸碱性强弱程度，用pH来表示。检验溶液酸碱度的“尺子”是“广泛pH试纸”。这是一种现成的试纸，使用时，撕下一条，放在表面皿中，用一支干燥的玻璃棒蘸取一滴待测溶液，或用胶头滴管吸取溶液滴在试纸中部，再根据试纸呈现的颜色与标准比色卡比对就可以知道溶液的酸碱度，十分方便。pH试纸在我们日常生活中常用于医疗行业或者某些特定的化学物质检测上。

科学与生活

人体在正常的代谢过程中，不断产生酸性物质和碱性物质，也从食物中摄取酸性物质和碱性物质，酸性物质和碱性物质在人体内不断变化，但由于人体具有一定的酸碱平衡调节能力，所以正常情况下体内酸碱能保持相对平衡，这个平衡就是酸碱平衡。对于健康人群来说，我们的血液总是能够将pH稳定为7.35~7.45。

我们对于酸碱认识的误区：

1. 酸碱食物不是以口味来区分的，并非味觉上有酸味的食品就属于酸性食品，新鲜的成熟水果，即使其味道是酸的，也有可能是碱性食品。

2. 认为“酸性食品是坏的、碱性食品是好的”大错特错，人体有良好的酸碱调节系统，使体液保持稳定的酸碱数值。

人体能够调节酸碱，保持平衡

“趣”阅科学

《化学元素魔法课：元素的飞翔魔法》这本书以趣味故事为密钥，厘清各个化学元素的性质和用途；以元素作用为起点，认识酸和碱的化学反应，带领读者探索化学的奥妙世界。这本书易读、有趣且实用，可以帮助同学们轻松学习化学知识。

《化学元素魔法课：元素的飞翔魔法》

第06课

人体身份证——巧取指纹

指纹，是手指上的皮肤纹路。很早以前，人们就在纸上或木板上按手印来标识身份。使用印泥按压怎样获取完整的指纹？还有哪些获取指纹的方式呢？让我们一起来通过实验来试试吧！

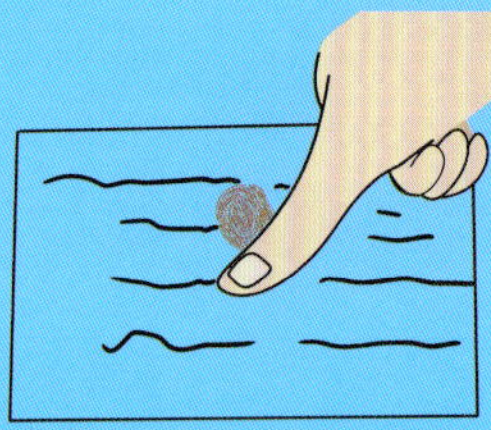

指纹印章

科学实验室

实验器材

指纹卡片 | 彩色印泥盒

实验步骤

1 拿出指纹卡片，填写好自己的基本信息。

2 揭开印泥盒的透明盖，用手指指腹在印台上以打圈的方式按压，使油墨涂抹均匀。

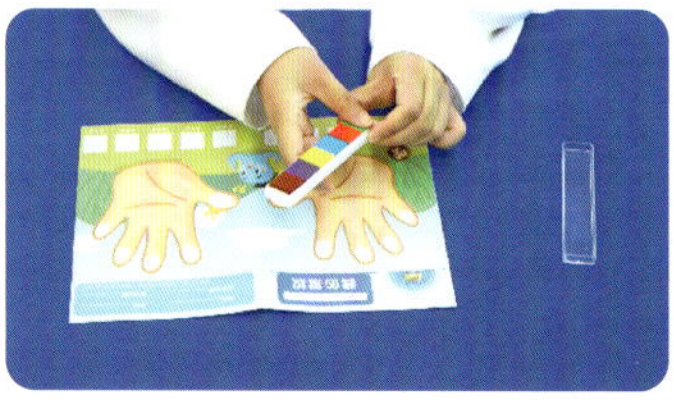

3 我们在卡片对应的手指位置上按压，保证指腹与纸贴合紧密。

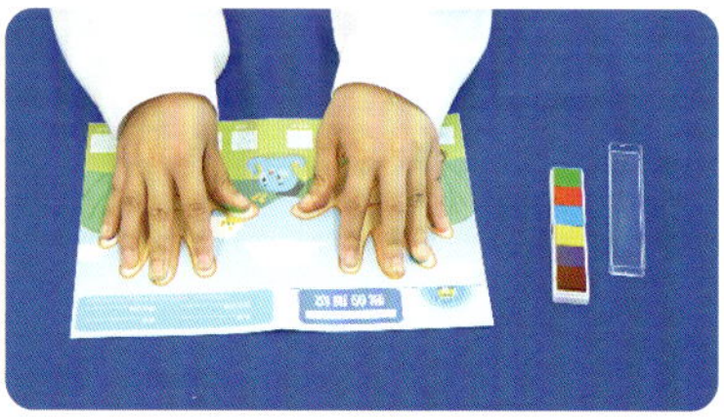

4 请大家仔细观察自己印好的指纹分别属于哪种类型。

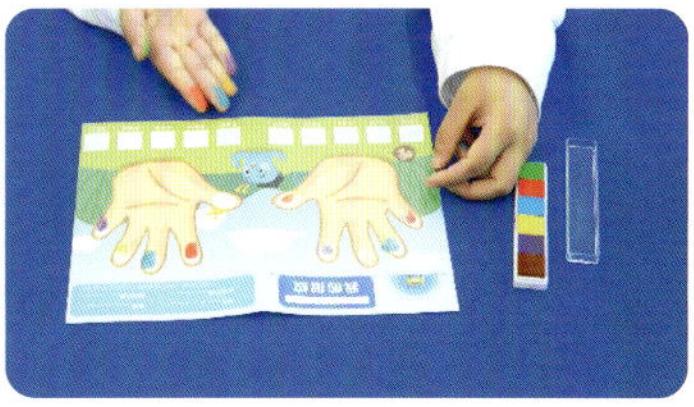

实验现象

取出彩色印泥，根据自己的想法，创作属于自己的指纹树。

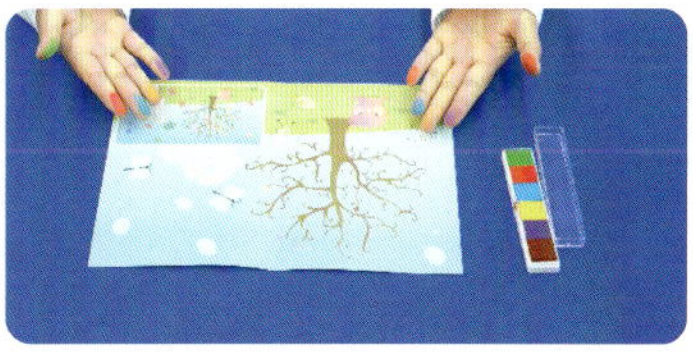

科学小知识

指纹，这一人类手指末端指腹上凹凸有致的皮肤图案，实际上由一系列独特的线条构成。在日常生活中，我们或许会有这样的直观感受：当手指触摸物体时，这些指纹似乎增强了与物体之间的摩擦力。

指纹的特点如下：

独特性：每个人的指纹独一无二，终身不变。

功能适应性：平衡摩擦力与灵活性，保护皮肤。

多样性：分弓形、箕形、斗形等类型。

应用价值：用于身份识别和医学研究。

指纹

科学与生活

指纹，这一独特的身体特征，在我们的生活中扮演着举足轻重的角色。

从安全保障的角度来看，指纹识别技术已经广泛应用于手机解锁、门禁系统以及金融交易等领域。例如，我们的手机可以通过指纹迅速解锁，既方便又安全，避免了密码被遗忘或泄露的风险。许多公司和机构的门禁系统也采用指纹识别，只有授权人员的指纹才能进入特定区域，有效保障了场所的安全和隐私。在刑侦领域，指纹更是破案的关键线索。犯罪现场留下的指纹可以帮助警方锁定嫌疑人，为案件的侦破提供重要证据。在日常生活中，指纹还具有个性化的象征意义。比如，一些艺术作品会以指纹为元素，展现独特的创意和个性。此外，指纹对于新生儿的身份确认也具有重要意义。医院会采集新生儿的指纹，以确保准确的身份识别和记录。

指纹解锁大门

指纹解锁手机

总之，指纹虽然微小，却与我们的生活息息相关，为我们的生活带来了便利、安全和独特的体验。

“趣”阅科学

这本书讲述了一个幼儿园里所有小朋友的鞋子都神秘失踪的故事。小朋友们跟着点子侦探一起寻找线索，最终发现是一群可爱的小猫咪把鞋子当成了舒适的猫窝。此外，本书还科普了指纹、笔迹、DNA等科学知识，介绍了测谎仪等工具的工作原理。

《消失的鞋子的秘密》

第07课
神奇的U形管

今天阳光正好，小松鼠们打算把洗好的衣服放在太阳底下晒，可是有一个令它们十分头疼的问题，小松鼠们没法确定杆子的两端是否在同一高度上。大家有什么好方法可以帮帮小松鼠们吗？

晒衣服的小松鼠

在装修房屋时，我们常用一根灌有水且足够长的透明塑料软管的两端在墙面的不同地方做出记号，这样做就可以描绘出水平线，你知道这是什么原理吗？一起动手做一做吧。

科学实验室

实验器材

一杯水	注射筒×3	固定架×3
三通管	底座	

实验步骤

1 将固定架固定在底座上。

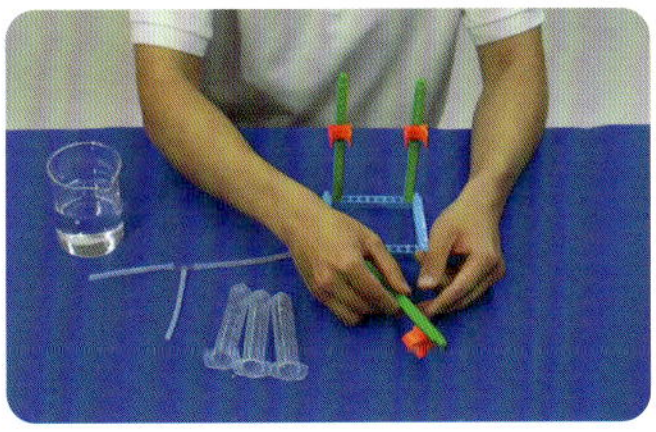

2 将3个注射筒分别装配在固定架上，注意中间的针筒位置要高一些。

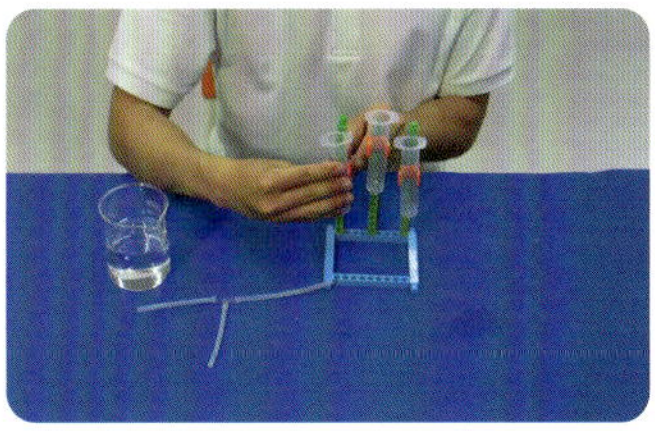

3 将三通管与三个注射筒连接。

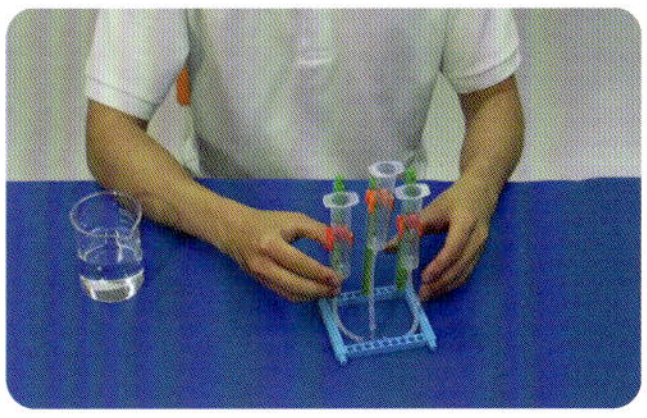

4 将一定量的水倒入中间的针筒。

实验现象

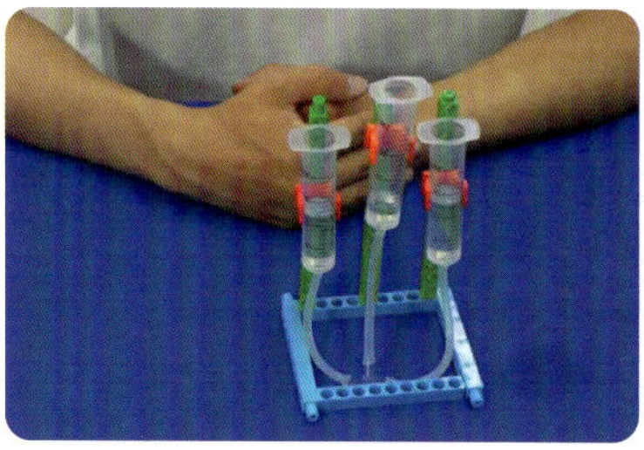

当我们向中间的注射筒倒入不同量的水时，会发现左右两边的注射筒液面高度一致。

科学小知识

水在进入U形管时，各个针筒中的液面会保持相平。这是因为水对U形管的静压力作用，使水面总是达到相同的液位高度，以保持压力平衡。

1.什么是连通器？

一种上端开口、下端连通的容器。（U形管就是连通器的一种）

2.连通器有哪些特点？

向连通器内注入同一种密度均匀的液体，当液体相对于连通器静止时，连通器的各个容器内的液面保持相平。

值得注意的是连通器中装入不同液体时，液面不一定相平。

连通器

科学与生活

连通器在生活中的应用

1.锅炉上的液位计、水位计

工厂中的锅炉高大并且危险，不可能随时观察液面高低，水位计就解决了这个问题。

为了随时了解锅炉内的水位，锅炉上都装有水位计，水位计和锅炉构成一个连通器。水位表是锅炉三大安全附件之一。它是一个竖直玻璃管，上下分别与锅筒的汽空间和水空间相连，作用是显示蒸汽锅炉锅筒内水位的高低。锅炉上如果不安装水位表或者水位表失灵，司炉工将无法了解锅炉内水位变化，在运行中就会发生缺水或满水事故，如果严重缺水后盲目进水，还会造成蒸汽锅炉爆炸事故。

工业锅炉

2.水塔与水龙头

水塔上端是开口的，放水时水龙头也是开口的，它们通过水管相连，是一个连通器。

蓄水池

3.下水管道

洗手池的下水道做成U形，相当于一个连通器。冲水后还会留下一部分水在U形管中，形成水封，可以防止臭味沿着下水管道传上来。

下水管道

“趣”阅科学

今天给同学们推荐一本书叫《迷人的液体》，这本书通过一次飞机旅行，介绍了日常生活中各种液体的特性和背后的科学故事。作者用幽默风趣的语言为我们分析了从水到咖啡、葡萄酒等33种神奇又危险的流动物质，揭示了这些液体的独特之处和它们如何影响我们的生活。

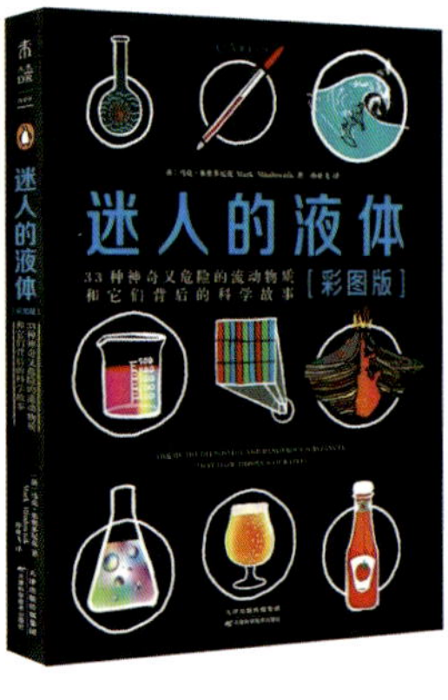

《迷人的液体》

第08课
穿越火线

你听说过这个游戏吗？两个金属柱中间用金属丝相连，金属丝弯成复杂的形状，做游戏的人需要手拿一个套住金属丝的金属环，在两个金属柱中间来回移动。看似非常简单，可游戏时尽管小心翼翼，还会时不时让金属环与金属丝相碰，发出滋滋的失败提示音。

这么极具趣味和刺激性的游戏你想不想也来尝试下呢？考验智力与耐力的时候到了，今天我们就一起试一试能否一次性顺利通关！

穿越火线

科学实验室

实验器材

卡纸	马达	铝丝 × 2
海绵	蜂鸣器	双面胶
电池座	导线 × 3	电池

实验步骤

1 按照折纸折痕组装卡纸。

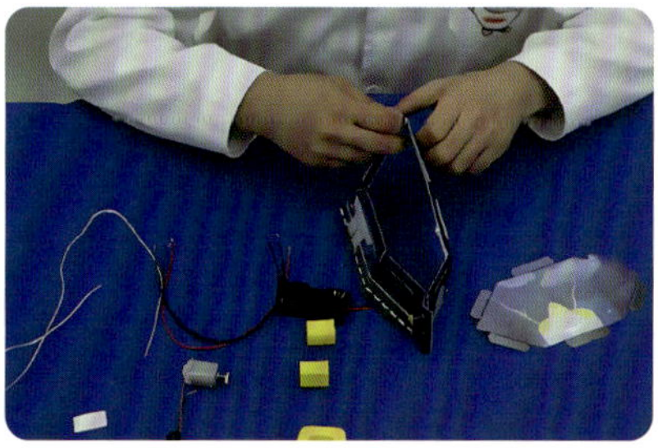

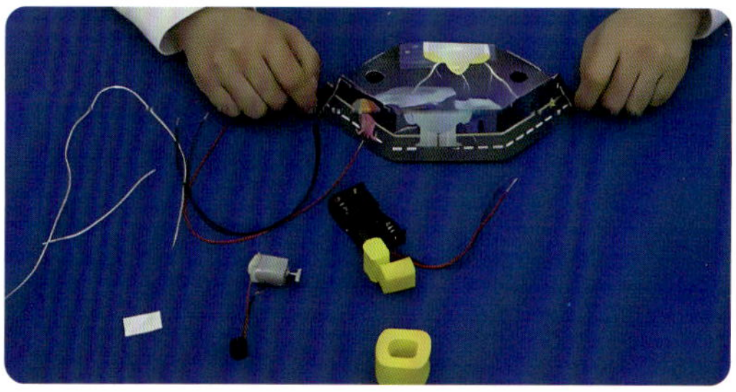

2 将铝丝穿过海绵，再将海绵安装在卡纸底座上。铝丝穿过海绵后，将它弯成U形再插回海绵。安装后，可以将铝丝弯成任意形状。

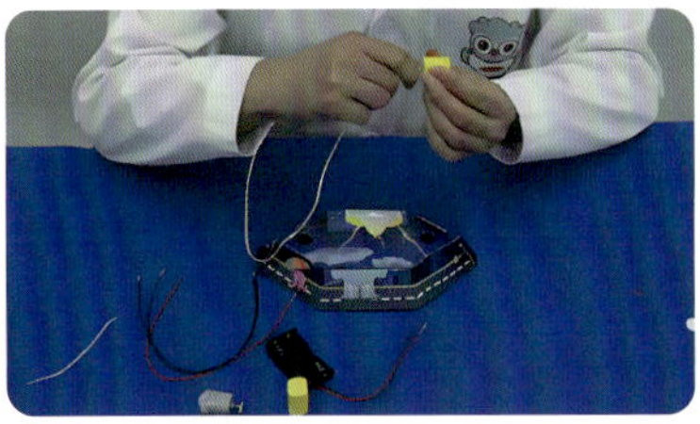

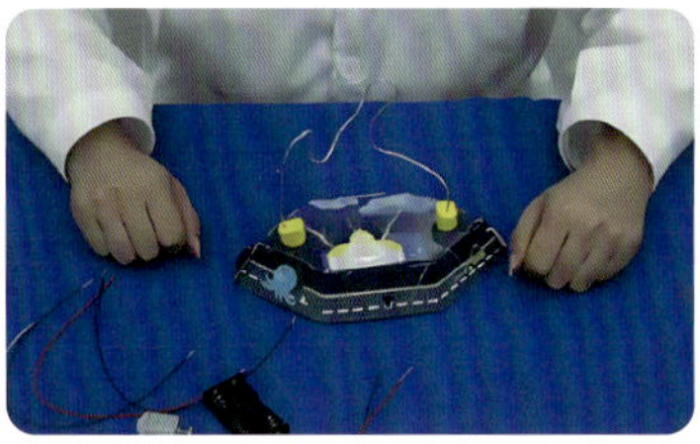

3 安装蜂鸣器。将蜂鸣器从卡纸的小孔中穿过，并将导线从另一侧的小孔穿出。

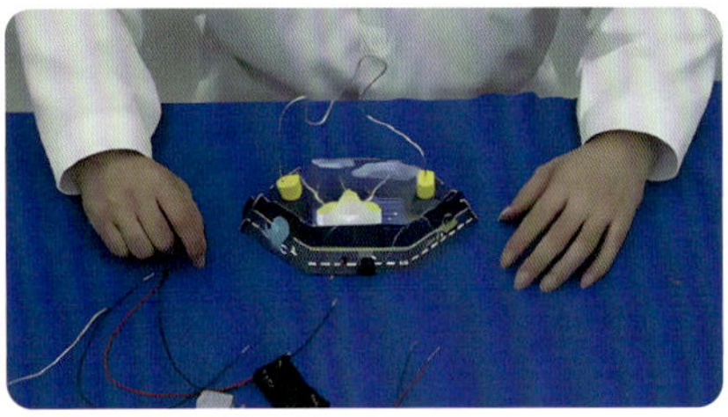

4 安装电池底座，并将电池底座黑色导线连接在任意一个铝线弯钩上，红色导线穿过导线孔。

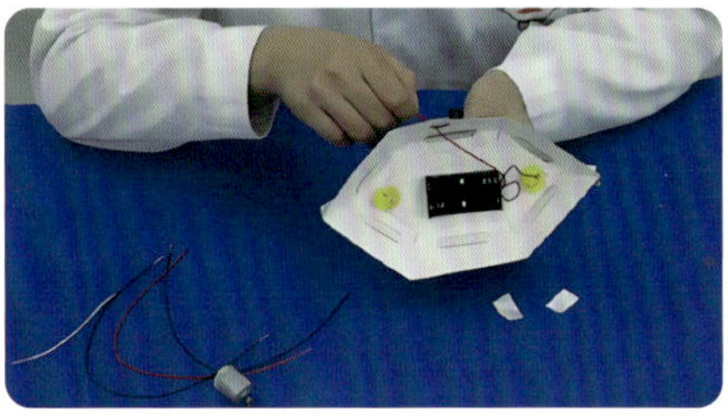

5 将马达穿入海绵塞中。

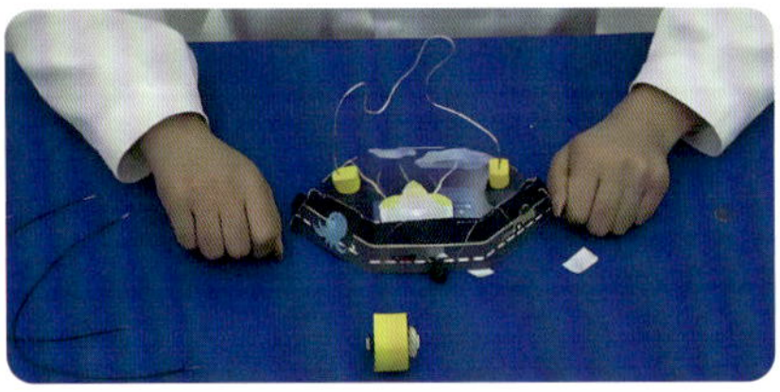

6 将短铝线穿入海绵塞中，并弯成一个U形的钩。

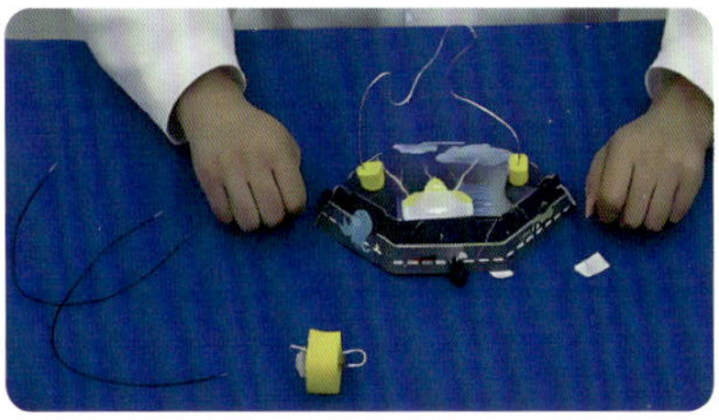

7 将其余红色导线、黑色导线与黑色导线连接在一起，并且安装电池。

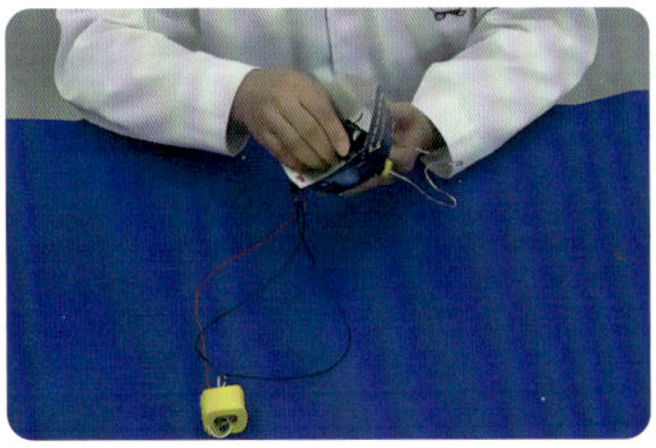

实验现象

当弯钩穿过铝环而不触碰铝环时，无现象发生；当弯钩触碰铝环时，电动马达震动，蜂鸣器发出声响。

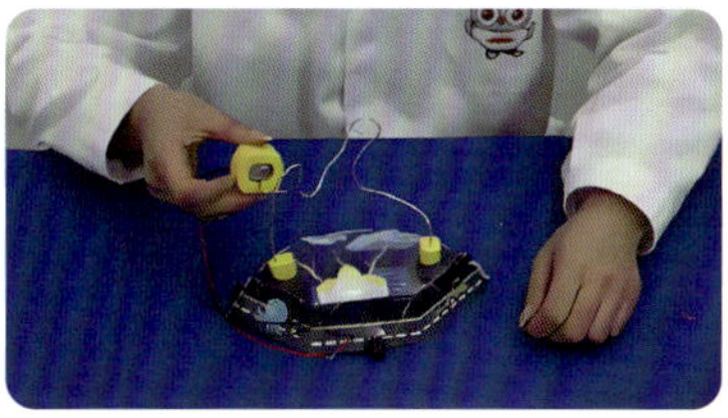

科学小知识

你知道电是怎么传输的吗？经典导电理论认为，金属导体导电是由于金属导体内部存在大量的可以自由移动的电子，当金属的两端与电源相连时，这些自由电子就会定向移动而形成电流。（安全提示：生活中，同学们千万不要尝试将金属两端直接与电源相连！）

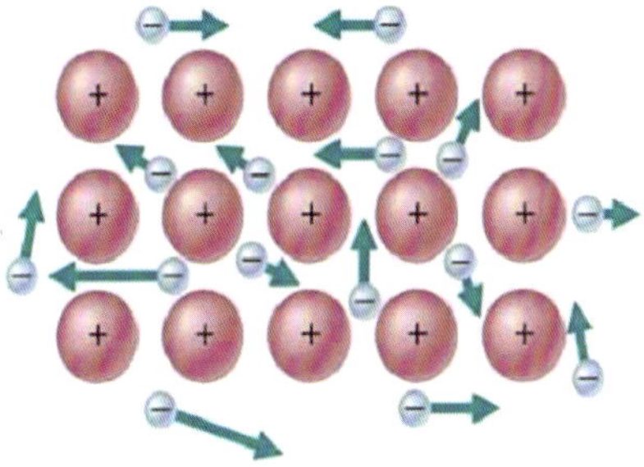

金属中的自由电子

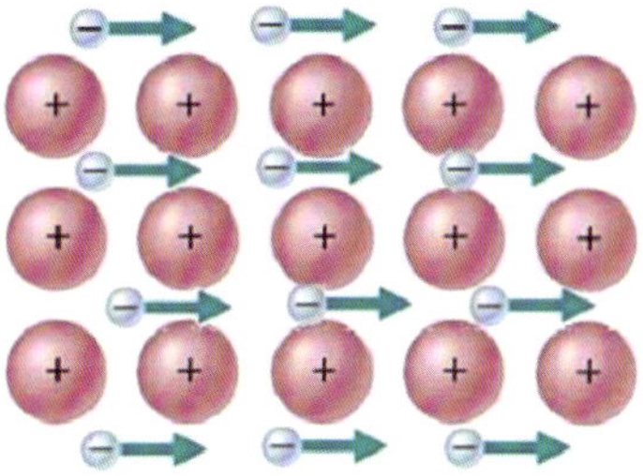

自由电子定向移动

物体传导电流的能力叫作导电性。各种物体的导电性各不相同。大多数非金属由于自由电子数很少，不容易导电。金属含有大量的自由电子，就容易导电。在各种金属中，银的导电性最好，其次是铜和金。

科学与生活

照明电路里的两根电线，一根叫火线（也称相线），一根叫零线。火线和零线的区别在于它们对地的电压不同：我国的火线对地电压为220V，零线的对地的电压等于零。如果人身体的一部分碰上了火线，同时身体其他部分又接触到地面，此时就会发生触电，这种情况称为单相触电。如果人的身体同时接触到火线和零线，不论身体其他部分是否同时接触地面，都会发生触电。因为零线的对地电压等于零，人即使用手去抓零线，都不会发生触电。

如果火线和零线一旦接触，由于两者之间的电压等于220伏，在火线和零线的接触点处将产生巨大的热量，从而发出电火花，火花处的温度足以把金属导线烧得熔化，这就是生活中常说的短路现象。

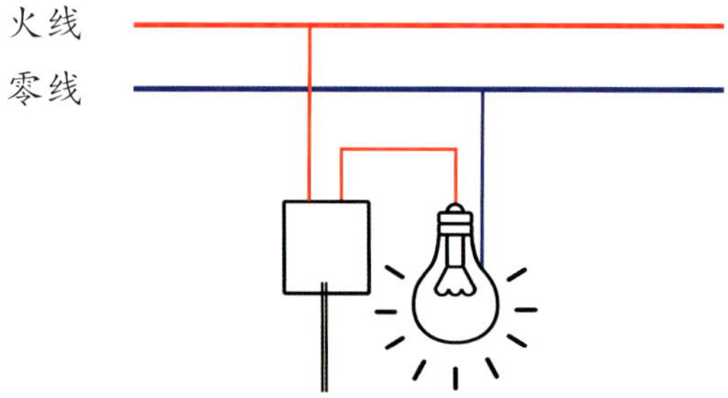

不正确使用家用电器不仅会引发火灾，更会引发触电，那么，日常生活中如何防止触电？

1. 用电线路及家用电器绝缘必须良好，插座、开关等带电部分绝对不能外露，严防人体触及带电部位。

2. 湿手不要接触或操作家用电器，不得用湿布擦拭带电电器。

3. 不得剪断落到地上的电线，不得靠近落地电线。

4. 不能用手摸灯头螺丝口，不能用手拔裸露的地线，不要玩弄带电设备，不得直接拉电线将插头拔出。

“趣”阅科学

生活中，我们无时无刻不依赖着电。电给我们热量、光亮，带来便利的交通和丰富的娱乐生活。你知道吗？直到大约200年前，我们才学会如何利用它。看看伊恩·格雷厄姆（英）写的《摸不得的电》，我们能知道电可以为我们做些什么。

《摸不得的电》

第09课
制作植物细胞玻片

小米：“小娃！看这美丽神奇的图片！”

雪花

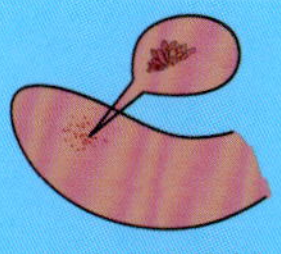

舌头上的软刺

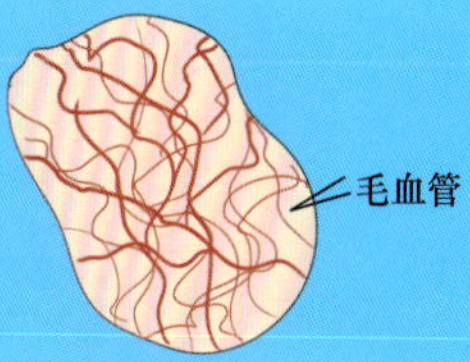

小娃：“哇！显微镜下的世界好神奇！我好想亲自看看！”

小米：“今天我们就可以做到在显微镜下看更细微的世界。不过想看植物（洋葱、黑藻）或动物（水蚤）的微小部分是啥样，需要做先做它们的玻片，让我们一起开始行动吧！”

科学实验室

实验器材

洋葱	滴管	镊子	盖玻片 × 5	显微镜
装有清水的烧杯	纱布	解剖刀	载玻片 × 5	牙签 × 2

实验步骤

1 擦——用洁净的纱布（或吸水纸）擦拭盖玻片和载玻片。

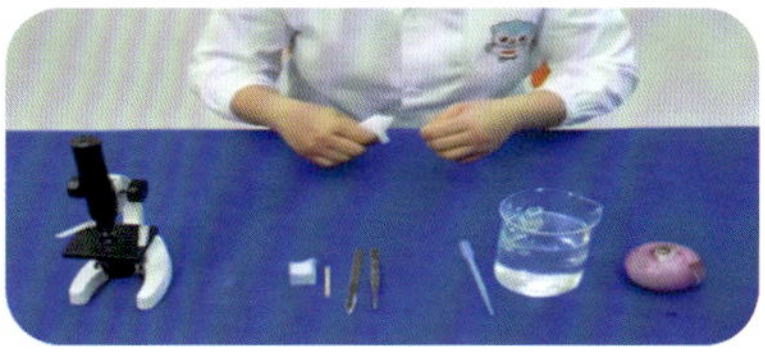

2 滴——用吸管吸取烧杯内的清水，在载玻片中央滴一滴清水。

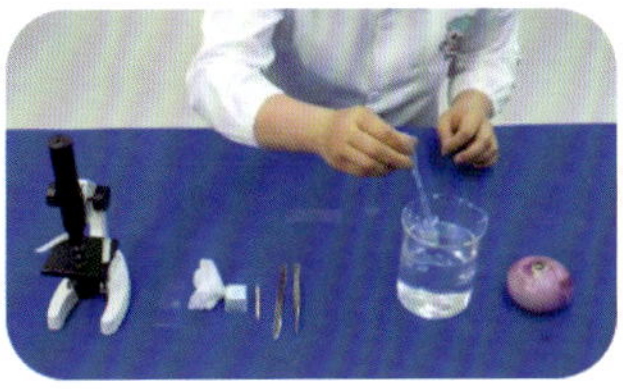

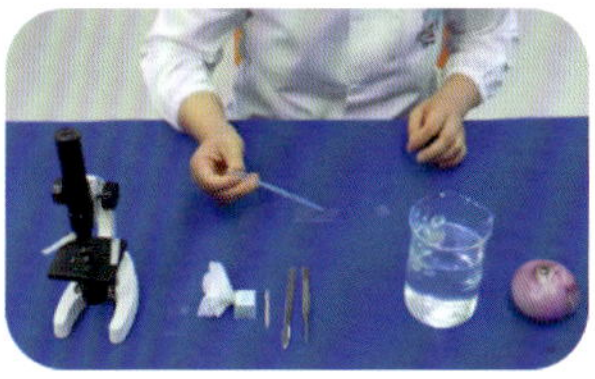

3 取——用镊子轻轻撕下一小片洋葱表皮。

4 展——将撕下的洋葱内皮轻轻浸放在载玻片的水滴中，然后小心地将它展平。

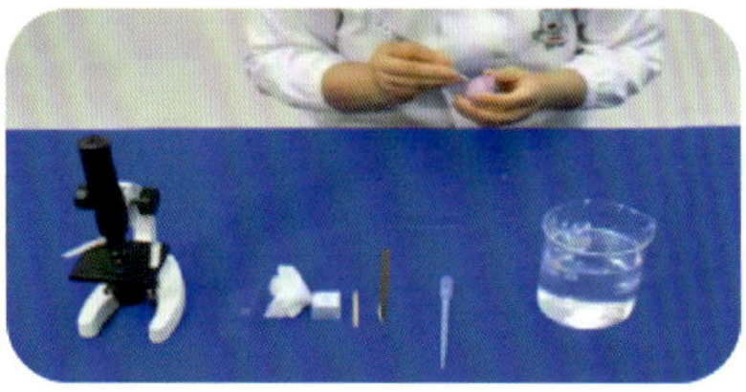

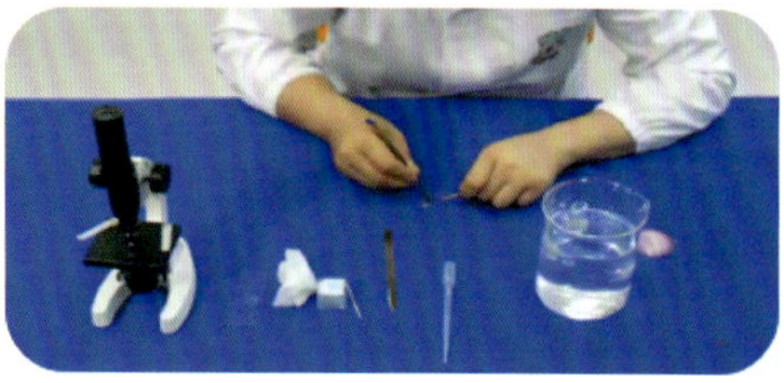

5 盖——用镊子夹起盖玻片，使盖玻片的一边先接触载玻片上的水滴，再缓缓放平，在放平的过程中要避免水滴中产生气泡。这样洋葱表皮玻片就做好了。

6 观——把制作好的玻片放到显微镜下观察。

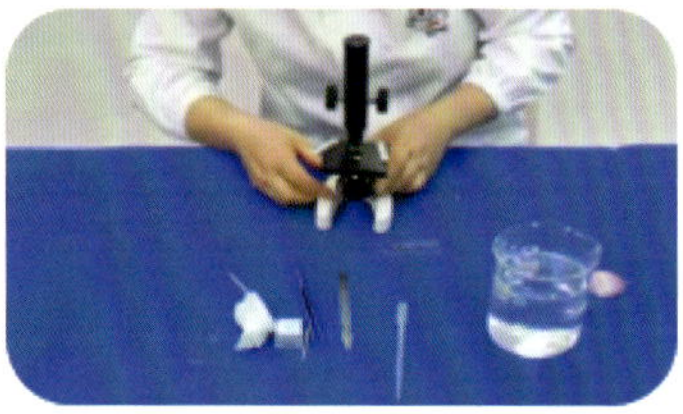

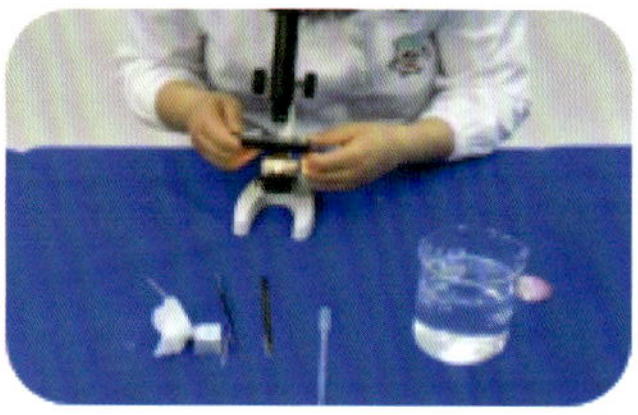

7 洗——观察完毕，清洗载玻片，用纱布擦干玻片，放回原盒。手指避免接触载玻片，以免留下指纹，影响下次观察使用。

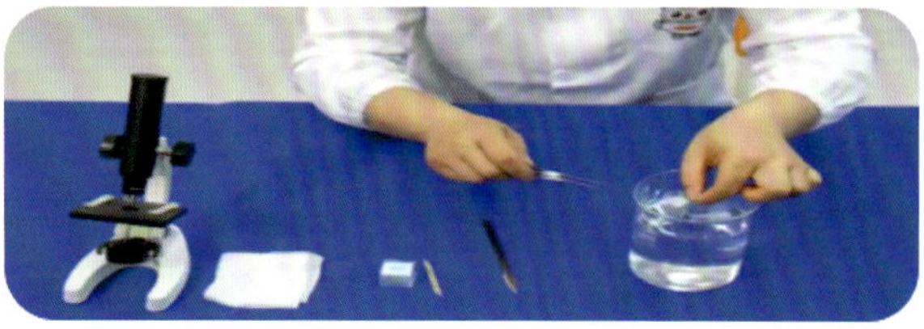

实验现象

利用显微镜观察到了洋葱的表皮细胞。

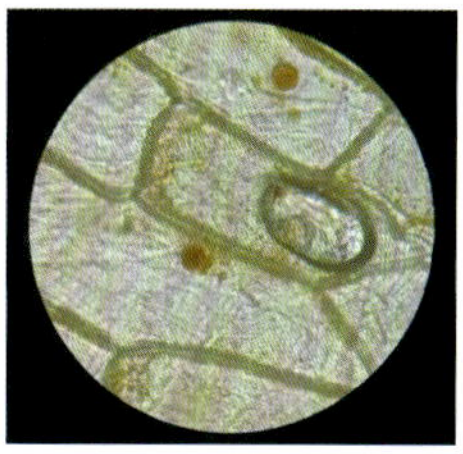
洋葱表皮细胞

科学小知识

载玻片是用显微镜观察时用来放置实验材料的玻璃片，呈长方形，较厚，透光性较好；盖玻片盖在材料上，避免材料和显微镜物镜接触污染物镜，呈正方形，较薄，透光性较好。制作装片时，将材料放在载玻片上，将盖玻片放在上面，用作观察。

装片制作时注意：

①手持载玻片时，持平或放在平台上。滴水时水量要以恰好被盖玻片盖满为标准。

②将材料用解剖针或镊子展开，在同一平面上不要重叠。

③放盖玻片时，从一侧慢慢盖在水滴上，防止出现气泡。

④清理时用清水洗或用酒精，然后再用棉花或纱布擦干净。

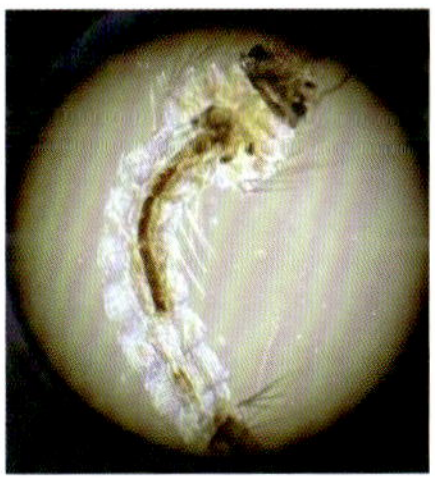
蚊子幼虫切片

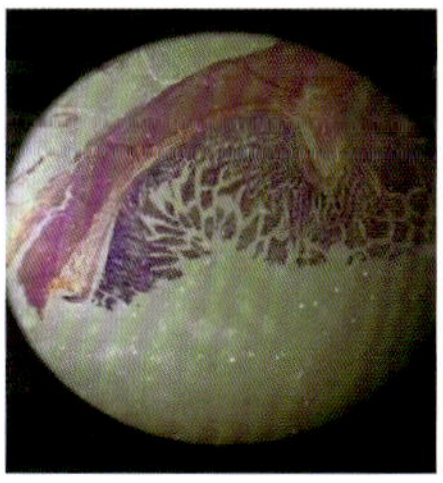
平滑肌的切片

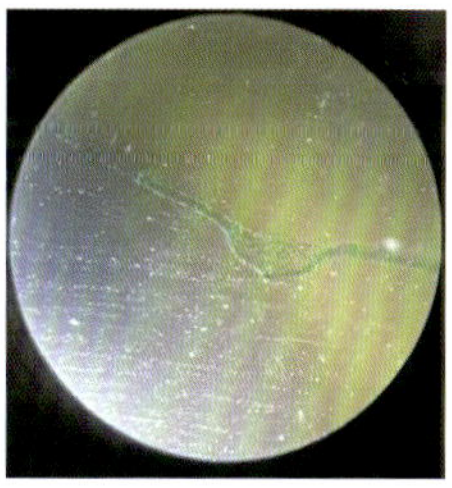
玉米叶脉切片

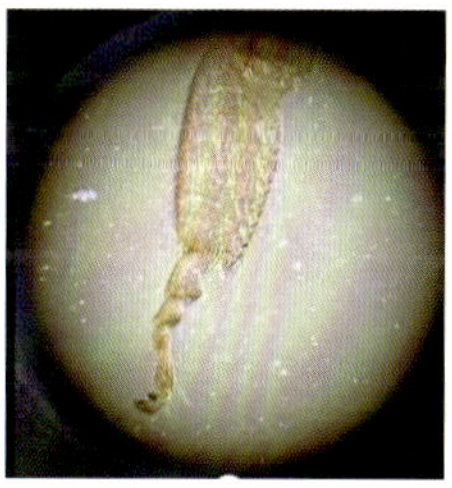
蜜蜂腿部切片

显微镜的发明

16世纪末，荷兰眼镜工匠詹森父子制成世界上第一架显微镜，但效果不理想。后经伽利略改良，效果有进步。英国科学家胡克用自制显微镜对细小物体进行观察，出版《显微图谱》。1878年，现代的光学显微镜被发明出来，可将物体的像放大2000倍左右。20世纪30年代，第一架电子显微镜诞生。现在的电子显微镜可以将物体的像放大到200万倍左右，可看到病毒。

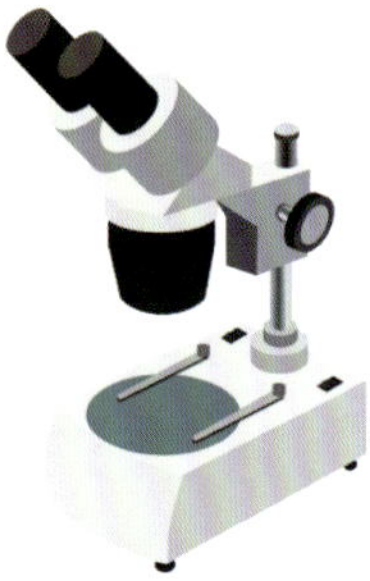

光学显微镜

科学与生活

小小的装片在生活中应用得很广泛，例如医院为诊断疾病做的病理装片，教学中各种动植物的组织细胞装片。这些小装片让人们通过显微镜进入微观的世界，看到不一样的物质。

“趣”阅科学

《DK微观世界大百科》这本书内容丰富，其中包括100多张显微镜放大图。涵盖自然界、人体、地球、城市与国家、艺术与文化、历史、科学技术、太空等领域。用5000多倍的放大率，从微观角度总览世间万物。形式新颖，是一部颇具特色的百科图书。

《DK微观世界大百科》

第10课
自制简易投影仪

同学们，教室里上课时用到的投影仪可以使教学更生动，提高教学效果；很多同学家里也安装了投影仪，其功能完全可以代替电视。你想知道投影仪是如何工作的吗？接下来让我们一起制作一台简易投影仪吧！

教室里的投影仪

科学实验室

实验器材

大凸透镜	短盒	电池 × 2
小凸透镜	卡片 × 2	发光二极管
长盒	电池盒	导线 × 2

实验步骤

1 安装二极管并折叠长盒、短盒。

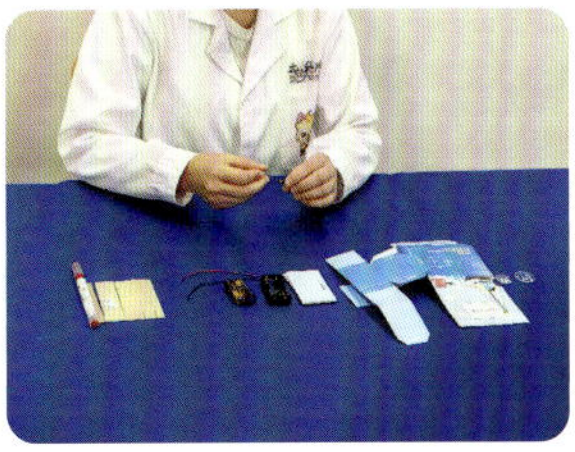

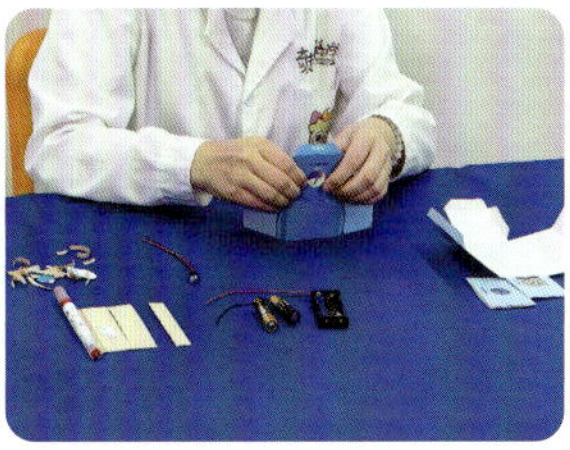

2 粘贴大凸透镜、胶片。

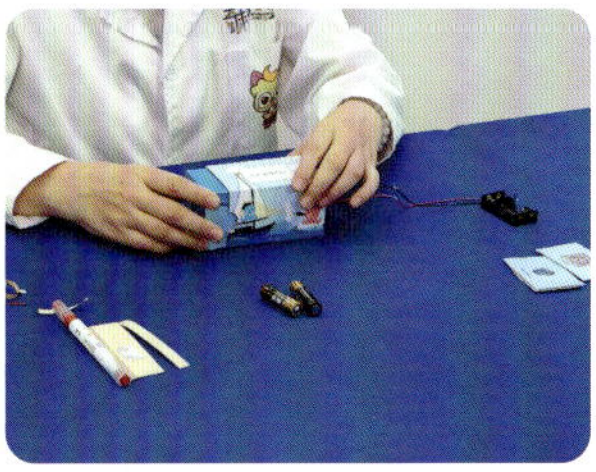

3 粘贴小凸透镜。

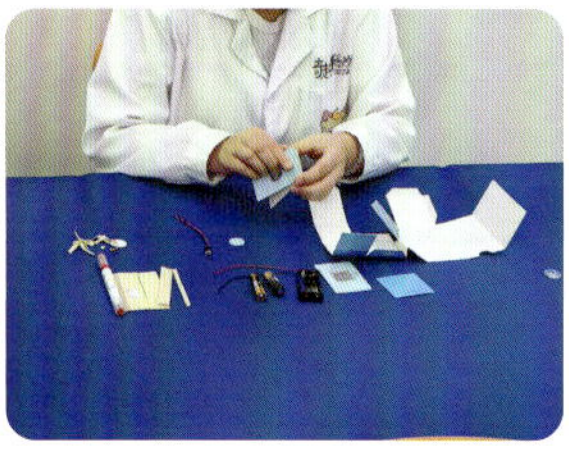

4 连接线路并插入胶片。

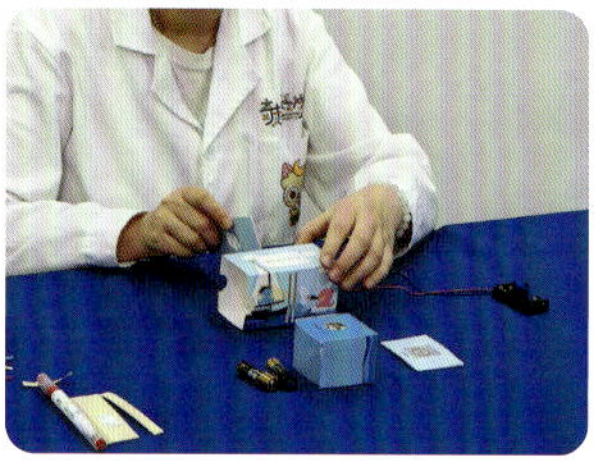

5 把小透镜盒插入大盒，并固定电池盒，再安装电池，最后闭合开关，观察现象。

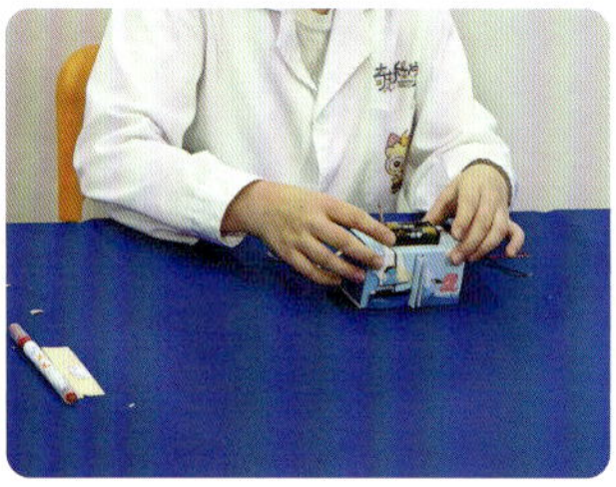

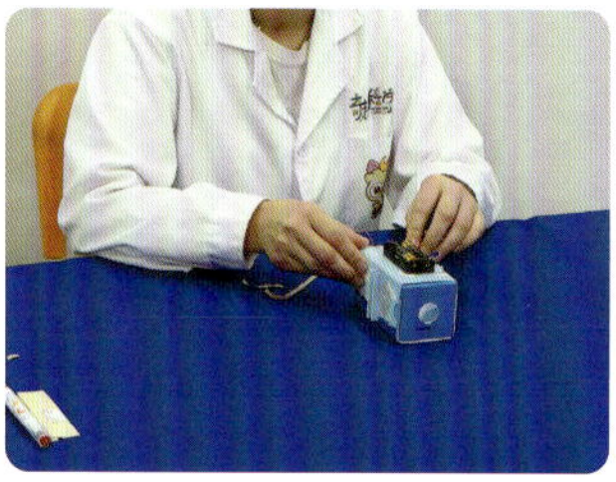

实验现象

当胶片上的图案正立时，推拉调整短盒位置，墙上或白纸上会出现倒立、放大的图像。

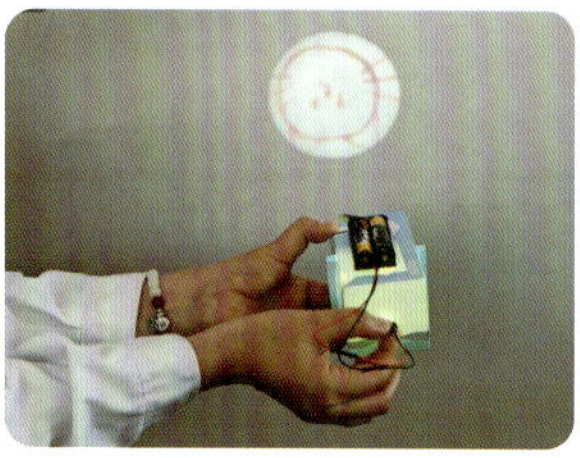

科学小知识

投影仪的重要部件是凸透镜，凸透镜是中央较厚、边缘较薄的透镜，对光线有会聚作用，平时所说的放大镜就是凸透镜。当把物体放在凸透镜适当位置时，在凸透镜的另一侧可以得到物体倒立的、放大的实像，即投影仪所成的像。只要我们把胶片倒着放就能看到正立的图像了。

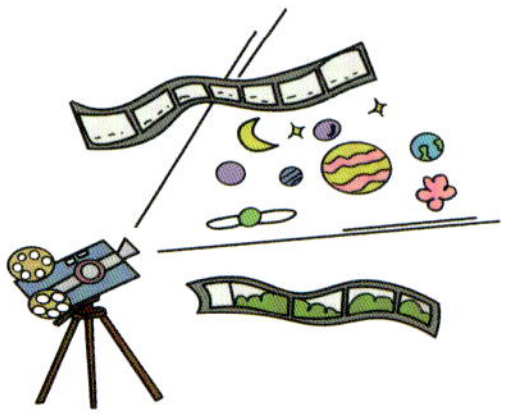

投影仪

科学与生活

凸透镜在生活中有广泛的应用，如照相机利用凸透镜成像原理，物体在镜头二倍焦距外，在胶片或图像传感器上形成缩小、倒立的实像。调节镜头与物体的距离，可以使不同距离的物体在胶片上形成清晰的图像。再如，人眼球中的晶状体相当于一个凸透镜，视网膜相当于光屏。来自物体的光通过晶状体在视网膜上成像，视觉神经再将信息传递到大脑，从而使人产生视觉。看近处物体时，晶状体变厚，焦距变小；看远处物体时，晶状体变薄，焦距变大。近视眼镜是凹透镜，而远视眼镜则是凸透镜。

凸透镜

此外，门镜（猫眼）、老花镜都应用了凸透镜等。同时，在一些光学仪器和设备中，也会用到凸透镜来实现特定的功能，比如，望远镜、显微镜。需要注意的是，在日常生活中，要注意一些具有凸透镜性质的物品可能会带来潜在危险，例如不能将矿泉水瓶、老花镜等随意放置在阳光直射的地方，以防它们会聚光线引发火灾。

“趣”阅科学

《STEAM科学了不起》这本书中包含了众多科学小实验，其中就包括了将手机做成投影仪的趣味实验。它利用项目探索和动手实践，融会贯通化学、物理、生物和工程学各类知识，非常适合对科学和技术感兴趣的小朋友。

《STEAM科学了不起》

第 11 课 称 斤 两

小米：“小娃，我要给你介绍一个超级有趣的东西，它叫杆秤！”

小娃：“呀！杆秤长得就像一个长长的大勺子挂在一根细细的杆子上”。

小米：“它可是我们用来称东西重量的好帮手哟！杆秤并不比电子秤的科学性差，它在中国应用了数千年。”

杆秤

小娃：“那杆秤是如何制作的呢？”

小米：“那我们一起来做一个吧！”

科学实验室

实验器材

秤杆	挂夹	大葫芦钩
秤盘	波珠链	小葫芦钩 × 3
刻度贴纸	吊链	螺母 × 3

实验步骤

1 组装秤杆，安装挂夹。

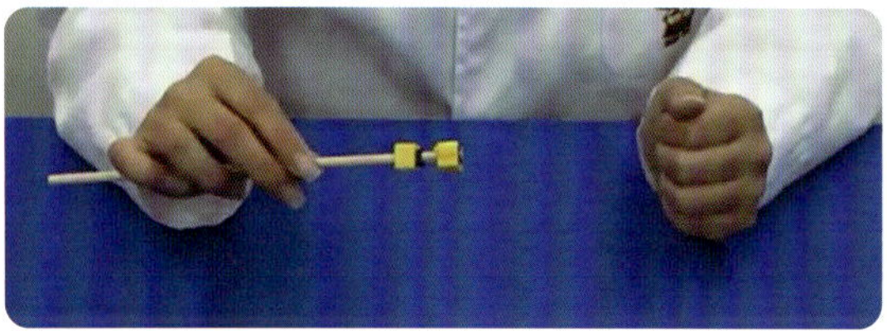

2 组装秤盘，安装大葫芦钩、吊链、秤盘、小葫芦钩。

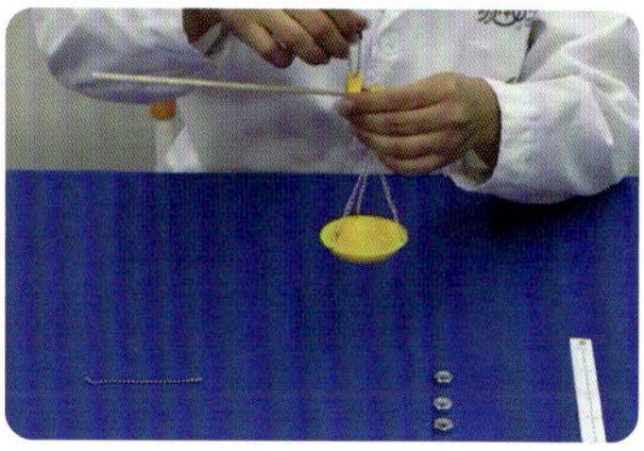

3 粘贴刻度贴纸，贴纸右端与秤杆对齐。

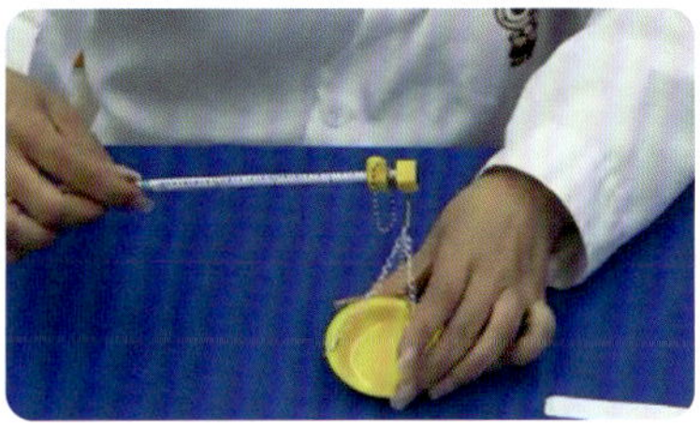

4 用螺母当作秤砣组装在秤杆上。

实验现象

秤砣和秤盘上的物品通过杠杆原理共同作用，使秤杆在平衡时，可以根据秤砣的位置确定物品的重量。

科学小知识

杆秤可以称物体重量主要利用了杠杆平衡原理，即支点前后的“阻力×阻力臂=动力×动力臂”以及“秤盘中的重量×秤盘到支点的距离=秤砣的重量×秤砣到支点的位置”。

传统杆秤

中国传统手工做秤的工艺起源于几千年前，它体现了东方人崇尚直观和简洁实用的理念，也凝结了大量精巧的工艺技术，蕴藏着丰富的知识，至今仍然具有特殊的科学工艺、历史人文和社会学研究价值。

做杆秤最重要的一点就是要精确，因此工艺特别讲究。杆秤看起来简单，加工起来却比较复杂，从加工木质秤杆开始，包铜皮、装挂耳、定刻度、打星眼、装花星、水磨、上漆、打蜡磨光，再配上秤钩、秤砣、提纽等，总共有20多道工序。

科学与生活

杆秤是一种传统的称量工具，具有简单、便携、耐用等特点，在生活中有着广泛的应用。以下是杆秤在生活中的一些常见应用：

市场交易：在农贸市场、集市等场所，杆秤常用于称量蔬菜、水果、粮食等农产品。由于其便携性和易操作性，商贩和顾客都能方便地使用杆秤进行交易。

家庭使用：在一些农村或偏远地区，家庭中常备有杆秤，用于称量日常生活中的物品，如粮食、蔬菜、肉类等。杆秤的使用不需要电力，适合在电力供应不稳定的地方使用。

农业生产：农民在收获农作物时，常用杆秤来称量收获的产量，以便进行记录和销售。杆秤还可以用于称量饲料、肥料等农业生产资料。

用秤称重卖水果

“趣”阅科学

《儿童趣味百科：漫画趣味计量单位》这本书的主人公是小明，他非常好奇，为什么我们用“千克”来测量重量。于是，他决定去探索这些计量单位的秘密。小明来到了质量单位千克的世界。小明发现，千克的定义也有一段有趣的历史。最早，人们用一升水的重量来定义一千克，但这种方法也有缺陷。于是，科学家们制定了一个国际千克原器，它是一个铂铱合金的圆柱体。如果有机会去巴黎，可以去看看这个神奇的原器哦！

《儿童趣味百科：漫画趣味计量单位》

第12课 有趣的滑轮

天安门广场每天都会有升旗仪式。每到这个时候，看到国旗缓缓升起，相信同学们都会热血沸腾！在这个庄严的仪式中也有一个有趣的科学装置——旗杆顶部的滑轮！它有什么科学奥秘呢？

天安门广场

科学实验室

实验器材

底座	圆三通 × 2	铁轴 × 3
旗杆	轴套 × 2	黑皮圈
摇柄	滑轮 × 2	国旗贴纸

实验步骤

1 组装旗杆、底座。

2 组装滑轮支架。

3 固定升降部位，将上下支架插在旗杆的对应位置，两滑轮平行对齐。

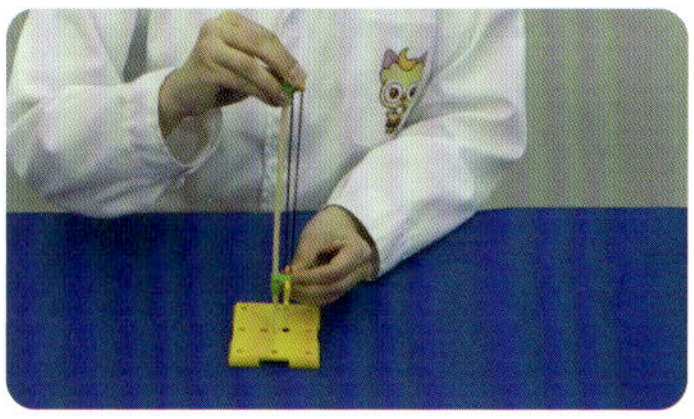

4 将国旗不干胶贴纸对折，白边包裹旗绳并粘贴牢固。

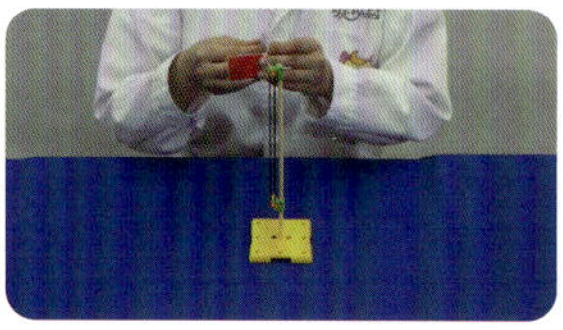

实验现象

旗绳紧绷时，向不同的方向转动摇柄，国旗相应地上升或下降。

科学小知识

滑轮是由可绕中心轴转动有沟槽的圆盘和跨过圆盘的柔索（绳、胶带、钢索、链条等）所组成的可以绕着中心轴旋转的简单机械。

按滑轮中心轴的位置是否移动，可将滑轮分为“定滑轮”和“动滑轮”。定滑轮的中心轴固定不动，动滑轮的中心轴可以移动，各有各的优势和劣势。将定滑轮和动滑轮组装在一起可构成滑轮组，滑轮组不但省力而且还可以改变力的方向。

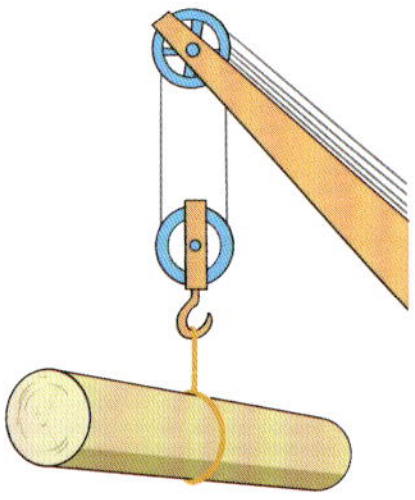

定滑轮

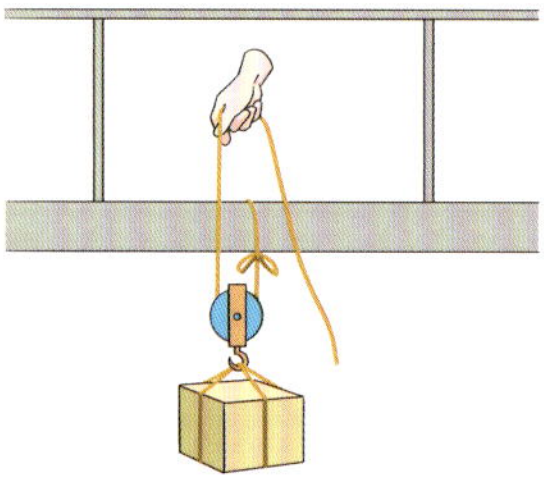

动滑轮

科学与生活

过江溜索是原来西南横断山区人们过江的主要方式，不但人可以过，连牛羊、马匹也可以用这种方法过江，许多生产生活物资通过溜索运送，甚至包括手扶拖拉机这样的农用机械。溜索架设于山涧激流上，用藤篾、竹篾或钢索制成，人们用一根环形绳索套住自己臀部和腰部，在绳索上绑一个滑轮，把滑轮挂在拇指粗的钢索上，吊滑过江。溜索曾是沿江藏族、彝族、傈僳族群众长期使用的交通工具，现在主要用于旅游观光体验。

长江索道

长江索道是连接沿江两岸的重要交通工具，由于长江天堑阻隔，未修长江大桥地区的居民过江都得靠它，是不可或缺的出行方式，它有着“空中走廊”“空中汽车”的称号。目前长江上唯一尚在运营的索道位于重庆市区，它是我国第一条自行设计、自行制造、自行安装、自行调试的双承载、双牵引索道，即一个车厢上有两根承载索和两根牵引索，这样就解决了单根牵引索负载后离江面太近影响通航的问题。该长江索道于1987年10月24日作为城市公交设施正式投入运营，以解决市民出行难的问题，是山城独有的城市交通工具。

“趣”阅科学

《DK机械运转的秘密》这本书可不一般，它有很多折页，就像在跟读者做游戏一样。书里还讲了一个特别好玩的动物园大逃亡的故事。让我们自己动手组装书里的那些机械，感受一下机械是怎么运转的。相信你读了这本书，一定会对机械运转的秘密充满好奇，也会更爱科学的！

《DK机械运转的秘密》